AF287854

Kulturen der Lehrerbildung

Christian Kraler
Helga Schnabel-Schüle
Michael Schratz
Birgit Weyand
(Hrsg.)

Kultur*en* der Lehrerbildung

Professionalisierung eines Berufsstands im Wandel

Waxmann 2012
Münster / New York / München / Berlin

Bibliografische Informationen der Deutschen Nationalbibliothek
Die Deutsche Nationalbibliothek verzeichnet diese Publikation in
der Deutschen Nationalbibliografie; detaillierte bibliografische
Daten sind im Internet über http://dnb.d-nb.de abrufbar.

ISBN 978-3-8309-2353-4

© Waxmann Verlag GmbH, 2012
Postfach 8603, 48046 Münster
Waxmann Publishing Co.
P.O. Box 1318, New York, NY 10028, USA

www.waxmann.com
order@waxmann.com

Umschlaggestaltung: Christian Averbeck, Münster
Satz: Stoddart Satz- und Layoutservice, Münster
Druck: Hubert & Co., Göttingen

Gedruckt auf alterungsbeständigem Papier,
säurefrei gemäß ISO 9706

Printed in Germany

Alle Rechte vorbehalten. Nachdruck, auch auszugsweise, verboten.
Kein Teil dieses Werkes darf ohne schriftliche Genehmigung des
Verlages in irgendeiner Form reproduziert oder unter Verwendung
elektronischer Systeme verarbeitet, vervielfältigt oder verbreitet werden.

Inhalt

Institutionen und Strukturen der Lehrer/innenbildung auf dem Weg

Christian Kraler, Helga Schnabel-Schüle,
Michael Schratz und Birgit Weyand

Einleitung

Lehrer/innenbildung war immer den Ansprüchen, Widersprüchen, Forderungen, Idealen, Interessen und Funktionalisierungen verschiedenster gesellschaftlicher Akteure und Institutionen ausgesetzt. Die Schule fängt – ähnlich einem Brennglas – die gesellschaftlichen Erwartungen zur Lösung aktueller Probleme ein. Die Lehrer/innenbildung erscheint in der Folge als jener Ort gesehen, der den veränderten Bedingungen Rechnung zu tragen habe. Diese Vorstellung ist in jüngster Zeit geschärft worden: Internationale Schulleistungsvergleiche haben die ungenügende Integrationsfunktion der Schule und soziale Ungerechtigkeiten u.a. in den Bildungssystemen Deutschlands und Österreichs aufgezeigt, die zunehmende Gewaltbereitschaft an Schulen wächst zu einem massiven Problem an, der Umgang mit ethnischer und religiöser Differenz in einer demokratischen Werten verpflichteten Gesellschaft ist eine nicht gelöste Aufgabe. Damit wächst gleichzeitig der Handlungsdruck, Lehrer/innenausbildung so (um)zugestalten, dass sie den gestiegenen gesellschaftlichen Anforderungen gerecht werden kann.

Lehrer/innenbildung verändert sich strukturell stets koevolutiv mit vielseitigen Wechsel- und Rückwirkungen auf unterschiedliche andere Teilbereiche der Gesellschaft und einzelne Individuen bzw. Gruppen von Akteuren. Entsprechend den „gesellschaftlichen Funktionen" der Schule lassen sich demnach auch gesellschaftliche Funktionen der Lehrer/innenbildung identifizieren. Damit ist

1. die Geschichte des Berufs „Lehrer/in" als Teil der Gesellschaftsgeschichte zu sehen,
2. die Geschichte der Lehrer/innenbildung in ihrer Segmentierung als Teil der jeweiligen Organisationsentwicklung zu deuten und
3. die Geschichte der Lehrer/innenbildung als Dauerkonflikt zwischen Interessenvertretung, Tradierung & Erneuerung/Reform zu verstehen.

Um diese vielschichtigen und differenten Ebenen angemessen beobachten und beschreiben zu können, ist eine terminologische Konsensfindung notwendig. Geeignete Begrifflichkeiten erleichtern es, diese Wechselwirkungsbeziehungen und Verstrickungen transparent und systematisch diskutierbar zu machen. Hierbei zeigt die Praxis, ob spezielle Termini sich als fruchtbar bzw. förderlich erweisen oder nicht. Mit dem vorliegenden Band wird der Versuch unternommen, den Begriff der Kultur zur Beschreibung der skizzierten multifaktoriell einander bedingenden Ebenen fruchtbar zu machen.

Ausgehend von den vielfältigen Anforderungen an die und Veränderungen in der Lehrer/innenbildung wird der Kulturbegriff in diesem Band als Hintergrundfolie verwendet. Ziel ist hierbei jedoch nicht, in die aktuelle Debatte des Begriffs einzusteigen. Vielmehr soll er als Arbeitsinstrument verstanden werden, pragmatisch und offen als von Akteuren geteilte Normen, Werte, Denkweisen, Anschauungen und Traditionen, die als Referenzpunkte für Einstellungen und Handlungen von Akteuren dienen und diesen jenseits ihrer individuellen Dimension eine kollektive Bedeutung verleihen. Die Verständigung auf eine gemeinsame Kultur dient immer auch der Aufrechterhaltung bestimmter Strukturen und damit der Wahrung von spezifischen Interessen und Macht. Gleichzeitig befinden sich Kulturen auch stets in historischen Wandlungsprozessen. Entsprechend steht die Lehrer/innenbildung wie die Schule stets im Spannungsfeld von Machtinteressen, getragen von Bewahrung und Weiterentwicklung:

> „Wer Schulen einrichten darf, wer welche Fächer unterrichten darf, wer Schulträger sein darf, wer Lehrer werden darf, welche Fächer und Prinzipien den Unterricht bestimmen war über Jahrhunderte hinweg nicht etwa nur die Suche nach der besten pädagogischen Lösung, sondern eine Machtfrage [...]." (Zymek 2004, S 216)

Gerade in letzter Zeit hat sich gezeigt, dass die am Reformprozess beteiligten Akteure zum Teil aus sehr divergenten Bildungskulturen stammen. In jedem Subsystem der Lehrerbildung (Hochschule, Seminar, Fort- und Weiterbildung mit ihren jeweiligen Segmentierungen) zeigen sich unterschiedlich gewachsene Kulturen. Lehrer/innenbildung wird heute nicht mehr vornehmlich unter dem Dogma der optimalen Gestaltung von Wissensvermittlung diskutiert. Vielmehr stehen heute die Kompetenzorientierung sowie die Wende von der Lehrfokussierung zur Lernorientierung im Vordergrund und haben eine Polyvalenz- und Professionalisierungsdebatte entfacht sowie zur Modularisierung der Curricula bzw. einer zunehmenden Internationalisierung geführt. Wenn die Akteure im Sinne einer neuen, nunmehr auf Kompetenzen beruhenden Ergebnisorientierung in der Lehrer/innenbildung enger zusammenarbeiten müssen, ist die Bezugnahme auf gemeinsame Normen, Werte und Traditionen zwingend gefordert. Nicht selten verunmöglichen teilweise fremde Teilkulturen eine Kommunikation untereinander, was in letzter Konsequenz zur Verhinderung zukunftsweisender Reformen führen kann. Ist somit ein neues, möglichst konsensuales Kulturverständnis gefordert? Dieser Frage gehen die Beiträge dieses Bandes aus unterschiedlichen Perspektiven nach.

Thematisch lassen sich diese kulturellen Tradierungs- und Entwicklungsprozesse auf drei Ebenen beschreiben:
- Makroebene: Bildungs- und gesellschaftspolitisches System
- Mesoebene: Institutionen
- Mikroebene: personale Ebene

Die Kernfrage hierbei ist: Welche Kulturen der Lehrer/innenbildung sind erforderlich, um Schüler/innen (Kinder/Jugendliche) von heute in einer strukturell im Gestern verwurzelten Schule für (ein unbekanntes) Morgen auszubilden? Dabei gilt es zu hinterfragen, wie viel gemeinsame Kultur („Vergemeinschaftung") notwendig und möglich ist, ohne fruchtbare Subkulturen zu zerstören und diese in ihrer dynamisierenden Funktion im Wandlungsprozess auszuschalten. Ziel dieses Bandes ist es, unterschiedliche Perspektiven bzw. Teilbereiche der aktuellen Lehrer/innenbildungs-debatte vor dem dargestellten Hintergrund und in ihrer gesamt-systemischen Bedeutung und Funktion vor- und zur Diskussion zu stellen, dabei stets möglichst konkret zu bleiben und dennoch über das Exemplarische hinauszugehen.

Jede Gliederung eines Herausgeberbandes kann den Beiträgen der einzelnen Autorinnen und Autoren nur bedingt gerecht werden. Diese sprechen immer mehr an, als die Gliederung vermuten lässt. Im vorliegenden Fall haben die thematischen Schwerpunkte der Beiträge im Wissen um Überlappungen die Unterteilung des Bandes in drei thematische Felder nahegelegt.

Die Beiträge im Abschnitt „Kultur und Lehrer/innenbildung" nähern sich dem Thema aus geschichtlicher bzw. kultureller Perspektive, führen so zum Thema hin und dringen mit unterschiedlichen Schwerpunkten in spezifische Felder ein. Im Abschnitt „Aus- und Weiterbildung im Wandel" werden zentrale Felder der universitären Aus- bzw. Weiterbildung diskutiert, kritisch analysiert bzw. über die exemplarische Darstellung zukunftsweisender Professionalisierungsangebote hinaus konkretisiert. Mit dem dritten Abschnitt „Institutionen und Strukturen der Lehrer/innenbildung auf dem Weg", mit zeitdiagnostischen Beiträgen, Analysen zur aktuellen Situation und Verweisen auf notwendige, anstehende Entwicklungsschritte in der Lehrer/innenbildung schließt der Band.

Kultur und Lehrer/innenbildung

Zentrale Elemente unseres heutigen Bildungswesens können nur aus ihrer historischen Genese und nicht allein im synchronen Zugriff erklärt und verstanden werden. Im Laufe der geschichtlichen Entwicklung sind spezifische Normen, Werte und Vorstellungen zum Substrat einer Lehrerbildungskultur geworden. Helga Schnabel-Schüle zeichnet in ihrem Beitrag am Beispiel Deutschlands die teilweise Veränderungs-resistenz der Lehrer/innenbildung über deren Genese nach. In einem historischen Abriss der Lehrerbildungsgeschichte werden die vielschichtigen sozialen, politischen, religiösen und gesellschaftlichen Einflussfaktoren und deren Wechselwirkungen aufgegriffen. Diese münden in eine Diagnose und kritische Diskussion von fünf – mit unterschiedlichem Gewicht für den ganzen deutschen Sprachraum gültigen – Elementen, welche die gegenwärtige Kultur der Lehrer/innenausbildung bis heute nachhaltig prägen: die staatliche Steuerung des Bildungswesens, die föderale Heterogenität, die Ausdifferenzierung der Ausbildung nach Schularten, die Zweiphasigkeit der Ausbildung und Zyklen von Bedarf und Überangebot. Der Rekurs auf die historische Entwicklung der Lehrer/innenausbildung liefert somit einen Erklärungsansatz für deren gegenwärtig vielfach konstatierte Fragmentierung. Das Bewusstsein um diese Zusammenhänge kann als ein wichtiger Baustein für die Überwindung von aus der Tradition gespeisten Blockaden gesehen werden, um sich ohne ideologische Vorbehalte an die Entwicklung und Umsetzung einer zeitgemäßen Kultur der Lehrer/innenbildung zu machen.

Die Frage, weshalb Innovationen im Bildungssystem bis zu ihrer breiten Implementierung in der Regel einen langen Weg zurücklegen, wird vor allem seit den 90er Jahren des 20. Jahrhunderts von unterschiedlicher Seite beleuchtet. Christian Kraler greift in seinem Beitrag das ursprünglich im Rahmen der Mathematik und der Naturwissenschaften untersuchte Konzept der Selbstähnlichkeit auf, überträgt es auf den Bereich der formalen Bildung und insbesondere auf die Lehrer/innenbildung. Selbstähnliche Strukturen in Ausbildung, Inhalten und Institutionen verfestigen vertikal, über die Zeit als Traditionen und horizontal, über unterschiedliche Einrichtungen und Gesellschaftsbereiche bestehende Handlungs- und Deutungsmuster. Sie wirken als viskoses Netzwerk, in dem innovative Aktanten (im Sinn Bruno Latours) i.d.R. nur schwer nachhaltig andocken können, wenn sie nicht über eine überproportional große kritische Masse verfügen. Ein zentraler Schritt zur Überwindung dieser Phänomene in Richtung eines Musterwechsels stellt das bewusste Erkennen und die Analyse selbstähnlicher Strukturen dar. Damit ist eine konzeptionelle Grundlage für innovationssensitive Freiräume in strukturgebundenen Handlungsmustern im Bildungsbereich geschaffen. Umsetzungsvorschläge dazu liefern viele Beiträge dieses Bandes.

Wolfgang Hallet diskutiert den tiefgreifenden kulturellen Wandel, der auf Schule und Lehrerbildung rückwirkt, mit dem sich die Anforderungen an den Lehrer/innenberuf grundlegend verändern. Die fortschreitende Individualisierung bedingt eine Relativierung traditioneller Ansichten und wirft das Individuum in seinen Entscheidungen auf sich selbst zurück. Mit den technologischen Revolutionen geht eine Wissensvervielfachung einher, die lebenslanges Lernen unabdingbar macht. Schließlich verwässert die Globalisierung klare kulturelle Bezugsrahmen. So kann sich die Schule im Angesicht des kulturellen Wandels nicht länger auf die Vermittlung tradierter Kulturtechniken und des fachlichen Wissens beschränken. Vielmehr zeichnet sich eine große Menge neuer Kompetenzen ab, auf die insbesondere die Lehrer/innenbildung derzeit nicht gut vorbereitet ist. Eine Möglichkeit, der Komplexität des Berufsalltags zu begegnen, besteht in der Entwicklung eines neuen Selbstbildes der Lehrkräfte in Aus- und Fortbildung. Sie sollten sich selbst als Akteur/e/innen und nicht nur als passiv-kritische Beobachter/innen des kulturellen Wandels begreifen. In der Ausbildung bedeutet dies, Studierenden über Kompetenzen für den (fachlichen) Unterricht hinaus auch ein Expertentum für den kulturellen Wandel zu vermitteln, so dass sie als Lehrer/innen an diesem dann ko-konstruktiv zu den Schüler/innen partizipieren, ihn beobachten, reflektieren und kritisch kommentieren und die notwendigen pädagogischen und didaktischen Innovationen selbst identifizieren können.

Aus- und Weiterbildung im Wandel

Dorit Bosse diskutiert in ihrem Beitrag exemplarisch am aktuellen Thema Ganztagsschule die Frage, wie Schulentwicklung bereits im Rahmen der universitären Ausbildung erfahrungsbasiert behandelt werden kann. Ausgehend von der Beobachtung, dass Lehrer/innen heute, um den gestiegenen Ansprüchen an den Beruf gerecht werden zu können, als Mitgestalter/innen schulischer Veränderungsprozesse agieren müssen, stellt sie ein am Service-Learning orientiertes Seminarkonzept vor. In diesem beforschen Studierende als Critical Friends Ganztagsschulen in enger Theorie-Praxis-Verschränkung und setzen sich so erfahrungsbezogen mit der Komplexität des Lehrer/innenberufs – über die unmittelbare Unterrichtsgestaltung hinaus – auseinander.

Ganztagsschulen spielen aus gesellschaftspolitischen Überlegungen eine zunehmend wichtigere Rolle in der Schullandschaft. Die Lehrer/innenbildung hinkt diesbezüglich der Schulrealität hinterher und hat auf die damit verbundenen Herausforderungen noch nicht systematisch reagiert. Thomas Coelen und Michaela Heer führen in die Thematik ein. Sie beschreiben den begrifflich-theoretischen Rahmen des Konzepts Ganztagsbildung und legen über zwei Untersuchungen das problematische Verständnis von Studierenden und Referendar/innen zu dieser Thematik dar: Diese nehmen die Gestaltung der Ganztagsschule als eine zusätzliche Aufgabe ihrer Professionsrolle wahr und nicht als genuine Aufgabe eines multiprofessionellen Teams. Ausgehend von derartigen Befunden schlagen Coelen und Heer die vermehrte Vermittlung interprofessioneller Kompetenzen im Rahmen der Ausbildung vor, um so zu einer differenzierten Sicht zu kommen, was zu den Aufgaben und Wissensbereichen von Lehrkräften gehört und welche Aufgaben nicht unterrichtendes Personal im Rahmen einer neuen Kultur der Zusammenarbeit in Ganztagsschulen wahrnimmt.

Internationale Schulleistungsvergleichsstudien sind heute insbesondere bei deren Veröffentlichung omnipräsent und werden – insbesondere basierend auf der medialen Darstellung – von Bildungspolitik, Wirtschaft, Eltern, Lehrer/innen und anderen Gruppen teilweise mit unterschiedlichen Schuldzuweisungen diskutiert. Um deren Möglichkeiten und Grenzen hinsichtlich der Bedeutsamkeit für spezifische Situationen, wie beispielsweise den eigenen Fachunterricht, einschätzen zu können, muss man in einem ersten Schritt verstehen, wie solche Studien funktionieren. Barbara Drechsel und Manfred Prenzel besprechen in ihrem Beitrag am Beispiel von PISA das Potenzial eines differenzierten Blicks auf internationale Vergleichsstudien für die Aus- und Weiterbildung von Lehrer/innen. Sie argumentieren, dass die breite mediale Berichterstattung den differenzierten Blick oft dafür verstellt, was Schulleistungsstudien über Unterrichtsqualität und Professionalität aussagen können. Ein genauer Blick auf die theoretischen Grundannahmen hinter internationalen Bildungsstudien kann etwa unmittelbar auf Grundfragen anregend sein, die im Schulalltag häufig in den Hintergrund geraten (Worauf kommt es im Fach wirklich an? Was sollen die Schüler/innen beherrschen? Was soll am Ende der Schulzeit an Kompetenzen und Einstellungen zum Fach übrig bleiben?). Zudem liefern PISA-Aufgaben aufgrund ihrer Ausdifferenzierung in Kompetenzdimensionen und Niveaustufen ein prototypisches Modell für die Entwicklung von Aufgaben aller Art für eine zunehmend heterogene Schülerpopulation. Schlussendlich ist jeder fundierte, vergleichende Blick über den eigenen Tellerrand perspektivenerweiternd, um eine moderne Kultur der Selbstvergewisserung durch Feedback weiterzuentwickeln.

Ilse Schrittesser und Monika Hofer greifen die bekannten Zuschreibungen der Lehrer/innenbildung, Universität sei theorielastig und erst der Schulalltag „das wirkliche Leben" auf. Sie argumentieren gegen die gängige Polarisierung von Theorie und Praxis in der Ausbildung mit einer alternativen Sichtweise: Es geht nicht um ein „hier Theorie" und „dort Praxis", sondern vielmehr um zwei verschiedene und einander fremde Praxen. Ausbildung und Schulalltag sind demzufolge verschiedene kulturelle Praxen, die je eigene ganz bestimmte Handlungs- und Deutungsmuster hervorbringen. Die Frage ist dann, wie die beiden unterschiedlichen Kulturen ihre Fremdheit zu beiderseitigem Nutzen überwinden und Konzepte der Verständigung entwickeln können; dies mit dem Ziel reflexiver Distanz bei gleichzeitiger Präsenz in einer aktuellen pädagogischen Situation. Basierend auf einer differenzierten Analyse der Ausbildungs- und der Berufsalltagskultur stellen die beiden Autorinnen die Frage, warum in der Ausbildung erlerntes Wissen und Können insbesondere von Berufsanfänger/innen als wenig nachhaltig erfahren wird. Mit Bourdieus Habituskonzept als heuristischem Modell für dieses Dilemma geben sie Hinweise auf mögliche Auswege aus demselben. Ein professioneller Habitus muss hierbei auf ein Desiderat der aktuellen Situation zurückgreifen können: eine enge Verzahnung von Forschung und Berufsfeld. Lehrer/innenbildung und insbesondere die Ausbildung erschöpft sich damit berufsbiographisch nicht mehr in einem reinen „mehr an Schulpraxis", sondern in einem doppelten Habitus, der es ermöglicht, „ewige Routinen" hinter sich zu lassen und eine dauerhafte Dynamisierung im Sinn stetiger Professionalisierung zu etablieren.

Ausgehend von der Feststellung, dass Lehrer/innen und Schüler/innen im Unterricht häufig aneinander vorbei reden, entfaltet Meinert Meyer mit Hilfe von Konzepten aus der Bildungsgangforschung (Entwicklungsaufgaben) und Pierre Bourdieus Habitus-Konzept, unterstützt von Beispielen, eine differenzierte Argumentation. In Lehreraus- und Weiterbildung sollten demzufolge die Sinnkonstruktionen der Lehrer/innen, die sich aus ihrem Bild von gutem Unterricht und damit aus ihrer Lernbiographie speisen, stärker berücksichtigt werden. Handeln und Denken von Lehrer/innen ist zudem von der Fachkultur geprägt, die sie im Unterricht auch verkörpern. Schüler/innen sind hingegen von einer Lernkultur geprägt. Beide denken aus ihrer jeweiligen Kultur heraus. Sie arbeiten, das wird im Beitrag ausführlich dargelegt, an unterschiedlichen Entwicklungsaufgaben. Daher sind auch die Sinnkonstruktionen beider unterschiedlich, bestimmen jedoch die gemeinsame unterrichtliche Interaktion. Mit Bezug auf Bourdieu wird in der Folge erklärt, dass die unterschiedlichen Sinnkonstruktionen und die widersprüchlichen Einstellungen der Lehrer/innen und Schüler/innen im Sinn eines je eigenen Habitus eine Stabilisierung des alltäglich ablaufenden Unterrichts auf nicht-optimalem Niveau bewirken, bei gleichzeitiger Aufrechterhaltung der Illusio. Aneinander vorbei zu reden ist laut Meyer bis zu einem gewissen Grad systembedingt und kann insbesondere durch verstärkte Partizipation der Schüler/innen, mit Einbeziehen ihrer eigenen didaktischen Expertise, minimiert werden. Insbesondere gilt für die Lehrer/innenbildung, dass der Weg zu einer belastbaren individuellen Didaktik nur über das Aufbrechen der weitgehend unbewussten Prozesse möglich ist, die im symbolischen Spiel, das wir Unterricht nennen, ablaufen.

Peter Fauser, Jens Rißmann und Axel Weyrauch stellen ein berufsbegleitendes Fortbildungsprogramm für Unterricht und Lernqualität vor. Wesentliches Ziel hierbei ist ein Verstehen zweiter Ordnung. Dieses schließt neben dem eigenen Verstehen der Lehrpersonen das Verstehen der Lernenden und die Wahrnehmung der Unterschiede zwischen beiden ein. Lehrpersonen sollen dadurch immer besser in der Lage sein, das individuelle Lernen der Schülerinnen und Schüler durch ihr pädagogisches Handeln ko-konstruktiv zu fördern sowie die dazu notwendigen methodisch-didaktischen Arrangements zu treffen und flexibel zu verändern. Die im Beitrag diskutierte lehrer- und schülerseitige Evaluation des Projekts liefert Erkenntnisse sowohl für die Schulentwicklung als auch für die Ausbildung. Im Rahmen des Programms zeigte sich, dass kollegiale Lernprozesse eine Schlüsselstellung einnehmen. Das gilt sowohl für die Stabilisierung von Veränderungen beim institutionellen Handeln als auch für eine Dynamisierung auf institutioneller Ebene. Dies ist umso bedeutsamer, da Schulen gesellschaftlich bedingt zunehmend einer adaptiven Dynamik bedürfen. Insofern erscheint es von Bedeutung, insbesondere in der Berufseingangsphase, ein verstärktes Augenmerk auf die Ausbildung von Kompetenzen im Zusammenhang mit adaptiven Routinen zu legen. Ein erster Schritt in diese Richtung wäre professionsbiographisch bereits zu Studienbeginn im Rahmen des Perspektivenwechsels von Schüler/innen zu Lehrer/innen einem Verstehen zweiter Ordnung mehr Raum zu geben.

Vielerorts sind innovative Ansätze und Menschen zu finden, die an einem Musterwechsel im Bildungssystem arbeiten. Sie bleiben jedoch meist regional beschränkt oder finden nicht ausreichend Unterstützung. Fruchtbare Reformansätze bleiben so bestenfalls Insellösungen. Wilfried Schley und Michael Schratz betonen in ihrem Beitrag die zentrale Bedeutung von Führungspersonen im Bildungskontext auf allen Systemebenen. Sie beschreiben über die Darstellung der österreichischen Leadership Academy, wie diese Personen als Katalysatoren bzw. Agenten des Wandels und der Innovation insbesondere dann wirksam werden, wenn sie als Gruppe entsprechend sensibilisiert wurden und sich gegenseitig über das Netzwerk einer Community of Practice unterstützen können. Zentral hierfür sind u.a. eine im Beitrag beschriebene personalisierte Arbeit mit Großgruppen und ein neues Weiterbildungsverständnis. Teilnehmer/innen erleben sich in der Leadership Academy mit ihren Ideen als Initiatoren für innovative Praxis, finden sich über unterschiedliche Zugänge angesprochen und verstanden. Die detaillierte Darstellung der binnendifferenzierten Settings für Austauschprozesse als Basis konkreter Entwicklungsschritte liefert Anregungen weit über eine Beschreibung der Leadership Academy hinaus und zeigt exemplarisch auf, wie ein Systemwandel, bei einer zentralen Personengruppe ansetzend, initiiert werden kann.

Institutionen und Strukturen der Lehrer/innenbildung auf dem Weg

Das Problem der universitären Verortung von Lehramtsstudien wird aus Sicht Studierender deutlich, wenn diese sich durch ein Kombinationsstudium quer zu

Fächer- und Fachbereichsgrenzen bewegen. Ihr Weg durch die Ausbildung führt sie meist an unterschiedliche Institutionen mit je eigenen Ausbildungskulturen und Selbstverständnissen. Aktuell steht in Deutschland und Österreich das Modell der „School of Education" als zentraler, integrativer Ort der Lehrer/innenbildung an Universitäten zur Diskussion. Ein teilweise bereits etabliertes Modell zur Verortung der Lehrer/innenbildung an Universitäten – in der Regel im Sinn einer Querstruktur zu klassischen (Fach-)Instituten – sind die insbesondere seit der Jahrtausendwende vermehrt eingerichteten Zentren für Lehrerbildung. Birgit Weyand stellt in ihrem Beitrag, basierend auf empirischen Daten, dieses Modell vor, bespricht seine Genese und thematisiert, welche Bedeutung diesen Zentren gegenwärtig als integrative Reformagenturen zukommt bzw. zukommen könnte. Hierbei lassen sich die bestehenden Zentren gleichsam als Indikatoren dafür betrachten, wie schmal der Grat einer notwendigen universitären Querstruktur für die Lehrer/innenbildung im etablierten inneruniversitären Gefüge von Rechten, Pflichten und traditionellen Macht- bzw. Steuerungsstrukturen ist.

Ein Kernproblem der universitären Lehrer/innenausbildung ist trotz jüngster einschlägiger Initiativen (vgl. etwa die vermehrte Gründung von Zentren für Lehrer/innenbildung bzw. die Einrichtung einer School of Education) deren fehlende innerinstitutionelle strukturelle Verankerung. Obwohl das Gewicht vieler Fächer und Fachbereiche primär durch die Studierendenzahlen für das Lehramt zu begründen ist, ist die Organisation der Studiengänge, wie Hermann Saterdag in seinem Beitrag darlegt, an vielen Universitäten nur unzureichend verankert. Fragmentierung, fehlende verbindende Leitideen, unzureichende konzeptionelle Rahmenbedingungen belasten die Studierenden und das Studium. Zudem bedarf der kumulative Kompetenzaufbau über die Phasen hinweg einer systematischen Integration. Der Autor diskutiert in diesem Zusammenhang in einer differenzierten Darstellung, wie in Deutschland die Kultusministerkonferenz (KMK) seit der Jahrtausendwende konzeptuell reagiert (hat), um den Lehramtsstudiengängen eine verbindliche gemeinsame inhaltliche Ausrichtung zu geben. Fachbezogene, pädagogische und schulstufenspezifische Aspekte spielen hierbei eine besondere Rolle. Die Zusammenfassung des programmatischen Vorgehens der KMK bzw. der von ihr eingesetzten Arbeitsgruppen bildet im Beitrag den Rahmen für die ausführliche Darstellung der Überlegungen und Konzepte, welche für die agierenden Personen handlungsleitend waren bzw. sind. Gerade im Zusammenhang mit der Bolognaprozess-bedingten Modularisierung und -intendierten Mobilität darf dieser Beitrag bei aller nötigen fachlichen Differenzierung als wichtiger Hinweis auf die notwendige strukturelle und inhaltliche Kohärenz der Lehrer/innenbildung gelten.

Hans Weiler geht in seinem Beitrag dem wechselseitigen Verhältnis von Hochschulreformen und denen der Lehrer/innenbildung nach. Im Zentrum steht hierbei die Frage, welche Reformen der Hochschulen notwendig sind, um Reformen der Lehrer/innenbildung möglich bzw. erfolgreich zu machen; und ob es vielleicht auch Anzeichen dafür gibt, dass neue Wege in der universitären Lehrer/innenbildung unter Umständen auch zum Auslöser, Katalysator oder Beschleuniger von

Hochschulreformen werden können. Im Speziellen werden fünf aktuelle „Reformbaustellen" diskutiert: gestufte Abschlüsse in der Lehrer/innenbildung, ihre strukturelle Einbettung an Universitäten, Fachwissenschaften im Kontext der universitären Lehramtsausbildung, Hochschuldidaktik und die Bedeutung bzw. das Verständnis von Wissen. Hans Weilers Diagnose zu den genannten Bereichen mündet in die Erkenntnis, dass vor allem drei Aspekte für die Qualität der weiteren Entwicklung der universitären Lehrer/innenbildung von zentraler Bedeutung sind bzw. wären: Mut zur eigenen Überzeugung, ein echtes konstruktives und bereitwilliges Zusammenwirken aller Beteiligten jenseits der bekannten Dissonanzen und Konflikte; und die unabdingbare Verfügbarkeit der notwendigen Ressourcen.

Häufig werden in kleinen Staaten, auf kleinem Raum, die Probleme und Potenziale des derzeitigen kulturellen Wandels und seine Wechselwirkungen mit dem Bildungssystem und der Lehrer/innenbildung besonders gut sichtbar. Marc Mallinger verdeutlicht das am Beispiel Luxemburgs, indem er der Frage nachgeht, ob die Reformen der Lehrer/innenausbildung in Luxemburg auch den notwendigen Paradigmenwechsel mit sich gebracht haben. Das kleine Luxemburg, eingezwängt zwischen den EU-Großstaaten Deutschland und Frankreich, hat zwar seit der Unabhängigkeit eine eigene Identität und Kultur entwickelt. Bildungspolitisch fokussieren und verdichten sich in diesem Land jedoch die europäischen Fragen: Multikulturalität und ein hoher Ausländeranteil bei in Relation zu wenig Lehrer/innen mit Migrationshintergrund; die meisten Lehramtsanwärter/innen absolvieren ihr Grundstudium im Ausland, verfügen daher über die unterschiedlichsten Kompetenzen; Sprachen spielen eine wichtige Rolle, wobei die Alltagssprache flächendeckend nicht Unterrichtssprache ist; traditionell besteht auf allen Ebenen keine ausgebildete Fehlerkultur. Das vor etwa 10 Jahren implementierte Konzept zur eigenen Lehrer/innenausbildung hat, wie der Autor aufzeigt, mit entsprechenden Herausforderungen zu kämpfen. Die Betonung der kulturellen Eigenständigkeit zeigt sich trotz der Reformen im Weiterbestehen hierarchischer Systeme. Die Modularisierung der eigenen Lehrer/innenausbildung führt zu Redundanzen und die traditionell schwach ausgeprägte Fehlerkultur steht im Widerspruch zur Ausbildung kollegialer Kompetenzen. Trotz aller Probleme im Detail zeigt Luxemburg im Umgang mit seinen heterogenen Bildungsbedingungen im Kleinen den europäischen Weg auf, ein Modell für eine multikulturelle Schulentwicklung und Lehrer/innenausbildung.

Aufgrund der vielperspektivischen Zugänge zum Thema heißt der Band Kultur*en* der Lehrer/innenbildung. Die Herausgeber/innen verbinden damit den Wunsch, dass die Leserinnen und Leser ihren Interessen folgend in bekannte und vielleicht weniger bekannte „Subkulturen" von Lehrer/innenbildung eintauchen können.

Christian Kraler, Helga Schnabel-Schüle, Michael Schratz, Birgit Weyand
Innsbruck & Trier, August 2011

Kultur und Lehrer/innenbildung

Helga Schnabel-Schüle

Kultur der Lehrerbildung in Deutschland

„[...] there are no easy „lessons" to be learnt through international comparisons and [...] we cannot suppose that what is identified as good practice in one country can easily be imported elsewhere without taking into account the cultural context within which it is successful." (Osborn, 1995, S. 25)

Dieser Appell zur kulturellen Diversifizierung des bildungspolitischen Diskurses sollte gerade in Zeiten europäischer und weltweiter Ländervergleichsstudien zu unterschiedlichen Themenbereichen des Bildungswesens nicht ungehört bleiben. Wichtige Elemente unseres heutigen Bildungswesens können nur aus ihrer historischen Genese und nicht allein im synchronen Zugriff erklärt und verstanden werden (so auch Sandfuchs, 2004, S. 15). Die Analyse des Ist-Standes europäischer Bildungssysteme bedarf des historischen Rekurses. Davon ist auch der Bereiche der Lehrerbildung nicht ausgenommen: „Teacher Education is a product of history rather than logic" (Judge, 1994, S. 31).

Im Laufe der historischen Entwicklung sind bestimmte Normen, Werte und Vorstellungen zum Substrat der Lehrerbildungskultur geworden. Gerade diese kulturell aufgeladenen Bereiche sind immens veränderungsresistent, denn kulturelle Muster sind sui generis von hoher Nachhaltigkeit. Sie entsprechen einem Grundbedürfnis des menschlichen Geistes nach Ordnung (vgl. Lévi-Strauss, 1980, S. 25). Menschen schaffen sich erst mittels Kultur eine soziale Welt, in der sie gemeinsam leben und sich zurecht finden können (vgl. Baumann, 1999, S. 10). Daher tragen Veränderungen oft zu einer tiefgreifenden Verunsicherung bei.

Im Folgenden soll zunächst ein historischer Abriss der Lehrerbildungsgeschichte gegeben und dann in einem zweiten Teil die fünf Elemente näher beleuchtet werden, die in Deutschland bis heute die Kultur der Ausbildung von Lehrern und Lehrerinnen nachhaltig prägen: 1) die staatliche Steuerung des Bildungswesens, 2) die föderale Heterogenität, 3) die Ausdifferenzierung der Ausbildung nach Schularten, 4) die Zweiphasigkeit der Ausbildung und 5) die Zyklen von Bedarf und Überangebot.

1. Bildung als Thema der Politik seit der Frühen Neuzeit

1.1 Vorbemerkung

Die deutsche Bildungsgeschichte der Neuzeit ist geprägt durch das vielgestaltige Alte Reich, in dem es kein einheitliches Bildungssystem gab, sondern vielfältige regionale Differenzierungen bedingt durch die „Kulturhoheit" der Territorien, die aber jeweils einem der konkurrierenden Bildungssysteme der katholischen oder protestantischen Tradition zugeordnet werden konnten (vgl. Schindling, 1994, S. 3).

Dem Alten Reich folgte 1815 der Deutsche Bund, der eine Reduzierung der Ländervielfalt brachte, aber die föderale Tradition der deutschen Geschichte stärkte. Nach der Gründung des deutschen Reichs 1871 behielten die Länder weiterhin eine starke Stellung – wobei dem Land Preußen eine herausgehobene Position zukam – und auch nach der ersten demokratischen Staatsgründung 1918 blieben die Länder wichtige politische Akteure. Die nationalsozialistische Herrschaft betrieb zur Durchsetzung ihrer Herrschaftsideologie die „Gleichschaltung" der Länder. Bei der Gründung der Bundesrepublik wurden die föderalen Traditionen der deutschen Geschichte reaktiviert. Zentralstaatliche Zuständigkeiten für Bildung sind somit in der gesamten frühneuzeitlichen deutschen Geschichte nicht vorhanden und in der späteren Neuzeit nur sehr schwach ausgeprägt. Da es so auch keinen institutionellen Ort für eine gesamtstaatliche Bildungsplanung gab, waren wegweisende Schritte wie z.B. in England unmöglich; dort wurde z.B. 1641 eine Petition im Parlament eingebracht, die Universitätsgründungen in Manchester und York forderte „to save the northern counties" (Lawson & Silver, 1973, S. 161).

Darstellungen zur deutschen Bildungsgeschichte haben daher die Schwierigkeit zu meistern, am Beispiel einiger Länder verallgemeinernde Aussagen treffen zu müssen. Verschärft werden diese Schwierigkeiten durch den Umstand, dass systematische bildungsgeschichtliche Forschung nach wie vor ein Desiderat ist. Systematisch meint dabei eine nach Ländertypologien (z.B. Nord-Süd, klein-groß, katholisch-protestantisch u.a. Kategorien) vergleichend angelegte Forschung, die fundierte verallgemeinernde Aussagen erlauben würde. Bis heute ist das Angebot länderspezifischer Studien aber eher zufällig und nicht Ergebnis eines typologisierenden Zugriffs. Ein großes Übergewicht haben nach wie vor Forschungen zu Preußen, das aufgrund seiner politischen Bedeutung zwar anderen Ländern als Vorbild diente, dennoch aber ein Land unter mehreren war. Es ist hier nicht der Ort, einlässlicher über die Konsequenzen dieser „borussischen" Dominanz der deutschen Bildungsgeschichte zu reflektieren, es soll an dieser Stelle reichen, sich die schwierigen Rahmenbedingungen bildungsgeschichtlicher Überblicke bewusst zu machen.

1.2   Das konfessionelle Zeitalter

Die Bildungsinstitutionen sind, soweit nicht mittelalterlichen Ursprungs, nach der Reformation vor allem im Zeichen der konfessionellen Pluralisierung, der so genannten Konfessionalisierung, entstanden. Während in den katholischen Gebieten die Bildungstraditionen zunächst ungebrochen weiter bestanden, wurden in den protestantischen Gebieten Klöster und Kirchengüter säkularisiert und in den Zuständigkeitsbereich der weltlichen Obrigkeiten transferiert. Diese Säkularisationen konnten nur dadurch gerechtfertigt werden, dass sich die Obrigkeiten im Gegenzug auch der Aufgaben annahmen, die bis dato der (katholischen) Kirche oblegen hatten. Neben der Besoldung von Pfarrern und der Armenfürsorge fielen darunter auch alle Bildungsaufgaben. Die protestantischen Obrigkeiten hatten ihren Untertanen – wollten sie die Legitimität ihrer reformatorischen Maßnahmen nicht in Frage stellen – fortan ein Mindestmaß an Bildung anzubieten, dass sie befähigen musste, Bibel und Katechismus lesen zu können. Mit den intensiveren Bemühungen der Obrigkeiten bzw. des Staates um die Bildung war auch die Problematik der Übertragung von Erziehungskompetenzen an Lehrer zuungunsten der gleichsam naturwüchsigen Erziehungskompetenz der Eltern in der Welt. Nicht selten wehrten sich in der agrarisch geprägten Gesellschaft der Frühen Neuzeit Eltern gegen den Schulbesuch ihrer Kinder, der sie nicht nur Geld kostete, sondern ihnen auch die Arbeitskraft der Kinder für einen gewissen Zeitraum entzog.

Der erweiterte Zuständigkeitsbereich der protestantischen Obrigkeiten bedeutete eine nicht unerhebliche Machtsteigerung, so dass auch die katholischen Obrigkeiten versuchten, in diese Aufgabenbereiche hinein zu expandieren. Ihnen gelang dies mit Unterstützung des Jesuitenordens, der mit seinen Bildungskonzepten und Instrumenten die fehlende Infrastruktur der katholischen Regionen auszugleichen vermochte (vgl. Fend, 2006, S. 134f.). Somit wurde im konfessionellen Zeitalter der Grund dafür gelegt, Bildung als staatliche Aufgabe zu betrachten.

Gleichzeitig ergab sich die wirkungsmächtige Differenzierung zwischen dem katholischen und protestantischen Bildungswesen. Während im Katholizismus die Kirche mit dem Zentrum Rom als eigenständige (supraterritoriale und supranationale) Institution bestehen blieb, war die protestantische Kirche ein Teil der jeweiligen staatlichen Verwaltung. Eine „geistliche Schulaufsicht" gab es nur im Katholizismus. Im konfessionellen Zeitalter hat die für Deutschland nachhaltig wirkungsmächtige Auffassung vom staatlichen Auftrag für sowie die daraus resultierende staatliche Einflussnahme auf das Bildungswesen ihre Wurzeln.

Die intensivierten Bildungsbemühungen erstreckten sich im 16. und 17. Jahrhundert jedoch noch nicht auf den Bereich der Lehrerbildung. Zwar befassten sich die neuzeitlichen Erziehungsschriften bereits mit dem Problem, wer die Erziehung junger Menschen übernehmen sollte und wie diese Personen die dafür notwendigen Qualifikationen erwerben sollten. Diese Anforderungen waren aber wenig differenziert, sondern richteten sich auf ganz elementare Fertigkeiten wie lesen und schreiben zu können und – dies war die zentral geforderte Qualifikation, die auch bei der Normierung durch obrigkeitliche Kirchen- und Schulordnungen vorherrschend war – ein gottgefälliges Leben zu führen, das den Schülern Vorbild und Ansporn sein konnte. Die Sorge um das „Seelenheil" der Schüler war das oberste Bildungsziel (nicht nur in Deutschland, sondern auch in anderen europäischen Ländern, vgl. Jewell, 1998, S. 21). Als Lehrer waren Küster, Handwerker, Gastwirte, Soldaten tätig – es gab keine Ausschlusskriterien, wenn die o. g. Minimalanforderungen erfüllt wurden. Lehrer in der Elementarschulbildung übten ihre Lehrtätigkeit als meist schlecht bezahlte Nebenbeschäftigung aus; neben der staatlichen Besoldung waren sie auf ein Schulgeld der Kinder angewiesen, die zudem in aller Regel das Brennholz für das Beheizen der Schulräume mitzubringen hatten. Die Gestaltung des Unterrichts war ihnen weitgehend freigestellt, soweit Bibel und Katechismus als einzige Unterrichts-materialien Kreativität zuließen. Eine gewisse Kontrolle über die Lehrer übten die Ortsgeistlichen aus; ab und an erfolgten staatliche Schulvisitationen – die Berichte über diese Visitationen stellen bis heute die zentrale historische Quelle für die früh-neuzeitliche Schulgeschichte dar.

Die intensivierten obrigkeitlich-staatlichen Bemühen im konfessionellen Zeital-ter zielten vor allem auf die Elementarschulbildung. Die höhere Schulbildung stand nicht in gleicher Weise im Fokus. Auch die Lehrer an den höheren Schulen durchlie-fen keine geregelte Ausbildung. Eine Laufbahn im höheren Schuldienst gab es nicht, vielmehr war die Tätigkeit als Lehrer in aller Regel Durchgangsstation einer Berufs-biografie, die häufig in einem ganz anderen Beruf endete. Von einer Professionalisie-rung des Lehrerberufs war man sowohl im Elementar- wie auch im höheren Schul-wesen meilenweit entfernt. Das Bewusstsein, dass die Qualität eines Bildungssystems von dem Wissen und Können der Lehrpersonen abhängt, war noch nicht ausgeprägt.

1.3   Das 18. Jahrhundert

Eine Änderung bahnte sich erst zu Beginn des 18. Jahrhunderts an. Die für die deut-sche Bildungsgeschichte überaus wichtige Gründung der „Franckeschen Stiftungen" in Halle umfasste auch Seminare für die Ausbildung der Lehrer an den Schulen des Waisenhauses. Der evangelische Theologe August Hermann Francke (1663-1727) be-gann 1695, motiviert aus einem pietistischen Erweckungserlebnis, Kinder in seiner Gemeinde zu unterrichten. Daraus erwuchs seine Idee, in Halle eine Schule zu stif-ten. Zwischen 1698 und 1728 entstanden in Halle Schul- und Wohngebäude, Werk-stätten, Gärten und eine Apotheke. In 50jähriger Bautätigkeit wuchs eine Schulstadt heran, in der bis zu 2500 Menschen lebten und an der Konzeption einer christlich inspirierten Gesellschaftsform arbeiteten. Mit dem Seminarium Praeceptorum und dem Seminarium Praeceptorum Selectum wurde in Halle eine der ersten Lehrerbil-dungseinrichtungen etabliert, die mehr als die Hälfte der Lehrkräfte an den Schulen des Waisenhauses durchliefen. Vermittelt wurden fachliche und methodisch-didak-tische Kompetenzen; Inspektoren unternahmen Unterrichtsvisitationen und wö-chentlich fanden Lehrerkonferenzen statt, die sich auch mit Fehlverhalten der Lehrer befassten. Erwartet wurde von den Lehrern neben beruflichem Wissen auch eine Le-bensführung im Geist des Pietismus.

Nach dem Vorbild Halles entstanden in den folgenden Jahren und Jahrzehnten zahlreiche Seminare in verschiedenen Territorien des Reichs – eine wissenschaft-lich fundierte systematische Bestandsaufnahme steht noch aus. Die Ausbildung in einem solchen Seminar war aber nicht verpflichtend, sie war nur eine Möglichkeit neben anderen. Weiterhin konnte man sich auch durch die traditionelle „Meisterleh-re" die notwendigen Qualifikationen für eine Tätigkeit als Lehrer aneignen. Bekann-te Lehrerpersönlichkeiten waren die bei adeligen und auch bürgerlichen Familien angestellten Hauslehrer, die sich nicht selten auch als Autoren pädagogischer Schriften einen Namen machten, wie z.B. Joachim Heinrich Campe als Hauslehrer von Wilhelm und Alexander von Humboldt.

Mitte des 18. Jahrhunderts ist ein verfestigtes Bewusstsein für die Notwendigkeit stärkerer Bemühungen um eine angemessene Ausbildung künftiger Lehrer greifbar. Einen wichtigen Reformimpuls dafür gab die Gründung der Universität Göttingen, die programmatisch für die Öffnung der Universitäten hin zur „Berufswelt" eintrat – in der Frühphase insbesondere für die Berufe des öffentlichen Dienstes. In Göttingen wurde erstmals die Verbindung von Lehre und Forschung propagiert, zudem wurde die Vorrangstellung der Theologischen Fakultät aufgehoben und ein breites Spektrum von historisch arbeitenden Wissenschaftlern auf die Professuren berufen (vgl. Schindling, 1994, S. 28). Göttingen wurde mit seinen namhaften Juristen und Historikern zur maßgebenden Beamten- und Diplomatenschule in der Spätphase des Alten Reichs. Diese Orientierung einer Universität hin auf die spätere Berufsfähigkeit gab auch den Überlegungen um eine fundierte Lehrerausbildung neue Impulse, die nun aber erkennbar die höhere Schulbildung fokussierten. Der gesamte Elementarschulbereich blieb zunächst außen vor, so dass sich die Trennung der beiden Bereiche und damit die eingangs konstatierte Ausdifferenzierung der Ausbildung nach Schularten zu verfestigen begann.

Eine institutionelle Veränderung im Bildungswesen lenkte die Diskussion um die Bildung und Ausbildung der Lehrer in neue Bahnen. Zu Beginn des 18. Jahrhunderts stellten die bürgerlichen Bevölkerungsschichten zunehmend Defizite der etablierten Schulbildung fest. Die Elementarschulen mit ihrem beschränkten Bildungsangebot konnten die Bildungsbedürfnisse nicht abdecken, aber auch die philologische Orientierung der Lateinschulen entsprach nicht den Bedürfnissen der bürgerlichen Schichten. Die als Ergebnis dieser Debatte schließlich neben der elementaren und höheren Schulbildung in der ersten Hälfte des 18. Jahrhunderts mit unterschiedlicher regionaler Verteilung sukzessive implementierte Schulform der Realschule zog eine intensive Diskussion nach sich, wie die Lehrer an diesen Schulen ausgebildet werden sollten. Für die Vermittlung der neuen Bildungsinhalte der Realien schien die Nähe der Lehrer zum geistlichen Stand nun endgültig nicht mehr zeitgemäß. Dies gab der Einrichtung von Seminaren als Lehrerausbildungsstätten neue Impulse. Begleitet von der Reformpädagogik der Aufklärung wurden die Ausbildungsaufgaben der Seminare stärker in den Blick genommen und diskutiert. Zunehmend dienten sie der methodischen Ausbildung der Lehrer in standardisierten Unterrichtstechniken. Parallel dazu begann die Produktion von Schulbüchern nach denselben Lehr- und Lernmethoden. Der Gedanke einer professionalisierten Lehrerausbildung kam dem Utilitarismus der Aufklärung und dem ökonomischen Staatsinteresse an einer elementaren Volksbildung gleichermaßen entgegen (vgl. Schindling, 1994 S. 86). Allerdings gingen diese Entwicklungen sehr langsam und mit großen regionalen Unterschieden vonstatten. Den Ist-Zustand in der 2. Hälfte des 18. Jahrhunderts bilanziert Resevitz – viel beachtet und in der Verkürzung der Lehrer als „Nachtrabe des geistlichen Standes" nachhaltig zitiert:

„Aber der Schulmann – was hat der für eine Laufbahn? […] Viel Aufwand des Eifers und der Talente und wenig Achtung, noch weniger Belohnung; viel Anstrengung und mühselige Arbeit und oft zur Erholung Kummer und Sorgen; viel demüthigende Aufforderungen zur Thätigkeit, aber fast gar keine Aufmunterung; viel Anschnarchen unwissender Vorgesetzten und aufgeblähten Scholarchen und nur kaltes und verkümmertes Lob weniger Kenner; fast keine bürgerliche Ehre und Würde als nur der verachtete Nachtrabe des auch genug verachteten geistlichen Stande zu seyn; kein vorzügliches Glück und häufig kein Brod. […] Wie kann man sich wundern, dass dieser Stand Männer von Talenten anekelt; dass die meisten, welche hineingerathen, entweder so bald als möglich wieder hinauszukommen trachten oder sich ein Lieblingsgeschäft wählen, wobey sie Brod und Ruhm zu erlangen hoffen; ihr eigentliches Erziehungsamt aber nach dem geringen Preis, der darauf gesetzt ist, behandeln und als Nebensache treiben? Und fahren erst Männer von Talenten und gerade solche, die Eifer und Anlage zum Erziehungsgeschäft haben, vor dem Schulstande zurück so kann endlich kaum etwas anderes übrig bleiben, als dass teils Stümper, die nicht anders fortzukommen wissen, nach Schulämtern greifen, teils angesehene Geistliche sich aus Noth damit zu behelfen suchen, bis sie es gegen das erste beste Predigeramt vertauschen können." (Resevitz, 1773, S. 85)

Der Lehrerberuf hatte sich demnach noch nicht zur Profession entwickelt, er war vielmehr eine Durchgangsstation und er war immer noch eng mit dem „geistlichen Stand" verbunden. Aber die Veränderungen waren in die Wege geleitet.

Zum Teil parallel, zum Teil als Gegenbewegung zu den christlich fundierten Erziehungsvorstellungen entstand spätestens seit Mitte des 18. Jahrhunderts die Vorstellung einer grundlegenden Ausbildung aller „Staatsbürger", um das „allgemeine Beste" des Staates zu fördern.

Die Französische Revolution brachte für Deutschland eine neue Bildungsdebatte, die vor allem auf die Verhinderung von Revolutionen zielte. Eine gute Ausbildung der Bevölkerung wurde nun als Revolutionsprophylaxe betrachtet, womit auch zumindest vorübergehend das staatliche Interesse an der Qualifikation der Lehrer stieg. Meist recht kurzlebige Gründungen erziehungswissenschaftlicher Zeitungen für den Gebrauch von Lehrern zeugen davon: Der deutsche Schulfreund (1791), Magazin für öffentliche Schulen und Schullehrer (1790-91) und Archiv der Erziehungskunde für Deutschland (1791-1795).

Erst ab den 30er Jahren des 19. Jahrhunderts gab es – nicht zuletzt auch wegen der zunehmenden Diskussion psychologischer Fragen in Pädagogik, Philosophie und Literatur – einen breiten Markt für pädagogische Zeitschriften, die den Publikationsorganen zumindest eine gewisse Nachhaltigkeit bescherten.

Der Lehrerberuf entwickelte sich somit aus sehr bescheidenen Anfängen der Ne-
bentätigkeit über ein Hauptamt mit Naturalentlohnung und sehr spärlichem Grund-
lohn erst allmählich zu einem Vollzeitberuf. Dies gilt auch für andere europäische
Länder (vgl. Lawson & Silver, 1973, S. 189 sowie Chartier et al., 1976, S.67). Große
Unterschiede bestanden zwischen Lehrpersonen der elementaren und der höheren
Schulbildung, d.h. zwischen Volksschul- und Gymnasiallehrern. Für die Volksschulen
wurde ab 1800 die Einrichtung von Seminaren forciert. Wenn aber Lehrer dringend
gebraucht wurden, verzichtete man bereitwillig drauf, dass sie ein Seminar durchlaufen hatten, so dass die Seminare zu diesem Zeitpunkt noch kein genuines Professionalisierungselement waren.

1.4   Das 19. und 20. Jahrhundert

Das starke Bevölkerungswachstum und die flächendeckende Einführung der allgemeinen Schulpflicht führten im gesamten 19. Jahrhundert zu einem konstanten An-
steigen der Schülerzahlen. Damit erhöhte sich der Bedarf an Räumlichkeiten, an
Lehr- und Lernmitteln und nicht zuletzt an Lehrpersonal. Im Kaiserreich kam es zu
einer Verdoppelung des Lehrpersonals, im höheren Schulwesen war sogar eine Ver-
dreifachung zu verzeichnen (vgl. Titze, 1991, S. 355).

Die Lehrerseminare für die Volksschullehrerausbildung wurden in der Zeit nach
1830 nach einem weitgehend einheitlichen Muster organisiert und es entwickelte sich
in den meisten deutschen Ländern ein dreiphasiges Ausbildungsmodell, das zunächst
den Besuch einer vorbereitenden Präparandenanstalt vorsah, dann die Absolvierung
eines Lehrerseminars und schließlich die Ableistung einer regional unterschiedlich
langen Probezeit an einer Schule. Erst danach erfolgte die endgültige Anstellung als
Lehrer (vgl. Kraus, 2008, S. 54). Die Seminare waren als Internate mit einem streng
reglementierten Tagesablauf organisiert, „nicht selbstbestimmtes, gar wissenschaftliches Lernen, sondern rigide Schulung und stark kontrollierte Einübung in die Schulpraxis" dominierten die Ausbildung (Tenorth, 2008, S. 143).

Nach 1860 wurde die Volksschullehrerbildung weiter professionalisiert, indem nun
verpflichtend vorgeschrieben wurde, vor dem Probejahr eine sechsjährige Ausbildung
(3 Jahre Präparandenanstalt, drei Jahre Lehrerseminar) zu absolvieren. Auch die soziale Lage der Volksschullehrer verbesserte sich im letzten Drittel des 19. Jahrhunderts
vergleichsweise schnell (vgl. Titze, 1991, S. 361). Das Bemühen um die Hebung des
traditionell sehr niedrigen Sozialprestiges der Volksschullehrer sollte dabei auch dem
bis Ende des Jahrhunderts chronischen Lehrermangel im Elementarschulbereich ent-
gegenwirken.

Für die Gymnasiallehrer trat das fachliche Element immer stärker in den Vordergrund: Ab den 1830er Jahren wurde es möglich, sich im Studium auf bestimmte
Fächergruppen zu konzentrieren. Mit der Einführung des Staatsexamens (über Vor-
stufen zu Beginn des 19. Jahrhunderts seit 1898 – länderspezifisch unterschiedliche

Zeitpunkte der Einführung) wurde dann ein wichtiges Professionalisierungselement implementiert. Eine staatlich normierte Prüfung entschied nun über den Zugang zur Profession. Kriterien für den Zugang waren die Elemente, die am ehesten rationalisierbar waren: Wissensinhalte und allenfalls noch fachdidaktische Kompetenzen. Am wenigsten rationalisierbar waren die pädagogischen Inhalte, die somit in den Hintergrund traten. In den Prüfungsordnungen verschoben sich die Gewichte eindeutig hin zur reinen Fachprüfung. Die Lehrer an den höheren Schulen waren Ende des 19. Jahrhunderts spezifisch geschulte und fachlich spezialisierte „Unterrichtsbeamte" (Titze, 1991, S. 347). Die Autorität des Lehrers wurde zunehmend durch sein Fachwissen und die Qualität der Weitergabe des Wissens begründet (vgl. Fend, 1998, S. 339f.).

Als Kompensation zum weitgehenden Verzicht auf berufsorientierende Elemente im Studium entwickelte sich allmählich die Zweiphasigkeit der Ausbildung. Zunächst war die Kapazität der Seminare aber noch völlig unzureichend, so dass die Mehrzahl der angehenden Lehrkräfte unvermittelt von der fachwissenschaftlichen Ausbildung an den Universitäten in die Schulpraxis gelangte.

Die ausschließlich fachwissenschaftliche Qualitätsprüfung der angehenden Gymnasiallehrer hat die Kultur der Lehrerbildung nachhaltig geprägt. Bis heute hält sich die logisch nicht nachzuvollziehende Befürchtung, dass eine stärkere Betonung der pädagogischen und fachdidaktischen Elemente in den Prüfungen unweigerlich eine Reduzierung der fachwissenschaftlichen Anforderungen bedeutet, während die Argumentation, dass hohe pädagogisch-didaktisch Kompetenz nur auf der Grundlage der souveränen Beherrschung der Fachwissenschaften überhaupt möglich ist und damit die Überprüfung dieser Kompetenzen immer auch Aussagen über die fachliche Eignung erlaubt, immer noch wenig Zustimmung findet.

Die universitäre Ausbildung und ein vergleichsweise hohes Gehalt sicherte den Gymnasiallehrern Ende des 19. Jahrhunderts ein hohes gesellschaftliches Ansehen. In der Weimarer Republik wurde zum ersten Mal in der deutschen Geschichte Bildung als gesamtstaatliche, nationale Aufgabe gesehen. Die Reform der Lehrerbildung galt als das Kernproblem der anstehenden Bildungsreformen. Die Weimarer Verfassung bestimmte in Art 143 Abs. 2: „Die Lehrerbildung ist nach den Grundsätzen, die für die höhere Bildung allgemein gelten, für das Reich einheitlich zu regeln". Die Umsetzung dieser verfassungspolitischen Vorgaben lag bei den einzelnen Ländern. Als Folge wurden z.B. in Preußen in den Jahren 1922/1923 die Präparandenanstalten und 1925/1926 die Lehrerseminare geschlossen. 1926 wurden zwar die ersten Pädagogischen Akademien gegründet, allerdings erlaubte die Weltwirtschaftskrise keine höheren Bildungsausgaben. Von den fünfzehn in Preußen gegründeten Akademien wurden wegen der wirtschaftlichen Notlage 1932 acht wieder geschlossen, zumal zu dieser Zeit ein Überschuss an Lehrern bestand, der nur langsam abgebaut werden konnte. Um dem Art. 143 Abs. 2 der Weimarer Verfassung dennoch gerecht zu werden, legte Preußen diesen so aus, dass die Einheitlichkeit der Lehrerbildung in der Abiturprüfung als Voraussetzung liege. Die politische Vorstellung einer gemeinsamen

Ausbildung aller Lehrer wurde damit auf die gemeinsame Vorbildung reduziert (vgl. Müller-Rolli, 1989, S. 242).

Auf der vom Reichsinnenministerium einberufenen Reichsschulkonferenz von 1920 kamen 650 Bildungsexperten zusammen, die über die zukünftige Gestalt des deutschen Bildungssystems debattierten. Fast alle späteren Reformbestrebungen und bildungspolitischen Streitpunkte bis in die Gegenwart sind auf dieser Konferenz bereits vorgetragen und diskutiert worden. Wenn die Konferenz auch ohne unmittelbare Ergebnisse blieb, zwei Forderungen der Sozialdemokraten blieben von da an als Themen stetig in der bildungspolitischen Debatte: die „organische Angliederung der höheren an die niederen Bildungsanstalten" (Lohmann, 1921, S. 10) und die universitäre Ausbildung der Volksschullehrer. Während Letzteres seit 1970 bestehende Praxis ist, bestimmt das erste Thema in wechselnden Konjunkturen bis heute den bildungspolitischen Diskurs.

Die Zeit des Nationalsozialismus zeigte die Anfälligkeit des staatsnahen deutschen Bildungssystems für ideologische Vereinnahmung. Ab 1934 übernahm das Reichsinnenministerium Teile der Schulhoheit der Länder und begann mit einer Zentralisierung und Vereinheitlichung des Schulwesens mit dem Ziel, die staatliche Kontrolle des Bildungssystems zu garantieren. Vorangetrieben wurde diese Entwicklung 1934 mit der Einrichtung des Reichserziehungsministeriums. Das Nationalsozialistische Regime wandte sich gegen eine akademische Ausbildung besonders der Volksschullehrer und ersetze ab 1940 die Pädagogischen Akademien durch Lehrerbildungsanstalten, für die kein Abitur mehr vorausgesetzt wurde. Begünstigt wurde diese Entwicklung durch den ab Mitte der 1930er Jahre erkennbaren künftigen Mangel an Lehrern, insbesondere an Volksschullehrern – als Spätfolge der Weltwirtschaftskrise und durch die NS-Schulpolitik war die Zahl der Abiturienten stark rückläufig. In den Lehrerbildungsanstalten wurde begabten Schülern, die zumeist aus finanziellen Gründen keine weiterführende Schule besuchen konnten, nach erfolgreichem achtjährigem Besuch der Volksschule die Möglichkeit einer Ausbildung zum Volksschullehrer geboten. Die geeigneten Schüler wurden von ihren Schulen gemeldet. Über die Aufnahme wurde nach dem Ergebnis eines zweiwöchigen Ausleselehrgangs entschieden. Die Inhalte wurden entwissenschaftlicht und durch ideologische Elemente ersetzt. Für die Gymnasiallehrer wurde im Dezember 1940 der Vorbereitungsdienst auf ein Jahr verkürzt. Mit dem Staatsexamen war die Kontrolle der Gymnasiallehrer ohnehin systematisch implementiert.

Die Debatte über die Lehrerausbildung war in der Besatzungsphase nach dem 2. Weltkrieg daher verständlicherweise von den Grundsätzen der Entnazifizierung und Demokratisierung geprägt. Die westlichen Besatzungsmächte einigten sich auf Grundsätze, nach denen das deutsche Bildungssystem umgestaltet werden sollte. Enthalten war das Konzept einer politischen und pädagogischen Neuordnung der Lehrerbildung, die den Ansprüchen eines demokratischen Staates entsprechen sollte. Die Schwierigkeit bestand darin, dass wegen des akuten Lehrermangels keine allzu rigorose Entlassungspolitik betrieben werden konnte. Bereits ausgebildete Lehrer mussten

„re-orientation"-Kurse besuchen oder es reisten „education teams" von Ort zu Ort, die versuchten, durch Vorträge, Diskussionen und „demonstrations" den Lehrern demokratische Ideen zu vermitteln. Alle diese Programme scheinen aber eher unkoordiniert und in Planung, Durchführung und Inhalt sehr unterschiedlich gewesen zu sein. Einheitlichkeit herrschte hinsichtlich des Ziels, dass es um die „attitudes and points of view" der Lehrer ging und nicht um „teaching methods or skills" (Rosenzweig, 1998, S. 124). Bereits im August 1945 wurde angekündigt, dass an Plänen für eine „fundamental reorientation in the German teacher training program" gearbeitet werde. Alle Maßnahmen zielten auf eine Internalisierung demokratischer Überzeugungen und Werte bei den Lehrern, die sich dann – so die einhellige Vorstellung – durch den Unterrichtsprozess auch auf die Schüler übertragen sollte. Besonderer Wert wurde auf die Auswahl der zur Lehrerbildung zugelassenen Studenten gelegt. Sie mussten nicht nur die für alle Studenten gültigen Bedingungen des Entnazifizierungsgesetzes vom 5. März 1946 erfüllen, sondern darüber hinaus eine positive Einstellung zur Demokratie vorweisen. Studenten, die während des Studiums zu erkennen gaben, dass sie mit den demokratischen Institutionen und der demokratischen Politik der Besatzungsmächte nicht übereinstimmten, wurden von der Vorbereitung auf das Lehramt ausgeschlossen. Wie genau diese Vorgaben überprüft werden sollten, blieb jedoch völlig offen (vgl. Bungenstab, 1970, S. 79-81).

Da die Besatzungsmächte zur Umsetzung ihrer Konzepte auf die föderativen Strukturen ihrer jeweiligen Besatzungszonen angewiesen waren, ging eine nachhaltige Bildungspolitik nach 1945 schließlich von den Ländern aus, was (zunächst) zu einer häufig kritisierten Uneinheitlichkeit des Bildungswesens in Deutschland führte. Die Länder versuchten ihre jeweils eigenen Konzepte durchzusetzen: Bayern z.B. lehnte die Hochschulausbildung der Volksschullehrer ab, Hessen hielt an der traditionellen Trennung der Lehrämter fest, Nordrhein-Westfalen errichtet Pädagogische Akademien ohne Forschungsanspruch. Zu einer fundierten inhaltlichen Debatte über die Reform der Lehrausbildung kam es zunächst nicht. Vielmehr sollten die anstehenden Probleme pragmatisch, aber auch mit parteipolitischer Profilierung angegangen werden. Unterschiedliche Positionierungen in Bildungsfragen dienten erkennbar der Verortung der Parteien im politischen Raum der jungen Bundesrepublik. Die Lösung des Problems der damit verbundenen Uneinheitlichkeit wurde nicht in einer stärkeren Bundeskompetenz in Bildungsfragen gesehen, sondern in der Stärkung der föderalen Zuständigkeit bei gleichzeitiger Selbstverpflichtung der Bundesländer auf essentielle Gemeinsamkeiten. Zu diesem Zweck wurde bereits 1948 die „Ständige Konferenz der Kultusminister der Länder in der Bundesrepublik Deutschland" (Kurzform: Kultusministerkonferenz) als freiwilliger Zusammenschluss der für Bildung, Erziehung und Forschung sowie kulturelle Angelegenheiten zuständigen Minister bzw. Senatoren der Länder gegründet. Sie hat seit ihrer Gründung aller Kritik zum Trotz eine zentrale Rolle bei der Diskussion und Vorbereitung bildungspolitischer Entscheidungen gespielt.

Bemerkenswert ist, dass das Thema Lehrerbildung in den Debatten der Kultusministerkonferenz erst seit 1970 eine nennenswerte Rolle spielte. Nicht nur der starke Mangel an Lehrkräften, sondern auch die große gesellschaftliche Bedeutung, die dem Thema Bildung von der sozialliberalen Koalition unter Bundeskanzler Willy Brandt zugewiesen worden war, ließ auch der Lehrerbildung größere Aufmerksamkeit zuteil werden. Allerdings stand sie nie im Zentrum der Aufmerksamkeit, andere politisch stark aufgeladene Themen wie zum Beispiel die Gesamtschule wurden weitaus breiter und mit größerer gesellschaftlicher Resonanz diskutiert, zumal die Lehrerbedarfssituation nach 1976 wieder einem deutlichen Überangebot an Lehrkräften wich.

Der immense Regelungsbedarf in Folge der deutschen Einheit war es schließlich, der das Thema Lehrerbildung erneut und nachhaltig zum Teil des bildungspolitischen Diskurses machte. Durch Beschluss vom 5. Oktober 1990 kam erstmals eine generelle Vereinbarung über die gegenseitige Anerkennung von Lehramtsprüfungen und Lehramtsbefähigungen zustande. Die Diskussionen gewannen aber auch eine neue inhaltliche Dimension. Die Frage, was genau ein Lehrer können sollte, um den Anforderungen einer stark veränderten Gesellschaft gerecht zu werden, ist in den letzten zwei Jahrzehnten intensiver diskutiert worden als jemals zuvor. Die zunehmende Heterogenität der Schülerschaft in allen Schulstufen machte ein Umdenken notwendig. Sukzessiv steigende Übergangsquoten auf die Gymnasien führten die Verengung der Gymnasiallehrerausbildung auf eine rein fachliche Ausbildung ad absurdum. Stärkere Wettbewerbsorientierung und das schlechte Abschneiden in internationalen Vergleichsstudien taten ein Übriges. Als Ergebnis wurde inzwischen in ausnahmslos allen Bundesländern die Reform der Lehrerbildung angegangen. Allen Maßnahmen der Länder liegt eine Verständigung über eine Kompetenzorientierung der Lehrerbildung zugrunde, die vorbereitet durch die Quedlinburger Beschlüsse der KMK von 2005 über die Voraussetzungen für die wechselseitige Anerkennung von Abschlüssen schließlich in den Saarbrücker Beschlüssen der KMK von 2008 mit der Festlegung auf ländergemeinsame Anforderungen zu einem vorläufigen Abschluss kam. Die ländergemeinsamen Anforderungen sind angesichts der historischen Entwicklung in ihrer Bedeutung nicht hoch genug einzuschätzen: Lehrerausbildung wird als länderübergreifende Aufgabe verstanden, die aber von den Ländern selbst in die Hand genommen wird. Die ländergemeinsamen Anforderungen bändigen damit die föderale Vielfalt, ohne aber das Potenzial des Bildungsföderalismus zu beschneiden.

2. Elemente der Kultur der Lehrerbildung in Deutschland

2.1 Die staatliche Steuerung des Bildungswesens

Die staatliche Steuerung des Bildungswesens hat in Deutschland eine so lange Tradition, dass sie gleichsam als naturgesetzliche Prämisse erscheint. Alternativen sind nur schwer vorstellbar.

Bereits im konfessionellen Zeitalter versuchte der Staat über die Bildung Zugriff auf seine Untertanen zu bekommen (s.o. S. 20f.). Im deutschen Reformabsolutismus waren Bildungsreformen ein zentraler Bestandteil des Reformprogramms. Gleichzeitig begann in den katholischen Ländern der Kampf gegen die geistliche Schulaufsicht der katholischen Kirche.

„Schulen und Universitäten sind Veranstaltungen des Staates, welche den Unterricht der Jugend in nützlichen Kenntnissen und Wissenschaften zur Absicht haben" konstatierte schließlich 1794 das Allgemein Preußische Landrecht (§ 1, zit. nach Giese, Quellen, 1961, S. 61). Die Verstaatlichung des Schulwesens sollte die Funktionalität der Erziehung für die Interessen des Staates sicherstellen. Folgerichtig wurde auch die Lehrerbildung völlig dem staatlichen Zugriff unterworfen. 1809 wurde in Bayern, 1810 in Preußen das examen pro facultate docendi als Vorläufer des heutigen Staatsexamens eingeführt und zur Zulassungsvoraussetzung für den Gymnasiallehrerberuf erklärt. Damit kam es zu einer durch staatliche Vorgaben erzielten Professionalisierung des Gymnasiallehrerberufes und zur Schließung der Profession, für den Bereich der Volksschullehrerbildung dauerte dieser Prozess länger.

Wenn es auch wenig erfolgversprechend scheint, gegen diese starke Tradition generell und vage eine deutliche Reduzierung des staatlichen Einflusses zu fordern, so muss aber darüber nachgedacht werden, in welchen Bereichen eine Reduzierung der staatlichen Einflussnahme die Eigeninitiative und die Kreativität der Akteure im System erhöhen könnte.

Fend hat in einem kritischen Vergleich der Bildungssysteme Deutschlands und der Schweiz für Deutschland eine immer enger werdende Beziehung zwischen der Verwaltungsbürokratie und der operativen Ebene der Schule und des einzelnen Lehrers festgestellt. In der Schweiz, so konstatiert Fend, habe sich dagegen ein öffentliches System etabliert, das sich in einem kritischen Dialog zwischen staatlichen Vorgaben, eigenständiger Professionalisierung und der Verantwortung gegenüber der Öffentlichkeit entwickelte und sich in den Schulpflegen, Bezirkschulpflegen und Aufsichtskommissionen, repräsentiert (Fend, 2006, S. 182). Dies genau scheint der entscheidende Punkt zu sein. Wenn der staatliche Einfluss bis auf die operative Ebene der einzelnen Schule reicht, werden die Lehrer einerseits in ihrer Eigenverantwortung beschnitten und zugleich einer starken Kontrolle ausgesetzt. Am Beispiel der Lehrpläne lässt sich dies besonders deutlich zeigen. Häufig wird mit dem Verweis auf die Bindung durch die Lehrpläne die Verantwortung für die Auswahl von Unterrichtsthemen weggeschoben. Die Aufgabe des Lehrers scheint mitunter in erster Linie die Einhaltung des Lehrplans zu sein, und nicht die, für seine jeweilige Lerngruppe das beste Lernarrangement zu finden, für das ggf. eine andere Themenauswahl besser wäre. Der staatliche Einfluss darf nicht so weit gehen, dass Lehrer ihre Verantwortung darin sehen, staatliche Vorgaben zu erfüllen. Objekt ihrer Verantwortlichkeit müssen die Schüler sein. In Wahrnehmung dieser Verantwortung müssen Lehrer sich ggf. auch von staatlichen Vorgaben emanzipieren. Eine gute Lehrerausbildung müsste Hilfestellung dazu bieten, hierfür das richtige Maß zu finden. Angehende Lehrer müssten bereits in ihrer Ausbildung dazu angehalten werden, Schwächen im System zu benennen und Vorschläge für Verbesserungen zu machen, nicht nur im Sinne der Schulentwicklung, sondern im Sinne der Systementwicklung der Ausbildung. Lehrer müssten das Verhältnis zu den staatlichen Steuerungsstellen als Kommunikationsprozess begreifen lernen, in dem die Rollen von Sender und Adressat ständig wechseln.

2.2 Die föderale Heterogenität

Die „Kulturhoheit der Länder" vom Bundesverfassungsgericht als „Kernstück der Eigenstaatlichkeit der Länder" bezeichnet, begleitet die deutsche Bildungsgeschichte seit der Herausbildung des deutschen Nationalstaates im 19. Jahrhundert, der Grund dazu wurde im Zeitalter der Konfessionalisierung gelegt. Im Kaiserreich lagen kulturelle Angelegenheit und damit die gesamte Schul- und Bildungspolitik in der Zuständigkeit der Reichsländer, wobei Preußen im bildungspolitischen Bereich ein Orientierungsmodell wurde.

Obwohl die Weimarer Reichsverfassung Bestimmungen über die Schulpolitik enthielt (Vierter Abschnitt Art. 142-150), änderte auch sie in der grundsätzlichen Zuständigkeit der Länder für die Schulpolitik nichts. Vorgeschrieben wurde aber eine für das Reich einheitliche Lehrerbildung, zudem wurde die staatliche Schulaufsicht verankert und damit zugleich die geistliche Schulaufsicht abgeschafft.

Dass zur Zeit der nationalsozialistischen Herrschaft in Deutschland die Zentralisierung im Kultur- und Bildungsbereich im Dienste der ideologischen Gleichschaltung aller staatlichen Bereiche betrieben worden war, verschaffte in den frühen Jahren der Bundesrepublik der föderalen Tradition im Bildungsbereich eine hohe Reputation. Hinzu kamen die pragmatischen Gründe der Umsetzungsdefizite der Besatzungsmächte, die ihre politischen Konzepte nur im Rückgriff auf die föderativen Strukturen ihrer jeweiligen Besatzungszone versuchen konnten zu realisieren. Demzufolge war vor der Gründung der Bundesrepublik die Schulpolitik in den westlichen Besatzungszonen durch die jeweiligen regionalen Traditionen der entstehenden Länder einerseits und die unterschiedlichen Einflussnahmen der Besatzungsmächte andererseits geprägt. Nach 1945 war der Föderalismus im Bildungssystem somit auch eine Emanzipation von den Besatzungsmächten. Anweisungen der Besatzungsmächte zur Durchführung von re-demokratisierenden Schulreformen wurden als „par ordre de mufti" und damit als kontrafaktisch „antidemokratisch" deklariert. Die Besinnung auf das demokratische Selbstbestimmungsrecht verhinderte somit eine Schulreform

nach Direktive der Besatzungsmächte. Der hessische Erziehungsminister Stein machte im Rahmen einer Konferenz mit den amerikanischen Erziehungsbehörden Ende
November 1948 darauf aufmerksam, dass eine durch Befehl der Alliierten eingeführ-
te Bildungsreform zum Scheitern verurteilt sei. Er räumte freimütig ein, dass die Besatzungsmächte das Recht auf ihrer Seite hätten, wenn sie eine solche Reform von
oben verordnen und erzwingen wollten, gerade aber der „demokratische Teil der Bevölkerung" könne auf diese Weise nicht für die Reform gewonnen werden:

> „Seien sie davon überzeugt, ich weiß nicht, was ich der Bevölkerung noch
> sagen soll, wenn ich immer wieder höre ‚Ihr macht ja immer auf Anwei-
> sung der Militärregierung'. ‚Wo bleibt da die Demokratie und die freie Er-
> ziehung'" (zit. nach Rosenzweig, 1998, S. 178).

Mit dem Grundgesetz wurde 1949 die Zuständigkeit der Länder für die Bereiche der
Bildungs- und Kulturpolitik festgeschrieben. Im Unterschied zur Weimarer Reichsverfassung überließ das Grundgesetz die Schulgesetzgebung und – zunächst bis zur
Grundgesetzänderung von 1969 – auch die Hochschulgesetzgebung ausschließlich
den Ländern. Trotz der koordinierenden Arbeit der bereits 1948 gegründeten Kultusministerkonferenz kam es zu einer deutlich wahrnehmbaren Uneinheitlichkeit
und zur sukzessiven Auseinanderentwicklung der Schulsysteme der einzelnen Länder. Forciert wurde die Auseinanderentwicklung durch die unterschiedliche parteipolitische Ausrichtung der Länderregierungen. Debatten über konkrete Bildungsfragen
waren immer auch parteipolitische Positionierungen in Bildungsfragen. Die Öffentlichkeit nahm die Schulpolitik als „Schulchaos" war, so dass die Ministerpräsidenten
der Länder in einer Erklärung vom Februar 1954 eine Vereinheitlichung des Schul-
und Erziehungswesens als ein „gemeinsames dringendes politisches Anliegen" er-
klärten, was in der Folgezeit neben der Kultusministerkonferenz zu weiteren Querstrukturen führte (1953 Deutscher Ausschuss für das Erziehungswesen, 1965-1975
Deutscher Bildungsrat, 1969-2007 Bund-Länder-Kommission für Bildungsplanung),
die die mangelnde Bundeskompetenz zu kompensieren halfen (vgl. Klemm, 2006,
S. 380f.).

Trotz dieser fortgesetzten Koordinierungsbemühungen im Schulbereich veranlass-
te 1978 die sozialliberale Bundesregierung einen „Bericht über strukturelle Probleme des Bildungsföderalismus" (bekannt geworden auch als sog. „Mängelbericht"), in
dem sie die Bemühungen der Länder um Einheitlichkeit im Bildungswesen als unzureichend hinstellte und eine Bundeskompetenz auch auf dem Gebiet des Schulwesens einforderte. Politischer Hintergrund des Vorstoßes der Bundesregierung war,
dass sich die von CDU und CSU geführten Länder in einigen bildungspolitischen
Fragen, so auch im Bereich der Lehrerbildung, den Vorstellungen der sozialliberal-
len Koalition widersetzten und somit die Grenzen einer gesamtstaatlichen Bildungsplanung im föderativen System deutlich geworden waren. In ihrem Bericht monierte
die Bundesregierung gerade auch die mangelnde Einheitlichkeit bei der Lehrerbildung, die sie als Behinderung der Freizügigkeit für die Berufsgruppe der Lehrer sah.

Die Kultusministerkonferenz räumte in ihrer Stellungnahme vom 20./21.4.1978 zwar ein, „dass im föderativen Bildungssystem der Bundesrepublik Deutschland eine Reihe von Problemen und Schwierigkeiten aufgetreten sind, die einer Lösung bedürfen". Sie betonte aber zugleich die Entschlossenheit der Länder, besonders im Rahmen der Kultusministerkonferenz und der Bund-Länder-Kommission für Bildungsplanung und Forschungsförderung bestehende Schwierigkeiten zu bewältigen. Die Kultusministerkonferenz wies auch auf die Leistungen und Vorzüge des föderativen Systems hin, das im Wettbewerb der Länder „einen hohen Stand differenzierter Ausgestaltung des Bildungswesens hervorgebracht und gleichzeitig kulturelle Vielfalt erhalten und gefördert" habe (Kultusministerkonferenz, 1998, S. 201). Mit dieser Einschätzung hat die Kultusministerkonferenz die Vorzüge des föderativen Systems sicher nicht übertrieben. Diese Vorzüge zu bewahren bei gleichzeitiger Vermeidung allzu großer Diversität, diesem Ziel scheint die Kultusministerkonferenz heute vor allem im Bereich der Lehrerbildung durch die Formulierung der ländergemeinsamen inhaltlichen Anforderungen für die Fachwissenschaften und die Fachdidaktiken in der Lehrerbildung (Beschluss der KMK vom 16.10.2008) nahe gekommen zu sein.

2.3 Die Ausdifferenzierung der Ausbildung nach Schularten

Gymnasiallehrer wurden seit Einführung des Staatsexamens zu Beginn des 19. Jahrhunderts an Universitäten ausgebildet. Sie absolvierten ein reines Fachstudium, für das zunächst die Philologien als zentrale Fächer angesehen wurden. Die Ausbildung der Volksschullehrer erfolgte hingegen an Seminaren. Die Ausbildung an den Seminaren war zwar gegenüber der in der Zeit bis zu Beginn des 19. Jahrhunderts gängigen „Meisterlehre" ein Fortschritt, da eine gewisse Systematisierung des Wissenserwerbs erfolgte, dennoch bestand eine sehr große Diskrepanz zur wissenschaftlichen Gymnasiallehrerausbildung. Bestrebungen der Demokratisierung der Gesellschaft richteten sich zugleich auch immer gegen das klassenspezifische Bildungssystem und die entsprechende Lehrerbildung. Im Zuge der 1848er Revolution forderten die Volksschullehrer erstmals ein einheitliches Bildungssystem mit theoretischer und praktischer Ausbildung der Volksschullehrer an einer Lehrerbildungsanstalt als Zweig der Universität.

Mit der Zunahme der in der Volksschule vermittelten Qualifikationen und der Verwissenschaftlichung des Unterrichtsprozesses wurden die aus den Ausbildungstraditionen resultierenden unterschiedlichen Ausbildungspraktiken für die verschiedenen Schularten immer problematischer. Dennoch entwickelten sich die unterschiedlichen Bereiche der Lehrerausbildung eher noch weiter auseinander. Im Laufe des 19. Jahrhunderts wurden in Zusammenarbeit von Kultusministerium, Universität und Schulverwaltung in Preußen mehrere Prüfungsordnungen erlassen, die eine noch stärkere Ausdifferenzierung nach Schularten und Schulfächern mit sich brachte (vgl. Blömeke, 2002, S. 123).

Der deutlichste Unterschied bestand hinsichtlich des gesellschaftlichen Ansehens und des sozialen Status, was möglicherweise Ursache und Auswirkung dieser Differenzierung zugleich war. Volksschullehrer verdienten im 19. Jahrhundert nur 1/10 bis 1/3 des Gehalts der Gymnasiallehrer, erst um 1840 kann zumindest von einem existenzsichernden Einkommen ausgegangen werden (vgl. Blömeke, 21f.).

Demgegenüber kam es Ende des 19. Jahrhunderts zu einem deutlichen sozialen Aufstieg der Gymnasiallehrer, sie wurden in der Laufbahnhierarchie mit den Richtern gleichgestellt. 1920 wurde der Titel „Studienrat" eingeführt.

Durch die Demokratisierung in der Weimarer Zeit erschien das Ziel, die Lehrerbildung für alle Schulformen zu verbinden, erreichbar, letztlich scheiterte das Vorhaben aber doch. Zwar kam die grundsätzlich andere Vorstellung auf, dass das Bildungsniveau für die Lehrer aller Schularten dasselbe sein müsse. Eine universitäre Ausbildung aller Lehrer konnte aber im politischen Prozess wegen der unterschiedlichen parteipolitischen Positionierungen nicht erreicht werden, vielmehr wurden als Kompromiss Pädagogische Akademien eingerichtet.

Nach dem 2. Weltkrieg prangerte die Zook-Kommission (United State Education Mission, 1946 gegründet, benannt nach ihrem Leiter George F. Zook) die starke soziale Diversifizierung des deutschen Erziehungswesens an und erklärte ihre Beseitigung zur Voraussetzung für eine Demokratisierung der Gesellschaft. In der Volksschule würden – so die Kommission – die wesentlichen Grundlagen für das demokratische Bewusstsein und Verhalten der Kinder gelegt und daher forderte sie:

> „Die große Bedeutung der Grundschulerziehung und der Grundschullehrer im deutschen Erziehungssystem muss durch höhere Gehälter und durch die Forderung nach einem höheren Standard ihrer Allgemeinbildung anerkannt werden." (zit. nach Bungenstab, 1970, S. 82).

Folgerichtig sollte außerdem die gesamte Lehrerbildung an die Universität verlegt werden oder aber „in a pedagogical institution of university rank". Dieser Forderung kam man in einigen Ländern nach, wie z.B. Bremen, Hessen, Berlin, z.T. in Württemberg-Baden, in anderen, wie z.B. Bayern, nicht (Bungenstab , 1970, S. 83).

Zudem schlug die Zook-Kommission ein Gesamtschulsystem mit einer sechsjährigen Grundstufe und einer ebenfalls sechsjährigen Sekundarstufe vor. Der Vorschlag wurde 1947 als Direktive Nr. 54 in den Alliierten Kontrollrat eingebracht. Dieser verlangte von den Landesregierungen Schulentwicklungspläne zu erstellen, die diesen Vorgaben Rechnung trugen. Die Umsetzung der Direktive verzögerte sich und nach der Gründung der Bundesrepublik wurde der Ausführungszwang in den meisten Ländern aufgehoben (vgl. von Friedburg, 1989, S. 87).

Der erneute Verzicht auf eine universitäre Lehrerausbildung der Volksschullehrer nach 1945 war aufgrund der dramatischen Lehrermangelsituation von einem breiten gesellschaftlichen Konsens getragen und war nicht etwa auf die Abwehrhaltung der Universitäten zurückzuführen.

Während Gymnasiallehrer im Anschluss an ihre lange wissenschaftliche Ausbildung noch eine praktische Ausbildung im Referendariat erhielten, wurden die

Volksschullehrer bis in die 60er Jahre auf eine an ihre zweijährige Akademieausbildung unmittelbar anschließende Klassenlehrertätigkeit mit Unterricht an allen Fächern und Schuljahren vorbereitet. Erst in den späten 60er Jahren wurde eine sechssemestrige Ausbildung mit fachlicher Spezialisierung an den Pädagogischen Hochschulen, die in den 1980er Jahren mit Ausnahmen in Baden-Württemberg in die Universitäten integriert wurden, zum Ausbildungsstandard für die nichtgymnasialen Lehrämter.

Eine enge Verbindung zur Gymnasiallehrerausbildung wurde dennoch nicht erreicht. Sehr zählebig war die Vorstellung, dass Gymnasiallehrer vor allem eine solide fachwissenschaftliche Ausbildung, Lehrer der anderen Schularten vor allem eine pädagogische Ausbildung benötigten. Die Konsequenzen der fehlenden Sicherung der pädagogischen Eignung der Gymnasiallehrer bzw. der fachwissenschaftlichen Basis für die Lehrer der anderen Schularten drangen erst allmählich ins allgemeine Bewusstsein. Ständig steigende Übergangsquoten auf die Gymnasien und eine zunehmend heterogenere Schülerschaft dekonstruierten die Vorstellung des Gymnasiums als „gänzlich andere" Schule. Die Trennung der Lehrämter hielt sich dennoch beharrlich, durch die unterschiedliche Besoldungseingruppierung und Bezahlung der Lehrer wurde sie zementiert.

Erst in jüngster Zeit wurden mutige Schritte zur Angleichung der Lehrerausbildung für die verschiedenen Schularten gemacht. So wurde z.B. in Nordrhein-Westfalen für alle Schularten dieselbe Ausbildungsdauer festgelegt. In Rheinland-Pfalz werden schrittweise alle bisherigen Haupt- und Realschulen zusammengeführt, die Studiendauer für diese Schulform reformiert und um ein Semester verlängert und die Eingangsbesoldung für die Lehrer dieser Schulform der für die Lehrer an Gymnasien angepasst. Die Diskussionen an den Universitäten wie auch in den Lehrerverbänden, die die Einführung der neuen Schulform begleiten, zeigen aber deutlich, dass die Vorbehalte in den Köpfen der Akteure noch nicht überwunden werden konnten. Die einheitliche Lehrerausbildung ist noch kein Element der Lehrerbildungskultur geworden, die starke Ausdifferenzierung nach Schularten ist es allerdings auch nicht mehr.

2.4   Die Zweiphasigkeit der Ausbildung

Zur Kultur der Lehrerbildung in Deutschland gehört die in Europa singuläre zweiphasige Ausbildung an Universitäten und Studienseminaren als Ergebnis einer langen und erst spät abgeschlossenen Entwicklung. Während die Ausbildung von Volksschullehrern an Präparandenanstalten und Seminaren erfolgte, absolvierten Lehrer an höheren Schulen ein akademisches Studium. Eine pädagogische Ausbildung erhielten Gymnasiallehrer nur ganz am Rande. Für einen Gymnasiallehrer stand demnach das Fachwissen im Fokus der Ausbildung, für den Volksschullehrer pädagogische Fertigkeiten.

Erst 1890 wurde an die universitäre Ausbildung der Gymnasiallehrer eine 2. Phase zur Vermittlung von Berufsfertigkeiten angehängt, ab Ende des 19. Jahrhunderts

(Württemberg 1898, Bayern 1912, Preußen 1917) dann ein 2. Staatsexamen zur Überprüfung dieser Qualifikationen. Bis 1912 gab es mehr als 150 pädagogische Seminare, die eine geregelte pädagogische Ausbildung und angeleiteten Probeunterricht ermöglichten (vgl. Sandfuchs, 2004, S. 19). Für die Volksschullehrer wurde komplementär der Ruf nach universitärer Ausbildung in der 1. Phase lauter.

Aus der Form der Einführung der Zweiphasigkeit resultierte ein doppeltes Problem: zum einen die Identifizierung der Pädagogik ausschließlich mit dem Volksschullehrerberuf und damit ihre Wahrnehmung als Element der niederen Schulbildung (vgl. Blömeke, 2002, S. 124), zum anderen die weitgehende Negierung der Notwendigkeit fachlicher Kompetenzen als unverzichtbares Element der Berufsqualifizierung der Volksschullehrer. Die Genese sowie Struktur und Inhalt der Zweiphasigkeit der Lehrerausbildung in Deutschland haben damit die Annäherung der Ausbildung für die unterschiedlichen Lehrämter behindert.

Erst in der 139. Sitzung der Kultusministerkonferenz am 9. Oktober 1970 wurde das gymnasiale Modell eines Vorbereitungsdienstes an Studienseminaren für alle Lehrämter verbindlich und gleichzeitig auch die universitäre Ausbildung für alle Lehrämter festgeschrieben (Ausnahme Baden-Württemberg: Grund-, Haupt- und Realschullehrerausbildung erfolgt dort an den Pädagogischen Hochschulen).

Die Studienseminare sind (noch) die einzige Institution der Lehrerbildung, in denen systematisch aktuelle pädagogische und fachdidaktische Erkenntnisse in eine praktische Überprüfung und methodische Anwendung überführt werden. Dennoch werden immer wieder auch kritische Punkte im Zusammenhang mit den Studienseminaren diskutiert werden müssen. Eine Evaluation der berufsspezifischen Professionalisierung im Rahmen der 2. Phase ist bislang nur für begrenzte Bereiche geleistet worden; eine wissenschaftlich fundierte empirische Gesamtuntersuchung der Leistung der 2. Phase steht noch aus (vgl. Walke, 2007, S. 4). Zudem ist der Vorbereitungsdienst strukturell geprägt durch die Ambivalenz zwischen selbstverantwortlichem Lernen der Lehramtsanwärter und der Fremdbeurteilung durch die Seminarausbilder. Lehramtsanwärter sind gleichzeitig Lehrende und Lernende und – noch weitaus konfliktgeladener – Beurteiler und Beurteilte.

Studienseminare sind selbständige Ausbildungseinheiten, die aber den jeweiligen dienstvorgesetzten Behörden untergeordnet sind. Ihre Einführung in Preußen wird daher als Reaktion auf die Humboldtsche Universitätsreform interpretiert, die die Universitäten – wie wir heute wissen lange Zeit nur der Theorie nach – frei von staatlichen Reglementierungen halten wollte. Mag man diese Interpretation auch für überzogen halten, so erfolgt der staatliche Einfluss bis heute zweifelsfrei mittelbar dadurch, dass der Staat nicht nur „Organisator, Finanzier, Aufsicht und Prüfungsinstanz des Vorbereitungsdienstes, sondern ebenso Endabnehmer der ausgebildeten Lehrerinnen und Lehrer" ist (Lenhard, 1994, S. 278) – oder anders ausgedrückt: Es gibt für die Absolventen der 2. Phase keinen alternativen Arbeitsmarkt. Demnach sammeln Lehramtsanwärter ihre pädagogischen Erfahrungen in der 2. Phase unter dem nicht zu unterschätzenden Druck, sich günstig auf dem Lehrerarbeitsmarkt zu platzieren. Die konkreten Auswirkungen hängen dabei von den Zyklen des Arbeitsmarktes ab:

In Phasen des Lehrerüberschusses erhält die Ausbildung der 2. Phase eine stark selektierende, in Phasen des Lehrermangels einen inkludierenden Charakter ungeachtet aller objektiven Beurteilungsstandards.

Mit dem Modell der Zweiphasigkeit ist gewollt oder ungewollt auch die Abwertung der Erfahrung als zentrale Kategorie der Lehrerbildung verbunden. Die 2. Phase bescheinigt mit dem 2. Staatsexamen und den sich darin anschließenden Laufbahnschritten das Ende der Lehrerausbildung. Die Berufserfahrung wird als 3. Phase nicht als genuiner Bestandteil der Ausbildung, sondern als Fort- und Weiterbildung betrachtet. Dadurch wird es schwieriger, die Entwicklung der pädagogischen Handlungsfähigkeit als „berufsbiographischen Prozess" (Lenhard, 2004, S. 282) zu verstehen.

Die Zweiphasigkeit der Lehrerausbildung wird aber – nicht obwohl, sondern gerade weil sie ein Alleinstellungsmerkmal der deutschen Lehrerausbildung ist – wohl nicht in Frage gestellt werden. Vielmehr wird die bereits erkennbare engere Verzahnung der 1. und 2. sowie auch der 3. Phase verstärkt werden müssen, um die kritischen Punkte der Zweiphasigkeit der Ausbildung zu minimieren.

2.5 Die Zyklen von Bedarf und Überangebot

Schließlich wird die Kultur der Lehrerbildung ganz entscheidend dadurch geprägt, dass als Folgen des generativen Wandels Mangel- und Überfüllungssituationen einander abwechseln. Spätestens seit der Mitte des 19. Jahrhunderts ist historisch belegbar, dass Lehrermangelsituationen scheinbar unvermeidlich zu Dequalifizierungsschüben führten, die erst in Zeiten des Überangebots von Lehrern wieder korrigiert wurden. Dass es bei dieser Gesetzmäßigkeit bis heute schwerfiel, nachhaltige Eignungs- und Qualifizierungsstandards zu finden, überrascht nicht. Einige Beispiele mögen dies verdeutlichen: 1961 erarbeitete die Kultusministerkonferenz eine Bedarfsfeststellung, die zu dem Ergebnis kam, dass die jährlichen Ausgaben für Bildung, Forschung und Kultur, die von 1957 bis 1962 bereits um rund 50 Prozent gesteigert worden waren, bis 1970 wegen der steigenden Schülerzahlen, aber auch wegen der notwendigen Weiterentwicklung des gesamten Bildungswesens mindestens verdoppelt werden müssten (Sekretariat der Kultusministerkonferenz, 1998, S. 188). Zu den „großen zu lösenden Aufgaben", die in den Zahlen der Bedarfsfeststellung ihren Ausdruck fanden, gehörte auch die Gewinnung eines ausreichenden Lehrernachwuchses und der Ausbau der Pädagogischen Hochschulen. Von besonderer Brisanz war der durch die Bedarfsfeststellung deutlich gewordene Mangel an Volksschullehrern. Die Kultusministerkonferenz beschloss daher noch im Jahre 1963 einen Katalog von Maßnahmen zur Deckung des künftigen Lehrerbedarfs. Dazu gehörten zwar auch längerfristige Planungen wie die Erhöhung der Abiturientenzahlen, zur kurzfristigen Deckung des Bedarfs sollten jedoch Aushilfslehrer eingestellt werden, deren Ausbildung vor allem kurz sein musste. Qualitätsstandards mussten dafür in den Hintergrund treten.

1969 galt die Lehrerbildung dem Deutschen Bildungsrat als „Schlüsselfrage aller Bildungsreformen". Nachdem die Lehrermangelsituation innerhalb sehr kurzer Zeit von einer „Lehrerschwemme" abgelöst worden war, wurde 1975 die Lehrerbildung nicht einmal mehr erwähnt.

Aktuell in Zeiten des Mangels an Lehrkräften in den technischen und naturwissenschaftlichen Fächern muss erneut auf Seiteneinsteiger zurückgegriffen werden, deren didaktische Fähigkeiten ebenfalls nur in schnellen Ausbildungsgängen erworben und erprobt werden können. Die gleichzeitige Debatte über Kriterien der Eignung für den Lehrerberuf – die sicher notwendig ist – wird dadurch zum Teil konterkariert. Dequalifizierungsschübe in Lehrermangelsituationen sind ein Luxus, den sich kein europäisches Land weiterhin wird leisten können. Vonnöten sind vielmehr langfristige Bedarfsplanungen wie z.B. in Finnland, die es erlauben die Standards der Lehrerausbildung kontinuierlich zu halten und sie nicht auf dem Altar unvorhergesehener Konjunkturen zu opfern.

3. Schluss

Es sollte deutlich geworden sein, dass die Akteure im Feld der Lehrausbildung nur wenige gemeinsame Traditionen teilen. Es müssen somit zum Teil gegen die Traditionen neue gemeinsame Normen, Werte und Denkweisen gefunden werden. Der Rekurs auf die historische Entwicklung erklärt die Fragmentierungen zwar, legitimiert sie aber nicht. Nachhaltige Veränderungen im Sinne einer gemeinsamen Kultur der Lehrerbildung können nur erreicht werden, wenn die Akteure bereit sind, die aus der Tradition gespeisten Blockaden zu beseitigen und sich ohne ideologische Vorbehalte aufmachen, die Makro- und Mesoebene, d.h. das System und die Institutionen durch ihre Arbeit an die Erfordernisse einer (neuen) Lehrerbildungskultur anzupassen.

Literatur

Baumann, Zygmunt (1999). Culture as Praxis. London: SAGE Publications Ltd.

Blömeke, Sigrid (2002). Universität und Lehrerausbildung. Bad Heilbrunn: Julius Klinkhardt.

Blömeke, Sigrid & Reinhold, Peter & Tulodziecki, Gerhard & Wildt, Johannes (Hrsg) (2004). Handbuch Lehrerbildung. Braunschweig: Westermann/Klinkhardt.

Blömeke, Sigrid (2009). Lehrerausbildung. In: Blömeke, Sigrid et al. (Hrsg.) (2009). Handbuch Schule. Theorie – Organisation – Entwicklung. Bad Heilbrunn: Julius Klinkhardt, S. 483-490.

Bungenstab, Karl-Ernst (1970). Umerziehung zur Demokratie? Re-education-Politik im Bildungswesen der US-Zone 1945-1949. Düsseldorf: Bertelsmann.

Chartier, Roger & Compère, Marie-Madelaine & Julia, Domenique (1976). L'éducation en France du XVIe au XVIIIe siècle. Paris: Société d' édition d'enseignement supérieur.

Fend, Helmut (1998). Qualität im Bildungswesen. Schulforschung zu Systembedingungen, Schulprofilen und Lehrerleistung. Weinheim und München: Juventa.

Fend, Helmut (2006). Geschichte des Bildungswesens. Der Sonderweg im europäischen Kulturraum. Wiesbaden: Verlag für Sozialwissenschaften.

Friedeburg, Ludwig von (1989). Bildungsreform in Deutschland. Geschichte und gesellschaftlicher Widerspruch. Frankfurt am Main: Suhrkamp.

Giese, Gerhardt (Hrsg.) (1961). Quellen zur deutschen Schulgeschichte seit 1800. Göttingen u.a.: Musterschmidt.

Handbuch der deutschen Bildungsgeschichte. Hg. Von Christa Berg u.a.

Band VI 1945 bis zur Gegenwart. Erster Teilband Bundesrepublik Deutschland. Hg. von Christoph Führ und Carl-Ludwig Furck. München 1998. Zweiter Teilband Deutsche Demokratische Republik und neue Bundesländer. Hg. Von Christoph Führ und Carl-Ludwig Furck. München 1998.

Jewell, Helen M. (1998). Education in early modern England. London: Macmillian Press.

Judge, Harry & Lemosse, Michel & Paine, Lynn & Sedlak, Michael (Hrsg.) (1994). The University and the teachers. France, the United States, England. Oxford Studies in Comparative Education. Oxford: University Press.

Klemm, Klaus (2006). Der Bund als ‚Player' im Feld der Schulentwicklung. Entwicklung, Wege und Instrumente. In: Weingart, Peter & Taubert, Niels C. (Hrsg.) (2006). Das Wissensministerium. Ein halbes Jahrhundert Forschungs- und Bildungspolitik in Deutschland. Weilerswist: Velbrück Wissenschaft, S. 378-402.

Kraus, Hans-Christof (2008). Kultur, Bildung und Wissenschaft im 19. Jahrhundert (Enzyklopädie deutscher Geschichte Band 82). München: Oldenbourg.

Lenhard, Hartmut (2004). Zweite Phase an Studienseminaren und Schulen. In: Blömeke et al. (2004): Braunschweig: Westermann/Klinkhardt, S. 275-290.

Lawson, John & Silver, Harold A. (1973). Social History of Education in England. London: Methuen & Co.

Lévi-Strauss, Claude (1980). Mythos und Bedeutung. Frankfurt am Main: Suhrkamp.

Lohmann, Richard (1921). Das Schulprogramm der Sozialdemokratie und ihre Schulpolitik. Stuttgart: Dietz und Berlin: Vorwärts.

Müller-Rolli, Sebastian (1989). Lehrer. In: Handbuch der deutschen Bildungsgeschichte. Hrsg. von Christa Berg u.a. Bd. V 1918-1945 Die Weimarer Republik und die nationalsozialistische Diktatur. Hrsg. von Dieter Langewiesche & Heinz-Elmar Tenorth. München: Beck, S. 240-258.

Osborn, Marilyn (1995). Review of Judge et al. (1994). In: Comparative Education 1995, S. 24-26.

Resewitz, Friedrich Gabriel (1773). Die Erziehung des Bürgers zum Gebrauch des gesunden Verstandes und zur gemeinnützigen Geschäfftigkeit. Kopenhagen: Heineck und Faber.

Rosenzweig, Beate (1998). Erziehung zur Demokratie? Amerikanische Besatzungs- und Schulreformpolitik in Deutschland und Japan. Stuttgart: Steiner.

Schindling, Anton (1994). Bildung und Wissenschaft in der Frühen Neuzeit 1650-1800. (Enzyklopädie deutscher Geschichte Band 30). München: Oldenbourg.

Sandfuchs, Uwe (2004). Geschichte der Lehrerbildung in Deutschland. In: Blömeke et al. (2004). Braunschweig: Westermann/Klinkhardt, S. 14-37.

Sekretariat der Kultusministerkonferenz (Hrsg.) (1998). Einheit in der Vielfalt. 50 Jahre Kultusministerkonferenz 1948–1998. Neuwied u.a.: Luchterhand.

Tenort, Heinz-Elmar (1987). Lehrerberuf und Lehrerbildung. In: Handbuch der deutschen Bildungsgeschichte. Hg. von Christa Berg u.a. Bd. III 1800-1870 Von der Neuordnung Deutschlands bis zur Gründung des deutschen Reiches. Hg. von Karl-Ernst Jeismann & Peter Lundgreen. München: Beck, S. 250-270.

Tenorth, Heinz-Elmar (2008). Geschichte der Erziehung. Einführung in die Grundzüge ihrer neuzeitlichen Entwicklung. 4. Auflage. Weinheim und München: Juventa.

Titze, Hartmut (1991). Lehrerbildung und Professionalisierung. In: Handbuch der deutschen Bildungsgeschichte. Hg. von Christa Berg u.a. Bd. IV 1870-1918 Von der Reichsgründung bis zum Ende des Ersten Weltkriegs. München: Beck, S. 345-370.

Walke, Jutta (2007). Die Zweite Phase der Lehrerbildung. Ein Überblick über Stand, Problemlagen und Reformtendenzen. Schriftenreihe zur Lehrerbildung, Bd. III). Essen: Edition Stifterverband – Verwaltungsgesellschaft für Wissenschaftspflege mbH.

Winkeler, Rolf (1971). Schulpolitik in Württemberg-Hohenzollern 1945-1952. Eine Analyse der Auseinandersetzungen um die Schule zwischen Parteien, Verbänden und französischer Besatzungsmacht. (Veröffentlichungen der Kommission für geschichtliche Landeskunde in Baden-Württemberg Reihe B Bd. 66). Stuttgart: Kohlhammer.

Christian Kraler

Selbstähnlichkeiten in der Lehrer/innenbildung

> *„Es geht ja nicht um Geographie, es geht auch gar nicht um Details. Es geht um die Strukturen, die dahinter stecken."*
>
> (Volker Pispers „Bis neulich")

Ausgangspunkt für die folgenden Überlegungen ist die Frage, warum es in der Regel lange dauert, bis inhaltliche Reformen im Bildungssystem und insbesondere in der Lehrer/innenbildung nachhaltig, auf breiter Ebene umgesetzt werden. Standardantworten darauf reichen von fehlenden finanziellen Möglichkeiten des Staates (vgl. Seel 2010, S. 34), zeitverzögernden Ausbildungszyklen, über parteipolitische Überlegungen (vgl. etwa Vierlinger 2011, 146ff.) bis hin zur Frage der Macht (Zymek 2004, S. 216). Im folgenden Beitrag wird diese Viskosität formaler Bildungssysteme und der Lehrer/innenbildung aus dem Blickwinkel eines bisher wenig beachteten Phänomens analysiert, dem der Selbstähnlichkeit gesellschaftlicher Strukturen.

1. Formale Bildung, Kultur und Gesellschaft

Ein Blick in die Geschichte zeigt, dass Bildungseinrichtungen als Institutionen der Gesellschaft wie (Aus-)Bildung als gesellschaftliches Projekt insgesamt stets von ihrer historischen Genese geprägt waren und sind (vgl. Fend 2006, 2008, Seel 2010, Zymek 2004). Mit der „Sicherstellung und Übertragung der Kultur eines Volkes an die nachfolgenden Generationen" (Keck 2009, S. 157) erfüll(t)en Bildungseinrichtungen eine zentrale Funktion für die Gesellschaft. Das bedingt, dass die Kontinuität von Bildungsstrukturen (Institutionen, Fächer, Akteure)

> „die eine Seite, die andere aber entsprechend den gesellschaftlichen Verhältnissen ihre Veränderung und ihr Wandel ist. Reform ist eine ständig mitlaufende Dimension ihrer Geschichte." (Keck 2009, S. 161)

Reformen des Schul- und Bildungswesens etwa werden besonders seit Beginn des 19. Jahrhunderts von den Nationalstaaten im Hinblick auf die Steuerung gesellschaftlicher Entwicklungen umgesetzt (Fend 2006, S. 149ff.; Keck 2009; Konrad 2007, S. 63f.; Dühlmeier 2009).

Ähnliches gilt über die Schule als Lernort formaler Bildung hinaus auch für die unmittelbaren Funktionsträger der Bildungsvermittlung, die Lehrkräfte und deren Ausbildung.

> „Die Lehrkraft war vor allem ein nützliches Instrument und hatte anhand des Inhalts ihres Unterrichts eine gesellschaftliche Aufgabe: [...] sie bereitete die zukünftige Generation, das potenziell die Ordnung störende

Publikum, auf Anpassung innerhalb eines geordnet voranschreitenden Gesellschaftssystems vor." (Depaepe 2011, S. 57)

Über die Lehrpersonen sollte das Ziel einer gesellschafts- und staatskonformen Bildung der nachfolgenden Generation sichergestellt werden. Entsprechend wurde die Lehrer/innenbildung seit der großflächigen Übernahme der Schulverwaltung durch den Staat im 18. Jahrhundert politisiert und professionalisiert (vgl. Enzelberger 2001, S. 31ff.).

> „Im historischen Prozess sind die Entstehung und der Strukturwandel des Schulwesens und des Lehrerberufs immer untrennbar miteinander verkoppelt gewesen, sie definieren sich gegenseitig von Anfang an." (Zymek 2004, S. 214)

Schulreformen und Lehrer/innenbildung können daher als langsamer dialektischer Prozess definiert werden (Zymek 2004, S. 220), in dem für beide insbesondere seit dem beginnenden 19. Jahrhundert ein komplexes Wechselspiel zwischen konservativen und progressiven Kräften die Regel darstellt (vgl. Enzelberger 2001, S. 66ff.; Seel 2010, S. 98ff. und S. 178ff.).

Die konservative Sicht („conservare") auf Schule und Bildungsstrukturen betont die feststehenden strukturellen Rahmenbedingungen als „historisch, politisch, sozial und kulturell gestaltete Institution" (Blömeke/Herzig 2009, S. 16). Fend (2008, S. 175) spricht in diesem Zusammenhang von „Rollenmarionetten". In der Praxis zeigt sich das als viskose (s.u.) Veränderungsresistenz des Systems insbesondere auf Makro-Ebene. Bis zur nachhaltigen Implementierung von strukturellen oder inhaltlichen Neuerungen (z.B. gemeinsame Schule der 10-14-Jährigen, Aufnahme neuer Inhalte in einen Lehrplan) vergehen i.d.R. 10-15 Jahre. Blömeke und Herzig (2009) wie auch Fend (2008, S. 169ff.) stellen diesem „gestalteten", d.h. statischen Aspekt einen dynamischen, „gestaltenden" gegenüber. Die innovativ-progressive („progressio") Sichtweise auf das Bildungswesen fordert von diesem eine Gestaltungskompetenz im Sinn eines Auftrags geradezu ein. Begründet wird das u.a. mit der Unterrichtsrealität. Auch in stark normativ vorgegebenen Kontexten wie dem Unterricht (Zeittaktung, Lehrplan, Rollenverteilung) handeln die Akteure individuell und gestalten die Realität dynamisch. (Normative) Gestaltungsregeln sind demnach von ihren faktischen Realisationen zu unterscheiden (Fend 2008, S. 177).

Zusammengefasst zeigt sich hieraus ein auch kulturgeschichtlich spätestens seit der Zeit der Reformation und Gegenreformation bzw. der Aufklärung rekonstruierbares sowohl für die Schule (Konrad 2007, Seel 2010, Fend 2006) wie die Lehrer/innenbildung (Seel 2010, S. 178ff.; Enzelberger 2001, S. 31ff.; Zymek 2004, S. 214ff.) bis heute bestehendes Spannungsfeld zwischen Tradierung und Veränderung im Bildungswesen. Dies betrifft strukturelle (z.B. die zunehmende „Verstaatlichung" des Bildungswesens in der Zeit des Absolutismus) und inhaltliche Aspekte (z.B. die Bedeutung spezifischer Fächer für das Abitur, vgl. Bölling 2010) gleichermaßen.

Die eben beschriebene Dynamik verwundert nicht, wenn man sich die primäre Funktion von Schule bzw. formaler Bildung bewusst macht. Nahezu alle makroskopischen Theorien der Bildung/Schule (Gudjons 2006, S. 307ff.) betonen die „Aufgabe der Sicherstellung und Übertragung der Kultur eines Volkes an die nachfolgende Generation" (Keck 2009, S. 157). Selbiges gilt aufgrund der unmittelbaren Verzahnung auch für die Lehrer/innenbildung (vgl. Kraler 2008, S. 767f.).

Institutionen formaler Bildung widerspiegeln so das grundlegende und konstitutive Spannungsfeld von Kultur: Kultur als Erhalt, Reproduktion und (Neu-)Konstruktion von Strukturen und Bedeutungen (vgl. Giles/Middleton 2008, S. 6ff.) manifestiert sich über kulturelles „Denken und Handeln" gesellschafts- und sozialgeschichtlich zwischen den Polen Tradierung, Bewahrung auf der einen und Innovation, Veränderung bzw. Weiterentwicklung auf der anderen Seite (Eagleton 2009).

In Abbildung 1 ist diese an sich naheliegende, jedoch häufig unterschlagene direkte Wechselwirkung dargestellt. Kultur realisiert sich über konkretes gesellschaftliches Denken und Handeln, formale Bildung über institutionalisierte, normativ gestaltete und kanonisierte Bildungsträger. Kultur selbst wird in diesem Zusammenhang als gesellschaftlich verbindlicher Bezugsrahmen von etablierten Sinnorientierungen für die teilnehmenden Akteure verstanden (vgl. Schmidt 2005, S. 37ff.).

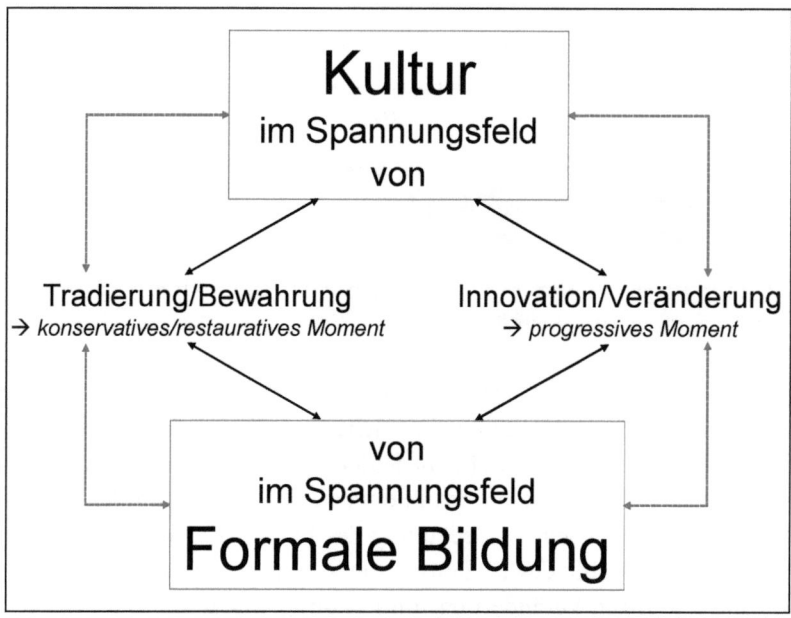

Abb. 1: Bildung und Kultur im Spannungsfeld

Da Bildungsinstitutionen als Subsysteme der Gesellschaft über institutionalisierte Formen des Lehrens und Lernens die Kulturvermittlung an die nachfolgende Generation übernehmen, sind sie zwangsläufig in ihrer Erscheinungsform und in ihren Aufgaben vom jeweiligen politischen System geprägt (vgl. Fend 2008, S. 45ff., Seel 2010,

S. 13). Sie spiegeln daher strukturell wie inhaltlich den jeweiligen konservativen bzw. progressiven Habitus wider.

Aus der Sicht von Bildung und Politik lassen sich vereinfacht dargestellt seit dem Mittelalter zumindest drei gesellschaftliche Instanzen identifizieren, die einander in der zeitlichen Reihenfolge ablösend (jedoch jeweils zumindest indirekt weiter bestimmend) wirkmächtigen Einfluss auf die Ausgestaltung von Bildungssystemen hatten und haben: die Religion, der Staat (insb. über das Militärwesen) und die Wirtschaft (vgl. Abb. 2).

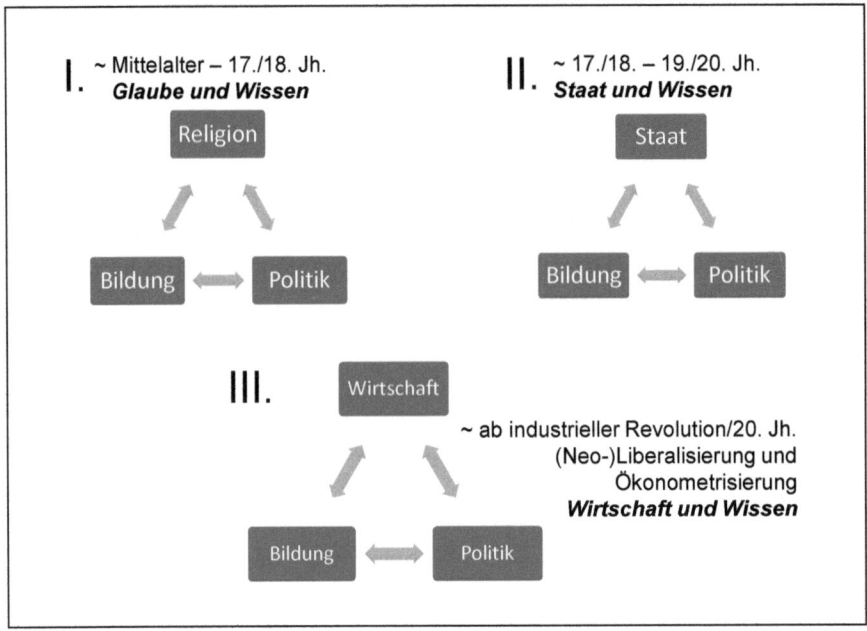

Abb. 2:   Instanzen der Einflussnahme auf Bildung

Diese vereinfachende Darstellung ist insoweit zu relativiert, als dass es zu keiner trennscharfen zeitlichen Ablösung der Einflussbereiche kam. Kirchliche Institutionen etwa hatten bis weit ins 19. Jahrhundert eine bedeutende Stellung als Bildungsträger inne. Und der Einfluss der Wirtschaft auf das Bildungswesen ist eng mit der industriellen Revolution und der wachsenden Bedeutung des Bürgertums verbunden, was insbesondere in der zweiten Hälfte des 19. Jahrhunderts zeitgleich mit militärisch-nationalstaatlichen Entwicklungen Veränderungen im Bildungswesen mit sich brachte.

Die in Abbildung 1 zwecks analytischer Beschreibung vorgenommene theoretische Trennung zwischen Kultur und formaler Bildung und in Abbildung 2 näher illustrierte Wechselwirkung lässt sich als selbstähnliche Struktur beschreiben. Selbstähnlich meint hierbei alltagssprachlich, dass ein Teilsystem in bestimmten Bereichen dieselbe Strukturierung aufweist wie das Gesamtsystem.

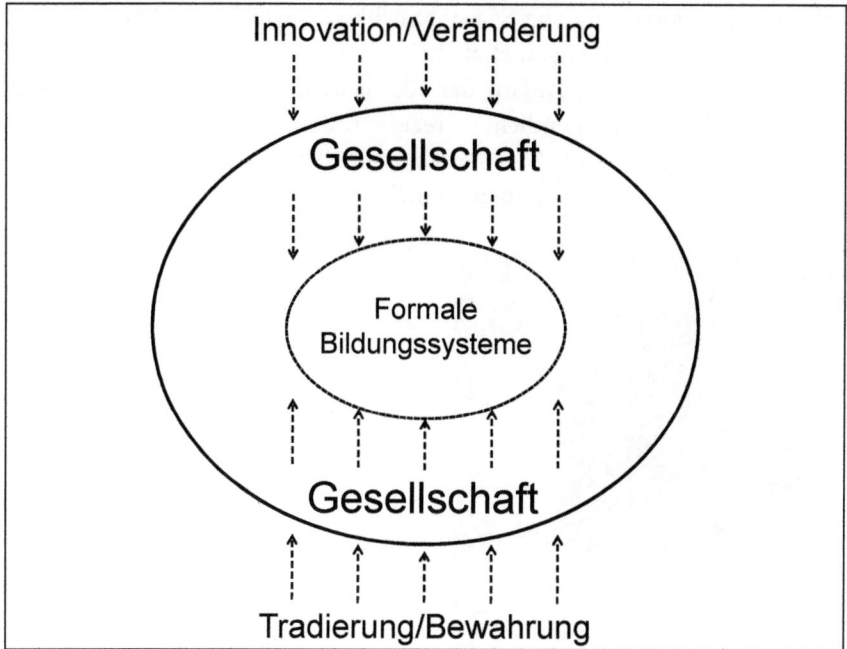

Abb. 3:   Bildung als Teilsystem der Gesellschaft

Bezogen auf Abbildung 3 heißt das, dass sich das dynamisch-kulturelle Spannungsfeld mit den Polen Bewahrung und Innovation innerhalb der Gesellschaft in ihrem
Subsystem formaler Bildungsinstitutionen ebenfalls realisiert. Es gibt wie in der Gesellschaft allgemein im Subsystem der Bildung progressive und konservative Bewegungen.

   In den folgenden Abschnitten wird zuerst das Konzept der Selbstähnlichkeit erläutert, um dann in einem zweiten Schritt mit seiner Hilfe das Bildungssystem und
die Lehrer/innenbildung im Besonderen zu analysieren.

2.   Selbstähnlichkeit

2.1   Selbstähnlichkeiten in den Naturwissenschaften

Das Konzept der Selbstähnlichkeit stammt aus den Naturwissenschaften (vgl. als
leicht lesbare Einführung Briggs/Peat 1999, mit mathematischer Vorbildung auf Abi-
turniveau Peitgen/Jürgens/Saupe 2004, auf Fachniveau Falconer 1993). Einer breiten
fachwissenschaftlichen Öffentlichkeit bekannt gemacht hat es Benoît Mandelbrot mit
seinem 1977 bzw. 1982 erstmals erschienenen Buch „The Fractal Geometry of Na-
ture" (vgl. Mandelbrot 1991). Dieses basiert in seinen Grundzügen auf Überlegungen
aus seinem erstmals 1967 in Science veröffentlichten berühmten Aufsatz „How Long
Is the Coast of Britain? Statistical Self-Similarity and Fractional Dimension".

Erste Schritte zur Erforschung von Selbstähnlichkeiten wurden im letzten Drittel des 19. Jahrhunderts gemacht (Peitgen et al. 2004, S. 61f.). Doch erst mit der breiten Verfügbarkeit von Computern ab Anfang der 80er Jahre des 20. Jahrhunderts wurde das Konzept in einer breiteren Öffentlichkeit rezipiert. Besonders bekannt wurde mit dem Aufkommen leistungsfähiger Personal-Computer die grafische Darstellung der Mandelbrot-Menge, das sogenannte „Apfelmännchen" (vgl. Abb. 4).

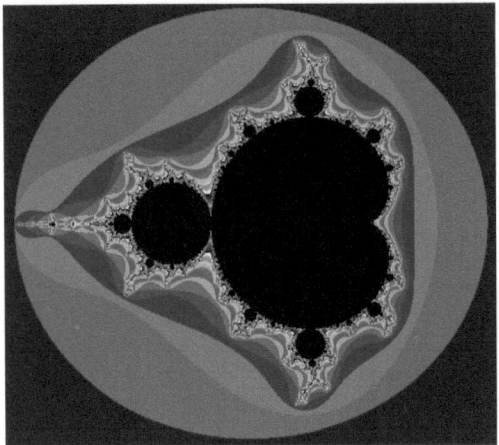

Abb. 4: Apfelmännchen (generiert mit Fractint)

Mathematisch untersucht hat die Eigenschaften der der Grafik zugrunde liegenden komplexwertigen Funktion (genau genommen eine rekursiv definierte Folge komplexer Zahlen mit dem Bildungsgesetz $z_{n+1}=2z_n+c$) Mandelbrot und Ergebnisse u.a. im oben erwähnten Buch vorgestellt.

Charakteristisch für dieses Objekt ist, dass bei Vergrößerung eines Ausschnitts der Grafik, d.h. beim Zoomen bestimmte Bereiche der Ausgangsgrafik wieder die Ausgangsform sichtbar wird (vgl. Abb. 5). Bestimmte (in der Abb. exemplarisch ausgezeichnete) Teilausschnitte haben wieder die Form des Gesamtobjekts.

Abb. 5: Zoom im Apfelmännchen (generiert mit Fractint)

Mathematisch gesehen versteht man unter Selbstähnlichkeit grob formuliert die Eigenschaft von Objekten, bei beliebiger Vergrößerung dieselbe oder ähnliche (geometrische) Strukturen aufzuweisen wie im Anfangs- bzw. Ausgangszustand. D.h. das betreffende Objekt ist strukturell (z.B. grafisch) ähnlich zu Teilen seiner Selbst (für Details siehe Peitgen et al. 2004, S. 138ff.).

Das Phänomen der Selbstähnlichkeit tritt nicht nur im Bereich mathematisch-abstrakter Objekte wie der von Mandelbrot besonders untersuchten Fraktale auf. Wenn man es sich einmal bewusst vor Augen geführt hat, begegnen einem im Alltag laufend selbstähnliche Strukturen. Klassische Beispiele aus der Botanik etwa sind die Gemüsepflanzen Blumenkohl, Broccoli und Romanesco (Abb. 6 und 7).

Abb. 6:   Broccoli und Karfiol (Blumenkohl)

Abb. 7:   Romanesco mit selbstähnlichen Blütenständen

Bei Broccoli, Blumenkohl und Romanesco etwa sieht ein herausgebrochener Teil bzw. Zweig nahezu gleich aus wie die ganze Pflanze, nur kleiner. In der Mathematik spricht man in diesem Zusammenhang von Skaleninvarianz. Dieser „Cluster" kann nochmals in kleinere Cluster zerteilt werden, die selbst wiederum sehr ähnlich zur Ausgangspflanze und zum ersten (herausgebrochenen) Teil aussehen. Nach 3 oder spätestens 4 Durchgängen wird die Struktur zu klein für weitere Teilungen (Abb. 7). Genau hierin besteht auch der entscheidende (!) Unterschied zwischen dem Objekt der Natur – dem Romanesco – und dem mathematischen Gebilde, z.B. dem Apfelmännchen. Letzteres behält, wie oben beschrieben, die Eigenschaft der Selbstähnlichkeit auch bei beliebiger Vergrößerung ad infinitum bei.

Dieser Unterschied ist aus wissenschaftstheoretischer Sicht äußerst bedeutsam. Ein Fraktal ist mathematisch exakt definiert (Mandelbrot 1991, S. 27). Nachdem Fraktale populär wurden, haben insbesondere auch sozial- bzw. geisteswissenschaftliche Fächer (Philosophie, Psychologie, Soziologie, Pädagogik) diese Struktur aufgegriffen und rezipiert. Fraglich bleibt hierbei, wie weit mit dem Übertrag des Konzepts auch entsprechende Analogieschlüsse aus dem Quellbereich (Mathematik) auf den jeweiligen Zielbereich unmittelbar übertragen werden können. In aktuellen Buchtiteln ist beispielsweise von fraktaler Affektlogik, fraktalen Unternehmen, fraktalen Strukturen von Träumen die Rede. Da Fraktale wohldefinierte Objekte der Mathematik sind, ist eine strukturisomorphe, unmittelbare Analogieschlüsse zulassende Übertragung etwa in gesellschaftliche Bereiche wie die Betriebswirtschaftslehre (Unternehmen) aber auch die Biologie (Botanik) problematisch. Bezogen etwa auf den für diesen Beitrag zentralen Aspekt der Selbstähnlichkeit misslingt die Übertragung des Begriffs Fraktal genau genommen an der Forderung der beliebigen, also unendlich vornehmbaren Vergrößerung. In den angesprochen nichtmathematischen Werken wird der Begriff Fraktal i.d.R. zur Entfaltung von Überlegungen bzw. Konzepten verwendet, in denen Skaleninvarianz, Selbstähnlichkeit, Symmetrien und der im Rahmen der Chaostheorie zentrale Begriff der Bifurkation eine wichtige Rolle spielen.

Eine bestimmte Gruppe von Fraktalen wie etwa die grafisch als Apfelmännchen darstellbare Mandelbrotmenge ist skaleninvariant bzw. selbstähnlich (Mandelbrot 1991, S. 30f.). Skaleninvarianz oder auch Selbstähnlichkeit beschreiben Eigenschaften von speziellen Klassen bzw. Typen von Fraktalen. Konsequenterweise sollte in den außermathematischen Zusammenhängen auf die jeweiligen Eigenschaften Bezug genommen und nicht der Begriff Fraktal synonym verwendet werden. Die Übertragung des Begriffs Fraktal auf den außermathematischen Bereich stellt, auch wenn etwa Andrew Abott von einer metaphorischen Verwendung im Bereich der Soziologie spricht (Abbott 2001, S. 233f.), insofern einen Paralogismus, also einen unbeabsichtigten Fehlschluss, dar.

Die Attraktivität der Beschäftigung etwa mit dem Konzept der mathematischen Selbstähnlichkeit liegt für sozialwissenschaftliche wie auch andere Fachrichtungen (Medizin, Psychologie, Wirtschaftswissenschaften, …) primär beim heuristischen Moment. Der auch für diesen Beitrag zentrale Gedankengang lautet daher folgendermaßen: Selbstähnlichkeiten, betrachtet am Beispiel des Konzepts der Fraktalen

Geometrie, spielt nicht nur im Rahmen der Mathematik eine Rolle, sondern ist auch in der belebten und unbelebten Natur in vielfacher Weise zu finden (Pflanzenstrukturen, geologische Muster, Gefäßsystem des Menschen, ...). Wenn nun selbstähnliche und symmetrische Strukturen in vielen für das Leben relevanten Bereichen beobachtet werden können, ist ein nächster naheliegender Schritt, soziale und gesellschaftliche Bereiche daraufhin zu untersuchen, vereinfacht ausgedrückt, den Schritt von der Natur zur Kultur bzw. zu gesellschaftlich-sozialen Phänomenen zu machen.

2.2 Selbstähnlichkeiten in sozialen bzw. gesellschaftlichen Feldern

Im Bereich der Sozialwissenschaften war der Sozialanthropologe Evans Pritchard (1902-1973) einer der Ersten, der das Phänomen der Selbstähnlichkeit auf gesellschaftliche Bereiche übertrug: „many social structures look the same in large scale and in small scale" (Abbott 2001, S. xi). Im Rahmen der empirischen Sozialforschung (vgl. Häder 2006, S. 20, S. 22) wird im Folgenden Selbstähnlichkeit als Merkmal eines Untersuchungsobjekts verstanden, wobei die Untersuchungsobjekte aus dem Raum sozialer bzw. gesellschaftlicher Phänomene stammen. Die wissenschaftstheoretische Frage zum ontologischen Status des Merkmals Selbstähnlichkeit eines sozialen Phänomens wird im Rahmen dieser Arbeit nicht weiter diskutiert. Im Fokus stehen vielmehr ein erkenntnistheoretisches Interesse und mögliche daraus abzuleitende handlungspraktische Konsequenzen.

Ein klassisches Beispiel zur Selbstähnlichkeit in der Gesellschaft ist die hierarchische politische bzw. Verwaltungsstruktur eines Staates im Staatenverbund (vgl. Tab. 1)

Tab. 1:   Selbstähnlichkeit in der staatlichen Verwaltungsstruktur

Ebene	Konstrukt politischer Ordnung	Regierungsort	Beispiel
1.	Staatenverbund	Regierungsstadt	Europäische Union mit Brüssel
2.	Mitgliedsstaaten	Hauptstädte	Österreich mit Wien
3.	Länder	Landeshauptstädte	Tirol mit Innsbruck
4.	Landeshauptstadt	Landeshauptstädte	Stadtbezirke

Der Staat Österreich ist Mitglied des Staatenverbundes der Europäischen Union mit Sitz in Brüssel und Straßburg. Österreich hat eine Hauptstadt und besteht aus Bundesländern mit Landeshauptstädten. Wir finden hier eine selbstähnliche Struktur mit 3 Ebenen. Auf Ebene der politischen Leitung kann man vereinfacht vier Ebenen wie in Tabelle 2 dargestellt fixieren:

Tab. 2:   Selbstähnlichkeit in der staatlichen Verwaltungshierarchie

Ebene	Konstrukt politischer Ordnung	Politische Leitung
1.	Europäische Kommission	Präsident & Kommissare
2.	Staat	Bundeskanzler & Minister
3.	Land	Landeshauptmann & Landesräte
4.	Stadt	Bürgermeister & Stadträte

Die Europäische Kommission mit ihrem Präsidenten und den Kommissaren entspricht in etwa einer Regierung im nationalstaatlichen System. Österreich mit seiner Bundesregierung (Bundeskanzler und Minister) ist Mitglied der EU. Tirol mit der Landesregierung (Landeshauptmann und Landesräte) ist Bundesland Österreichs und seine Landeshauptstadt Innsbruck mit Stadtregierung (Bürgermeister und Stadträte) ist Landeshauptstadt.

D.h. die Binnenstruktur erweist sich auf der politischen Ebene der sozialen Ordnung vierfach skaleninvariant als selbstähnlich.

3.   Beobachtungen: architektonische Selbstähnlichkeiten in Religion, Kultur und Bildung

Spätestens seit der Entwicklung der Quantentheorie und anderer abstrakter Theorien im ersten Viertel des 20. Jahrhunderts ist man sich der Beschränktheit von Bildern im Hinblick auf ihre Beweiskraft und Allgemeingültigkeit bewusst. Bis zum Aufkommen von Computern mit hoher Grafikleistung und entsprechenden Monitoren etwa Ende der 80er Jahre des 20. Jahrhunderts dauerte dann auch die Vorherrschaft abstrakter, formalisierter Beschreibungen in weiten Bereichen der Naturwissenschaften an. Neben anderen leitete Mandelbrot mit seinem Kapitel „Sehen heißt glauben" (Mandelbrot 1991, S. 33f.) eine Renaissance „graphischer Überzeugungsobjekte" ein. Er erläutert,

> „daß das Verständnis bekannter Begriffe und die Suche nach neuen Vorstellungen und Vermutungen durch schöne Grafiken unterstützt wird." (Mandelbrot 1991, S. 34)

In diesem Sinn folgen nun 3 Beispiele mit dem Ziel, Vermutungen für die Viskosität der Lehrer/innenbildung zu illustrieren.

3.1 Die räumliche Konfiguration von Unterricht

Ein klassisches Spiel von Kindern alleine oder als Gruppe auch im Vorschulalter ist „Schule spielen" (vgl. Abb. 8).

Abb. 8:   Schule spielen

Ferdinand Eder (2008, S. 291) belegt mit seinen Untersuchungen, dass Personen mit einer starken lebensgeschichtlichen Verankerung des Wunsches Lehrer/in zu werden positive Ausprägungen bzgl. beruflicher Anforderungsmerkmale haben. Das lässt insbesondere den Schluss zu, dass Personen, die sich – wodurch auch immer ausgelöst (Beruf der Eltern bzw. Verwandter, ältere Geschwister) – im Spiel früh mit dem Beruf identifizieren, statistisch gesehen günstigere Voraussetzungen für die Anforderungen des Lehrens mitbringen. Spätentscheider weisen schlechtere Prognosen auf.

   Das Schule-Spiel zeichnet sich räumlich dadurch aus, dass ein Kind an einer kleinen Tafel (oder einem Ersatzobjekt) steht, „schreibt" und andere Kinder oder auch Stofftiere auf Stühlen vor dieser Tafel sitzen und „abschreiben". Zudem sind häufig Disziplinverweise der „Lehrperson" den „Schüler/innen" gegenüber zu beobachten. Die Kinder greifen damit die klassische Klassenzimmerarchitektur auf, die sich etwa seit der Mitte des 18. Jahrhunderts im mittleren und höheren Schulwesen basierend auf der Einführung von Jahrgangsstufen und standardisierten Klassengrößen herausbildete. Fend (2008, S. 217) beschreibt diesen Prozess als Kristallisation einer „Grammatik der Schule", der sukzessiven Standardisierung des Curriculums, der Unterrichtsfächer, der Lehrmaterialien, des Fachlehrersystems, der Klassenarchitektur (Schulbänke mit zentraler Tafel), altersbezogener Klassen. Mit diesen wohldefinierten Standards wurde ein bis heute vorherrschender lehrerzentrierter Unterricht inhaltlich, strukturell und architektonisch etabliert (vgl. Meyer 1999, S. 197). Der überwiegende Teil moderner Klassenzimmer gleicht dem aus Abbildung 9.

Abb. 9: Klassenzimmer (Foto: Peter Trojer)

An der Front findet sich eine dreiteilige Tafel, ein Lehrerpult mit Blickrichtung zur Klasse. Im Klassenzimmer Tische, die meist entweder in Längsreihen („Türreihe", „Mittelreihe", „Fensterreihe"), Querreihen, oder in Form eines U mit Blickrichtung zur Tafel positioniert sind. Die Lehrperson hat, falls sie nicht an der Tafel schreibt, alle Schüler/innen im Blick. Letztere sehen allenfalls die auf gleicher Höhe sitzenden Nachbarn. Von den vor ihnen Sitzenden sind nur die Rücken zu sehen. Um nach hinten Kontakt aufzunehmen, müssten sie sich sitzend um 180 Grad drehen, was die Standardstühle in Schulklassen nicht unbedingt erleichtern. Die Ausrichtung des Gesamtgeschehens erfolgt zur Lehrperson, zur Tafel hin, also dorthin, wo das noch nicht erworbene Wissen in Person des Lehrers bzw. der Lehrerin positioniert ist und mit Hilfe der Tafel (oder multimedialen Mitteln) weitergegeben werden kann.

3.2   Die räumliche Konfiguration von Gottesdienst

Der Blick in ein klassisches christliches Gotteshaus zeigt häufig eine vergleichbare Struktur (vgl. Abb. 10). Die Kirche ist auf den Altarraum hin ausgerichtet. Am Volksaltar zelebriert der Priester den Gläubigen zugewandt den Eucharistie-Teil der Messe. In den meisten älteren Kirchen ist stirnseitig in der Apsis der Hochaltar bzw. Hauptaltar aufgestellt. Die Gläubigen sitzen in Kirchenbänken. Diese sind seit der Neuzeit in zwei parallelen Reihen im Hauptschiff aufgestellten und zum Altar hin ausgerichtet. Die Kirchenbänke sehen abgesehen von den Kniehilfen ähnlich aus wie Schulbänke bis etwa Mitte des 20. Jahrhunderts (vgl. etwa Fend 2008, S. 236).

Abb. 10: Kirchenraum (Foto: Jochen Hofer)

Die Bedeutung des geschriebenen Wortes versteht sich für das Christentum als Buchreligion von selbst. Der Priester verkündet als Glaubenslehrer das religiöse Wissen aus (liturgischen) Büchern, strukturell ähnlich Lehrer/innen, die sich auf das Schulbuch beziehen. In beiden Fällen steht eine Person an der Front im Zentrum des Geschehens. Diese gibt unter Bezugnahme auf Bücher Wissen an Zuhörer/innen weiter, wobei der Redeanteil der Leitungspersonen gegenüber dem des „Publikums" wesentlich höher ist (vgl. für die Schule etwa Lüders 2011, S. 646). Sowohl Unterricht wie Gottesdienst haben einen ritualisierten Ablauf. Die Unterrichtsstunde

> „sollte durch den Lehrer sorgfältig vorbereitet werden, einen Aufmerksamkeit steigernden Anfang haben, über eine geleitete Konversation zu einem Höhepunkt an Erkenntnis führen und am Ende ein Ergebnis [...] zeigen." (Fend 2006, S. 217)

Im römisch-katholischen Gottesdienst legt der Römische Ritus (Deutsche Bischofskonferenz 2007, S. 38ff.) die Dramaturgie mit Eröffnung, Wortgottesdienst, Eucharistiefeier (als Höhepunkt) und Abschluss/Entlassung fest.

Die strukturellen Ähnlichkeiten zwischen Klassen- und Kirchenraum gehen in speziellen Details noch weiter: Die Tafel an der Stirnseite des Klassenraums etwa gleicht dem in Mitteleuropa verbreiteten Flügelaltar (vgl. Abb. 11).

Abb. 11: Triptychon (Foto: Jochen Hofer) & Tafel (Foto: Peter Trojer)

In der Tafel ist die klassische Dreiteilung des Triptychon wieder zu finden. Bei Letzterem werden über das Auf- und Zuklappen unterschiedliche Motive sichtbar. Dem entspricht didaktisch die dynamische Verwendung der Tafelflügel.

3.3 Die räumliche Konfiguration von Schauspiel im Theater

Die „Luxusvariante" dieser architektonischen Struktur wurde im antiken Griechenland entwickelt: das Theater als Bauform mit Bühnen- und Zuschauerraum mit Sitzreihen (und dazwischen liegender Orchestra) wie in Abbildung 12 dargestellt.

Abb. 12: Griechisches Theater
Quelle: http://upload.wikimedia.org/wikipedia/commons/0/05/GriechTheater2.PNG

Die Grundidee mit einem Zuschauerraum und einer Bühne ist über die Jahrtausende dieselbe geblieben und kommt allen drei künstlerischen Hauptformen, Sprech-, Musik- und Tanztheater entgegen.

Wie Unterricht und Gottesdienst funktioniert auch die Aufführung eines Stückes ritualisiert. Auf der Bühne agiert in den meisten Fällen eine Gruppe von Menschen (außer im unterrichtsadäquaten Einpersonenstück). Das Buch bzw. die Partitur ist für die gelungene Darbietung wie in den beiden zuvor dargestellten Beispielen unabdingbare Voraussetzung, auch wenn es während der Aufführung lediglich im Souffleurkasten eingesetzt wird.

In der Pädagogik wird besonders seit Bekanntwerden der Reggio Pädagogik (Bumann 2009, S. 56; Dahlinger 2008, S. 9ff.) der Raum als 3. Pädagoge bzw. Erzieher (neben dem sich selbst reflektiert entwickelnden bzw. lernenden Subjekt und der Lehrperson) gesehen. Hierbei ist die Wechselwirkung zweifach. Kulturgeschichtlich gesehen formatiert über die Jahrhunderte die spezifische Verwendung von Räumen ihr Aussehen. Schulklassen, Gotteshäuser und Theater haben eine Ausrichtung auf die Stirnseite hin, weil sich dort das zentrale Geschehen konzentriert. Gleichzeitig bewirkt die immer detailliertere Ritualisierung bzw. Festlegung des strukturellen Rahmens (Dauer, Dramaturgie, Mittel, Funktion) eine architektonische und verwaltungstechnische Standardisierung des Geschehens. Damit besteht die Gefahr, (räumlich formatiert) strukturgebundenes Verhalten (vgl. Wiltschko 2010, S. 208ff.) zu manifestieren, wenn der Raum implizit oder explizit auch die Grenzen des Handelns präskribiert (vgl. Blohm 2011, S. 10f.).

Dass die tradierte funktionsspezifische Konzeption von Räumen unabhängig vom konkreten Gebäude über seine Architektur eine stark strukturierende Wirkung auf Handlungsmöglichkeiten hat, wird etwa bei den für den österreichischen Schulbau bis zumindest Anfang des 21. Jahrhunderts standardisierend wirkenden Modellbauten der Maria Theresianischen Militärakademie (Wiener Neustadt, 1751) und des Collegiums Theresianum (Wien, 1746) deutlich: lange Gänge, links und rechts davon angeordnete Klassenräume, zentrale Treppenhäuser. Die Funktionalität richtet sich nach der Optimierung der Kontrollierbarkeit und effizienten Transferierbarkeit von Schülergruppen innerhalb der Gebäude.

Das heißt, über die Jahrhunderte funktionalisierte Raumkonzepte und Anordnungen von Objekten im Raum (Tafel, Altar, Bühne) ermöglichen bzw. ver- und behindern didaktische Settings, manifestieren und schreiben Handlungsmuster und Optionen fort. Die Ausrichtung von Klassen auf die Tafel und das „Lehrerpult" hin wurde etwa erst in jüngster Zeit und hier v.a. im Grundschulbereich aufgebrochen (vgl. etwa Prashnig 2008, S. 144). Natürlich gibt es für die räumliche Ausrichtung rationale, funktionale und organisatorisch nachvollziehbare Gründe. Die offene Frage in diesem Zusammenhang ist jedoch, inwieweit diese Festlegungen strukturell innovationshinderlich sein können. Spezifische statische Anordnungen, die sich selbstähnlich in kulturellen, religiösen und schulischen Bereichen zeigen, tendieren zur wechselseitig verstärkenden Manifestation. Das trifft insbesondere auf die Schule als Spiegel der Gesellschaft und somit auch Spiegel religiöser Praxis und Kultur zu. Tradiert wird naheliegend eher das „Konservative", das, was es zu bewahren gilt (vgl. Abschnitt 1).

4.   Selbstähnlichkeiten im Bildungsbereich

In Geistes-, Sozial- und Wirtschaftswissenschaften wurde auf die Idee selbstähnlicher Strukturen insbesondere im Zusammenhang mit Modellen der Chaosforschung ab den 1990er Jahren eingegangen (vgl. etwa Breuer 1993). Eine der ersten theoretisch differenzierten Diskussionen zu Selbstähnlichkeiten lieferte der Soziologe Andrew Abbott 2001 mit „Chaos of Disciplines". Er versucht in diesem Buch basierend teilweise auf früheren Aufsätzen nicht nur Begriffe als heuristische Metaphern zu übernehmen, auch wenn er das im Nachwort auf S. 233 als grundlegende Strategie seines Zugangs beschreibt. Vielmehr entwickelt er illustriert durch Beispiele (insbesondere aus der Soziologie) einen anspruchsvollen Begriffsapparat, um so über ein differenziertes Konzept von Selbstähnlichkeiten zur Erklärung sozialer Phänomene beizutragen.

> „My general aim is to establish self-similarity as a fundamental modality of structure in human affairs." (Abbott, S. xvi)

4.1 Grundstruktur von Selbstähnlichkeiten im Sozialen Feld

Abbott definiert Selbstähnlichkeit folgendermaßen:

> „No matter what the level at which we inspect them, we find the same pattern repeated." (ebd. S. xv, S. 159)

Er untersucht u.a. Interdisziplinarität im Kontext der (universitären) Scientific Community, geschichtlichen Phänomene, Gender Aspekte und verschiedenste soziale Hierarchien:

> „In our society, status systems also usually work in a self-similar fashion." (Abbott 2001, S. 167)

> „[…] the most familiar self-similar generating principle we know is hierarchy. […] In all of these the principle is that certain individuals hold command or status over others, who in turn hold command or status over still others, and so on." (ebd. S. 168)

Abbott bezieht diese auch explizit auf die christlichen Kirchen (edb. S. 176f., vgl. auch Abschnitt 3.2.) und den Bereich der Bürokratie (s.u.). Sein Resümee für gesellschaftliche, kulturelle und soziale Bereiche lautet

> „Thus we see that there is a common form of social structure that takes a self-similar form. Its small structure recapitulates its large structure. No matter the level at which we inspect it, we find the same patterns repeated." (ebd. S. 165)

und

> „To these examples we could add dozens of others in which small scale social structures reproduce large-scale social structures." (ebd. S. 158)

Abbott zufolge sind selbstähnliche Phänomene in sozialen, gesellschaftlichen und kulturellen Feldern nichts Außergewöhnliches, sondern im Rahmen vieler Bereiche, die in irgendeiner Form strukturiert sind, häufig anzutreffen:

> „[…] many, perhaps most, self-similar systems are not so designed, but rather arise naturally out of social processes." (ebd. S. 170)

Exemplarisch geht Abbott auf den Bereich der Bürokratie ein.

4.2 Selbstähnlichkeiten in der Bildungsverwaltung

Formale Bildung, Schule und insbesondere die Lehrer/innenbildung sind in unserem Bildungssystem hochgradig bürokratisiert (Fend 2006, S. 178ff., Fend 2008, Kulow 2009, Seel 2010, S. 28ff.). Abbott bemerkt:

„Self-similar structures are based on a unit that repeats itself. To us, the most familiar case is that of the ideal typical bureaucracy. The unit here is a simple hierarchy placing one individual in a position of authority over several, a unit we customarily illustrate as a tree with the subordinates strung out as roots and the supervisor as the system. If we take a group of such trees and place their supervisors in a similar relation under a further supervisor, we have created a structure similar to itself in two obvious senses. First, the various lower trees are similar to each other. Second, the lower trees are similar to the larger upper ones." (ebd. 165)

Für die Schulverwaltung der neun österreichischen Bundesländer – für Deutschland ließen sich unter Berücksichtigung der stärkeren Länderhoheit vergleichbare Grafiken erstellen – ergibt sich etwa die folgende vereinfachende Darstellung (vgl. Abb. 13). Der ministeriellen Schulbehörde mit dem zuständigen Fachminister bzw. der Fachministerin als oberster dienstvorgesetzter weisungsbefugter Stelle folgen der allgemeinen staatlichen Verwaltungsstruktur äquivalent neun Landesschulbehörden mit der jeweiligen Leitung, pro Bundesland in jedem Bezirk eine Bezirksschulbehörde mit Leitung und diesen als kleinste bildungsinstitutionelle Einheiten die einzelnen Schulen mit ihren Direktor/innen als Leitung, die wiederum unmittelbare Dienstvorgesetzte der unterrichtenden Lehrer/innen sind. Diesen „unterstellt" sind die Letzten in der Kette: die Schülerinnen und Schüler.

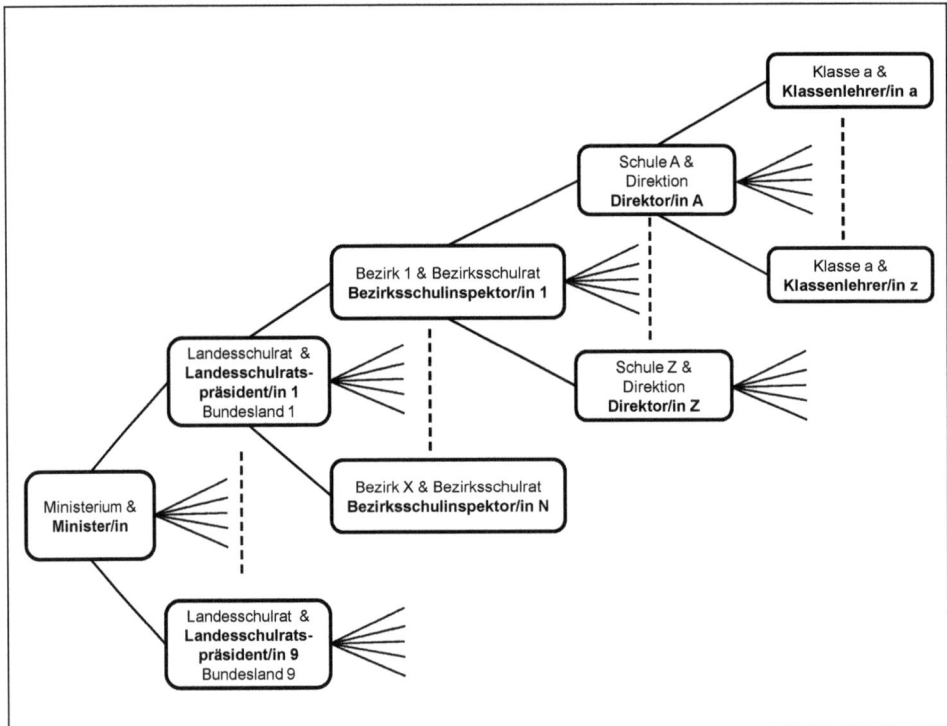

Abb. 13: Selbstähnliche Struktur in der schulischen Bildungsverwaltung

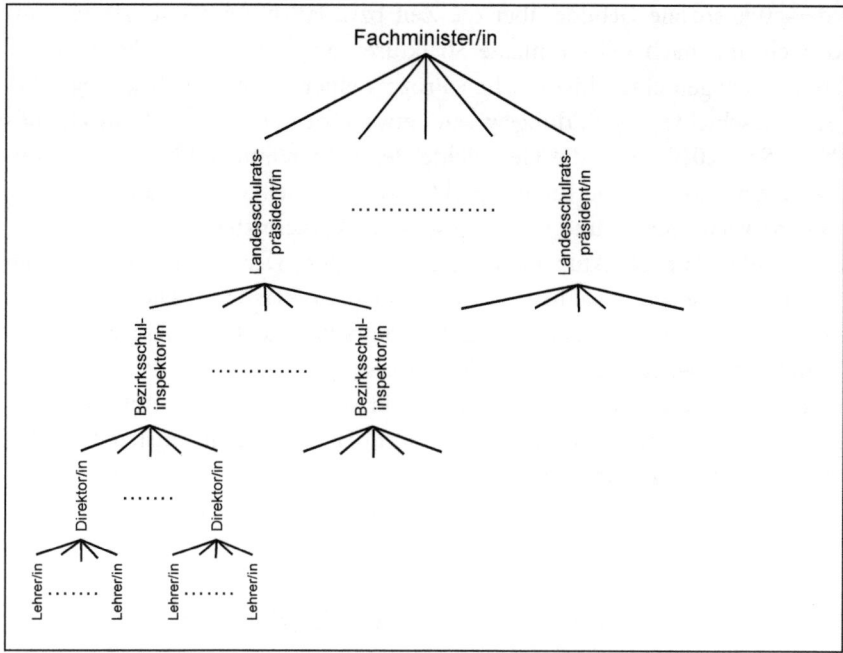

Abb. 14: Selbstähnliche Dienstkette in der schulischen Bildungsstruktur

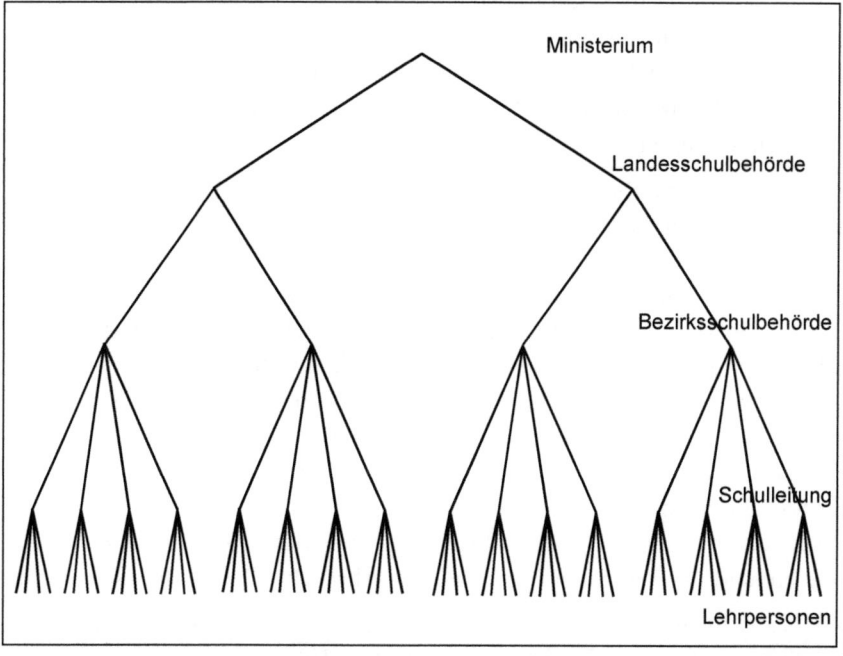

Abb. 15: Reduzierte formale Grundstruktur der Abbildung 14

Dass sich derartige soziale Gebilde über die Zeit bzw. Jahrhunderte sukzessive aufbauen und nach und nach selbstähnliche Strukturen ausdifferenzieren können, bespricht Abbott als allgemeinen historischen Prozess einer Institutionalisierung (ebd. S. 174f.). Die Geschichte des Bildungswesens etwa Österreichs oder Deutschlands (Konrad 2007, Seel 2010) bzw. die Geschichte der Lehrer/innenbildung im Besonderen (Enzelberger 2001) ist hierfür ein praktisches Beispiel. Wenn man Abbildung 13 auf die Ebene verwaltungs- und weisungsbefugter Vorgesetzter reduziert, lässt die Grafik die folgende Grundstruktur aus Abb. 14 erkennen. Der sich im Rahmen der staatlichen Übernahme im Absolutismus herausbildende klassische Dienstweg wird hier besonders deutlich sichtbar und bestätigt Abbotts Beobachtung, dass sich selbstähnliche Strukturen über langjährige soziale Prozesse entwickeln.

Auf die formale Grundstruktur reduziert, ergibt sich das Bild aus Abbildung 15. Dieses Baumdiagramm stimmt mit der von Abbott diskutierten Grundstruktur (ebd. S. 166, Figure 6.4a und 6.4b) überein.

5. Dichotomien als Generatoren von Selbstähnlichkeit

Die bisher besprochenen Aspekte der Selbstähnlichkeit konzentrierten sich auf die Definition und exemplarische Beschreibungen konkreter Beispiele zu Selbstähnlichkeiten, insbesondere auch im Bildungssystem. Abbott untersucht darüber hinaus, was diese spezifischen Phänomene über den notwendigen zeitlichen, räumlichen und gesellschaftlich-kulturell-sozialen Kontext hinaus generiert. Er verwendet hierfür teilweise parallel zwei Ausdrücke: „dichotomies" und „fractal distinctions". Letztere beschreibt er folgendermaßen:

> „The name captures the fact that such a distinction repeats a pattern within itself, as geometric fractals do." (ebd. S. 9)

Damit referenziert er die beobachteten Selbstähnlichkeiten auf das mathematische Konstrukt. Die Verwendung des Begriffs „fraktal" ist insofern problematisch (vgl. auch Abschnitt 2), als dass viele mathematische Fraktale über sogenannte iterierte Funktionensysteme (IFS) beschrieben werden (Albers 2006, S. 111ff.). Das legt einen Funktionalismus (vollständige Darstellung über ein „Gesetz", im vorliegenden Fall eine Funktion) nahe, der auf viele selbstähnliche Objekte der Naturwissenschaften wie der Sozialwissenschaften nicht zutrifft.

Entscheidend für den Erhalt einer selbstähnlichen Struktur ist der erste von Abbott verwendete und im Folgenden ausschließlich gebrauchte Begriff der Dichotomie:

> „We typically distinguish the various social sciences and various positions within them using a set of dichotomies." (ebd. S. 10)

Unter einer Dichotomie wird im vorliegenden Fall die Einteilung eines Gegenstandsbereiches in genau zwei komplementäre, disjunkte Teilbereiche verstanden.

Zentral ist hierbei das kategoriale Entscheidungskriterium für die Zuordnung zu einem der beiden Teilbereiche. Im oben beschriebenen Beispiel der Schulverwaltung etwa wäre es das Merkmal der Weisungsbefugnis gegenüber nachgeordneten Dienststellen, vorgegeben durch die behördliche Hierarchie. Auf jeder Ebene des Systems gibt es vereinfacht eine Gruppe weisungsbefugter Personen und eine Gruppe von Personen, die diese Weisungen ausführen (vgl. Tab. 3). Das Ministerium etwa weist die Landesschulbehörde an, ein einschlägiges Gesetz in ihrem Wirkungsbereich (Bundesland) umzusetzen.

Tab. 3:   Dichotomes Merkmal „Weisungsbefugnis"

Merkmal	*Weisungsbefugnis*	
Unterscheidung	Weisungsbefugte	Weisungsausführende
Personengruppe	Ministerium	Landesschulbehörde

Diese Struktur wiederholt sich selbstähnlich nach „unten" auf den Hierarchie-Ebenen, wie in Abbildung 16 integrierend dargestellt ist.

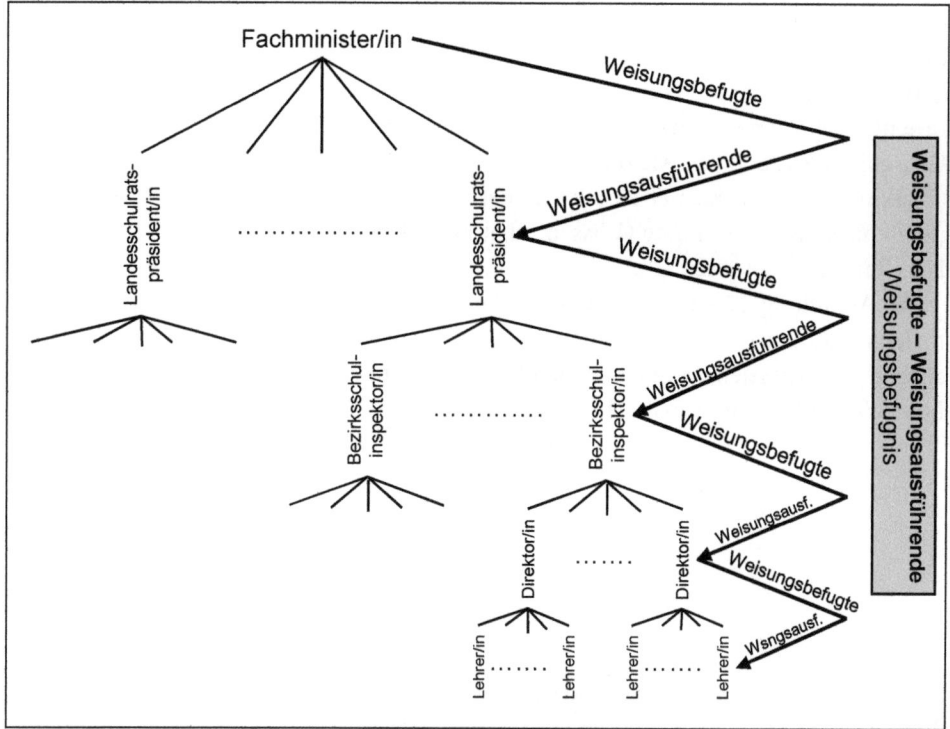

Abb. 16: Selbstähnlichkeit und Dichotomie im staatlichen Schulsystem

Neben der die organisationale Struktur betreffende administrative Hierarchie (bürokratische Selbstähnlichkeit), die sich im Laufe der Geschichte aus der staatlichen Steuerstruktur des formalen Bildungswesens herausgebildet hat (vgl. Abschnitt 1), spielt inhaltlich eine zweite dichotome Unterscheidung im Bildungswesen eine zentrale Rolle, jene die auf der Kategorie „Wissen" beruht.

Formale Bildung, Unterricht und Ausbildung konstituieren sich dadurch, dass eine ihrer zentralen Funktionen die der Weitergabe und Tradierung von Wissen ist (vgl. Abschnitt 1, Zeinz 2009, Fend 2008, S. 49ff.). Die traditionelle Dichotomie bzgl. der Weitergabe von Wissen besteht zwischen Lehrenden und Lernenden (vgl. Tab. 4):

Tab. 4:   Dichotomes Distinktionsmerkmal Wissen

Merkmal	*Wissen*	
Unterscheidung	Wissende	Nichtwissende
Personengruppe	Lehrende	Lernende

Im Bildungsbereich sind das insbesondere die Gruppen Lehrer/innen und Schüler/innen, im universitären Kontext Dozent/innen und Studierende, in der zweiten Phase der Lehrer/innenbildung (Fach-)Seminarleiter/innen und Referendar/innen. Idealtypisch verfügt die in der Regel jeweils ältere Gruppe über das spezifische Wissen, das sie der jüngeren lehrt bzw. weitergibt. Bei dieser zur Vermittlung der Grundidee vereinfachten Darstellung ist zu berücksichtigen, dass das Modell nicht auf die klassische Buchschule verkürzt zu verstehen ist. Der didaktische Kontext etwa wäre in einer elaborierten Darstellung naturgemäß genauso zu berücksichtigen (vgl. insb. Gruschka 2001, S. 87ff.) wie die professionsspezifischen Kompetenzen der Lehrenden (Zlatkin-Troitschanskaia et al. 2009), aber auch, dass der Wissensbegriff weiter ausdifferenziert werden müsste (Wissen nicht nur bezogen auf Fakten, auch im Sinn von Handlungskompetenzen u.ä.).

In Abbildung 17 ist die dichotome Aufteilung der betroffenen Gruppen in (formalen) Bildungsinstitutionen unter besonderer Berücksichtigung der Lehrer/innenausbildung dargestellt. Es deuten sich bereits selbstähnliche Strukturen an, die in der Lehrer/innenbildung wirkmächtig sind.

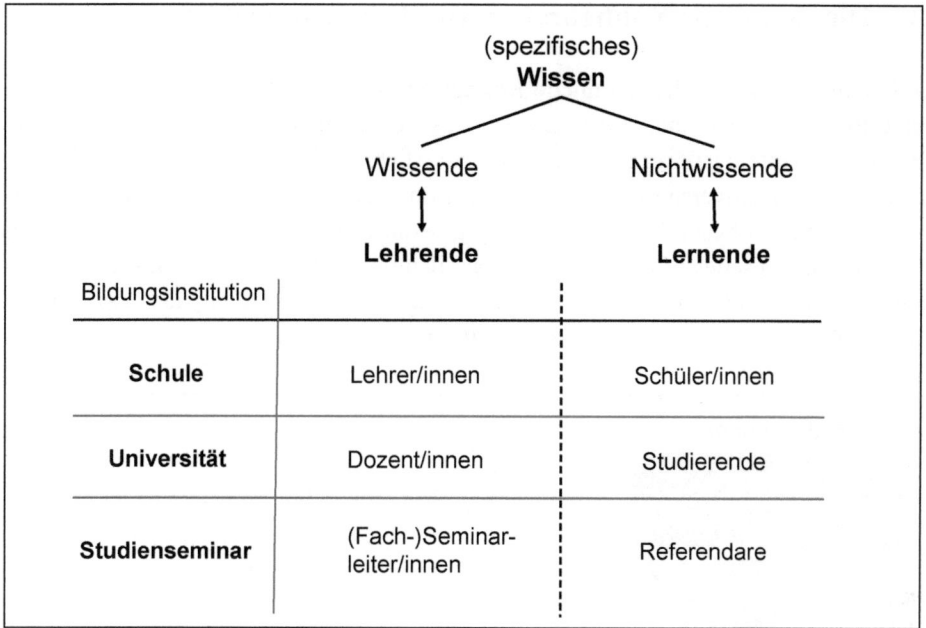

Abb. 17: Wissensdichotomie in der formalen Bildung

6.   Selbstähnlichkeiten in der Lehrer/innenbildung

Diese, so die Argumentationsfigur dieses Beitrags, stellen ein faktisches Gegenge-wicht zur raschen und nachhaltigen Implementierung innovativer inhaltlicher An-sätze insbesondere im Bereich der Lehrer/innenbildung dar. Das multifaktoriell und vielfach wechselseitig bedingte traditionelle System der Lehrer/innenbildung bezieht seine „konservative Kraft" zumindest zu einem Teil aus seinen gewachsenen selbst-ähnlichen Strukturen. In diesen müssen Neuerungen eine kritische Masse (personell, organisational und inhaltlich) übersteigen, um sich den entsprechenden Freiraum zur nachhaltigen Entfaltung zu erobern.

Im Folgenden werden zwei ausgewählte selbstähnliche Strukturen der Lehrer/in-nenbildung basierend auf den obigen Analysen besprochen. Abbott (2001) illustriert an unterschiedlichsten Beispielen, dass sich selbstähnliche Strukturen über dichoto-me Merkmale horizontal (über verschiedene Ebenen/Bereiche) und vertikal (insb. über die Zeit) entwickeln. Im Zusammenhang mit der Lehrer/innenbildung zentrale Merkmale sind der (Unterrichts-)Raum bzw. der Ausbildungsgang.

6.1 Die räumliche Konfiguration von Lehrer/innenbildung

Im Abschnitt 3 wurde die räumliche Konfiguration von Unterricht im Rahmen formaler Bildung bereits analysiert. Die spezifische Architektur von Lernräumen begünstigt bis heute bestimmte Unterrichts- bzw. Lehrstile und didaktische Methoden. Im Rahmen der universitären Ausbildung nimmt traditionell die Vorlesung eine zentrale Stelle ein, insbesondere in den Anfangssemestern, die für die Entwicklung des professionsspezifischen Habitus und die fachliche Sozialisation von zentraler Bedeutung sind (vgl. Neuß 2009, insb. S. 367ff.). Selbiges gilt, schon allein aus organisatorischen Gründen auch für das Lehramtsstudium (vgl. Abb. 18).

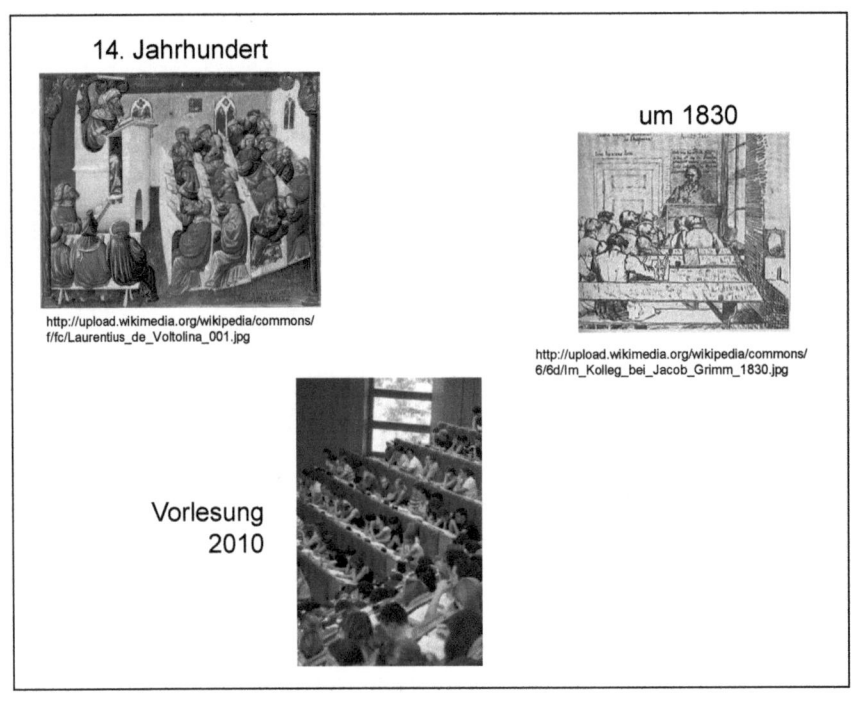

Abb. 18: Ausbildungsräume der Lehrer/innenbildung

Seit Generationen wird primär ein Lehrmodus, der der klassischen Buchschule, präferiert. Die didaktischen Begründungen für dieses Vorgehen mögen sich im Laufe der Zeit verändert haben, das Muster ist jedoch stets dasselbe geblieben: Vorne steht eine gesellschaftlich anerkannte lehrende Person (Dozent/in oder Professor/in), die über das entsprechende Wissen verfügt und dieses den Studierenden erläutert bzw. vorträgt; früher an der Tafel, heute multimedial mit dem Beamer. Die Dauer einer Vorlesung beträgt gewöhnlich 45-90 Minuten. Mit höherer Semesterzahl nimmt auch in Lehramtsstudien die Zahl der Seminare zu. Diese verlaufen in der Regel nach dem Muster, dass Studierende ein spezifisches Stoffgebiet bearbeiten und dann im Seminar dem Plenum vortragen. Hier erfolgt sukzessive der methodisch-didaktisch kulturtradierende Rollenwechsel. Nun stehen, noch unter Aufsicht der Hochschulleh-rer/innen, die Studierenden „draußen" und tragen das Wissen vor.

Für die Lehramtsstudierenden ändert sich mit dem Übertritt ins Referendariat wenig. In Studienseminaren entsprechen die Unterrichtsräume (in der Regel aus gu-ten Gründen) schulischen Klassenräumen. Dies trifft insbesondere auch auf die Ein-richtung und Positionierung der Stühle, Tische und Tafel zu. D.h. auch hier wird re-produziert, was die angehenden Lehrer/innen dann in der Schule architektonisch wieder erwartet.

Das in Abschnitt 5 erläuterte selbstähnlichkeitsgenerierende dichotome Merkmal ist in diesem Fall die räumliche Position: vorne zentral für alle an die Stirnfront ori-entierten Lernenden sichtbar der/die Lehrende.

Tab. 6:   Dichotomes Merkmal Raumposition

Merkmal	räumliche Position	
Unterscheidung	vorne mittig, im Raum orientiert	im Klassenraum, zur Frontseite orientiert
Personengruppe	Lehrende	Lernende

Die Selbstähnlichkeit zeigt sich aus Sicht der Lehramtsstudierenden zweifach, über die Zeit und vertikal im Ausbildungsgang. Aus der eigenen Schulzeit sind Lehramts-studierende mit der typischen frontal ausgerichteten Klassenarchitektur vertraut. Diese begegnet ihnen im Studium teilweise in vergrößertem Maßstab in Form ei-nes Hörsaals und Seminarraums wieder. Im Referendariat kommen sie zur vertrau-ten Klassenzimmergröße zurück und landen schließlich als Lehrer/innen dann wie-der in Schulklassen (Abb. 19).

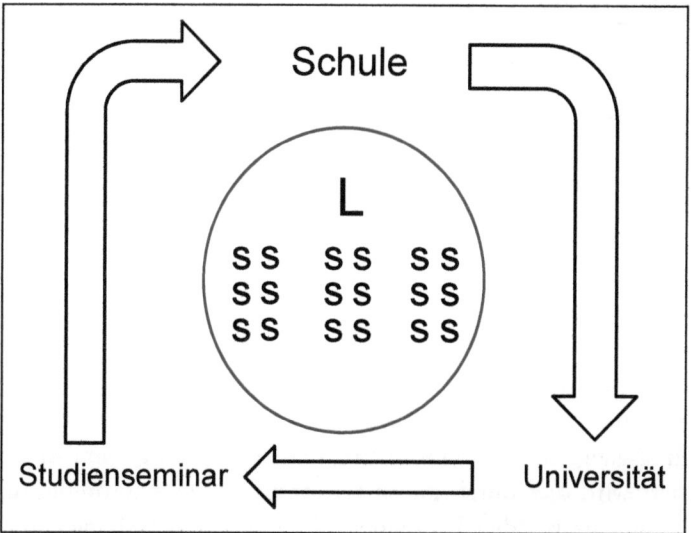

Abb. 19: Räumliche Konfiguration der Lehrer/innenbildung im Bildungsgang

Der formatierenden Kraft dieses konfigurativ stets gleich bleibenden Unterrichts-raums haben auch innovative Ausbildungsinhalte nur bedingt etwas entgegenzuset-zen. Tradiert wird die Didaktik der Buchschule. Alternative Zugänge gestalten sich schon aus Zeitgründen problematisch, da sie mit räumlichen Adaptionen verbunden wären, was aus Zeitgründen meist unterbleibt.

6.2 Struktur der Lehrer/innenbildung

Ziel der Lehrer/innenausbildung ist die Vermittlung solider inhaltlicher Kenntnisse in den Fächern und die Einführung in innovative Zugänge zu pädagogischem und fachdidaktischem Wissen. Das intendiert insbesondere, dass Innovationen verschie-denster Art auf dem Weg von der Schule wieder in die Schule zurück auch über die Ausbildung ins System einfließen sollen. Den Universitäten obliegt über ihren For-schungsauftrag als Innovationsgeneratoren hierfür die Verantwortung. Die dafür zur Verfügung stehende Zeit ist wie in Abbildung 20 dargestellt auf ein Berufsleben be-zogen schon rein prozentual relativ gering und liegt bei 10 bis allenfalls 14-15 Pro-zent.

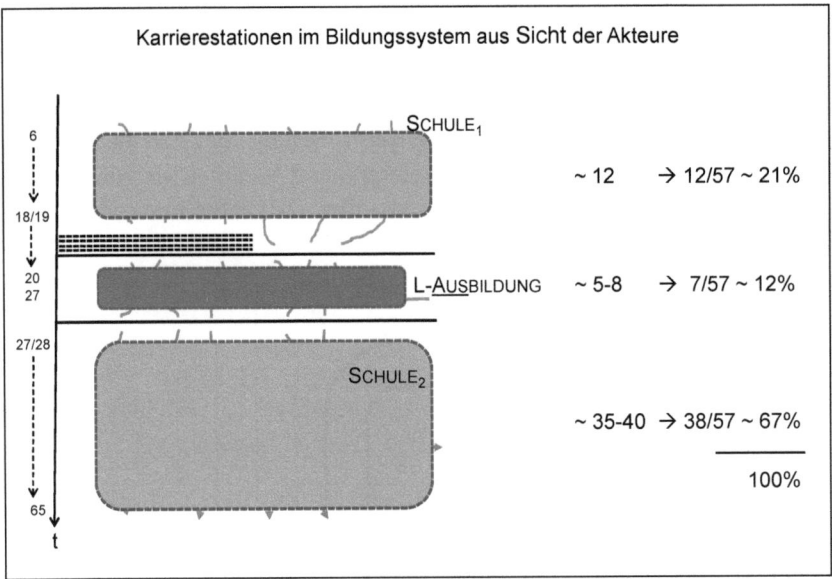

Abb. 20: Bildungsbiographie von Lehrer/innen

Die der Selbstähnlichkeit zugrunde liegende dichotome Struktur ist die in Abschnitt 5 bereits besprochene Kategorie des Wissens. Lehramtsstudierende erleben sich über den Großteil ihres Bildungsgangs hinweg vom Setting her Lehrenden gegenüber als Nichtwissende. Signalisiert wird dies durch die in 6.1. besprochene Anordnung im Raum, Prüfungssettings und die bei den Lehrenden liegende Deutungshoheit hin-sichtlich der Kategorie Wissen.

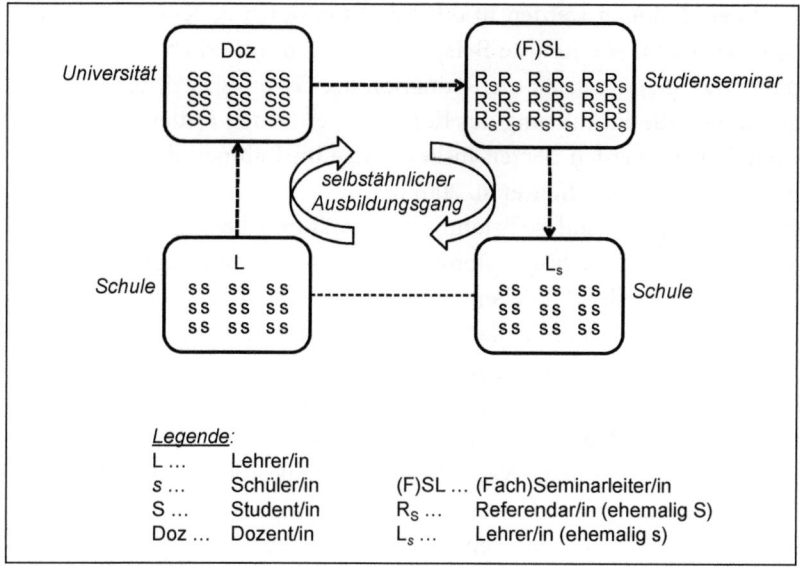

Abb. 21: Selbstähnlicher Ausbildungsgang von Lehramtsstudierenden

Jenseits aller Innovationsangebote im Studienverlauf sind diese selbstähnlichen Strukturen, wie die Geschichte der Lehrer/innenbildung zeigt, äußerst wirkmächtig und verzögern die Implementierung sinnvoller Neuerungen teilweise von der Sache her nicht nachvollziehbar (vgl. Enzelberger 2001, Kemnitz 2011, Kintzinger 2011, Seel 2010, S. 178ff.).

7.   Resümee

Ziel dieses Beitrags war aufzuzeigen, welche (impliziten) wirkmächtigen selbst-ähnlichen Strukturen innovativen Ansätzen einer Entwicklung der herrschenden Kulturen der Lehrer/innenbildung entgegenstehen. Lehrer/innenbildung ist naturgemäß eng mit Schule und diese eng mit gesellschaftlichen und sozialen Momenten verwoben. Die zentrale Funktion der Schule, kulturelle Vorstellungen, Normen und Werte reproduzierend an die nachwachsende Generation weiterzugeben, beeinflusst Möglichkeiten und Grenzen der Lehrer/innenbildung unmittelbar. Gesellschaft und Bildung entwickeln sich im kulturellen Spannungsfeld von Tradierung und Innovation (vgl. Abb. 1). Wenn künftige Lehrer/innen im Rahmen ihrer formalen Ausbildung von der Schule, über in vielen Bereichen schulähnlich strukturierte Institutionen (Pädagogische Hochschulen, Universitäten, Studienseminare) wieder in die Schule als beruflichen Wirkungsort zurückkommen und Schule selbst traditionell verankert ist, stellt sich die Frage, wo in diesem Prozess aus Sicht der Ausbildung Innovationen (didaktisch, methodisch, fachliche, …) eingeführt werden können.

Der wichtige Bereich der Fortbildung sei im vorliegenden Beitrag aus Gründen des Umfangs lediglich erwähnt (vgl. Daschner 2009, Müller et al. 2010).

Systembezogene Interventionen werden in der Regel top down gesteuert und haben im deutschsprachigen Raum wie jüngste Beispiele aufzeigen mit erheblichem Widerstand zu kämpfen. Man denke nur an die Reduktion der Gymnasialzeit bis zum Abitur in Deutschland oder die Einführung des Konzepts der Neuen Mittelschule in Österreich. Derartige Fragen werden derzeit insbesondere im Rahmen der Educational Governance diskutiert (vgl. Altrichter et al. 2007).

Die bewusste Fokussierung auf selbstähnliche Strukturen bedingt, dass u.a. die eben genannten und andere wichtige Momente in der vorangegangenen Diskussion weitgehend unberücksichtigt blieben. Trotzdem erscheint es notwendig bzw. fruchtbar, den Aspekt der Selbstähnlichkeit auch gesondert zu betonen. Gerade im Hinblick auf die Lehrer/innenbildung kann damit aufgezeigt werden, wie Ausbildungssettings selbstähnlich inhaltliche und strukturelle schulische Erfahrungen reproduzieren, und so auf verschiedenen Ebenen (Personen, Institutionen, System) innovationshinderlich wirken können. Wesentliche Merkmale dieser selbstähnlichen, sich über die Zeit reproduzierenden Kultur der Lehrer/innenausbildung sind:

- die architektonische Gestaltung der Unterrichtsräume: Ausrichtung zur Lehrperson und Tafel/Projektionswand an der Frontseite,
- die daraus strukturell folgende Bevorzugung traditionalisierter, frontaler Lehrformen,
- die Behandlung von Wissen als dichotomisierendes Moment (Lernende-Nichtwissende und Lehrende-Wissende) mit der damit einhergehenden einseitigen Deutungshoheit und Defizitorientierung (primäre Ausrichtung auf das, was noch nicht gekonnt wird),
- die aus beidem resultierende Lehrerzentrierung,
- kumulative, wissensorientierte Prüfungsstrukturen und Zertifizierungen, die defensives Lernen bewirken (Holzkamp 1995, S. 448ff.),
- Fachfragmentierungen (in Schule, Universität und Studienseminar)
- administrative Hierarchien.

In Abbildung 22 sind diese Punkte nochmals zusammengefasst. Die räumliche Konfiguration der Ausbildung wechselwirkt mit den vorherrschenden didaktischen Methoden (Ausrichtung auf die Vortragenden), die traditionelle Konzentration in der Ausbildung auf das Wissen bedingt ebenfalls eine dichotome Zentrierung des „Unternehmens Lehrer/innenbildung" auf die Lehrperson.

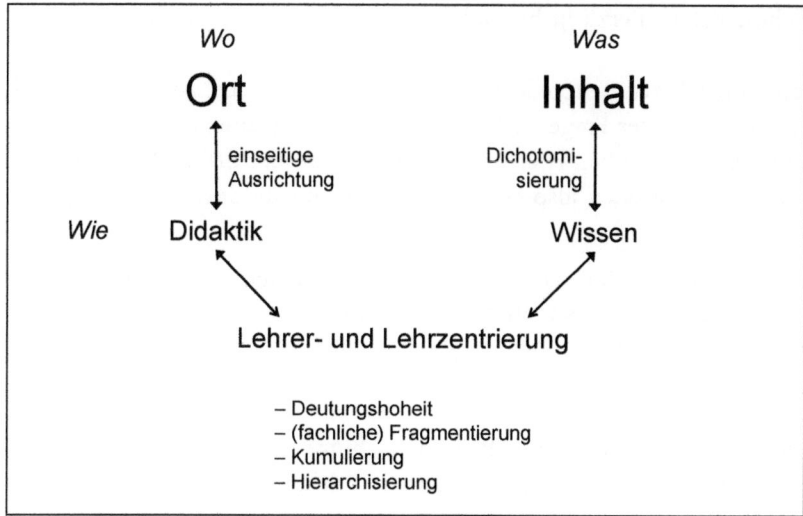

Abb. 22: Folgewirkungen der selbstähnlichen Lehrer/innenbildung

Quintessenz daraus sind unter anderem die in der obigen Aufzählung genannten Punkte. Blömeke und Herzig (2009, S. 15) attestieren formalen Bildungseinrichtungen, sowohl gestaltet wie auch gestaltend und gestaltbar zu sein. Damit landet man abschließend unausweichlich bei der Frage, wie unter Berücksichtigung obiger Analysen zur Selbstähnlichkeit des Lehrer/innenausbildungssystems Innovationen in diesem Bereich implementiert werden können?

Abbott (2001) gibt hierfür auf Systemebene eine im ersten Moment verblüffende Antwort:

> „A fractal distinction thus procedures both change and stability. Any given group is always splitting up over some fractal distinction. But dominance by one pole of the distinction requires that pole to carry on the analytic work of the other." (Abbott 2001, S. 21)

Er meint damit, dass Entscheidungsträger, die an der Macht stehend ihre eigene Position vertreten, im Laufe der Zeit die Position ihrer Gegner unweigerlich in irgend einer Form antizipieren (müssen), um weiter an der Macht bleiben zu können. Damit ist noch keine Aussage darüber gemacht, wie dieser Antizipationsprozess zeitlich und inhaltlich vonstattengeht. Über einen längeren Zeitraum betrachtet lässt sich das auch in unterschiedlichsten Bereichen der universitären Lehrer/innenbildung beobachten. Die Gymnasiallehrer/innenausbildung war bis zu Beginn des 20. Jahrhunderts primär vom jeweiligen Fach geprägt. Die Forderung nach schulbezogenen Ausbildungselementen wurde um 1900 u.a. vom Mathematiker Felix Klein (mit den berühmten Meraner Lehrplänen 1905) aus dem Fach heraus umgesetzt, was in der Folge zur Ausgestaltung einer eigenen Mathematik-Fachdidaktik führte. Die Geschichte der Schule liefert hierzu insbesondere seit der Aufklärung noch viele weitere Beispiele.

Im Zeitraum von Jahrzehnten gedacht mag das zwar tröstlich sein, trägt jedoch zur unmittelbaren Lösung der Frage nach kurzfristigeren Implementationszyklen von bewährten Neuerungen nicht bei. Hierfür geht Abbott von der makroskopischen auf die mikroskopische Ebene über, also von der System- auf die Individualebene und macht die Beobachtung:

> „With respect to interaction with others, the fundamental consequence of self-similarity for individuals is that they find themselves in similar positions with people who are in most ways very different from them." (ebd. S. 178)

Aus der Lehrer/innenbildung ist dieses Phänomen hinreichend bekannt. Lehrer/innen sind Schüler/innen im Bildungssystem hierarchisch und wissensdichotom übergeordnet. Wenn jedoch etwa wegen einer Verbeamtung oder im Rahmen der Lehrprobe im Referendariat eine diensthöhere Ebene zur Beurteilung einer Schulstunde kommt, verbünden sich Schüler/innen meist mit den Lehrer/innen, die geprüft werden. Im Unterricht und der Ausbildung kann es auf eine Frage hin unvermittelt passieren, dass sowohl Lernende wie auch der/die Lehrende keine unmittelbare Antwort wissen. Derartige Situationen bieten Abbott zufolge die Chance, die gewohnten Strukturen aufzubrechen und Freiraum für Innovationen zu schaffen.

Primär dürfte es jedoch darum gehen, selbstähnliche Strukturen und Muster im Rahmen der Ausbildung bewusst zu machen und auf ihre Bedingungen, Ursachen und Funktionen hin zu analysieren. Die Einfangsfrage nach dem „Warum" ist damit im Hinblick auf sichere Lösungswege nicht beantwortet. Jedoch stellt dies im Sinn der klassischen humboldschen Bedeutung von Bildung vermutlich den wichtigen ersten Schritt dar, um die Kultur(en) der Ausbildung von Lehrer/innen weiter zu entwickeln.

> „We can take it for granted that in some deep sense, everything has already been thought. [...] Of interest rather are the gradual developments of applications of these ideas to the concrete task [...]." (Abbott 2001, S. 152)

Literatur

Abbott, A. (2001). Chaos of Disciplines. Chicago: University of Chicago Press.

Albers, R. (2006). Papierfalten. Dissertation im Fachbereich 3 (Mathematik & Informatik) der Universität Bremen. http://elib.suub.uni-bremen.de/diss/docs/00010574.pdf

Altrichter, H./Brüsemeister, Th. & Wissinger, J. (2007) (Hrsg.). Educational Governance: Handlungskoordination und Steuerung im Bildungssystem. Wiesbaden: VS.

Blohm, M. (2011). Räume und Biographien. In: Lehn, A./Stuefer, R. (Hrsg.), Räume bilden. Wie Schule und Architektur kommunizieren. Wien: Löcker, S.9-11

Blömeke, S. & Herzig, B. (2009). Schule als gestaltete und zu gestaltende Institution. In: Blömeke, S./Bohl, Th./Haag, L./Lang-Wojtasik, G. & Sacher, W. (Hrsg.), Handbuch Schule. Regensburg: Klinkhardt-UTB, S. 15-28.

Bölling, R. (2010). Kleine Geschichte des Abiturs. Paderborn: Ferdinand Schöningh.

Breuer, R. (Hrsg.)(1993). Der Flügelschlag des Schmetterlings. Ein neues Weltbild durch die Chaosforschung. Stuttgart: DVA.

Briggs, J. & Peat, F.D. (1999). Die Entdeckung des Chaos: Eine Reise durch die Chaos-Theorie. München: dtv.

Bumann, G. (2009). Bildungsprozesse in Kindertageseinrichtungen – Pädagogische Ansätze. Hamburg: Diplomica.

Dahlinger, S. (2009). Der Raum als dritter Pädagoge. München, Ravensburg: Grin.

Daschner, P. (2009). Lehrerfort- und Weiterbildung, Professionalisierung im Kontext der Lehrerbildung. In: Blömeke, S./Bohl, Th./Haag, L./Lang-Wojtasik, G. & Sacher, W. (Hrsg.), Handbuch Schule. Regensburg: Klinkhardt-UTB, S. 490-493.

Daschner, P. & Drews, U. (2007) (Hrsg.). Kursbuch Referendariat. Weinheim, Basel: Beltz.

Depaepe, M. (2011). Forschung zur Geschichte und Entwicklung des Lehrerberufs. In: Terhart, E./Bennewitz, H. & Rothland, M. (Hrsg.), Handbuch der Forschung zum Lehrerberuf. Münster: Waxmann, S. 52-59.

Deutsche Bischofskonferenz (2007). Missale Romanum. Editio Typica Tertia 2002. Grundordnung des Römischen Messbuchs. Vorabpublikation zum Deutschen Messbuch. Bonn.

Dühlmeier, B. (2009). Schul- und Bildungsreformen im deutschsprachigen Raum seit 1945. In: Blömeke, S./Bohl, Th./Haag, L./Lang-Wojtasik, G. & Sacher, W. (Hrsg.), Handbuch Schule. Regensburg: Klinkhardt-UTB, S. 162-170.

Eagleton, T. (2009). Was ist Kultur. München: C.H. Beck.

Eder, F. (2008). Persönlichkeitsmerkmale von Lehramtsstudierenden. In: Eder, F./Hörl, G. (Hrsg.), Gerechtigkeit und Effizienz im Bildungswesen. Wien, Münster: LIT, S. 273-293.

Enzelberger, S. (2001). Sozialgeschichte des Lehrerberufs. Gesellschaftliche Stellung und Professionalisierung von Lehrerinnen und Lehrern von den Anfängen bis zur Gegenwart. Weinheim, München: Juventa.

Falconer, K. (1993). Fraktale Geometrie. Mathematische Grundlagen und Anwendungen. Heidelberg: Spektrum.

Fend, H. (2006). Geschichte des Bildungswesens. Der Sonderraum im europäischen Kulturraum. Wiesbaden: VS.

Fend, H. (2008). Neue Theorie der Schule. Einführung in das Verstehen von Bildungssystemen. Wiesbaden: VS.

Giles, J. & Middleton, T. (2008). Studying Culture. A Practical Introduction. Oxford: Blackwell.

Gruschka, A. (2001). Didaktik. Das Kreuz mit der Vermittlung. Wetzlar: Büchse der Pandora.

Gudjons, H. (2006). Pädagogisches Grundwissen. Bad Heilbrunn: Klinkhardt.

Häder, M. (2006). Empirische Sozialforschung. Wiesbaden: VS.

Holzkamp, K. (1995). Lernen. Subjektwissenschaftliche Grundlegung. Frankfurt: Campus.

Keck, R. W. (2009). Zur Geschichte der Schule. In: Blömeke, S./Bohl, Th./Haag, L./Lang-Wojtasik, G. & Sacher, W. (Hrsg.), Handbuch Schule. Regensburg: Klinkhardt-UTB, S. 157-161.

Kemnitz, H. (2011). Forschung der Geschichte und Entwicklung des Lehrerberufs vom 18. Jahrhundert bis zur Gegenwart. In: Terhart, E./Bennewitz, H. & Rothland, M. (Hrsg.), Handbuch der Forschung zum Lehrerberuf. Münster: Waxmann, S. 35-51.

Kintzinger, M. (2011). Forschung zur Geschichte und Entwicklung des Lehrerberufs vom Mittelalter bis zum Ende des 17. Jahrhunderts. In: Terhart, E./Bennewitz, H. & Rothland, M. (Hrsg.), Handbuch der Forschung zum Lehrerberuf. Münster: Waxmann, S. 15-34.

Konrad, F.-M. (2007): Geschichte der Schule. Von der Antike bis zur Gegenwart. München: C.H. Beck.

Kraler, Ch. (2008). Lehrerbildung. In: Coelen, Th & Otto, H.U. (2008), Grundbegriffe Ganztagsbildung. Das Handbuch, VS, S. 765-775.

Kulow, A.-Ch. (2009). Rechtliche Rahmenbedingungen: Kulturföderalismus und Schulaufsicht. In: Blömeke, S./Bohl, Th./Haag, L./Lang-Wojtasik, G. & Sacher, W. (Hrsg.), Handbuch Schule. Regensburg: Klinkhardt-UTB, S. 191-197.

Lüders, M. (2011). Forschung zur Lehrer-Schüler-Interaktion, Unterrichtskommunikation. In: Blömeke, S./Bohl, Th./Haag, L./Lang-Wojtasik, G. & Sacher, W. (Hrsg.), Handbuch Schule. Regensburg: Klinkhardt-UTB, S. 644-666.

Mandelbrot, B. (1967). How Long Is the Coast of Britain? Statistical Self-Similarity and Fractional Dimension". Verfügbar unter: http://users.math.yale.edu/~bbm3/web_pdfs/howLongIsTheCoastOfBritain.pdf

Mandelbrot, B. (1991). Die fraktale Geometrie der Natur. Basel: Birkhäuser.

Meyer, H. (1999). Unterrichtsentwicklung als Kern der Schulentwicklung. In: Meyer, H. (2001), Türklinkendidaktik: Aufsätze zur Didaktik, Methodik und Schulentwicklung. Cornelsen, S. 182-198.

Müller, F./Eichenberger, A./Lüders, M. & Mayr, J. (2010) (Hrsg.). Lehrerinnen und Lehrer lernen: Konzepte und Befunde zur Lehrerfortbildung. Münster: Waxmann.

Önder, J./Georg, M. & Georg, F. (2009). Auf dem Weg zum Lehrer. Referendariat und Lehrproben erfolgreich bestehen! Stuttgart: MEC.

Peitgen, H.O./Jürgens, H. & Saupe, D. (2004). Chaos and Fractals. New Frontiers of Science. New York: Springer

Prashnig, B. (2008). The Power of Diversity. New Ways of Learning and Teaching through Learning Styles. New York: Network Continuum.

Schmidt, S. (2005). Lernen, Wissen, Kompetenz, Kultur. Vorschläge zur Bestimmung von vier Unbekannten. Heidelberg: Carl-Auer.

Seel, H. (2010). Einführung in die Schulgeschichte Österreichs. Innsbruck: StudienVerlag.

Vierlinger, R. (2011). Schulerfahrungen & Schulreform. Linz: Wagner.

Wiltschko, J. (2010). Hilflosigkeit in Stärke verwandeln. Focusing als Basis einer Metapsychotherapie. Band 1. Münster: Monsenstein und Vannerdat.

Zeinz, H. (2009). Funktionen der Schule. In: Blömeke, S./Bohl, Th./Haag, L./Lang-Wojtasik, G. & Sacher, W. (Hrsg.), Handbuch Schule. Regensburg: Klinkhardt-UTB, S. 87-94.

Zlatkin-Troitschanskaia, O./Beck, K./Sembill, D./Nickolaus, R. & Mulder, R. (2009)(Hrsg.). Lehrerprofessionalität. Bedingungen, Genese, Wirkungen und ihre Messung. Weinheim, Basel: Beltz

Zymek, B. (2004). Geschichte des Schulwesens und des Lehrberufs. In W. Helsper & J. Böhme (Hrsg.), Handbuch der Schulforschung (S. 205-240). Wiesbaden: VS.

Wolfgang Hallet

Kultureller Wandel und Multiplizierung der didaktischen Kompetenzen im 21. Jahrhundert

1. Kultureller Wandel und Lehrberuf

Schule und Unterricht sind spätestens seit den 1980er Jahren einem tiefgreifenden Wandel unterworfen. Die beinahe unablässig verordneten (oder versuchten) Reformen und Umstrukturierungen der Schule, des Unterrichts und der Lehrerbildung sind denn auch nicht Ursache des Wandels, sondern Teil einer viel umfassenderen Symptomatik, die der Begriff des kulturellen Wandels im Titel dieses Beitrags anzeigen soll. Freilich ist es schwierig und gewagt, in wenigen Sätzen eine Diagnose kultureller Makro-Prozesse zu liefern. Dennoch soll in diesem einleitenden Teil ein Versuch dazu unternommen werden; denn ebenso wie Pädagogik, Didaktik und Bildungstheorie insgesamt sind auch Überlegungen zur Weiterentwicklung der Lehrerbildung auf einige Grundannahmen zum Gesamtzustand jener Gesellschaften angewiesen, für die junge Menschen und ihre Lehrer/innen ausgebildet werden. Nur so kann diagnostiziert werden, worauf die schulische Bildung junger Menschen zielt und welche didaktischen Kompetenzen Lehrkräfte erwerben, entwickeln und besitzen müssen, um zukunftsfähige Lern- und Bildungsprozesse gestalten zu können.

Unabhängig davon, wie man den allseits verspürten kulturellen Wandel im Einzelnen periodisiert oder bezeichnet, sind in unserem Zusammenhang damit im Wesentlichen drei Symptomatiken gemeint, die Ulrich Beck unter dem Begriff „der individualisierten und globalisierten zweiten Moderne" (Beck, 1997a, S. 17) zusammengefasst hat. Zum einen handelt es sich um die als Individualisierung bezeichnete veränderte gesellschaftliche Stellung des Individuums. Die Fülle der jederzeit und überall zugänglichen Informationen konfrontiert das Individuum mit einer im Grunde nicht überschaubaren Vielzahl von Orientierungs- und Sinnangeboten. Diese können mehr als jemals zuvor ganz verschiedenen Ursprungs sein, aus unterschiedlichen kulturellen Kontexten stammen und in neuen, uneinheitlichen Entwürfen, Identitäten oder Kulturen zusammengeführt werden. Die mit der Individualisierung einhergehende Pluralisierung von Orientierungen und Wertvorstellungen hat zur Folge, dass Orientierungs- und Anleitungsfunktionen, die einst von gesellschaftlich anerkannten und dafür zuständigen Institutionen – dem Elternhaus, der Schule, den politischen Parteien usw. – wahrgenommen wurden, nunmehr dem Einzelnen zufallen. Ihm bürdet diese Individualisierung von Orientierungen einen hohen Entscheidungsdruck auf, der als Not und Verlust, aber auch als Chance oder Freiheit (Beck, 1997a; Brater, 1997, S. 155f.) wahrgenommen wird. Mehr als jemals zuvor fällt den Bildungsinstitutionen damit die Aufgabe zu, die Fähigkeit junger Menschen auszubilden, Sinn und Bedeutung selbständig zu konstruieren und Verantwortung für sich selbst zu übernehmen. Dies ist der Ausgangspunkt und der Kontext konstruktivistischer sowie all jener lernerorientierten didaktischen Ansätze, in denen Lernen als aktive, Bedeutung erzeugende Tätigkeit des Subjekts verstanden wird.

Bei der zweiten Dimension des kulturellen Wandels handelt es sich um die technologische Revolutionierung der Kommunikation, die beschleunigte und beständige Erneuerung der Technologien und des Wissens sowie des Zugangs zum Wissen, allesamt Phänomene, die mit dem Begriff der Digitalisierung verbunden sind. Die beständige Erneuerung des Wissens erfordert eine lebenslange Lernfähigkeit und die verstärkte Ausbildung eines dynamischen, übertragbaren und rasch erneuerbaren Wissens (vgl. genauer Hallet, 2006, S. 8ff. und S. 39ff.). Die neuen Kommunikationstechnologien sind selbst Teil der Veränderung des Wissens, weil sie beruflich wie privat neue, distante Formen der Kooperation und der synchronen Kommunikation ermöglichen. Vor allem in ihrer jüngsten, benutzeraktiven Ausprägung des Web 2.0 mit seinen zahlreichen Kommunikations- und Selbstdarstellungsformaten (Videoplattformen, Web-logs, Internet-Foren, Twitter) und mit ihrer multimedialen Hypertextualität potenziert die Digitalisierung nicht nur die Pluralität der kulturellen und weltanschaulichen, der ethischen und politischen, aber auch der konsumptiven Orientierungen und Angebote, sondern sie verändert auch die Natur des Wissens. Dieses wird entinstitutionalisiert und entpersonalisiert, so dass die schulische Wissensvermittlung mit anderen, nicht-institutionellen, digitalisierten und globalisierten Formen der Wissensvermittlung konkurriert, z.B. in Gestalt von Wiki-Enzyklopädien. Wie Lyotard bereits 1979 in seinem hochschuldidaktischen Bericht über das postmoderne Wissen antizipierte, führt die Digitalisierung zugleich zu einer Herausfilterung nicht-digitalisierter oder nicht digitalisierbarer Wissensbestände. Das Wissen, so Lyotard,

> „kann die neuen Kanäle nur dann passieren und einsatzfähig gemacht werden, wenn die Erkenntnis in Informationsquantiäten übersetzt werden kann. Man kann daher die Prognose stellen, dass all das, was vom überkommenen Wissen nicht in dieser Weise übersetzbar ist, vernachlässigt werden wird [...]. Die ‚Produzenten‘ des Wissens sowie seine Benutzer müssen von nun ab über die Mittel verfügen, das in diese Sprachen zu übersetzen, was die einen zu erfinden und die anderen zu lernen trachten." (Lyotard, 1994, S. 23)

Diese Digitalisierung und die mit ihr verbundene globale Verfügbarkeit des Wissens haben zur Folge, dass das an Schule und Hochschule vermittelte (wissenschaftlich fundierte) Wissen mit anderen Formen des Wissens – auch mit nicht-wissenschaftlichem – konkurriert und sich in Konkurrenz zu diesem legitimieren muss. Die Auflösung kanonisierter Wissensbestände und herkömmlicher didaktischer Legitimierungen sowie die Anerkenntnis eigenständiger, individueller Wege der Wissenskonstruktion sind die Folge.

Als dritte, mit den beiden vorangehenden in unmittelbarem Zusammenhang stehende Dimension des kulturellen Wandels lässt sich unschwer die Globalisierung aller wirtschaftlichen, politischen und kulturellen Prozesse ausmachen, die mit der globalisierten elektronischen und medialen Kommunikation, mit weltweiten Migrationsbewegungen und mit der globalen Zirkulation von Wirtschaftsgütern, Waren und Kapital einhergeht. „Unter den Bedingungen von Migration, globalen Netzwerken und transnationaler Zusammenarbeit" (Bachmann-Medick, 1996, S. 263) und der Globalisierung allen Wissens kommen auf diese Weise ganz andere, zuvor nicht wahrgenommene Kulturen, Text- und Medienwelten in den Blick, „welche die gewohnten kulturellen Unterteilungen und Einheiten verschieben, überlagern, in Frage stellen, auflösen" (ebd.), eine zur Kanonisierung führende „Verbindlichkeit der exklusiven Textauswahl" (Harth, 1996, S. 324f.) kaum noch zulassen und zu jedem schulischen Wissensangebot eine Vielzahl konkurrierender Deutungen und Bedeutungen anbieten. Als Folge davon verändert sich das Verhältnis einzelner Gesellschaften und Kulturen zueinander und zur Weltgesellschaft insgesamt; die kulturellen Prägungen innerhalb einer Gesellschaft vervielfältigen sich, führen zu deren kultureller und sprachlicher Diversifizierung und begünstigen die Herausbildung neuer, transkultureller (hybrider) Formen des Denkens und Handelns, die sich bei jungen Menschen nicht nur an den Denk- und Wertvorstellungen erkennen, sondern bis in die Kleidungs- und Musikstile hinein ablesen lassen.

Die im Vorangegangenen skizzierten Umwälzungen haben offensichtlich weitreichende Auswirkungen auf die gesamte schulische Bildung, verändern die Anforderungen an den Lehrberuf und fordern die Pädagogik, die Didaktik und deren Bezugswissenschaften heraus. Eine der Hauptwahrnehmungen im Lehrberuf ist daher die wachsende, große Zahl neuer Aufgaben und Erwartungen, die im öffentlichen und im bildungspolitischen Diskurs am Beginn des 21. Jahrhunderts beinahe täglich an Lehrerinnen und Lehrer herangetragen werden. In der Regel handelt es sich dabei um Forderungen nach pädagogischen Reaktionen auf gesellschaftliche oder kulturelle Negativentwicklungen und Defizite (oder politisch als solche bewertete), die ihre Ursache meist im oben umrissenen kulturellen Wandel haben. Die Symptome reichen von migrationsbedingter anderskultureller und nichtdeutscher sprachlicher Sozialisation über ein nachlassendes allgemeines Sprachvermögen und ‚funktionalen Analphabetismus' bis hin zu Rauschmittelmissbrauch und so genannter ‚medialer Verwahrlosung'. Die hinter dieser Vielzahl pädagogischer Herausforderungen sich verbergenden strukturellen kulturellen Veränderungen haben freilich auch unmittelbare Auswirkungen auf die Ziele schulischer Bildung und Ausbildung: Die Diversifizierung und Flexibilisierung der Arbeits- und Berufswelt, deren Europäisierung und Globalisierung sowie die rasche Erneuerung des Wissens selbst erfordern neue Zielbestimmungen für die schulische Bildung und veränderte Lernkulturen.

Die kulturelle Diversifizierung führt nicht zuletzt auch zu einer veränderten Rolle der Schule und ihres Selbstverständnisses: Sie besitzt nicht mehr ein vormals eher monokulturell geprägtes erzieherisches, ethisches und didaktisches Monopol. Vielmehr ist sie selbst Teil des Pluralisierungsprozesses und hat es nicht nur mit einer kulturell, weltanschaulich und ethisch diversifizierten Schülerschaft und Elternschaft, sondern auch mit einer ebensolchen Lehrerschaft zu tun. Dies erhöht den Druck auf die Notwendigkeit der Entwicklung von konsensuellen Vorstellungen von Bildung,

auf die sich staatliche Rahmenvorgaben und Schulgemeinschaften verständigen können, ohne zugleich ihre innere Pluralität aufzugeben; und nicht zuletzt muss die
Schule selbst sich als eine lernende Institution begreifen, die sich auf immer neue
kulturelle Herausforderungslagen einzustellen hat.

2. Die Multiplizierung der Kompetenzen in der schulischen Bildung

Wenn das Individuum in den Mittelpunkt kultureller Sinn- und Bedeutungskonst-
ruktionen rückt und „ein Bild von Individualität als leitend [gilt], in dem – wie es
das Grundgesetz sagt – die Würde des Menschen und die freie Entfaltung der Persönlichkeit oberste Maximen sind" (Klieme et al., 2003, S. 63), dann müssen die dazu
erforderlichen Fähigkeiten den Zielpunkt der schulischen Bildung darstellen. Die in
der Schule auszubildenden Kompetenzen orientieren sich daher an der Vorstellung,

> „dass alle Heranwachsenden einer Generation, und zwar unabhängig von
> Herkunft und Geschlecht, dazu befähigt werden, in der selbständigen Teil-
> habe an Politik, Gesellschaft und Kultur und in der Gestaltung der eige-
> nen Lebenswelt diesem Anspruch gemäss zu leben und als mündige Bür-
> ger selbstbestimmt zu handeln." (Klieme et al., 2003, S. 63)

Vorstellbar wird dies dadurch, dass Kulturen und Gesellschaften ihre Austausch- und
Aushandlungsprozesse in Diskursen organisieren, die man sich als thematisch kohärente, aber offene Textmengen vorstellen kann. Diese ungeheuer großen Textmengen,
zu denen gemäß einem weiten Textbegriff auch Bilder und andere symbolische Dar-
stellungsformen gehören, kann man auch als das kulturelle Wissen einer Gesellschaft
betrachten, zu dem jede neue Äußerung beiträgt und das sich aus den unterschiedlichsten medialen und modalen Formen zusammensetzt. Diese allgemeine ‚Diskursfähigkeit' – oder *literacy* – erstreckt sich also auf das Verstehen und die aktive Teilhabe an vielfältigen Formen von Kommunikation und am Wissensaustausch. Als Folge
des oben dargestellten kulturellen Wandels sind solche Diskurse in globalisierten und
elektronisch vernetzten Migrationsgesellschaften heute stets mehrsprachig; sie bedie-
nen sich nicht nur der menschlichen Sprache, sondern verschiedener Zeichensysteme
und multimedialer Kommunikationsformate, und sie verlaufen quer zu verschiedenen Kulturen und über sie hinweg. Die in der Schule zu vermittelnden und zu erwerbenden Kompetenzen multiplizieren sich also in einem zweifachen Sinn. Zum einen
muss die Schule auf eine Zukunft von „culturally and linguistically diverse and increasingly globalised societies" vorbereiten, auf „the multifarious cultures that inter-
relate and the plurality of texts that circulate" (The New London Group, 2000, S. 9).
Zum anderen muss eine zukunftsorientierte Schulbildung vorbereiten auf

> „the burgeoning variety of text forms associated with information and
> multimedia technologies. This includes understanding and competent

control of representational forms that are becoming increasingly signifi-
cant in the overall communications environment, such as visual images
and their relationship to the written word – for instance, visual design
in desktop publishing or the interface of visual and linguistic meaning in
multimedia." (The New London Group, 2000, S. 9)

Die Auswirkungen des hier in einem knappen Aufriss beschriebenen Wandels sollen
hinsichtlich der in der Schule zu vermittelnden Kompetenzen kurz an zwei Beispielen verdeutlicht werden. Zum einen liegt es auf der Hand, dass mit dem Einsetzen
grundlegender medialer Veränderungen die klassischen Kulturtechniken wie Lesen
und Schreiben nicht länger als einfache Fertigkeiten (oder *skills*) verstanden werden
können. Denn der elektronische Hypertext, vor allem in seiner Ausformung als Web-
Seite, eröffnet dem Benutzer eine weit verzweigende multimediale Welt aus Farben,
Tönen, bewegten und unbewegten Bildern und Texten aller Art vom animierten Ban-
ner bis zum klassischen informativen Schreibtext. Vor allem in der interaktiven Welt
des Web 2.0 ist der Benutzer nicht mehr nur passiver ‚Leser' und wahrnehmender
Zuschauer, sondern so gut wie immer zugleich auch selbst Produzent elektronischer,
multimedialer Kommunikation und Publikation: Im Handumdrehen kann heute jeder in Chatrooms, Blogs oder *Social Network*-Plattformen wie Studi-vz oder MySpace
seine eigenen Texte und Kommentare, Bilder und Töne veröffentlichen und in einer
großen Community kommunizieren (vgl. Müller-Hartmann, 2008).

Wenn sich nun das Verfassen von Texten aus der Papierwelt in solche elektronischen Umgebungen verlagert, ist damit nicht nur die Notwendigkeit der technischen Beherrschung einer neuen Technologie verbunden, sondern es verändern sich
die Wege der Kommunikationsbeschaffung, der Textproduktion und der Zirkulation von textuellen (und medialen) Mitteilungen so nachhaltig, dass das Schreiben
sich von der einstigen Kulturtechnik grundlegend unterscheidet (vgl. Hallet, 2008c).
In didaktischen Konzepten wie dem *electronic literacy approach* wird das Produzieren von Texten daher gar nicht mehr ‚Schreiben' genannt, sondern, wie bei Shetzer & Warschauer (2000, S. 174f.), ‚construction'. Damit wird auf die Tatsache Bezug genommen, dass sich, wie man am Beispiel der E-Mail oder der Verwaltung
von Homepages in Content Management-Systemen sieht, die Kultur des schriftlichen Kommunizierens verändert bis hin zum Verschwinden der Papierpost und der
Briefmarke aus der Vorstellungswelt junger Menschen. Zugleich sind nun mit dem
Schreiben wesentlich andere und umfassendere Kompetenzen verbunden als vordem
mit einer klassischen *skill*: Das Schreiben ist unter den neuen Bedingungen eingebunden in eine multimediale Textproduktion, die auch auf andere symbolische Ressourcen zurückgreift und die die klassische Schrift zu einem von vielen Design-Ele-
menten in einem multimodalen Akt der Kommunikation macht (vgl. dazu Hallet,
2008a, 2008b). Für dieses ‚neue Schreiben' ist eine Vielzahl von Kompetenzen erforderlich, die die Schreibenden in die Lage versetzen, die neuen Schreib- und Kom-
munikationsbedingungen zu verstehen und im Hinblick auf die eigenen Möglichkeiten, Bedürfnisse und Interessen zu reflektieren, die für deren Nutzung erforderlichen

technischen und medialen Kompetenzen zu erwerben sowie die für die eigenen Zwecke und Ziele angemessenen und effizienten Kommunikationsformate zu wählen.

Allein mit dieser Transformation des Schreibens in einen Akt der hypertextuellen Textproduktion geht offensichtlich, verglichen mit den für die Füllung einer klassischen Seite im Schulheft benötigten Fähigkeiten, eine regelrechte Vervielfachung der Kompetenzen und dessen, was herkömmlich unter *literacy* verstanden wurde, einher:

> „An electronic literacy approach also assumes that there is not just one literacy, but many kinds of literacy, depending on context, purpose, and medium. Although reading and writing on-line are closely related to reading and writing in print, the two literacy contexts are also sufficiently different to demand theoretical and practical attention." (Shetzer & Warschauer, 2000, S. 172)

Schreiberziehung in Zeiten des multimedialen, interaktiven Hypertextes erfordert daher auch von den Lehrkräften die didaktische Zuwendung zu ganz neuen Fragen, also z.B. der Einbettung des Schreibens in die jeweilige mediale Umgebung, der Erzeugung von Text-Kohärenz in einem weitverzweigenden Hypertext oder des Umgangs mit riesigen Text- und Bildmengen, von denen jeder Hypertext gekennzeichnet ist.

Das zweite Beispiel hängt ebenfalls, aber nicht ausschließlich mit der medientechnologischen Revolution zusammen. Es betrifft eine generell beobachtbare Visualisierung der gesamten kulturellen Kommunikation und die Omnipräsenz von Bildern in allen Lebensbereichen. Die beobachtbaren Phänomene reichen von der alles beherrschenden Rolle der Bilder in politischen Wahlkämpfen über die Bedeutung des Fernsehens als Produzent visueller Wirklichkeiten und die Werbung bis hin zu Video-Plattformen im Internet und zu Video-Spielen: Unsere gesamte kulturelle Wirklichkeit ist bildmedial durchformt. Die Digitalisierung der Bilder und die Möglichkeit ihrer sekundenschnellen globalen elektronischen Zirkulation, seit neuerem erneut beschleunigt durch die Foto-Handy-Technik, die benutzeraktive Web 2.0-Technologie und bedienerfreundliche Software haben die Heranwachsenden in die Lage versetzt, Bilder hundertfach selbst zu produzieren, zu gestalten und in verschiedenen, selbst gewählten Kontexten zu platzieren. Es ist schon beinahe unübersehbar, dass die visuelle Selbstdarstellung in *Social Networks* im Internet, mit ihrer „combination of photographs, music, art, video, blogs, comments from other MySpacers, pictures of the Top 8 friends, a count of all friends, and more" (Rosen, 2007, S. 76), auf erhebliche Weise zur Identitätskonstitution zumindest der jüngeren Menschen beiträgt. Es handelt sich dabei um regelrechte visuelle Selbstkonzepte oder -entwürfe, mittels derer individuelle Identitäten konstituiert, soziale Gruppenzugehörigkeiten definiert, Lebensstile etabliert und bei allem immer zugleich kommuniziert werden. Der amerikanische Medienpädagoge Larry D. Rosen fasst aufgrund empirischer Studien die identitätsstiftende Rolle von *Social Networks* und den Anteil der visuellen Selbstdarstellung so zusammen:

„The Internet, in general, and MySpace in particular, provide a unique forum for adolescent identity development. A MySpace profile expresses an ‚individual's digital representation.‘ MySpacers supply multiple photographs of themselves and their friends; self-descriptions of likes and dislikes; evidence of their tastes in fashion, music, and other media; results of personality quizzes; blogs expressing their views, ideals and values; and hosts of other clues to their adolescent identity.“ (Rosen, 2007, S. 64)

Die aktive Nutzung von Bildern hat also nicht nur den Charakter eines medienkulturellen, sondern auch eines soziokulturellen und identitätspsychologischen Umbruchs. Unübersehbar ist darin die pädagogische Dringlichkeit begründet, sich auch in der gesamten schulischen Bildung eingehender als jemals mit der Rolle von Bildern zu beschäftigen (vgl. Lieber, 2008; Hallet, 2008e): Das Verstehen und das aktive Nutzen von Bildern in verschiedenen kommunikativen Kontexten ist ein gewichtiges Element allgemeiner kultureller Partizipationsfähigkeit, *viusal literacy* (oder visuelle Kompetenz) ist offenbar eine jener Kompetenzen, die zu einem festen Bestandteil schulischer Allgemeinbildung werden muss.

3. Die Multiplizierung der didaktischen Kompetenzen

Die beiden vorangehenden Beispiele wurden vor allem deshalb gewählt, weil sie im Kontext der Lehrerbildung auf eindrückliche Weise vor Augen führen, dass sich die Schule im Angesicht des kulturellen Wandels nicht länger auf die Vermittlung tradierter Kulturtechniken und des fachlichen Wissens beschränken kann. Vielmehr zeichnet sich eine große Menge neuer Kompetenzen ab, die, wie das ‚neue‘ Schreiben und das ‚neue‘ Sehen, wiederum in sich selbst komplexe Fähigkeits- und Fertigkeitsbündel darstellen. Darauf ist aber die Lehrerbildung nicht gut vorbereitet. Denn gerade die Erziehung zum hypertextuellen, multimedialisierten Schreiben oder zur planvollen, gezielten Nutzung von Bildern in den verschiedensten kommunikativen Kontexten lässt sich nicht in einem einzelnen Schulfach auffangen und bewältigen. Vielmehr handelt es sich um kulturelle und kommunikative Fähigkeiten, die in jedem einzelnen Unterrichtsfach – auch und gerade in der jeweiligen fachspezifischen Ausprägung – erlernt und ausgebildet werden müssen. Dies verlangt aber, dass in der Lehrerbildung nicht nur jene Kompetenzen vermittelt werden müssen, die auch die Schüler/innen erwerben sollen. Dies ist eine eigentlich selbstverständliche, aber in der Lehrerbildung noch nicht überall verankerte Grundvoraussetzung. Vielmehr gilt es, in die Lehrerbildung pädagogische Konzepte und didaktische Kompetenzen zu integrieren, die die oben beschriebenen neuen Techniken und Modi der kulturellen Kommunikation (und damit der gesellschaftlichen Partizipation) unterrichtlich zu modellieren und über die Jahre der schulischen Bildung hinweg planvoll und zielgerichtet aufzubauen erlauben. Schaut man sich unter diesem Gesichtspunkt die Ende 2008 veröffentlichten Beschlüsse der Kultusministerkonferenz der deutschen

Bundesländer zu den „inhaltlichen Anforderungen für die Fachwissenschaften und Fachdidaktiken in der Lehrerinnen- und Lehrerausbildung" (KMK, 2008; vgl. auch Saterdag in diesem Band) an, dann erkennt man, dass dort der Anschluss der unterrichtlichen Inhalte an die sich ständig wandelnden lebensweltlichen und kulturellen Erfahrungen der jungen Menschen überhaupt nicht thematisiert wird. Auch in den für alle Fächer vereinbarten fachdidaktischen Inhalten des Lehramtsstudiums und des Referendariats findet sich ein solcher Gedanke nicht. Man kann allenfalls mutmaßen, dass ein solcher Anschluss schulischer an kulturelle Prozesse in sehr abstrakten Formulierungen versteckt ist, etwa der Art, dass in der Lehrerausbildung Kenntnisse über neuere fachdidaktische Forschungen und Entwicklungen oder Kompetenzen zur erfolgreichen Planung von Lehr- und Lernprozessen erworben werden müssen. Wenn man spitzfindig argumentieren wollte, könnte man sagen, dass beides ohne eine Reflexion der oben dargestellten Phänomene des kulturellen Wandels nicht möglich ist. Auch wird in diesem KMK-Dokument durchgehend die Formel von der ‚Anschlussfähigkeit' des fachlichen und fachdidaktischen Wissens verwendet, die nicht näher erläutert wird, die man aber zur Not im Sinne einer ständigen Erneuerung des Wissens mit Blick auf kulturelle und gesellschaftliche Innovationen interpretieren könnte. Bezeichnenderweise ist es aber so, dass lediglich in den sprachlich-literarischen, nicht jedoch in den Sachfächern auf die Notwendigkeit der kulturellen Kontextualisierung der Unterrichtsinhalte hingewiesen wird. So heißt es im Fach Deutsch z.B., dass angehende Lehrer/innen „die gesellschaftliche und historische Bedeutung sprachlicher, literarischer und medialer Bildung gegenüber verschiedenen Personengruppen darzustellen und zu begründen" (KMK, 2008, S. 14) vermögen oder dass sie das „Sachwissen über Sprache und Kommunikation, Literatur und Medien sowie deren Geschichte im Hinblick auf Kinder und Jugendliche" (ebd.) vernetzen können müssen. Immerhin ist hier ein Anschluss an die kulturelle Erfahrungswelt der Lernenden angedeutet. Didaktische Kompetenz wird in diesem offiziellen bildungspolitischen Dokument jedoch im Wesentlichen auf die Fähigkeit der unterrichtlichen Modellierung fachwissenschaftlicher Inhalte reduziert (‚Abbilddidaktik').

Zu dieser Tendenz steht allerdings im Widerspruch, dass in einigen Bildungsstandards der Kultusministerkonferenz der deutschen Bundesländer für den mittleren Schulabschluss aus dem Jahre 2004 der Gedanke der Kommunikation des im Unterricht erworbenen Wissens in lebensweltlichen Kontexten – ganz im Sinne der eingangs aufgerufenen partizipativen Diskursfähigkeit – eine zentrale Rolle spielt. So wird z.B. in den bundesdeutschen Standards für die Naturwissenschaften ein eigener Kompetenzbereich ‚Kommunikation' ausgewiesen. Hierzu wird z.B. in den Bildungsstandards für das Fach Biologie Folgendes ausgeführt:

> „Grundlage zur Erschließung der Welt ist die Wortsprache. Auch das Fach Biologie leistet einen unterrichtlichen Beitrag zum Ausbau der Sprachkompetenz, vor allem der fachlich basierten Lese- und Mitteilungskompetenz der Lernenden. Die Lernenden tragen ihre individuellen Alltagsvorstellungen in den Fachunterricht hinein und umgekehrt fachliche

Konzepte und Fachsprache in die Alltagssprache zurück. Dadurch erreichen Schülerinnen und Schüler eine Diskursfähigkeit über Themen der
Biologie, einschließlich solcher, die von besonderer Gesellschafts- und All-
tagsrelevanz sind." (KMK, 2005, S. 11)

Bis in die Termini hinein (‚Diskursfähigkeit') werden die Lehrkräfte hier über den
Umweg der Kompetenzstandards für die Sekundarstufe I auf den Anschluss des naturwissenschaftlichen Lernens an die lebensweltlichen Diskurse der Lernenden festgelegt. Mehr oder weniger deutlich ist hier das Konzept einer *scientific literacy* erkennbar, deren Kern das Verständnis von Bildung als Erwerb von ‚Literalität' – oder
‚Diskursfähigkeit' – darstellt. Sehr deutlich sind gewissermaßen hinter diesem bildungspolitischen Dokument für die schulische Allgemeinbildung daher auch die
durchgreifenden Veränderungen des Kompetenzprofils der Lehrkräfte erkennbar:
Wenn der Biologie- (Physik-, Chemie-) Unterricht tatsächlich einen Beitrag zur Entwicklung der Sprach- und Diskursfähigkeit der jungen Menschen zu leisten hat, dann
kann dies nur bedeuten, dass Lehrer/innen der Naturwissenschaften sich außer als
Besitzer und Vermittler von Fachwissen zugleich auch als Fachleute für Sprache und
Kommunikation verstehen müssen. Wenn man hinzunimmt, dass als Folge des oben
beschriebenen medientechnologischen Wandels Kommunikation immer in ganz verschiedenen medialen und symbolischen Kontexten und Formen möglich sein muss,
so lässt sich ermessen, warum man allein diese Anforderung für Lehrer/innen der
Naturwissenschaften als eine erneute Vervielfachung der didaktischen Kompetenzen
begreifen muss.

   Es muss auch auf eine weitere und transnational beobachtbare Tendenz hingewiesen werden, die man durchaus als Reaktion auf die großen, in Teil 1 beschriebenen gesellschaftlichen Veränderungen betrachten kann und die ebenfalls in einem
gewissen Widerspruch zum jüngsten Dokument der deutschen Kultusministerkonferenz zur Lehrerbildung steht. In den bildungspolitischen und pädagogischen Debatten der jüngeren Zeit schlagen sich die neuen Anforderungen an Lehrkräfte nieder
in zahlreichen Versuchen, deren pädagogische und didaktische Fähigkeiten und Fertigkeiten in Kompetenzmodelle zu fassen. Diese haben ganz verschiedene Ursprün-
ge und beruhen auf verschiedenartigen Generierungsverfahren (vgl. im Einzelnen
Hallet, 2006, S. 26ff., 2008e). Es ist in diesem Beitrag nur Raum für einen kurzen
Blick auf eines der Modelle. Aus nahe liegendem Grund handelt es sich um das didaktische Kompetenzmodell der deutschen KMK aus dem Jahre 2004 (KMK, 2004).
In der tabellarischen Übersicht (Abb. 1) ist erkennbar, dass der unterrichtliche Anschluss an und die didaktische Modellierung von kultureller Innovation auf zweierlei Weise in diesem Kompetenzmodell verankert sind. Zum einen ist im Kompetenz-
bereich ‚Erziehen' unter ‚Kompetenz 4' davon die Rede, dass „die Lehrerinnen und
Lehrer [...] die sozialen und kulturellen Lebensbedingungen von Schülerinnen und
Schülern [kennen] und [...] im Rahmen der Schule Einfluss auf deren individuelle
Entwicklung" nehmen (KMK, 2004, S. 9). Wenngleich hier offensichtlich vor allem
an „etwaige Benachteiligungen" und „interkulturelle Dimensionen bei der Gestaltung

von Bildungs- und Erziehungsprozessen" (ebd.) gedacht ist (am ehesten im Sinne des so genannten ‚Migrationshintergrundes'), so wird doch immerhin der Bezug zu den kulturellen Erfahrungen der Lernenden explizit gemacht. Als didaktische ‚Kompetenz 5' wird zudem die Förderung „wertbewusste[r] Haltungen und selbstbestimmte[n] Urteilen[s] und Handeln[s]" beschrieben (ebd.). Wenngleich auch hier eher allgemeine pädagogische Ziele in das Kompetenzmodell einfließen, so ist auf diesem Wege doch am ehesten gewährleistet, dass unterrichtliche Inhalte und Lernprozesse immer zugleich an lebensweltliche Kontexte und damit unvermeidlicherweise an die großen kulturellen Transformationen angebunden werden.

Sehr ungewöhnlich ist der in diesem bildungspolitischen Kompetenzmodell gewählte Weg, einen eigenen Kompetenzbereich „Innovation" zu definieren. Denn eigentlich ist ‚Innovieren' keine von anderen Tätigkeiten und Fähigkeiten ablösbare Kompetenz, sondern sie muss, im Gegenteil, eine Dimension der gesamten Kompetenzausstattung einer Lehrperson, ja im Grunde jeder Berufsausübung sein. Immerhin ist aber hierin der politische Wille erkennbar, pädagogische und didaktische Weiterentwicklung zu einem Kompetenzstandard des Lehrerberufs zu machen. Wenngleich im Kompetenzmodell der KMK in den Kompetenzen „Verantwortung für Amt und Beruf" oder „Beteiligung an Schulprojekten und Schulentwicklung" die institutionelle, d.h. in Deutschland staatliche Bindung der Lehrertätigkeit mit besonders hohen staatlichen Loyalitätserwartungen deutlich zutage tritt (‚Fortbildung' als Pflicht des Beamten), so kann man sich doch erhoffen, dass didaktische und pädagogische Innovation im Wesentlichen als Reaktion auf und Begleitung von kulturellen und gesellschaftlichen Veränderungen verstanden wird.

Kompetenzbereich	Kompetenzen
Unterrichten	1 Planung und Durchführung fach- und sachgerechten Unterrichts 2 Unterstützung und Motivation der Lernenden durch Gestaltung von Lernsituationen, Herstellung von Zusammenhängen und Anleitung zur Nutzung des Wissens 3 Förderung selbstbestimmten Lernens
Erziehen	4 Kenntnis der sozialen und kulturellen Lebensbedingungen der Lernenden 5 Vermittlung von Werten und Normen zur Unterstützung selbstbestimmten Urteilens und Handelns der Lernenden 6 Bewältigung von Schwierigkeiten und Konflikten
Beurteilen	7 Diagnose von Lernvoraussetzungen und Lernprozessen, Förderung und Beratung 8 Erfassung von Leistungen mit transparenten Beurteilungsmaßstäben
Innovieren	9 Verantwortung für Amt und Beruf 10 Bereitschaft zum Weiterlernen 11 Beteiligung an Schulprojekten und Schulentwicklung

Abb. 1: Kompetenzmodell der Ständigen Konferenz der Kultusminister der Bundesrepublik Deutschland (KMK, 2004; Übersicht nach Hallet, 2006, S. 31).

Exemplarisch wird an diesem Modell deutlich, welche Schwierigkeiten es bereitet, die ständig wachsende Zahl der didaktischen Kompetenzen in einem überschaubaren Entwurf für die Lehrerbildung zusammenzuführen. Der Versuch einer erschöpfenden Auflistung muss so oder so fehlschlagen, und selbst ein systematisiertes Modell wie das von Oser (2001) kommt, bei der Zusammenfassung in 12 „Standardgruppen", auf bis zu 20 verschiedene Standards für einzelne Kompetenzbereiche und auf insgesamt 88 Standardbeschreibungen (vgl. die Übersicht bei Hallet, 2006, S. 29f., ferner Hallet, 2008e). Jeder Versuch einer umfassenden Kompetenzbeschreibung oder der vollständigen Auflistung aller didaktischen Kompetenzen läuft daher Gefahr, entweder als nicht praktikabel oder aber als unzureichend und simplifizierend betrachtet zu werden. Es liegt daher nahe, bei der Modellierung von didaktischen Kompetenzen, bei aller Notwendigkeit systematisierender, wissenschaftlicher Beschreibungen, verstärkt auf die reflexive Kompetenz der Lehrkräfte selbst zu setzen. Aus einem Selbstverständnis von Fachleuten für Kultur müssen sie die Fähigkeit erwerben, aus ihren eigenen kulturellen Erfahrungen und ihrer eigenen Teilhabe an gesellschaftlichen Prozessen und Diskursen Erkenntnisse zu gewinnen, die sich in didaktische Modellierungen und in kulturell anschlussfähige Lehr- und Lernprozesse übersetzen lassen.

4. Didaktische Diskursfähigkeit

Um eine genauere Vorstellung von der Möglichkeit der Übersetzung kultureller Erfahrungen in didaktische Modellierungen zu geben, soll an die eingangs entwickelte Vorstellung von der Diskursfähigkeit als Voraussetzung aller gesellschaftlichen Teilhabe und selbstbestimmten Handelns angeknüpft werden. Wenn Lehrerinnen und Lehrer diese Bildungsaufgabe ernst nehmen und Lern- und Bildungsprozesse in diesem Sinne gestalten wollen, ist dies nicht anders vorstellbar als dadurch, dass sie selbst umfassende diskursive Kompetenzen entwickeln. Durch diese versetzen sie sich zunächst in die Lage, an den lebensweltlichen und kulturellen Erfahrungen der Lernenden teilzuhaben, um überhaupt Verknüpfungen zwischen Unterricht und Lebenswelt anbahnen und herstellen zu können. Nur wenn Lehrer/innen wenigstens in groben Zügen wissen, welche Fragen und Themen die jungen Menschen beschäftigen, welche Lebensweisen und -stile sie für sich erwägenswert finden und welche kulturellen und sozialen Handlungsweisen und Praktiken ihren Alltag bestimmen, können sie Lehr- und Lernprozesse so gestalten, dass diese an die Erfahrungswelt junger Menschen ‚anschlussfähig' sind.

Zum zweiten müssen Lehrkräfte in der Lage sein, eine Vielzahl professioneller Diskurse zu verstehen, zu initiieren und selbst zu gestalten. Eine solche didaktische Diskursfähigkeit ist die Voraussetzung für erfolgreiches Lehren und für die kompetente, professionelle und selbstbewusste Teilhabe an den Prozessen und Entwicklungen in der eigenen Bildungseinrichtung sowie in allen Bereichen, die auf diese von außen einwirken. Die Kontexte reichen von fachlichen und fachdidaktischen Debatten über öffentliche Diskussionen zu den Aufgaben von Schule und Bildung bis hin zu Aushandlungsprozessen in der Fachschaft, im Kollegium und durch administrative Hierarchien hindurch (vgl. die tabellarische Übersicht in Abb. 2). Gerade diskursive Aushandlungen sind ein entscheidendes kommunikatives Instrument für Innovation und kulturellen Wandel in der Schule; denn diese können nicht von einzelnen Kolleginnen oder Kollegen, sondern nur im Kollektiv und auf dem Wege der konsensuellen Verabredung bewerkstelligt werden. Aus dieser Perspektive lassen sich die im Unterricht zu gestaltenden Lehr-/Lerndiskurse gewissermaßen als natürliche Fortsetzung oder Konkretisierung dessen betrachten, was außerunterrichtlich, didaktisch und pädagogisch verhandelt wurde. Im Grunde entspricht dies der Perspektive der Lernenden: Sie werden diejenigen didaktischen Arrangements als ‚guten Unterricht‘ betrachten, die sie auf ihre eigene Erfahrungswelt und auf ihr eigenes soziales Handeln beziehen können.

Diskursarten im didaktisch-pädagogischen Kontext		
Diskursart	**Merkmale**	**Beispiele**
lebensweltliche Diskurse	Teilhabe an gesellschaftlichen und kulturellen Prozessen, thematische Offenheit und Vielfalt	Diskussionen und Äußerungen zu Politik, Arbeit und Beruf, Freizeit, Familie usw.
institutionelle Diskurse	formale Regeln und Abläufe, institutionelle Einbettung, Hierarchien	dienstliche Gespräche, Schreiben an die Schulbehörde, Vorschriften des Ministeriums
pädagogische Diskurse	pädagogische Themen und Problematiken, Erziehung, Ziel- und Handlungsorientierung	Erstellung eines pädagogischen Programms, Klassengespräch
fachliche und fachdidaktische Diskurse	fachliche und fachdidaktische Themen, Beurteilung der Relevanz, eigene Bewertung	Beschluss der Fachschaft über ein neues Schulcurriculum im Fach
kollegiale Diskurse	informeller Austausch über pädagogische Fragen, keine Zielorientierung	persönliche Gespräche über Schule und Unterricht in der Pause
Lehr-/Lerndiskurse	Sprachliche Handlungen und Bedeutungsaushandlungen in Lehr-/Lernsituationen	Lehrervortrag, Lerngespräch, aushandelnde Problemlösung in der Gruppenarbeit

Abb. 2: Didaktische Diskursfähigkeit nach Diskursarten (nach Hallet, 2006, S. 131)

Die hier skizzierte Entwicklung einer didaktischen Diskursfähigkeit erfordert zugleich oder vielleicht zuallererst die Entwicklung eines neuen Selbstbildes der Lehrkräfte in der Aus- und Fortbildung. Sie müssen sich selbst als Akteure und Protagonisten – und nicht bloß als Re-Akteure und passiv-kritische oder gar kulturpessimistische Beobachter – des kulturellen Wandels begreifen. Sie sind selbst Teilhaber an jenen Diskursen, an denen auch ihre Schüler/innen zu partizipieren befähigt werden sollen, und zwar nicht in einer fernen persönlichen Zukunft, sondern stets auch schon im Hier und Jetzt. Unterricht und Schule sind dann nicht stumme Begleiter des kulturellen Wandels, sondern aktive Gestalter und Motoren; die Lernenden selbst sind kulturelle Aktanten, die kulturelle und kommunikative Prozesse zielgerichtet zu planen und zu gestalten wissen. Und die Lehrerinnen und Lehrer geben ihnen dazu Anleitung dadurch, dass sie gesellschaftliche Diskurse unterrichtlich so modellieren, dass Unterricht und kultureller Ernstfall nah beisammen liegen und günstigenfalls in eins fallen.

Eine neue Kultur der Lehrerbildung entwickeln heißt daher auch: Lehrende und Lernende sind Ko-Akteure in der Gestaltung von und in der aktiven Teilhabe an kulturellen Prozessen. Die dazu erforderlichen Kompetenzen auf Seiten der Lehrkräfte sind so vielfältig wie die kulturellen Prozesse selbst. Die Ausbildung zukunftsorientierter didaktischer Kompetenzen in der Lehrerbildung läuft daher stets darauf hinaus, über Fachleute für den Unterricht hinaus Experten für den kulturellen Wandel und kulturelle Prozesse auszubilden, die in der Lage sind, an diesen selbst zu partizipieren, sie reflektierend zu beobachten und als aufmerksame Kulturanalytiker die jeweils erforderlichen pädagogischen und didaktischen Innovationen selbst zu identifizieren. Dies ist keine Utopie, sondern überall dort Wirklichkeit, wo Lehrer/innen neue, an den Bedarfslagen ihrer Schüler/innen orientierte Formen und Inhalte des Unterrichts erproben (und oft genug auch in Fachzeitschriften publizieren) und wo die Mitglieder einer Schulgemeinschaft aktiv ihre eigene Zukunft entwickeln in dem Bestreben, ihre Schülerinnen und Schüler mit zukunftsorientierten Fähigkeiten und Fertigkeiten auszustatten.

Literatur

Bachmann-Medick, D. (1996). „Multikultur oder kulturelle Differenzen? Neue Konzepte von Weltliteratur und Übersetzung in postkolonialer Perspektive." In: Dies. (Hrsg.). Kultur als Text. Die anthropologische Wende in der Literaturwissenschaft. (S. 262-296). Frankfurt/Main: Fischer.

Beck, U. (1997a). „Kinder der Freiheit. Wider das Lamento über den Werteverfall." In: Beck (1997b). 9-33.

Beck, U. (Hrsg.). (1997b). Kinder der Freiheit. Frankfurt/Main: Suhrkamp

Brater, M. (1997). Schule und Ausbildung im Zeichen der Individualisierung. In: Beck (1997b). 149-174.

Hallet, W. (2006). Didaktische Kompetenzen. Lehr- und Lernprozesse erfolgreich gestalten. Stuttgart: Klett.

Hallet, W. (2008a). Multimodalität. In: Nünning, Ansgar (Hrsg.). Metzler Lexikon Literatur- und Kulturtheorie. 4., überarb. u. akt. Aufl. (S. 520-521). Stuttgart: Metzler.

Hallet, W. (2008b). Visual Culture, Multimodal Discourse und Tasks. Die bildkulturelle Dimension des Fremdsprachenlernens. In: Müller-Hartmann, Andreas & Schocker-von Ditfurth, Marita (Hrsg.). Aufgabenorientiertes Lernen und Lehren mit Medien: Ansätze, Erfahrungen, Perspektiven in der Fremdsprachendidaktik. (S. 167-183). Frankfurt/Main: Lang.

Hallet, W. (2008c). Schreiben lernen mit dem Hypertext? Hypertextualität und generische Kohärenz in der Schreiberziehung. Zeitschrift für Interkulturellen Fremdsprachenunterricht 13 (1). http://zif.spz.tu-darmstadt.de/. 10 Seiten.

Hallet, W. (2008d). Die Visualisierung des Fremdsprachenlernens. Funktionen von Bildern und visual literacy im Fremdsprachenunterricht. In: Lieber, Gabriele (Hrsg.). Lehren und Lernen mit Bildern. Ein Handbuch zur Bilddidaktik. (S. 212-222). Baltmannsweiler: Schneider.

Hallet, W. (2008e). Didaktische Kompetenzen: Konzepte und Modelle für die Professionalisierung der Lehrerausbildung. In: Burwitz-Melzer, Eva, Hallet, Wolfgang, Legutke, Michael, Meißner, Franz-Joseph & Mukherjee, Joybrato (eds.). Sprachen lernen – Menschen bilden. (S. 243-255). Baltmannsweiler: Schneider.

Harth, D. (1996). Die literarische als kulturelle Tätigkeit: Vorschläge zur Orientierung. In: Böhme, Hartmut & Scherpe, Klaus (Hrsg.). Literatur und Kulturwissenschaften. Positionen, Theorien, Modelle. (S. 320-340). Reinbek: Rowohlt.

Klieme, E. et al. (2003). Zur Entwicklung nationaler Bildungsstandards – Eine Expertise. Bonn: Bundesministerium für Bildung und Forschung (BMBF).

[KMK] Sekretariat der Ständigen Konferenz der Kultusminister der Länder in der Bundesrepublik Deutschland (Hrsg.) (2004). Standards für die Lehrerbildung: Bildungswissenschaften. (Beschluss der KMK vom 16.12.2004). http://www.kmk.org/fileadmin/veroeffentlichungen_beschluesse/2004/2004_12_16-Standards-Lehrerbildung-Bildungswissenschaften.pdf (15.07.2009).

[KMK] Sekretariat der Ständigen Konferenz der Kultusminister der Länder in der Bundesrepublik Deutschland (Hrsg.) (2005). Bildungsstandards im Fach Biologie für den Mittleren Schulabschluss (Jahrgangsstufe 10) (Beschluss der Kultusministerkonferenz vom 16.12.2004). München & Neuwied: Wolters Kluwer. http://www.kmk.org/doc/beschl/standards_lehrerbildung.pdf (15.07.2009)

[KMK] Sekretariat der Ständigen Konferenz der Kultusminister der Länder in der Bundesrepublik Deutschland (Hrsg.) (2008). Ländergemeinsame Beschlüsse zu inhaltlichen Anforderungen für die Fachwissenschaften und Fachdidaktiken in der Lehrerinnen- und Lehrerausbildung. Beschluss der Kultusministerkonferenz vom 16. Oktober 2008. http://www.kmk.org/fileadmin/veroeffentlichungen_beschluesse/2008/2008_10_16-Fachprofile.pdf (15.07.2009).

Lieber, G. (Hrsg.) (2008). Lehren und Lernen mit Bildern. Ein Handbuch zur Bilddidaktik. Baltmannsweiler: Schneider.

Lyotard, J.-F.. Das postmoderne Wissen. Ein Bericht. Hrsg. v. Peter Engelmann. Wien: Passagen, 1994 [franz. 1979].

Müller-Hartmann, A. (Hrsg.) (2008). Web 2.0. [Themenheft]. Der fremdsprachliche Unterricht Englisch 43 (96).

Oser, F. (2001). Standards: Kompetenzen von Lehrpersonen. In: Oser, Fritz & Oelkers, Jürgen (Hrsg.). Die Wirksamkeit der Lehrerbildungssysteme. Von der Allrounderbildung zur Ausbildung professioneller Standards. (S. 215-342). Chur & Zürich: Ruegger.

Rosen, L. D. (2007). Me, MySpace and I. Parenting the Net Generation. New York/ Houndmills: Palgrave Macmillan.

The New London Group (2000). A Pedagogy of Multiliteracies Designing Social Futures. In: Cope, Bill & Kalantzis, Mary (eds.). Multiliteracies. Literacy Learning and the Design of Social Futures. (S. 9-37). London & New York: Routledge.

Shetzer, H. & Warschauer, M. (2000): „An Electronic Literacy Approach to Network-based Language Teaching" – In: Warschauer, Mark & Kern, Richard (Hrsg.). Network-based Language Teaching: Concepts and Practice. (S. 171-185). Cambridge: CUP.

Aus- und Weiterbildung im Wandel

Dorit Bosse

Vom Unterrichtsbeamten zum autonomen Schulreformer – Schulentwicklung als essenzieller Bestandteil universitärer Lehrer/innenbildung[1]

Im Besprechungszimmer des Schulleiters eines bayerischen Gymnasiums: Sechs Lehramtsstudentinnen und -studenten haben am runden Tisch Platz genommen, an dem bereits zwei Kollegen aus der Schulleitung und die betreuende Dozentin der Universität sitzen. Es wir eng, als nun auch der Schulleiter hinzu kommt und die Runde begrüßt. Einer der Studenten eröffnet das Gespräch mit dem kritischen Hinweis, dass eigentlich auch eine der Sozialpädagoginnen aus dem Ganztagsbereich zur Sitzung hätte eingeladen werden sollen. Dann beginnt der Student mit seinem Bericht über die Ergebnisse der vierwöchigen Schulerkundung im Ganztagszweig der Schule, seine Kommilitonen fügen ihre Beobachtungen und Befragungsresultate hinzu. Die Studentengruppe hat ihre Ergebnisse in einem zehnseitigen Bericht festgehalten, der den Anwesenden ausgehändigt wird. „Zur Praxis im Ganztagszweig – Rückmeldung der Critical Friends an die Schulleitung" ist er überschrieben. Wie kommt es, dass blutjunge Lehramtsanwärter mit ihren Schulbeobachtungen bei erfahrenen Praktikern Gehör finden und sich beide Gruppen, wie es scheint, auf Augenhöhe über Gelungenes wie Verbesserungsbedürftiges im Ganztagszweig des Gymnasiums austauschen?

1. Schulentwicklung als Teil des Professionsprofils

Die beschriebene Szene ist Bestandteil des Seminars „Ganztagsschulentwicklung am Gymnasium", in dem Lehramtsstudierende Gelegenheit erhalten, bereits während ihrer universitären Ausbildung erste Kompetenzen in schulentwicklungsbezogenen Handlungsfeldern zu erwerben. Mit der kompetenzorientierten Ausrichtung der Lehrveranstaltung verbindet sich der Anspruch, dass Studierende Schulentwicklungsprozesse hautnah in der Praxis erleben können sowie – im Sinne einer übergreifenden Perspektive – Schulentwicklung als einen wichtigen Bestandteil des Aufgabenbereichs des Lehrers wahrzunehmen beginnen. Lehramtsstudentinnen und -studenten haben im Allgemeinen vor allem erst einmal das Unterrichten-Lernen im Blick, wenn sie an ihre zukünftige Berufstätigkeit denken. Dass der Bereich Schulentwicklung inzwischen auch zum Anforderungsprofil des Lehrers gehört, ist vielen nicht gegenwärtig. Die enge Fokussierung auf das Unterrichten hängt nicht zuletzt auch mit der eingegrenzten Perspektive des ehemaligen Schülers auf Schule zusammen. Während der eigenen Schulzeit erleben Schüler ihre Lehrer überwiegend in deren Tätigkeit als Unterrichtende. Dass Lehrer gemeinsam mit Kollegen auch gezielt

---

[1] Zu dem Titel angeregt wurde ich durch Rahm & Schröck, 2004, S. 540.

an der Weiterentwicklung von Unterricht arbeiten und Schulreformprojekte initiieren, gerät im normalen Schulalltag im Allgemeinen nicht ins Blickfeld von Schülern.

Historisch gesehen ist der Bereich Schulentwicklung als Aufgabe des Lehrers recht neu, vor allem hinsichtlich seiner organisationstheoretisch fundierten Ausrichtung. Bei den Reformpädagogen gab es bereits erste Ansätze, den mit Blick auf die Bedürfnisse des Kindes notwendigen Wandel von Schule auch bei der Ausbildung von Lehrerinnen und Lehrern zu berücksichtigen, indem deren Selbstbestimmtheit reklamiert wurde. Und in den 70er Jahren des letzten Jahrhunderts wurde im Zuge der bildungspolitischen Diskussion um Chancengleichheit und der Weiterentwicklung des Schulsystems an die gesellschaftliche Verantwortung des Lehrers appelliert (Rahm & Schröck, 2004). Eine neue Qualität von Schulentwicklung wurde durch den Blick auf die Einzelschule als „Lernende Schule" und Schule als „Lernende Organisation" erreicht, der sich auf Veränderung von Schule als Ganzes bezieht (Schratz & Steiner-Löffler, 1998, Kempfert & Rolff, 2000). Gemeint ist damit die Selbstentwicklung des Kollegiums und die Selbsterneuerung der Organisation Schule über ihren gegenwärtigen Zustand hinaus in eine Zukunft, um den gewandelten Lern- und Bildungsanforderungen an junge Menschen entsprechen zu können.

Auch wenn das Kerngeschäft des Lehrers noch immer im Anleiten und Unterstützen des Lernens seiner Schüler besteht, nimmt die Komplexität des Aufgabenfelds des Lehrers fortschreitend zu, etwa aufgrund der Ausweitung der Mediatisierung in Alltag und Berufsleben oder der wachsenden kulturellen und sozialen Heterogenität der Schülerschaft. Damit verbunden ist eine gestiegene Verantwortung des Lehrers für den schulischen Sozialisationsprozess seiner Schüler. Die veränderten Anforderungen an Schule bringen die Notwendigkeit von Reformen mit sich. Lehrer sind aufgefordert, ihr Handlungsrepertoire zu erweitern und zu verantwortungsbewussten Mitgestaltern schulischer Veränderungsprozesse in Reaktion auf den gesellschaftlichen Wandel zu werden.

Mit Einführung der Standards für die Lehrerbildung im Bereich Bildungswissenschaften wurde festgelegt, dass neben dem Unterrichten, Erziehen und Beurteilen der Kompetenzbereich „Innovieren" zum Aufgabenfeld jedes angehenden Lehrers gehört (KMK 2004). „Innovieren" meint die Weiterentwicklung des professionellen Selbst der Person des Lehrers (Bauer et al., 1996), auch im kollegialen Team, sowie das Vorantreiben unterrichtlicher und schulischer Reformen. Eine wichtige Zielsetzung von Lehrerbildung besteht demnach darin, Studierenden zu vermitteln, dass der Lehrerberuf als eine permanente Lern- und Innovationsaufgabe verstanden werden muss. Dazu sollten Studierende eine Bereitschaft zum beständigen Weiterlernen entwickeln mit einer Haltung des forschenden Zugriffs auf Schul- und Unterrichtspraxis. Es ist ein Habitus des forschenden Lernens, zu dem das systematische Erkunden schulischer Praxisfelder ebenso gehört wie differenzierte Situationsanalysen und die theoriegeleitete Durchdringung pädagogischer Prozesse.

Im Folgenden wird der Frage nachgegangen, welche Kultur universitärer Lehrerbildung geeignet ist, den gestiegenen Ansprüchen an den Beruf des Lehrers gerecht zu werden. Dabei richtet sich die Aufmerksamkeit auf jenen Aufgabenbereich des

Lehrers, der innerhalb der Geschichte von Schule und Lehrertätigkeit relativ neu ist, das Innovieren. Dies geschieht mit Blick auf die grundlegende Ausrichtung universitärer Lehrerbildung an einer Vorstellung von Schule, die sich unter gesellschaftlichem wie globalem Druck ständig weiterentwickeln muss, um den gewandelten Bildungsanforderungen an Heranwachsenden gerecht werden und jedes Kind und jeden Jugendlichen in optimaler Weise fördern zu können.

2. Schulentwicklung als essenzieller Bestandteil universitärer Lehrerbildung

Welches Wissen und welche Fähigkeiten sollten sich angehende Lehrerinnen und Lehrer bereits an der Universität aneignen, um kontinuierlich jene relevanten Kompetenzen zu erwerben, die für erfolgreiches Innovieren von Schule erforderlich sind? Ein Schwerpunkt sollte sicherlich auf den Kompetenzen liegen, die die Unterrichtsentwicklung vorantreiben. Ein zentraler Punkt, der für die Qualität effektiven Unterrichts und einer guten Schule zukünftig entscheidend sein dürfte, ist die Frage nach geeigneten Lernformen für interessens- und leistungsheterogene Lerngruppen, die der individuellen Förderung jedes einzelnen Schülers dienen. Ein weiterer wichtiger Aspekt ist die Art der Gestaltung von Lehr-Lernarrangements, wobei die Balance zwischen Instruktion und Konstruktion im Mittelpunkt steht, verbunden mit der Forderung nach verstärkter kognitiver Aktivierung im Lernprozess der Schülerinnen und Schüler. Ebenso spielt die Wirkung von Unterricht, die spätestens seit den Internationalen Schülerleistungsstudien ins Zentrum der Aufmerksamkeit gerückt ist, eine zentrale Rolle. Gute Schule wird sich zukünftig auch an der Nachhaltigkeit dessen, was erarbeitet und gelernt wird, messen lassen müssen (Helmke, 2003).

Die Qualität von Unterricht kann demnach aus unterschiedlichen Blickwinkeln betrachtet werden: einmal aus bildungstheoretischer Sicht – der sich bildende Mensch auf dem Weg zu seiner Selbstvervollkommnung; dann aus lerntheoretischer Sicht – Lernen als aktiver und konstruktiver Prozess; und schließlich aus qualifikatorischer Sicht – unter dem Druck der Globalisierung muss der Einzelne komplexen, wechselvollen Anforderungen gewachsen sein.

Entscheidend dürfte im Zusammenhang mit dem universitären Ausbildungsbereich Schulentwicklung sein, dass den Studierenden eine Haltung vermittelt wird, die sich nicht auf den Erwerb didaktischer Handlungssicherheit beschränkt, sondern die Frage nach einem schüleraktivierenden und wirksamen Unterricht als ein Forschungsproblem ernst nimmt und zum Erproben und Experimentieren herausfordert (Keuffer & Oelkers, 2001).

Aber auch die beiden Bereiche Organisations- und Personalentwicklung sollten Bestandteil universitärer Lehrerbildung sein. Um schon während des Studiums beispielsweise die zentrale Bedeutung einer guten kollegialen Kooperation als unverzichtbare Arbeitsform von Lehrerinnen und Lehrern erleben zu können, sind neben der inzwischen – zumindest phasenweise – etablierten Teamarbeit, etwa im Rahmen von Studienprojekten, eigene Erfahrungen mit Supervision, Intervision oder Kollegialer Fallarbeit notwendig. Der kollegiale Austausch über akute Probleme, die sich während des Studiums oder bei einem Praktikum innerhalb des Studiums ergeben, hilft bei der Klärung von Ursachen und eröffnet Lösungsansätze. Zugleich helfen die genannten Verfahren dem Einzelnen, auf die psychische Dynamik, die sich innerhalb einer Gruppe kooperierender Menschen entwickelt, aufmerksam zu werden und sich auf diese Weise als angehende Lehrer auf das schwierige Geschäft des Arbeitens mit Lerngruppen vorzubereiten und zugleich Teamarbeit als kollegiale Arbeitsform des zukünftigen Berufsalltags zu begreifen. Studierende können beispielsweise für das Entstehen von gegenseitigen Zuschreibungen, die zu Missverständnissen und Missstimmungen innerhalb eines Kollegiums führen können, sensibilisiert werden und lernen, Selbst- und Fremdwahrnehmung in ihrer Bezogenheit aufeinander zu begreifen. Daraus lassen sich auch Gelingensbedingungen für eine gute kollegiale Kommunikation und Kooperation ableiten, bei der Reibungspunkte nicht ignoriert, sondern gemeinsam bearbeitet werden. Entscheidend für die Anbahnung einer dauerhaften Bereitschaft, die eigene Schule, seinen Unterricht sowie sich selbst beständig weiterzuentwickeln, sind vielfältige Gelegenheiten, die angehende Lehrer bereits in der universitären Ausbildung erhalten sollten, um ihre selbstreflexiven und kooperativen Fähigkeiten entwickeln und schulen zu können (s. dazu auch Beispiele in Bosse & Dauber, 2005 und Bosse & Rauschenberger, 2007).

3. Zur Vermittlung schulentwicklungsrelevanter Kompetenzen

3.1 Ein hochschuldidaktisches Lehr-Lern-Szenario

Neben dem Was ist auch das Wie entscheidend, also die Frage nach hochschuldidaktisch geeigneten Szenarien, um die Bereitschaft zu entwickeln, innovierend tätig werden zu wollen, und um den Studierenden zugleich theoriegeleitetes Know how zu vermitteln. Damit kehren wir zurück zu der bereits oben erwähnten Lehrveranstaltung „Ganztagsschulentwicklung am Gymnasium". Auslöser für das Seminar waren zum einen die aktuellen Studien über die Ganztagsschulentwicklung in Deutschland, etwa die StEG-Studie („Studie zur Entwicklung von Ganztagsschulen" Holtappels et al., 2007) oder die LUGS-Studie („Lernkultur und Unterrichtsentwicklung an Ganztagsschulen" von Kolbe & Reh, hier: Kolbe, 2008). Zum anderen suchten schon seit längerem die Schulleiter von drei Gymnasien, die sich seit Jahren zu teilgebundenen Ganztagsgymnasien entwickeln, den Kontakt zur Universität. Die Schulleiter wünschten sich Beratung und Unterstützung bei der Einschätzung des bisher Erreichten, um gezielt die Weichen für die nächsten Jahre stellen zu können. Dabei traten die Schulleiter einzeln und ohne vom Ansinnen ihrer Kollegen zu wissen an die Universität heran. Aufgrund der geplanten Praxiskontakte zu diesen drei Gymnasien und den angedachten Arbeitsaufträge vor Ort an den Schulen bot das Seminar Platz für 20 Studierende.

Die Lehrveranstaltung begann mit der Auseinandersetzung mit Idee und Geschichte der Ganztagsschule und unterschiedlichen pädagogischen Ganztagsschul-Konzeptionen. Ein kurzes Verweilen bei Reformpädagogen wie Kerschensteiner, Oestreich, Harless und Karsen machte deutlich, welche unterrichtlichen und erzieherischen Akzente in der Reformpädagogik im Zusammenhang mit der Ganztagsschule-Idee jeweils dominierten. Der historische Rückblick zeigte auch, dass die Schulform Gymnasium in der Geschichte der Ganztagsschule bis zur Einführung vom achtjährigen Gymnasium praktisch keine Rolle gespielt hat. Im Seminar wurden nun die oben genannten aktuellen Untersuchungen zur Ganztagsschule im Gefolge Internationaler Schülerleistungsstudien eingehender studiert. Wir konzentrierten uns auf die Ansprüche, die die Beteiligten, Schüler, Lehrer und Eltern, an die Ganztagsschule stellen, und arbeiteten heraus, welche Probleme sich bei der Umsetzung ergeben. Eine Vertiefung fand zu den Bereichen „Rhythmisierung", „Unterrichtsentwicklung" und „Individuelle Förderung" statt.

Die Seminarteilnehmerinnen und -teilnehmer teilten sich auf die drei Schulen auf und es wurde ein Termin mit der jeweiligen Schulleitung vereinbart. Als Vorbereitung auf die Gespräche mit der Schulleitung wurde eine Liste möglicher Aufmerksamkeitsrichtungen erstellt, aus der sich jede Schule relevant erscheinende Punkte heraussuchen konnte, die bei der Schulerkundung von uns in den Blick genommen werden sollten (s. Abb. 1). Neben der inhaltlichen Auseinandersetzung mit zentralen Aspekten von Ganztagsschulentwicklung wurden mögliche methodische Herangehensweisen für die Schulerkundung thematisiert: Einen ausgewählten Schüler über den gesamten Tag hinweg begleiten (mit ihm über seine Ganztagsschulerfahrungen sprechen, ihn beobachten); das Schulprogramm des Ganztagsgymnasiums studieren; Beobachtungen in den Räumen der Ganztagsbetreuung, im Unterricht und in den Räumen, die den Lehrerinnen und Lehrern zur Verfügung stehen; Interviews mit Schülern, Lehrern und Sozialpädagogen führen; schriftliche Befragung aller Beteiligten, auch der Eltern.

Mögliche Aufmerksamkeitsrichtungen für die Schulerkundung

Rhythmisierung

Über den Schultag hinweg: Zu welcher Zeit lernen Schülerinnen und Schüler besonders konzentriert, wann bauen Einzelne/die gesamte Gruppe ab, in welcher Weise, welche Schüler, Fachspezifik?

Während des Unterrichts: Wann wird rhythmisiert, wie? Unterschiede zwischen den Fächern, zwischen den Lehrerinnen und Lehrern (unterschiedliche Lehrstile mit welchen je spezifischen Formen von Rhythmisierung)? Welche – unterschiedlichen – Vorstellungen gibt es im Kollegium über Rhythmisierung?

Aus Schülersicht: Ein Schultag des Schülers X: Was macht er zu welcher Zeit in welchem Fach? Allein, mit der gesamten Klasse, in kooperativer Form? Wer steuert sein Lernen, wie? Mit welcher Aufmerksamkeit, welcher Motivation, welchem Interesse lernt er wann? Und in den Pausen? Was macht er mit wem, wann, wo?

Hausaufgaben

Erfahrungen aus *Lehrersicht:* Hat sich die Art der Hausaufgaben im Ganztagsgymnasium verändert? Werden sie anders in den Unterricht einbezogen? Hat sich ihre Funktion verändert?

Schülersicht: Welche Art von Hausaufgaben finden sie gut, sinnvoll? Welche machen besonders viel Spaß? Probleme, Änderungsvorschläge.

Individuelle Förderung

Wann findet sie statt, wie? Abstimmung unter den Kolleginnen und Kollegen über einzelne Schülerinnen und Schüler, die besondere Förderung brauchen? Wie sieht es mit Leistungsschwächeren sowie Schülerinnen und Schülern mit Migrationshintergrund und sprachlichen Schwierigkeiten aus? Zusammenarbeit mit den Eltern?

Arbeitsstunden[2], Intensivierungsstunden[3] – Funktionen, Effekte, Akzeptanz, Beliebtheit bei den Schülerinnen und Schülern? Wie wird geübt, wiederholt, gefestigt?

Kooperation

Kooperieren Lehrerinnen und Lehrer im Ganztagsgymnasium mehr, anders miteinander? Worüber tauschen sie sich aus? Austausch mit den Sozialpädagoginnen, wann, wie intensiv, kontinuierlich oder situationsspezifisch, worüber?

Schule als Lebens- und Erfahrungsraum

Schüler X: Wo hält er sich in den Pausen auf? Sein Lieblingsplatz innerhalb des Schulgebäudes, -geländes? Seit wann hat er den? In der Schule wohlfühlen: Welche Rolle spielen Freunde, Klassenkameraden, Lehrer, Sozialpädagoginnen und Sozialpädagogen? Altersspezifische Reviere?

Regeln, Rituale: Welche ganztagsspezifischen gibt es?

---

2   Unter Arbeitsstunden werden Unterrichtsstunden verstanden, die in der Ganztagsschule der Erledigung von Hausaufgaben während der Schulzeit mit Unterstützung von Lehrerinnen und Lehrern dienen.

3   Intensivierungsstunden wurden in Bayern mit Einführung des achtjährigen Gymnasiums zur gezielten Förderung von Schülerinnen und Schülern in Lerngruppen mit halber Klassenstärke eingerichtet (vgl. dazu Bosse, 2009).

Wahlunterricht, individuelle Neigungen: Wie viel Raum gibt es dafür, welcher Stellenwert bei einzelnen Schülerinnen und Schülern?

Lehrerinnen und Lehrer: Wo hält sich Lehrer X in den Pausen, in Freistunden auf? Sein Lieblingsplatz? Reviere: Wie bilden sie sich: Fachspezifisch bedingt, durch befreundete Kolleginnen und Kollegen, durch Kooperationspartner? Was fehlt?

„Geheime *Schüler*wünsche", „geheime *Lehrer*wünsche", „geheime *Schulleiter*wünsche" ...?

Abb. 1: Liste möglicher Aufmerksamkeitsrichtungen für die Schulerkundung

Wie in der eingangs beschriebenen Szene war bereits bei der ersten Kontaktaufnahme mit den Schulleitungen auffallend und für die Studierenden erfreulich, dass sie als zukünftige „Evaluatoren" ausgesprochen zuvorkommend behandelt wurden. Anders als im Schulpraktikum, das alle bereits absolviert hatten, waren die Seminarteilnehmerinnen und -teilnehmer offenbar mit ihrer verantwortungsvollen Rolle als Schulerkunder auch in den Augen der Schulleitungen „gewachsen". Wir legten unseren Gesprächspartnern die Liste „Mögliche Aufmerksamkeitsrichtungen für die Schulerkundung" (Abb. 1) vor und es wurden mit uns die Schwerpunkte unserer Erkundung verabredet.

Je nach gewählten Schwerpunkten der einzelnen Schulen wurden unterschiedliche Untersuchungsformen gewählt. Die Schulerkundungen wurden anhand von kriteriengeleiteter Beobachtung von Unterricht und Schulleben im Ganztagsbereich durchgeführt, mithilfe schriftlicher Befragungen der betroffenen Personengruppen per Fragebogen und mittels mündlicher Befragung in Form von leitfadenorientierten Interviews. Die Leitfäden, Kriterienkataloge und Fragebögen wurden im Seminar gemeinsam erarbeitet. Während der Schulerkundungen fanden in der Hochschule regelmäßige Treffen zum Informationsaustausch, zur theoriegeleiteten Vertiefung von Einzelaspekten und zur Auswertung der erhobenen Daten statt. Aus der Schulerkundung ist eine Reihe von Examensarbeiten hervorgegangen, in denen u.a. die aufwändigen schriftlichen Befragungen gründlich ausgewertet wurden (Pfleger, 2007). Die Ergebnisse der Schulerkundung wurden von jedem der drei Untersuchungsteams in einem eigenen Bericht zusammengefasst, der der Schulleitung beim Abschlussbesuch vor Ort vorgelegt und erläutert wurde (s. Abb. 2). An diesem Punkt sind wir bei der Berichtlegung eines der drei Untersuchungsteams vor ihrer Schulleitung angelangt, die eingangs beschrieben wurde.

Bericht der Critical Friends an die Schulleitung (Auszug)

Zur Rhythmisierung im Ganztagsschulalltag

Der Begriff *Rhythmisierung* fiel während der Erkundung immer wieder, wird von den Lehrerinnen und Lehrern aber hinsichtlich seiner Bedeutung sehr unterschiedlich gefüllt. Am häufigsten wird er im Zusammenhang mit der Strukturierung des Tagesablaufs verwendet. Dass von Rhythmisierung auch beim Wechsel unterschiedlicher Formen von Beanspruchung der Lernenden innerhalb einer Unterrichtsstunde (äußere R.) sowie innerhalb des individuellen Lernprozesses (innere R.) gesprochen werden kann, war den wenigsten bewusst. Vielleicht wäre es hilfreich, wenn sich das Kollegium über die unterschiedlichen Dimensionen von Rhythmisierung verständigen würde.

Doppelstunden scheinen sinnvoll und effektiv zu sein, sofern sie hinsichtlich der äußeren Rhythmisierung, also des Wechsels zwischen den Lernformen innerhalb einer Unterrichtsstunde, angemessen gestaltet werden. Hier haben wir zwischen der Praxis der einzelnen Lehrkräfte große Unterschiede festgestellt. Wenn Doppelstunden nahezu ausschließlich lehrerzentriert verlaufen, scheinen sie für Lehrer wie Schüler ausgesprochen anstrengend zu sein, und dies insbesondere, wenn sie am Nachmittag liegen. Es wurden Doppelstunden beobachtet, in denen ausschließlich lehrerzentriert ohne Pause „Stoff durchgezogen" wurde. Umgekehrt haben wir beobachtet, dass bei bestimmten Lehrkräften die Schüler auch noch am Nachmittag höchst aufnahmebereit sind. Frage: Wovon hängt das vor allem ab, vom Fach, von der Person des Lehrers, von seinem Lehrstil, vom Lehrer-Schüler-Verhältnis?

Es wurden *Einzelstunden* beobachtet, in denen „quasi nach Lehrbuch" in optimaler Weise rhythmisiert wurde und auch auf die innere Rhythmisierung, also auf den Rhythmus des einzelnen Schülers bei der Steuerung seines eigenen Lernprozesses, geachtet wurde: Einführender Lehrervortrag, dann fragengelenktes Unterrichtsgespräch, Stillarbeit (mit Einzelbetreuung durch den Lehrer), schließlich Übung in Partnerarbeit nach dem Prinzip „Lernen mit Bewegung" zur Wiederholung und Verfestigung des neu Gelernten mit abschließender Ergebnispräsentation durch einzelne Schülerinnen und Schüler. Es gibt Kollegen, die ein gutes Gespür haben, wann die Aufnahmebereitschaft ihrer Schüler sinkt und dann über ein breites Repertoire an unterschiedlichen Lernformen verfügen, die situationsspezifisch eingesetzt werden. Es gibt aber auch Kollegen, deren Unterricht durch eine methodische Monokultur gekennzeichnet ist.

Erschöpfung: Wir konnten beobachten, dass in der 9. Stunde einige Schüler nicht mehr besonders leistungsfähig wirkten, sie lagen während des Unterrichts zeitweise mit dem Kopf auf dem Tisch („die waren regelrecht k.o." Protokoll von S.T.). Es entstand die Frage, ob man sich nicht nur um eine ausgewogene Rhythmisierung des Schultags bemühen sollte, sondern auch darauf zu achten sei, ob Schüler die Mittagspause auch wirklich sinnvoll nutzten, also die für sie angemessene Form von Erholung und Entspannung finden. Sind auch Lehrer nachmittags abgespannter? Das war für uns schwer festzustellen, dies ist wohl von vielen Faktoren abhängig: Tagesform, Anzahl der bereits gehaltenen Unterrichtsstunden, Selbstverständnis als Lehrer, persönliche Akzeptanz des

Ganztagskonzepts, allgemeine Verausgabungsbereitschaft, Beziehung zu den Schülern, Distanzierungsfähigkeit, Verankerung innerhalb des Kollegiums.

„*Ruhe* kommt nicht vor", steht bei C.G. im Protokoll, „wann findet die im Ganztags-gymnasium eigentlich statt?" Wir beobachteten, dass der Ruheraum ständig leer war. Haben die Schüler Angst, etwas zu verpassen und gehen deshalb nicht hinein? E.M. vermerkte in seinem Protokoll: „Die größte Ruhe während des Ganztagsschultags kehrte ein, wenn im Unterricht eine DVD geguckt wird, dann ist alles plötzlich mucksmäuschenstill."

....

Abb. 2:   Auszug aus dem Bericht der Critical Friends an die Schulleitung

3.2   Aufbau des Kompetenzbereichs „Innovieren"

Zusammenfassend lässt sich festhalten, dass die Studierenden durch das Seminar Ge-legenheit erhielten, eine Reihe von Kompetenzen aufzubauen, die für die Weiterent-wicklung von Schule als einem Ort, der Schülerinnen und Schüler in ihrer persönli-chen Entwicklung unterstützt und in ihrem Lernen voranbringt, höchst relevant sind. Dabei meint der Kompetenzbereich „Innovieren" stets ein Doppeltes: die Arbeit des (angehenden) Lehrers an sich selbst im Sinne eines professionellen Verständnisses des Lehrerberufs als einer ständigen Lernaufgabe, und die Arbeit an der Planung, Umsetzung und Evaluation schulischer Projekte, durch die für Heranwachsende ak-tuell-sinnstiftende wie zukunftsweisende Bildungsanlässe geschaffen werden. Konkret konnten sich die Studierenden in folgenden schulentwicklungsrelevanten Handlungs-feldern erproben:

- theoriegeleitetes Herausarbeiten von Chancen und Problemfeldern der (Ganz-tags-) Schulentwicklung,
- Planung und Konzeption eines Evaluationsvorhabens,
- Kennenlernen von Forschungsmethoden,
- Entwickeln und Anwenden von Instrumenten zur Schulevaluation,
- theoriegeleitetes Auswerten von erhobenen Daten,
- Präsentation von Untersuchungsergebnissen,
- Arbeiten im (Evaluations-) Team,
- Entwickeln einer selbstreflexiven Haltung,
- Entwickeln eines Habitus', Innovieren als konstitutiven Bestandteil der professio-nellen Verantwortung von Lehrerinnen und Lehrern zu verstehen.

4. Einordnung des Seminarkonzepts

4.1 Zur Arbeit der Studierenden als Critical Friends

Wie lässt sich die Arbeit der Seminarteilnehmerinnen und –teilnehmer als Critical Friends näher charakterisieren? Bezogen auf die Dauer der Zusammenarbeit und der Formalität der Beziehung zwischen Studierenden und Schulen handelte es sich um eine „informelle kurzfristige Zusammenarbeit" (Schratz et al., 2002, S. 215). Nach der Ausdifferenzierung von Schratz u.a. der unterschiedlichen Rollen, die Critical Friends in Schulentwicklungsprozessen einnehmen können, lässt sich die Rolle der Studierenden im beschriebenen Seminarkonzept als eine Mischung aus „Außenstehenden", „Motivatoren" und, wenn auch in reduzierter Weise, „Wissenschaftlichen Beratern" kennzeichnen (ebd., S. 218f.). Die Studentinnen und Studenten haben von außen mit wohlwollend-kritischem Blick die Schul- und Unterrichtspraxis im Ganztagszweig von Gymnasien untersucht, selbst aber bisher weder als Schüler noch als Praktikanten Erfahrungen mit Ganztagsschule sammeln können. Für die drei Schulen war hilfreich und zugleich motivierend, dass sich Studentinnen und Studenten samt Hochschullehrerin ihrer Arbeit mit großer Aufmerksamkeit und Intensität zugewandten. Gelungenes wurde herausgestellt und auf Optimierungsbedürftiges wurde, ganz im Sinne des kritischen, aber eben auch verständnisvollen Freundes, hingewiesen. Ihr Wissen über verschiedene Ganztagsschulkonzepte, Ansprüche an die Ganztagsschule sowie praktische Umsetzungsprobleme haben die Studentinnen und Studenten in der theoriebezogenen Seminararbeit erworben. So lieferten sie dem Kollegium beispielsweise die Anregung, sich über die bestehenden unterschiedlichen Vorstellungen von Rhythmisierung zu verständigen. Und in dem Auszug aus dem Bericht der Critical Friends (Abb. 2) geht hervor, dass die Studierenden den Kolleginnen und Kollegen den Anstoß geben wollen, sich Gedanken über die didaktisch-methodische Gestaltung von Einzel- und Doppelstunden zu machen.

4.2 Methodische Verfahrensweisen und Evaluationsniveau der durchgeführten Schulerkundung

Gemäß der von Holtappels vorgenommenen Unterscheidung unterschiedlicher methodischer Verfahrensweisen und Evaluationsniveaus lässt sich, auch wenn er nur die schulinterne Evaluation im Blick hat, die beschriebene externe Schulerkundung zwischen „Evaluation als Praxisforschung über Projekte und Schwerpunkte" und „Evaluation als Zwischenbilanz der Schulprogrammarbeit" ansiedeln (2003, S. 224f.). Die Studierenden haben sich mit der kriteriengeleiteten Beobachtung von Unterricht und Schulleben, der Leitfaden-Interviews und der Fragebogenerhebungen erprobter und bewährter sozialwissenschaftlicher Forschungsmethoden bedient. Sie haben auf die konkrete Schulsituation – Gymnasien mit Ganztagszweigen – bezogene Erhebungsinstrumente entwickelt und eingesetzt und bei Konzeption wie Auswertung gängige

Gütekriterien qualitativer wie quantitativer Forschung berücksichtigt. Der Focus der drei Untersuchungsteams richtete sich auf die schulischen Schwerpunkte innerhalb der Ganztagsschulentwicklung, die bei der Vorbesprechung von der jeweiligen Schulleitung als wichtig und relevant benannt worden waren. Zugleich hatten die Schulerkundungen die Funktion einer Zwischenbilanz, weil alle drei Gymnasien seit einigen Jahren an der Entwicklung von Ganztagszweigen arbeiteten und sich von außen ein Feedback ihrer Arbeit und Anregungen zur Weiterentwicklung erhofften.

4.3 Beteiligung an Schulentwicklungsprozessen als eine Form situierten Lernens

Aus der Diskussion um den Erwerb trägen und nachhaltig verfügbaren Wissens ist bekannt, dass die Art der Gestaltung der Situation, in der Wissen entsteht, ausschlaggebend für den Nutzen von Wissen ist. Wenn also Wissen in einem Kontext erworben wird, der dem Anwendungszusammenhang nahe kommt oder gar, wie im vorliegenden Seminarkonzept, kaum erworben, bereits in einer konkreten Situation angewendet werden kann, ist die Wahrscheinlichkeit groß, dass der Lerner sein Wissen auch angemessen transferieren kann und es nachhaltig verfügbar bleibt (Gruber et al., 2000). Diese Forderung ist im Rahmen universitären Lernens i. A. nur bedingt einzulösen, häufig kann eben doch nur „auf Vorrat" gelernt werden. Im beschriebenen Seminar „Ganztagsschulentwicklung am Gymnasium" konnte realisiert werden, was situiertes Lernen im Idealfall kennzeichnet: ein innerer Zusammenhang von Wissenserwerb und Lernumgebung, Lernprozess und Lernprodukt sowie erworbenem Wissen und dessen adäquate Anwendung. Reusser betont, dass „flexibel nutzbares Wissen vorzugsweise in semantisch reichhaltigen, ‚authentischen', d.h. nicht von Beginn weg komplexitätsreduzierten Kontexten erworben" wird (2005, S. 162). Während der Schulerkundungsphase waren die Studentinnen und Studenten bei der Einschätzung von beobachteten Situationen gefordert, in Konfrontation mit einer authentischen Situation neue Verstehensleistungen auf der Basis erworbener Wissensbestände zu generieren. Hier reichte es nicht aus, kleinschrittig vorstrukturierte Wissenseinheiten aus der Theoriearbeit im Seminar gedanklich nachzuvollziehen. Vielmehr nötigte das Einschätzen-Lernen von pädagogischen Situationen den Studierenden ein hohes Maß an eigener kognitiver Konstruktionsleistung ab.

4.4 Abgrenzung von verwandten Seminarkonzepten

Das vorgestellte Seminarkonzept reiht sich in eine Vielzahl ähnlich konzipierter hochschuldidaktischer Lernarrangements ein. So befindet es sich in der Tradition der Ansätze zum „Forschenden Lernen", bei denen der Theorie-Praxis-Bezug im Vordergrund steht (Fichten et al., 2002; Wildt, 2005, Ammann & Ostendorf, 2007). Beim Forschenden Lernen sammeln Lehramtsstudentinnen und –studenten, zumeist

im Team, Erfahrungen beim Verfolgen unterrichtlicher und schulischer Forschungsfragen an Schulen. Die Forschungsprojekte werden theoriegeleitet in Hochschulseminaren begleitet. Die Studierenden erwerben praktische Handlungskompetenz im
pädagogischen wie forschungsmethodischen Bereich mit dem Ziel der eigenen Professionalisierung. Das vorliegende hochschuldidaktische Lehr-Lern-Szenario weist
auch Ähnlichkeiten mit dem „Service Learning" auf. Beim „Service Learning" handelt es sich um einen Ansatz, bei dem universitäre Lernsituationen unter Dienstleis-
tungsaspekten und Demokratisierungsbestrebungen zu einer Win-Win-Lösung für
alle Beteiligte führen sollen (Sliwka, 2004). Zentral sind bei diesem Konzept ebenfalls
wie beim Forschenden Lernen das Erfahrungslernen und der Praxisbezug. Unter Ser-
vice-Gesichtspunkten wird auf tatsächlich vorhandene Probleme in Schulen oder anderen pädagogischen Einrichtungen reagiert, indem sich Studierende dieser Probleme annehmen, nach Lösungen suchen und diese praktisch handelnd herbeizuführen
versuchen. Und schließlich ein weiteres hochschuldidaktisches Konzept: An zahlreichen Universitätsstandorten gibt es Schulen, die eng mit der Hochschule kooperieren. So auch in Wien, wo seit 2002 das Pilotprojekt „Kooperationsschulen der Universität Wien" läuft (Schrittesser, 2008). Hier geht es um konkrete Projektaufträge,
die die Schulen, die mit der Hochschule kooperieren, in Auftrag geben. Auf Seiten
der Universität werden die Vorhaben im Rahmen von Forschungsseminaren begleitet. Die Universität profitiert von dieser Zusammenarbeit, indem sie ihren Lehramtsstudentinnen und -studenten einen intensiven Praxisbezug und eine konkrete pädagogische Handlungsherausforderung bietet, während die Schulen ein Interesse daran
haben, bei akuten pädagogischen Problemen oder anstehenden Aufgaben wissenschaftlich fundierte Unterstützung zu erhalten.

Bei all diesen Ansätzen gibt es Überschneidungen mit dem beschriebenen Seminarkonzept. Der entscheidende Unterschied besteht darin, dass der Schwerpunkt im
vorliegenden Konzept in der wissenschaftlichen Auseinandersetzung mit der „Ganztagsschulentwicklung" als Teilbereich des übergreifenden Themas „Schulentwicklung"
liegt. Wie in den anderen Ansätzen geht es auch im vorliegenden um forschendes,
erfahrungsbezogenes Lernen für angehende Lehrerinnen und Lehrer. Die Theorie-
Praxis-Verschränkung ist ebenfalls wichtig. Ebenso wie bei den verwandten Ansätzen
profitierten die beteiligten drei Schulen von der universitär angeleiteten und begleite-
ten Schulerkundung samt Rückmeldung. Anders als in den verwandten Ansätzen war
der thematische Gegenstand, der im vorliegenden Seminarkonzept erforscht wurde,
die „Ganztagsschulentwicklung am Gymnasium", nicht beliebig und auch nicht aus-
tauschbar. Die wissenschaftliche wie handelnd-praktische Aufmerksamkeit konzen-
trierte sich ein Semester lang auf der Frage, wie sich die Ganztagsschulentwicklung
am Gymnasium sinnvoller Weise vollziehen sollte und worin die Fallstricke bei der
Umsetzung in der Schul- und Unterrichtspraxis bestehen. Die Studierenden beschäf-
tigten sich wissenschaftlich fundiert mit dem einen Seminarthema und gingen – gut
vorbereitet und begleitet während der Schulerkundungsphase – praktisch forschend
auf Tuchfühlung mit dem sich real ereignenden Seminarthema, der Schulentwicklung, die als essenzieller Bestandteil universitärer Lehrerbildung angesehen wird.

5. Resümee: Handlungsfelder einer kompetenzorientierten Lehrerbildung kultivieren

Über die Frage, wie angehende Lehrerinnen und Lehrer wissenschaftlich fundiert auf ihr zukünftiges Arbeitsfeld vorbereitet werden sollten, um den gestiegenen gesellschaftlichen Anforderungen an Schule gerecht werden zu können, ist im Zusammenhang mit kompetenzorientierter Lehrerbildung in den vergangenen Jahren viel diskutiert worden (z.B. Bayer et al., 2000, Blömecke, 2001, Kraler & Schratz, 2008). Ein wichtiger Aspekt in dieser Diskussion ist das Bemühen um einen kontinuierlichen Aufbau professioneller Handlungskompetenz, der für Lehrerinnen und Lehrer im Sinne eines biografischen Kontinuums bereits während des Studiums beginnen sollte. Mit diesem Anspruch rückt der Lernende in den Mittelpunkt universitärer Lehrerbildung. Mit dem Wandel von der Lehrfocussierung hin zur Lernerorientierung wird die Kultivierung hochschuldidaktischer Lernszenarien notwendig, die den individuellen Kompetenzerwerb in berufsrelevanten Handlungssituationen ermöglichen. Dazu gehört das Aneignen wissenschaftlichen Wissens, das in Praxissituationen herausgefordert wird und als handlungsleitender Orientierungs- und Reflexionsrahmen zum Aufbau professioneller Handlungskompetenz führt (vgl. Bosse & Messner, 2008).

Mit der Festlegung von Standards und Kompetenzbereichen für die Lehrerbildung wurde nicht zugleich auch festgeschrieben, wie angehende Lehrerinnen und Lehrer Standards erreichen und Kompetenzen erwerben können. Standardisierung ist lediglich auf die Vereinheitlichung von Zielperspektiven ausgerichtet, mit der aber keine Normierung universitärer Handlungssituationen einhergeht, in denen berufsrelevantes Wissen und Können erworben werden soll. Damit Universitäten zu Orten werden, an denen Lehramtsstudierende konkrete, auf ihr späteres Berufsfeld bezogene Erfahrungen wissenschaftlich fundiert sammeln können, sollten ihnen während des Studiums vielfältige Lernszenarien mit schulpraktischem Anwendungsbezug zur Verfügung gestellt werden. Der forschende Habitus verbindet dabei erworbenes Theoriewissen mit pädagogischer Handlungskompetenz. Eine gute Kultur universitärer Lehrerbildung misst sich daran, inwieweit es gelingt, während des Studiums nicht nur kumulativ „Wissen auf Vorrat" anzuhäufen, sondern Studierende in Handlungssituationen zu verwickeln, in denen sie ihr wissenschaftliches Wissen zur Generierung pädagogischer Handlungsstrategien und zum Aufbau berufsrelevanter Kompetenzen nutzen können. Qualitativer Maßstab für das Bemühen um eine praxisorientiertere Lehrerbildung sollte dabei stets die Frage sein, ob angehende Lehrerinnen und Lehrer mit den zu erwerbenden Kompetenzen in die Lage versetzt werden, ihr Wissen und Können beständig zu erweitern, um im Laufe ihres Berufslebens auf die sich stetig wandelnden Bildungsanforderungen an Heranwachsende adäquat reagieren zu können.

Literatur

Ammann, M. & Ostendorf, A. (2007). Forschendes Lernen – über die Verbindung forschungs-methodischer und fachlich-inhaltlicher Kompetenzentwicklung in der universitären Lehrerbildung. In Ch. Kraler & M. Schratz (Hrsg.), Ausbildungsqualität im Lehrerberuf (S. 123-139). Wien: Lit-Verlag.

Bauer, K.-O., Kopka, A. & Brindt, S. (1996). Pädagogische Professionalität und Lehrerarbeit. Weinheim: Juventa.

Bayer, M., Bohnsack, F., Koch-Priewe & Wildt, J. (Hrsg.) (2000). Lehrerin und Lehrer werden ohne Kompetenz? Bad Heilbrunn: Klinkhardt.

Blömecke, S. (2001). Erwerb professioneller Kompetenzen in der Lehrerausbildung und die Aufgaben von Zentren für Lehrerbildung. In Seibert, N. (Hrsg.). Probleme der Lehrerbildung (S. 131-162). Bad Heilbrunn: Klinkhardt.

Bosse, D. (Hrsg.) (2009). Umgang mit Heterogenität am achtjährigen Gymnasium. In: Dies.: Gymnasiale Bildung zwischen Kompetenzorientierung und Kulturarbeit (S. 169-186). Wiesbaden: VS Verlag für Sozialwissenschaften.

Bosse, D. & Dauber, H. (2005). Psychosoziale Basiskompetenzen für den Lehrerberuf. In H. Dauber & D. Krause-Vilmar (Hrsg.), Schulpraktikum vorbereiten. Pädagogische Perspektiven für die Lehrerbildung. (2. erweiterte Aufl.) (S. 55-82). Bad Heilbrunn: Klinkhardt.

Bosse, D. & Rauschenberger, H. (2007). Lehrerwerden als reflexiver Prozess – Lerntraining mit Schulpraktikum an der Reformschule Kassel. In: F. Heinzel, A. Garlichs & S. Pietsch (Hrsg.), Lernbegleitung und Patenschaften – Reflexive Fallarbeit in der universitären Lehrerbildung (S. 87-103). Bad Heilbrunn: Klinkhardt.

Fichten, W., Gebken, U. & Oblolenski, A. (2002). Entwicklung und Perspektiven der Olden-burger Teamforschung. In U. Dirks & W. Hansmann (Hrsg.), Forschendes Lernen in der Lehrerbildung (S. 115-128). Bad Heilbrunn: Klinkhardt.

Gruber, H., Mandl, H. & Renkl, A. (2000). Was lernen wir in Schule und Hochschule: Träges Wissen? In H. Mandl & J. Gerstenmeier (Hrsg.), Die Kluft zwischen Wissen und Handeln: Empirische und theoretische Lösungsansätze (S. 139-156). Göttingen: Hogrefe.

Helmke, A. (2003). Unterrichtsqualität erfassen, bewerten, verbessern. Seelze: Kallmeyersche Verlagsbuchhandlung.

Holtappels, H. G. (2003). Schulqualität durch Schulentwicklung und Evaluation. Konzepte, Forschungsbefunde, Instrumente. München: Luchterhand.

Holtappels, H. G., Klieme, E., Rauschenbach, T. & Stecher, L. (Hrsg.) (2007). Ganztagsschule in Deutschland. Ergebnisse der Ausgangserhebung der „Studie zur Entwicklung von Ganztagsschulen" (StEG). Weinheim und München: Juventa.

Kempfert, G. & Rolff, H.-G. (2000). Pädagogische Qualitätsentwicklung: Ein Arbeitsbuch für Schule und Unterricht. (2. Aufl.) Weinheim und Basel: Beltz.

KMK (Sekretariat der Ständigen Konferenz der Kultusminister der Länder in der Bundesrepublik Deutschland) (2004): Standards für die Lehrerbildung: Bildungswissen-schaften. Beschluss der Kultusministerkonferenz vom 16.12.2004.

Keuffer, J. & Oelkers, J. (2001). Reform der Lehrerbildung in Hamburg. Abschlussbericht der von der Senatorin für Schule, Jugend und Berufsbildung und der Senatorin für Wissen-schaft und Forschung eingesetzten Hamburger Kommission Lehrerbildung. Weinheim und Basel: Beltz.

Kolbe, F.-U. (2008). Zur Entwicklung der Lern- und Unterrichtskultur in ganztägigen Angeboten: Erste Ergebnisse der LUGS-Studie. In D. Bosse, I. Mammes & Ch. Nerowski (Hrsg.). Ganztagsschule – Perspektiven aus Wissenschaft und Praxis (S. 53-70). Bamberg: University of Bamberg Press.

Kraler, Ch. & Schratz, M. (Hrsg.) (2008). Wissen erwerben, Kompetenzen entwickeln. Modelle zur kompetenzorientierten Lehrerbildung. Münster, New York, München, Berlin: Waxmann.

Pfleger, C. (2007). Die Ganztagsschulentwicklung am Gymnasium – theoretische Grundlagen und deren Umsetzung am Balthasar-Neumann-Gymnasium Marktheidenfeld und am Johann-Philipp-von-Schönborn-Gymnasium Münnerstadt. Würzburg (unveröffentlichte Examensarbeit).

Rahm, S. (2005). Theorie der Schulentwicklung. Weinheim und Basel: Beltz.

Rahm, S. & Schröck, N. (2004). Mitwirkung an der Schulentwicklung. In S. Blömeke, P. Reinhold, G. Tulodziecki & J. Wildt (Hrsg.), Handbuch Lehrerbildung (S. 531-543). Kempten: Klinkhardt/Westermann.

Reusser, K. (2005). Problemorientiertes Lernen – Tiefenstruktur, Gestaltungsformen, Wirkung. In: Beiträge zur Lehrerbildung 23 (2), 159-182.

Schratz, M. & Steiner-Löffler, U. (1999). Die Lernende Schule. Arbeitsbuch pädagogischer Schulentwicklung. (2. Aufl.). Weinheim und Basel: Beltz.

Schratz, M., Jakobsen, L. B., MacBeath, J. & Meutet, D. (2002). Serena, oder: Wie Menschen ihre Schule verändern. Schulentwicklung und Selbstevaluation in Europa. Innsbruck, Wien, München, Bozen: Studien Verlag.

Schrittesser, I. (2008). Kooperationsschulen der Universität Wien. In journal für lehrerInnenbildung, 8 (3), 52-54.

Sliwka, A. (2004). Service Learning – Verantwortung lernen in Schule und Gemeinde. Weinheim: Beltz.

Wildt, J. (2005). Auf dem Weg zu einer Didaktik der Lehrerbildung? In Beiträge zur Lehrerbildung 23 (2), 183-190.

Thomas Coelen und Michaela Heer

Auf der Suche nach interprofessionellen Kompetenzen ‚ganztags' in der Lehrer/innenbildung

1.   Einordnung des Themas

In den deutschsprachigen Ländern wird seit der PISA 2000-Studie wieder verstärkt über die Umwandlung der traditionellen Vormittagsschule in so genannte ‚ganztägige' Schulen diskutiert (für die Schweiz siehe Larcher & Grubenmann, 2008; Herzog & Schüpbach, im Druck; für Österreich siehe Senoner, 2004; SPÖ, 2003). Insbesondere in den 16 Ländern der Bundesrepublik Deutschland folgen dieser Debatte zahlreiche und divergierende Umsetzungspolitiken: Im Schuljahr 2006/07 gingen fast 18% aller Schüler/innen in Deutschland auf allgemein bildende ganztägige Schulen (2001/02 waren es noch weniger als 10%).[1]

Von der Lehrer/innenbildung ist in diesem Diskussions- und Praxiszusammenhang nur selten die Rede.[2] Beispielsweise spielt laut den Ergebnissen einer aktuellen Studie zur zweiten Phase der Lehrerausbildung in Deutschland (vgl. Schulte 2008), deren Struktur aus Perspektive der Referendare rekonstruiert wurde, der Gegenstandsbereich Ganztagsschule keine Rolle: Insgesamt konnten ca. 11% aller von Referendaren genannten Themen (984 von insgesamt 8.874) der Kategorie „schulische Themen"[3] zugeordnet werden, von diesen 984 wurden aber nur in knapp einem Drittel der Fälle (etwa 280) Themen genannt, die sich mit der Schulorganisation, -entwicklung, -programmarbeit oder dem Nachmittags-Angebot an Schulen befassten. Das Stichwort Ganztagsschule wurde explizit nicht genannt. Die zuvor genannten Themenfelder sind die einzigen aller genannten Gegenstandsbereiche, in denen eine Auseinandersetzung mit dem Thema Ganztagsschule bei den befragten Referendaren stattgefunden haben könnte.

Ebenso selten finden sich Überlegungen für Veränderungen der verschiedenen pädagogischen Ausbildungen angesichts des nachhaltigen Wandels der Bildungslandschaft von der Halbtags- zur Ganztagsschule.[4] Dafür soll im vorliegenden Artikel ein Anfang gemacht werden: Zunächst werden einige Befunde aus der „Studie zur Entwicklung von Ganztagsschulen" (StEG, siehe Holtappels u.a. 2007) zusammengestellt. Darauf bezogen wird der begrifflich-theoretische Rahmen des Konzepts „Ganztagsbildung" entfaltet, welches auf der systematischen Zusammenarbeit von schul- und

---

1   Vgl. KMK, 2008, S. 11. Für einen detaillierten quantitativen Überblick siehe Holtappels, Klieme, Rauschenbach & Stecher, 2007; für eine Analyse von Legitimationsdiskursen siehe Kolbe & Reh, 2008; für begriffliche Reflexionen siehe Coelen & Otto, 2008.

2   Siehe als eine der Ausnahmen Kraler, 2008a.

3   Zusammengefasst wurden in dieser Kategorie alle Themen, die sich mit der Schule als Institution, mit der Organisation schulischer Prozesse oder mit dem Schulleben allgemein befassten. Unterricht gehört nicht dazu: Alle Nennungen zu diesem Themenbereich wurden in einer eigenen Kategorie zusammengefasst.

4   Diese Einschätzung bestätigt Tillmann, 2008, S. 254f.

sozialpädagogischen Institutionen und Professionen basiert. Sodann werden die Ergebnisse einer explorativen Befragung von 166 Lehramtstudierenden sowie einigen Referendar/innen und Seminarleiter/innen zur Relevanz dieses Themas vorgestellt (exemplarisch bezogen auf das mit 18 Mio. Einwohnern bevölkerungsreichste Bundesland Nordrhein-Westfalen). Schließlich wird die Herausbildung von „interprofessioneller Kompetenz" als Anforderung an die Lehrerbildung formuliert und Möglichkeiten der Umsetzung vorgestellt.

2. Empirische und theoretische Herleitungen

Von 2002 bis 2006 ist die Zahl der ganztägigen Grundschulen in Deutschland von rund 1.700 auf rund 4.900 gestiegen, der Anteil der ganztägigen Formen an allen Gymnasien von 12% auf 30%. Allein in Nordrhein-Westfalen – das Bundesland, auf das wir uns in Abschnitt 3 beziehen – ist im selben Zeitraum die Anzahl von allgemein bildenden Ganztagsschulen von 637 auf 2.921 geschnellt (das sind über 46% aller Schulen).[5] Da die Gesamtschule in diesem Bundesland traditionell fast immer ganztägig ist und deshalb den größten Anteil an ganztägigen Schulen aufweist (97%), findet man dort den zweitgrößten Anteil bei den Grundschulen, nämlich 59%. In diesem Bundesland gehen über 20% aller Schüler/innen auf allgemein bildende Ganztagsschulen.

Durch den Wandel von der Halbtags- zur Ganztagsschule ändert sich die Zusammensetzung des Personals: In der Schule arbeiten nicht mehr ausschließlich Lehrer/innen (neben dem Hausmeister und der Sekretärin sowie vereinzelten Schulsozialarbeiter/innen), sondern nun auch eine neue große Beschäftigtengruppe: das so genannte „weitere pädagogisch tätige Personal" (WPTP). Das sind diejenigen, die die jeweilige Schule überhaupt erst ‚ganztägig' werden lassen. Das WPTP besteht im Bundesdurchschnitt zu knapp einem Drittel aus Erzieher/innen, zu 11% aus Sozialpädagoge/innen und nur zu 7% aus universitär ausgebildeten Diplom-Pädagoge/innen oder -Psychologe/innen; über die Hälfte des Personals hat fachfremde oder keine Ausbildung. Anders ausgedrückt: Mehr als zwei Drittel des WPTP hat – im Unterschied zu den Lehrer/innen – keinen Hochschulabschluss (an Grundschulen sogar über 80%).[6]

Diese, äußerst heterogen zusammengesetzte Gruppe hat einen erheblichen Anteil an der Personalstruktur jeder Ganztagsschule: Bezogen auf 100 Schüler/innen arbeiten an einer Ganztagsschule durchschnittlich 7,9 Lehrer/innen und 3,3 Mitarbeiter/innen des WPTP. An Grundschulen werden 100 Schüler/innen sogar von durchschnittlich 6,5 Lehrer/innen und 5,7 WPTP betreut. Allerdings sind die Stundenumfänge des Personals sehr unterschiedlich: Beispielsweise waren 2007 an Grundschu-

---

5 Vgl. KMK, 2008, S. 8, 4*, 30*.
6 Persönliche Mitteilung am 16.03.2009 durch Bettina Arnoldt vom Deutschen Jugendinstitut mit freundlicher Genehmigung des StEG-Konsortiums (Datenbasis 2007).

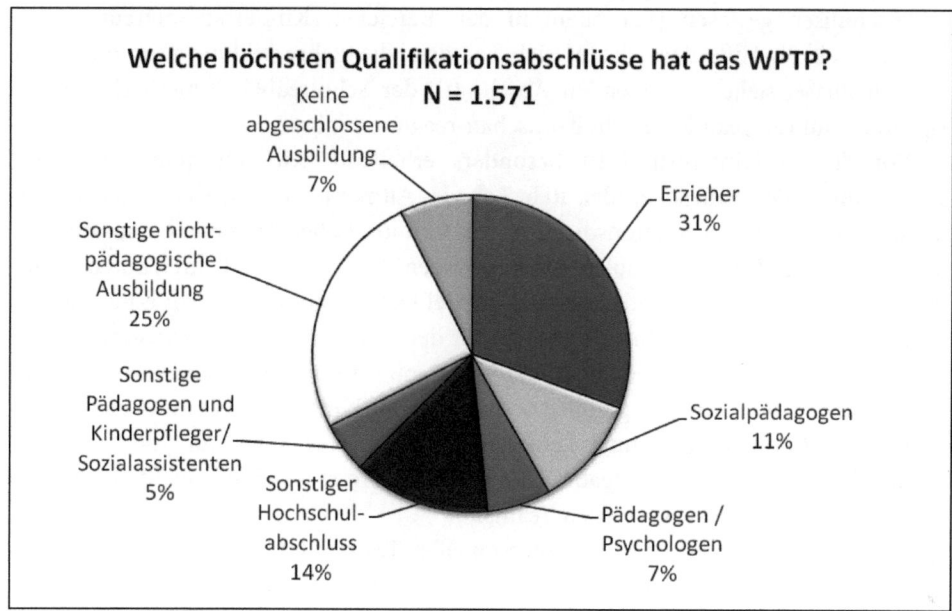

Abb. 1: Qualifikationen des „weiteren pädagogisch tätigen Personals" an Ganztagsschulen
(Quelle: StEG-Befragung 2007, eigene Zusammenstellung)

len 59% der Lehrkräfte Vollzeitbeschäftigte, hingegen nur 14% des WPTP (in der Sekundarstufe I, den Klassen 5-10, waren es nur 11% des WPTP).[7]

Ein weiteres Charakteristikum der Ganztagsschule ist die Kooperation mit außerschulischen Partnern diverser Art, denn ohne diese Zusammenarbeit gäbe es in Deutschland kaum ein einziges Arrangement ,ganztägiger Bildung'. Die allermeisten Kooperationspartner sind den Leistungsbereichen der Kinder- und Jugendhilfe zuzurechnen;[8] 60% sind frei-gemeinnützige Trägern (z.B. Wohlfahrts- und Jugendverbände, Sport-, Kultur-, Musik- und sonstige Vereine, Initiativen und Kirchen), 23% staatlich/kommunal und 18% gewerblich. Die meistgenannten Angebotsinhalte sind: Sport, Freizeit, Handwerk/Hauswirtschaft, Hausaufgabenbetreuung und Soziales Lernen.[9]

In quantitativer Hinsicht wird klar: Ohne außerunterrichtlich oder teils außerschulisch Tätige gäbe es kaum eine einzige Ganztagsschule – und das gilt nicht nur für deutschsprachige Länder, sondern auch europaweit.[10] Das, was die neue Organisationsform überhaupt ,ganz'tägig macht, ist bisher zum allergrößten Teil

---

7   Persönliche Mitteilung am 17.03.2009 durch Bettina Arnoldt vom Deutschen Jugendinstitut mit freundlicher Genehmigung des StEG-Konsortiums (Datenbasis 2007). Zur Datenbasis von 2005 siehe Arnoldt, 2007, S. 89-93.

8   Die drei großen „Leistungsbereiche" der Kinder- und Jugendhilfe sind: Kindertagesbetreuung, Jugendarbeit und Erziehungshilfen.

9   Persönliche Mitteilung am 16.03.2009 durch Bettina Arnoldt vom Deutschen Jugendinstitut mit freundlicher Genehmigung des StEG-Konsortiums (Datenbasis 2007). Zur Datenbasis von 2005 siehe Arnoldt, 2007, S. 89-93.

10 Siehe dazu Allemann-Ghionda, 2009; Coelen, 2008; Otto & Coelen 2005.

außerschulisch gewesen (vor allem in den Bereichen Kindertagesbetreuung und Jugendarbeit).[11] Außerdem deutet sich an, dass die Lehrerbildung (zumindest die zweiten Phase, siehe vorstehenden Abschnitt), der Schulrealität hinterherhinkt und eigentlich auf die geänderte Schullandschaft reagieren müsste.

Vor diesem Hintergrund ist besonders erhellend, wie mit qualitativen Forschungsmethoden Fritzsche, Idel, Reh, Labede, Altmann, Breuer, Klais, Lahr & Surmann (2008) jene Legitimationsdiskurse von Grundschullehrer/innen herausarbeiten, die in Bezug auf Ganztagsschulen geführt werden: Die befragten Lehrer/innen wollen mithilfe der neuen Organisationsform zweierlei Defizite kompensieren: Einerseits soll – in familienkritischer Haltung – die Freizeit der Schüler/innen scholarisiert werden: Sie sollen mehr lernen und üben; andererseits soll – in durchaus schulkritischer Absicht – die Schule familiärer gestaltet werden.[12] Hier klingt etwas an, was unseres Erachtens ein Problem sein könnte: Lehrer/innen nehmen die Gestaltung der Ganztagsschule als eine *zusätzliche* Aufgabe *ihrer* Professionsrolle wahr und nicht als genuine Aufgabe eines multiprofessionellen Teams.[13]

Die beiden Aspekte des multiprofessionellen Teams und der institutionellen Kooperationen sind wesentliche Bestandteile des Theoriebegriffs „Ganztagsbildung", mit dem – anders als in vielen Konzepten von Ganztagsschulen – sowohl schulische als auch außerschulische, formelle wie informelle Bildungsorte systematisch in den Blick genommen werden. Ganztagsbildung ist somit nicht der Theoriebegriff zur Organisationsform Ganztagsschule, sondern beleuchtet das Verhältnis – ggf. die Zusammenarbeit – von schul- und sozialpädagogischen Institutionen und Professionen.

Personalentwicklung wird in diesem Rahmen folglich in Bezug auf eine Institutionen verbindende Organisationsentwicklung analysiert und intendiert.[14] Der Schlüsselbegriff heißt „kooperative Kontakte" (Schäfer & Six, 1978), das ist jene Vorurteile eindämmende Kontaktform, die durch das arbeitsteilige Verfolgen gemeinsamer Ziele konkretisiert wird. Wenn sich zwischen den Professionen innerhalb der Ganztagsschule oder zwischen den Vertreter/innen von Institutionen der „Ganztagsbildung" kooperative Kontakte ergeben oder diese entwickelt werden, gibt es gute Chancen auf eine vielfältige Aus- und Identitätsbildung von Kindern und Jugendlichen, die sowohl erfolgsorientierte als auch verständigungsorientierte Einstellungen begünstigt.[15]

Die Einführung der Ganztagsschule hat durch ihren internen Professionsmix und ihre externe Kooperationsangewiesenheit auch die herkömmlichen Ebenen der Schulentwicklungsforschung erweitert und ergänzt: Neben die traditionellen Be-

---

11 Das ist auch der Grund, warum die Ganztagsschule ein vordringliches sozialpädagogisches Thema ist, denn als Sozialpädagogik wird traditionell all das definiert, was außer-unterrichtliche und nichtelterliche Erziehung, Betreuung und Bildung umfasst (siehe Bäumer, 1929; Thole, 2002; Coelen, 2007).

12 Vgl. vor allem ebd., S. 104f.

13 Eine andere Schul- und Lernkultur scheint in einigen europäischen Ländern gelebt zu werden, so besteht vor allem in den mehr oder weniger ganztägigen und deutlich multiprofessionellen Arrangements in skandinavischen Schulen ein anderes Selbstverständnis (siehe dazu die Länderbeispiele in Otto & Coelen, 2005).

14 Siehe dazu Maykus 2008, S. 510f.; Burow, Plümpe & Bornemann 2008, S. 608; Thimm, 2008, S. 813-816.

15 Siehe dazu in grundlegender Absicht Coelen, 2006.

reiche Unterrichts-, Personal- und Organisationsentwicklung treten nun – aus der Jugendhilfeforschung kommend – die Bereiche Handlungsfelder, Adressaten und Disziplinen/Theorien (siehe Abb. 2).

Bereiche	Handlungs-felder	Institutionen Organisationen	Personal Professionen	Adressaten	Disziplin Theorie
Dimensionen	Kindertages-betreuung Jugendarbeit Hilfen zur Erziehung Schulformen Anlässe und Inhalte Bildungs-*Settings* und modalitäten	Familien, *Peer groups*, Medien Kooperationen Träger und Finanzierung Funktionen und Rhythmisierung formeller und non-formeller *Settings* Steuerungs-strukturen Programme, Profile und Konzepte	Formalstatus der Studien- bzw. Ausbildungsgänge gesellschaftliches Ansehen inhaltliche Ausbildungs-richtungen Studium und Ausbildung Arbeitsmarkt Beschäftigungs-verhältnisse Fortbildungen Kooperationsklima	Zeitbudgets Rechts-grundlagen Vereinbarkeit von Familie und Beruf Akzeptanz Wirkungen soziale Herkunft finanzielle Beiträge Förderung Partizipation	Leitbegriffe Forschungs-methoden akademische Vernetzung

Abb. 2: Bereiche und Dimensionen für die Erforschung ganztägiger Bildungsarrangements[16]

Das Thema Lehrer/innenbildung steht hier im Zusammenhang mit der Ausbildung bzw. dem Studium anderer pädagogischer Berufe (vor allem Diplom-Pädagog/innen, Sozialpädagog/innen und Erzieher/innen).

Inwiefern die genannten strukturellen und organisatorischen Wandlungen auf der Makroebene des bildungs- und gesellschaftspolitischen Systems und auf der Mesoebene der schulischen Institutionen einen kulturellen Niederschlag auf der Mikroebene der Personalausbildung finden, wird nun im Folgenden erörtert (fokussiert auf die Lehrer/innen).[17] Unsere These lautet: Angesichts der Entwicklung zur Ganztagsschule, die fast ausschließlich durch multiprofessionelle Teams und institutionelle Kooperationen zustande kommt, müssten in der Lehrer/innenbildung vermehrt interprofessionelle Kompetenzen vermittelt werden.[18]

---

16 Zur ausführlichen Herleitung und Erläuterung siehe Coelen, 2007.
17 Entsprechende Fragen haben Klieme, Holtappels, Rauschenbach & Stecher schon 2007 (S. 379) in ihrer Bilanz der Ausgangserhebung von StEG formuliert.
18 Soweit wir recherchieren konnten, ist die Bezeichnung „interprofessionelle Kompetenz" bisher nicht als Terminus definiert. Zu finden waren lediglich drei fachlich halbwegs naheliegende Verweise: 1. auf die Zielgruppen für einen Lehrgang „Case Management" an der Fachhochschule St. Gallen (siehe http://www.fhsg.ch/FHSHome/fhs_homepage.nsf/0/ F3B2EF5BAAC0C984C125730E00519D6B?Open Document&Selection=2&), 2. auf einen interprofessionellen Ethikunterricht im Rahmen einer medizinischen Ausbildung (siehe http://www.egms.de/en/journals/zma/2005-22/zma000024.shtml) und 3. auf ein Weiterbildungsangebot im Bereich Sucht (siehe http://www.ews-cfd.ch/pdf/de/ 20040217_Handlungskompetenzen.pdf).

Die doppelte Fragestellung zur – zunächst lediglich explorativen Annäherung an eine – Überprüfung dieser These lautet:

- Welchen Einfluss hat die Einführung der Ganztagsschule auf die Anschauungen und Denkweisen von Lehramtsanwärter/innen?
- Welche kollektiven Bedeutungen der Ganztagsschule lassen sich – jenseits der individuellen Einstellungen – bei Lehramtsanwärter/innen ausmachen (wobei nach den Teilkulturen in den verschiedenen Ausbildungsphasen zu differenzieren ist)?

Diese Fragestellung wird in drei Schritten bearbeitet: Im vorliegenden Abschnitt haben wir das Thema „interprofessionelle Kompetenz" zunächst anlässlich der gegenwärtigen Organisationsentwicklungen empirisch und theoretisch hergeleitet und eingeordnet. Im folgenden Schritt schildern wir eine explorative Befragung von Studierenden sowie Referendaren und Seminarleitern zum Thema Ganztagsschule und Ganztagsbildung. Anschließend schlagen wir mögliche Seminarkonzepte für die Hochschulphase der Pädagog/innenbildung vor.

3. Ganztagsschule als Thema in der Lehrer/innenbildung (am Beispiel des Bundeslandes Nordrhein-Westfalen)

In diesem Abschnitt werden Rahmenvorgaben für die Lehrerbildung sowie Einschätzungen von Studierenden, Referendar/innen und Lehrenden beider Ausbildungsphasen zur Bedeutung und zum Umgang mit den Themen Ganztagsbildung und Ganztagsschule in der Lehrerausbildung vorgestellt.[19] Über die Befragung dieser Personengruppen (sowohl der Betroffenen als auch der Lehrenden der Lehrerausbildung beider Ausbildungsphasen) soll eine möglichst vollständige Einschätzung zur Bedeutung des Themas Ganztagsbildung/-schule in der Lehrerbildung ermöglicht werden. Ziel der Betrachtung ist, Hinweise zu erhalten, wie diese Themen zurzeit in der Lehrerbildung verortet sind und welche Bedeutungen ihnen von zukünftigen Lehrer/innen sowie von Lehrenden beider Ausbildungsphasen beigemessen werden. Zunächst werden die formalen Ausbildungsvorgaben betrachtet, um die Aussagen der an der Ausbildung Beteiligten auch vor dem Hintergrund der curricularen Gestaltung der Lehrerausbildung im beispielhaft gewählten Bundesland Nordrhein-Westfalen betrachten zu können.

---

19 Die Einschätzungen der Studierenden und Referendar/innen liegen als Ergebnisse einer Online-Befragung an der Universität bzw. dem Studienseminar Siegen vor, die der Lehrenden in Form von Gesprächsaufzeichnungen.

3.1 Formale Vorgaben

Im Folgenden werden die Ergebnisse einer Durchsicht der Ausbildungsvorgaben für die Lehrerbildung eines Bundeslandes (Nordrhein-Westfalen) zusammengefasst. Eine systematische Betrachtung aller Ausbildungsvorgaben bundesweit ist an dieser Stelle nicht zu leisten, dazu fehlt eine vergleichende Synopse.[20] Ziel der Durchsicht der nordrhein-westfälischen Ausbildungsordnungen für die erste (Studium) und zweite Phase (Referendariat) der Lehrerbildung war, den systematischen Ort in der Struktur der Ausbildung zu finden, an dem eine Beschäftigung mit den Themen Ganztagsbildung oder Ganztagsschule vorgesehen oder möglich ist. Auf der formalen Ebene der Ausbildungsordnungen ist mit einer Nennung eines spezifischen Themenfeldes wie der Ganztagsbildung vermutlich nicht zu rechnen, es kann aber ein Rahmen ausgemacht werden, innerhalb dessen eine Beschäftigung mit dem Themengebiet denkbar wäre. Diese Vorgaben fände man dann ggf. auf der nächsten Umsetzungsstufe der formalen Vorgaben (z.B. in einer Studienordnung oder einem Studienseminar-Ausbildungsprogramm). Zunächst soll hier jedoch auf die KMK-Standards für die Bildungswissenschaften als eine übergreifende bundesweite Vorgabe hingewiesen werden, an der sich auch die nordrhein-westfälischen Ausbildungsordnungen orientieren.

Die KMK-Standards für die Lehrerbildung im Bereich Bildungswissenschaften (KMK, 2004) benennt vier Kompetenzbereiche, die in insgesamt elf Einzelkompetenzen aufgegliedert sind: Unterrichten, Erziehen, Beurteilen und Innovieren. Das Lehramtsstudium in Nordrhein-Westfalen orientiert sich laut Lehramtsprüfungsordnung (LPO), 2003 (§1 Abs. 4) an der Entwicklung von Kompetenzen für folgende berufliche Bereiche:

- Unterricht
- Erziehung
- Beurteilung und Diagnostik
- Evaluation und Qualitätssicherung.

Neben dem Studium von in der Regel zwei Fächern bzw. beruflichen Fachrichtungen absolvieren alle Lehramtsstudierenden in Nordrhein-Westfalen ein erziehungswissenschaftliches Studium für das Lehramt. Zu den Inhalten dieser erziehungswissenschaftlichen Studien werden sieben Inhaltsbereiche genauer benannt, unter anderem die „[…] Erfassung von Schulentwicklungsprozessen im gesellschaftlichen Kontext, Entwicklung und Reflexion von Ideen für Schulentwicklungsprozesse […]" (LPO, 2003, §4, Abs.1,). Die Rahmenvorgabe für den Vorbereitungsdienst in Nordrhein-Westfalen (2004) benennt Standards und Kompetenzen, die sich an den folgenden Lehrerfunktionen orientieren:

---

20 Für das nicht-unterrichtende Personal müssten analog die Studien- und Prüfungsordnungen für Diplom-Pädagog/innen an Universitäten, für Diplom-Sozialpädagog/innen an Fachhochschulen und die Ausbildungspläne für Erzieher/innen an Fachschulen sowie die jeweiligen Verordnungen für die Berufsanerkennungsjahre u.ä. analysiert werden.

- Unterrichten und Erziehen
- Diagnostizieren und Fördern
- Beraten; Leistung messen und beurteilen
- Organisieren und Verwalten
- Evaluieren, Innovieren und Kooperieren.

Unseres Erachtens wird durch die beschriebenen formalen Vorgaben ein Rahmen eröffnet, in dem eine Verortung der Themen Ganztagsbildung bzw. -schule in der gesamten Lehrer/innenbildung in Nordrhein-Westfalen im Wesentlichen in drei Kompetenzbereichen erfolgen kann: Unterrichten, Erziehen und Innovieren (unter Letztgenanntem insbesondere in der dort genannten Aufgabe der Beteiligung an Schulentwicklung).

3.2 Die Sicht von Studierenden

In einer explorativen Online-Befragung wurden Studierende der Universität Siegen über ihre bisherigen Erfahrungen mit den Themen Ganztagsbildung und Ganztagsschule befragt und um eine Einschätzung der Bedeutung dieser Themen in ihrer Ausbildung gebeten.[21] Auf die Frage, ob sie überhaupt schon einmal mit dem Thema Ganztagsbildung oder Ganztagsschule konfrontiert worden seien (innerhalb der Ausbildung oder privat), antwortete die Hälfte der Studierenden (85 von 166) mit ja. Sie alle gaben Auskunft auf die weiterführende Frage, in welchem Zusammenhang sie sich bereits mit dem Thema befasst haben: Das geschah meist entweder im Rahmen eines Hochschul-Seminars oder eines Praktikums an einer Ganztagsschule (jeweils 27). 18 Studierende gaben an, dass entweder sie selbst oder jemand aus der Familie Schüler an einer Ganztagsschule gewesen sei. Weitere Zusammenhänge, in denen Studierende sich bereits mit dem Thema auseinander gesetzt haben, sind private Diskussionen oder Berichterstattungen in den Medien (15 Studierende) oder im Rahmen einer eigenen Tätigkeit in einer Ganztagsschulen, z.B. im Bereich von Hausaufgabenbetreuung oder von AG-Angeboten.

Inhalte, mit denen Studierende sich in den gerade genannten Bereichen auseinandergesetzt haben, wurden von 60 dieser 85 Studierenden genannt. Meist handelte es sich hierbei um die Gestaltung der Nachmittagsbetreuung (z.B. Hausaufgabenbetreuung, Arbeitsgemeinschaften oder Über-Mittag-Betreuung), darüber hinaus gaben 15 Studierende an, sich mit Pro- und Contra-Argumenten über den Sinn und Nutzen von Ganztagsangeboten oder mit organisatorischen Fragen der Ganztagsschule und der Entwicklung von einer Halbtags- zur Ganztagsschule auseinander gesetzt zu ha-

---

21 Geantwortet haben neben 166 Studierenden (50% Lehramt Gymnasium/Gesamtschule, innerhalb des Lehrämter für Grund-, Haupt- und Realschulen, kurz GHR, mit dem Schwerpunkt Haupt- und Realschule 34% und 16% mit dem Schwerpunkt Grundschule) auch 16 Referendare (14 für die Schulform Haupt- und Realschule, zwei für die Schulform Gymnasium/Gesamtschule). Über die Ergebnisse der Referendarbefragung wird in 3.3 berichtet.

ben.[22] Auch pädagogische Themen, mit denen sie sich unter dem Aspekt Ganztags-bildung befasst haben, wurden von einigen Studierenden angegeben, z.B. „Schule als Lebensraum", „Bildungschancen und Integration von Kindern mit Migrationshinter-grund", „Pädagogisierung der Kindheit", „Vergleich mit anderen Schulsystemen Euro-pas (meist im Zusammenhang mit PISA)".

Obwohl fast alle Studierende (97%) davon überzeugt sind, dass sie in ihrem spä-teren Berufsleben mit dem Thema Ganztagsbildung in irgendeiner Form konfrontiert sein werden, gibt es nur einen kleinen Anteil von Studierenden (11%: 18 von 166), die sich nicht vorstellen können, an einer Ganztagsschule zu arbeiten, siehe Abb. 3). Als Gründe für die Ablehnung werden die folgenden genannt: Die Studierenden leh-nen das Ganztagskonzept ab (soweit es ihnen bisher bekannt ist) oder fürchten eine Überforderung der Lehrerrolle und damit auch eine eigene berufliche Überforde-rung.

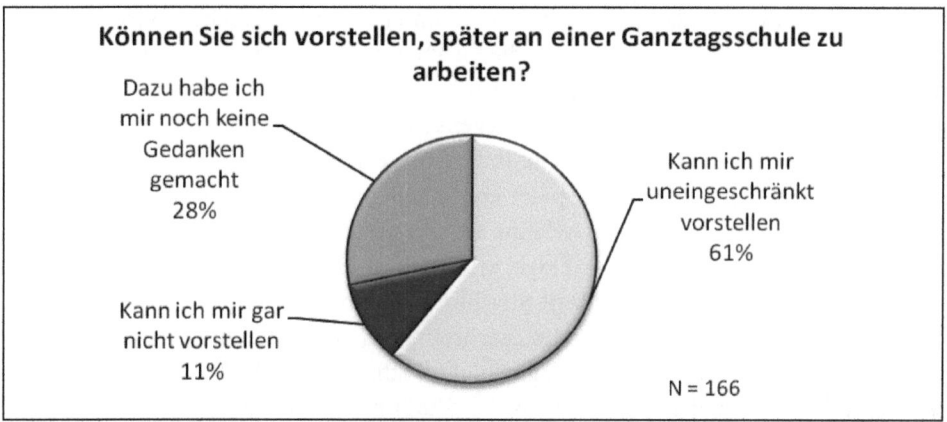

Abb. 3:   Ergebnisse einer online-Befragung von 166 Studierenden

Studierende betrachten das Ganztagsschulkonzept offenbar als Eingriff in das Fami-lienleben der Schüler, als eine Behinderung deren freier Freizeitgestaltung und Aus-lebung von Freundschaften. Insgesamt sehen Studierende das Unterrichten als die zentrale Tätigkeit ihres späteren Berufslebens an, die Aufgabe des Erziehens wird ins-gesamt häufig als Überforderung einerseits und als Eingriff in Persönlichkeitsrechte der Schüler/innen und der Eltern andererseits gesehen.

Darüber hinaus befürchten sie – in vielen Fällen, darauf sei hier hingewiesen, ohne Wissen über die Umsetzung und Gestaltung von Bildungsprozessen in Ganz-tagsschulen – eine Überforderung der Lehrerrolle (z.B. durch eine Überbetonung der erzieherischen oder sozialpädagogischen Aufgaben den Schülern gegenüber).[23]

---

22 Hier wurden u.a. folgende Themen und Fragen genannt: „Funktioniert die Ganztagsschule als Ver-wahranstalt für Schüler?", „Lernen Schüler im Ganztag effektiver?", „Wie verändert sich das Verhält-nis der Schüler zu ihrer Familie und ihren Freunden?".

23 Die Motivation für ein Lehramtsstudium, die häufig – vor allem von weiblichen Studierenden – an-gegeben wird, nämlich die Vereinbarkeit des Lehrerberufs mit dem eigenen Familienleben, wird nur in vier Fällen als Grund für das Ablehnen einer Tätigkeit an einer Ganztagsschule genannt.

Bei der Begründung, die lange Anwesenheitspflicht in der Schule sei demotivierend und stelle eine zusätzliche Belastung im ohnehin schon stressigen Lehrerberuf dar, haben die Studierenden unseres Erachtens irrige Vorstellungen davon, wie die faktischen Tätigkeiten von Lehrer/innen im Ganztagsbetrieb aussehen und übersehen somit, dass aufgrund der Gestaltungsform sich die Gesamtarbeitszeiten von Lehrer/innen – zumindest absehbar – wenig ändern werden. Wenn nicht mehr, so stellt doch die Ganztagsschulentwicklung die Lehrer/innen vor die Herausforderung, anders und mit anderen zu arbeiten (siehe dazu die Abschnitte 3.4. und 4).

Ein Praktikum an einer Ganztagsschule hatten 25% der befragten Studierenden (42 von 166) absolviert; 18 Studierende gaben an, dass in diesem Praktikum die Gestaltung des Ganztagsschulbetriebs Thema gewesen sei. Die meisten Studierenden nannten hier erneut das Nachmittags- und Freizeitangebot sowie die Übermittag-Betreuung für die Schüler/innen, andere gaben an, das Thema sei insgesamt an der Schule besprochen worden, weil der Ganztagsbetrieb erst vor Kurzem aufgenommen worden sein. Studierende, die ein Praktikum an einer Ganztagsschule absolviert hatten, können sich deutlich häufiger als die Gruppe der insgesamt Befragten vorstellen, auch später selbst Lehrer/in an einer solchen Schule zu werden: 81% der 42 Studierenden mit Praktikumserfahrung (im Gegensatz zu 61% der Gesamtgruppe der Befragten). Studierende ohne eine solche Praktikumserfahrung können sich nur zu 54% uneingeschränkt vorstellen, auch später einmal an einer Ganztagsschule tätig zu sein.

Das Thema Ganztagsbildung scheint aus Perspektive der Studierenden durchaus von Bedeutung zu sein. Auf die Frage, wie wichtig ihnen die Themen Ganztagsbildung bzw. Ganztagsschule in ihrem Studium sei, antworteten etwa zwei Drittel der Studierenden mit „sehr wichtig" oder „wichtig", etwa ein Drittel mit „nicht besonders wichtig" und nur sehr wenige mit „gar nicht wichtig" (s. Abb. 4). Lediglich 7% der Studierenden finden das Thema in ihrem Studium bisher ausreichend berücksichtigt, 70% finden es deutlich zu wenig berücksichtigt, 23% äußern sich unentschieden („weiß nicht").

Etwa die Hälfte der Studierenden antwortet auf die Frage, für welche Inhalte sie sich im Zusammenhang mit Ganztagsbildung interessieren würden. Folgende Themen werden genannt:

- Diskussion des Ganztagsschulkonzepts (Vor- und Nachteile, Kritik, Vergleich mit dem Halbtagsschulsystem)
- Veränderungen im Unterricht an einer Ganztagsschule (Steht mehr Zeit für Unterricht zur Verfügung? Verändert sich die Zeiteinteilung des Unterrichts? Welche Fächer werden – auch – nachmittags unterrichtet? Verändern sich die Unterrichtsinhalte? Gibt es noch Hausaufgaben?)
- Veränderungen, die sich aus der Arbeit an einer Ganztagsschule für die Lehrer ergeben (Veränderte Arbeitszeiten? Veränderte Erziehungsaufgaben? Wie werden Lehrer auf die möglicherweise veränderten Aufgaben vorbereitet? Verändert sich die Unterrichtsvorbereitung?)

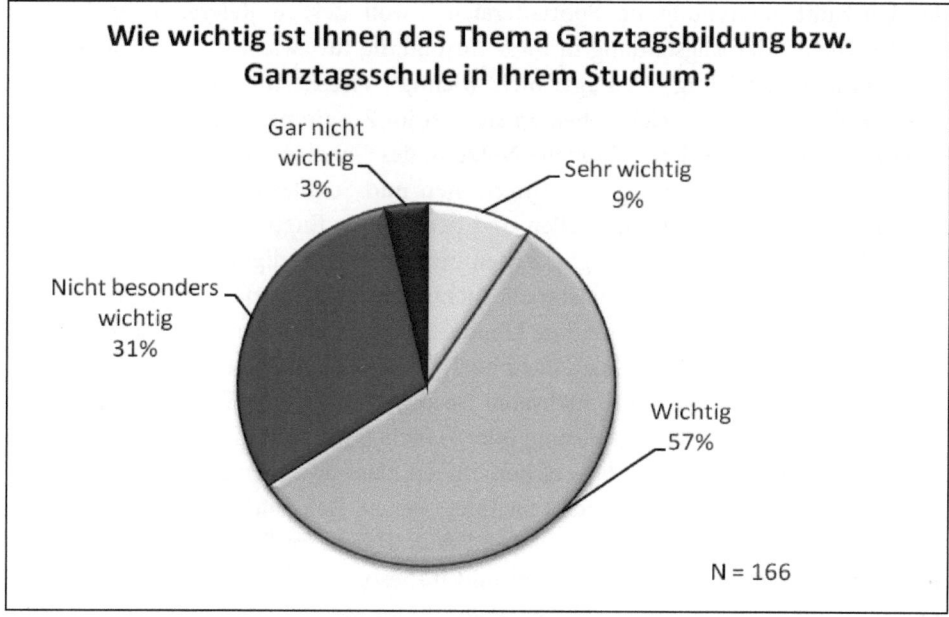

Wie wichtig ist Ihnen das Thema Ganztagsbildung bzw. Ganztagsschule in Ihrem Studium?

Gar nicht wichtig 3%

Sehr wichtig 9%

Nicht besonders wichtig 31%

Wichtig 57%

N = 166

Abb. 4:   Ergebnisse einer online-Befragung von 166 Studierenden

- Veränderungen, die sich aus dem Besuch einer Ganztagsschule für die Schüler ergeben (Wie stehen Schüler/innen der Ganztagsschule gegenüber? Wie verändert sich das Verhältnis der Schüler/innen zur Familie? Wie verändert sich ihre Freizeitgestaltung? Welche Vor- und Nachteile bietet die Ganztagsschule für Schüler/innen?).

Im Rahmen der in Abschnitt 2 vorgestellten Übersicht (Abb. 2) interessieren die befragten Studenten vor allem (unterrichts-)organisatorische, (lehrer-)personelle und adressatenbezogene Fragen; nicht genannt werden theoretische Aspekte und außerschulisch-pädagogische Handlungsfelder.

3.3   Eine Einschätzung von Referendaren und Seminarleitern

Bei den nun folgenden Ausführungen handelt es sich nicht um eine empirische Untersuchung mit einer größeren Stichprobe, sondern um eine erste Einschätzung über die Bedeutung des Themas Ganztagsschule in der zweiten Phase der Lehrerausbildung. Von den 16 Referendaren, die den Online-Fragebogen beantworteten, gaben neun an, sich bereits schon einmal mit dem Thema Ganztagsbildung befasst zu haben; sieben von ihnen absolvieren ihren Vorbereitungsdienst an einer Ganztagsschule, zwei haben auch ein Praktikum an einer Ganztagsschule absolviert. Zwei der Referendare, die an einer Ganztagsschule arbeiten, sind in das Ganztagsangebot der Schule eingebunden: beide im Bereich der offenen Angebote im PC-Raum und in der Übermittagbetreuung im Sport-Bereich. Zwölf der 16 Referendar/innen halten das Thema Ganztagsbildung in ihrer Ausbildung für „wichtig", vier halten es für „nicht besonders wichtig" oder „gar nicht wichtig". Vier Referendare gaben eine Antwort auf die Frage, für welche Themen sie sich im Zusammenhang mit Ganztagsbildung interessieren würden: „sinnvolle Nutzung des Ganztagsangebots", „Umgang mit einer möglichen Überlastung für Lehrer/innen und Schüler/innen", „Durchführung des Ganztagsangebots bei finanziellen und personellen Engpässen" sowie „neue methodische und pädagogische Möglichkeiten im Ganztag". Lediglich einer der Referendare nimmt an, in seiner Berufstätigkeit nichts mit dem Thema Ganztagsbildung zu tun zu bekommen; zwölf Referendare können sich vorstellen, an einer Ganztagsschule tätig zu werden, vier haben sich dazu noch keine Gedanken gemacht.

Die Seminarleiter, die wir in mehreren Gesprächen um eine Einschätzung zur Bedeutung des Themas Ganztagsbildung oder Ganztagsschule in der zweiten Phase der Lehrer/innenbildung gebeten haben, berichteten, dass das Thema nicht bei allen Referendaren und nicht systematisch von Interesse sei. Referendare interessierten sich nur dann für eine Auseinandersetzung mit dem Thema im Seminar, wenn sie selbst an einer Ganztagsschule unterrichteten und insbesondere dann, wenn sie in die Organisation und Durchführung von Ganztagsschulprozessen eingebunden seien. Gelegentlich werde das Thema Ganztagsschule oder Ganztagsbildung von Referendaren mit einem solchen Interesse und Bezug zum Thema zum Gegenstand der 2. Staatsexamensarbeit gemacht.

3.4 Zusammenfassende Einschätzung

Aus den vorgestellten Ergebnissen der Onlinebefragung und den Berichten von Studienseminarleitern halten wir die folgenden zwei Befunde für besonders bedeutsam:

- Die Auseinandersetzung mit dem Thema Ganztagsbildung erfolgt entweder aufgrund eines auch außerhalb der Lehramtsausbildung vorhandenen, intrinsisch motivierten Interesses am Thema oder aufgrund von persönlicher Betroffenheit, wenn Studierende (meist als Praktikant/innen) oder Referendar/innen in die Organisation oder Durchführung von schulischen Ganztagsangeboten eingebunden sind.[24]
- Ganztagsbildung wird von Studierenden und Referendaren offenbar eher als individuelle Personalanforderung an die Lehrer/innen aufgefasst, statt als eine

---

24 Vor allen Dingen die Auswahl einer Ganztagsschule als Praktikumsschule scheint den Aussagen der Studierenden zufolge sehr bewusst unter diesem Kriterium zu erfolgen. Ein Praktikum an einer Ganztagsschule steht wie oben bereits erwähnt in engem Zusammenhang dazu, ob die Studierenden sich vorstellen können, später auch selbst an einer Ganztagsschule tätig zu sein: 81% der Studierenden mit Ganztags-Praktikumserfahrung, aber nur 54% der Studierenden ohne eine solche Erfahrung können sich eine spätere Tätigkeit in einer Ganztagsschule uneingeschränkt vorstellen (siehe Abschnitt 3.2). Auch die Aussagen dazu, in welchem Zusammenhang die Studierenden bereits mit dem Bereich Ganztagsbildung in Kontakt gekommen sind, zeigen, dass persönliches Interesse oder Betroffenheit neben den Erfahrungen in Hochschulseminaren oder Praktika eine Rolle spielen (siehe Abschnitt 3.2).

Aufgabe, die gemeinsam mit anderen Professionen im Rahmen einer Organisationsentwicklung anzugehen wäre.

Die geäußerten Befürchtungen der Studierenden lassen vermuten, dass in Bezug auf die Ausgestaltung von Ganztagsangeboten Informationslücken bestehen: zum einen in struktureller Hinsicht über die politische und organisatorische Gestaltung von Ganztagsbildung an Schulen, zum anderen über Zuständigkeiten und eingebundene Personen. Außerdem ist selten eine reflektierende Auseinandersetzung mit der eigenen Lehrerrolle in einer sich verändernder Schullandschaft erkennbar.

Nur ein kleiner Teil der befragten Studierenden und Referendar/innen sieht eine systematische Beschäftigung mit den Themen Ganztagsbildung oder Ganztagsschule als unerlässlich an bzw. ist daran interessiert. Der möglichen Ansicht, dass diese Einschätzung wohl auch mehr oder weniger für andere der o.g. Kompetenzbereiche zutreffe, möchten wir widersprechen: Studierende erleben die Lehrerfunktion Unterrichten als die zentrale Anforderung des Berufs, und hier lässt sich in erziehungswissenschaftlichen Hochschul-Seminaren auch ein klarer Interessensschwerpunkt dieser Gruppe ausmachen.

Auch aus Perspektive der Referendare wird die Lehrerfunktion Unterrichten als besonders bedeutsam eingeschätzt, das belegen die Ergebnisse der Studie „Die Arbeit im Studienseminar" (Schulte 2008): Die Referendare betrachten das Unterrichten und das Erlernen der dafür erforderlichen Kompetenzen als den wichtigsten Bereich ihrer Ausbildung – nicht zuletzt aus dem Erleben der täglichen Praxis und des dazu zumindest anfänglich als nicht ausreichend erlebten eigenen Könnensstandes. Die letztgenannte Diskrepanz ergibt sich für viele andere Lehrerfunktionen im Referendariat nicht oder in deutlich schwächeren Maße (etwas dringender noch für die Funktion Beurteilen, weniger dringend z.B. für die Funktionen Erziehen, Innovieren, Beraten). Aus Perspektive der Auszubildenden scheinen also nicht alle von der KMK oder den jeweiligen Ausbildungsvorgaben des Landes Nordrhein-Westfalen formulierten Lehrerfunktionen als gleich bedeutsam angesehen zu werden. Diese Einschätzung bestätigte sich in unseren Gesprächen mit drei Seminarleitern: Referendare seien nur dann an Auseinandersetzungen mit dem Thema Ganztagsbildung interessiert, wenn sie selbst an einer Ganztagsschule unterrichteten und sie darüber hinaus auch in Prozesse der Organisation und Konzeption von Ganztagsschule sowie in die Ausgestaltung und Durchführung von Angeboten im Ganztagsbereich eingebunden seien. Ein systematisches Interesse an der Auseinandersetzung mit diesem thematischen Bereich bestehe nur in Ausnahmefällen.

Andere empirische Studien zur Lehrerprofessionalität (z.B. Bromme 1992) belegen dieses Ergebnis zur Orientierung von Berufseinsteigern ebenfalls. So fasst Kraler[25] zusammen: „Vor dem Hintergrund eines modernen, über den Klassenraum hinausgehenden Professionsverständnisses verhalten sich Berufseinsteiger/-innen semiprofessionell (nicht ,unprofessionell'!). Sie konzentrieren ihr Handeln primär auf das Klassenzimmer bzw. damit unmittelbar zusammenhängende Tätigkeiten." Somit

---

25 Kraler, 2008b, S. 5.

und angesichts der Erfordernisse der sich verändernden Schulrealität kann die Entwicklung einer interprofessionellen Kompetenz bereits während der ersten und zweiten Phase der Ausbildung als dringend notwendig angesehen werden.

Unter Rückgriff auf die in 3.1 zusammengestellten formalen Vorgaben für die Lehrerbildung in Nordrhein-Westfalen lässt sich sagen, dass die unterschiedlichen systematischen Orte innerhalb der gesamten Lehrerausbildung, an denen eine Auseinandersetzung mit dem Thema Ganztagsbildung oder Ganztagsschule erfolgen könnte, einen wesentlichen Einfluss darauf haben, welche Aspekte des gesamten Themenbereichs bearbeitet werden: So kann der Schwerpunkt eher auf *strukturellen* Aspekten (im Kompetenzbereich Innovieren, genauer: Schulentwicklung) oder auf *personellen* Aspekten von Ganztagsbildung liegen (in den Kompetenzbereichen Unterrichten oder Erziehen).

Die Erziehungswissenschaft als diejenige Disziplin, in der diese Auseinandersetzung erfolgen müsste, hat hier den erkenntnistheoretischen Vorteil, dass sie die Struktur- und die Subjektebene zu verbinden weiß, ja: Im Unterschied zur Soziologie oder zur Psychologie ist für die Erziehungswissenschaft der pendelnde Blick zwischen Struktur (z.B. auf die Organisationen der Ganztagsbildung) und Subjekt (z.B. auf die Rolle der verschiedenen pädagogischen Professionen) konstitutiv. Dieser disziplinäre Pendelblick könnte in Konzepten für die zukünftige Ausbildung von Pädagog/innen umgesetzt werden: mit dem Ziel der Herausbildung einer interprofessionellen Kompetenz.

4. Fazit und Ausblick: Konzepte für eine zukünftige Pädagoginnen- und Pädagogenbildung

Die Bezeichnung „interprofessionelle Kompetenz" schlagen wir als Namen für eine bislang noch wenig ausgebildete Fähigkeit vor, die uns notwendig erscheint, um sich – insbesondere an Ganztagsschulen, aber nicht nur dort – auf zukünftige, die Lehrerrolle betreffende Veränderungen einstellen zu können. Sie gehört u.E. also zur *employability* von Lehrer/innen.[26] Die Entwicklung interprofessioneller Kompetenz soll im Folgenden als ein Aufgabenbereich der Lehrerausbildung näher erläutert und illustriert werden.

Grundlegend für unser Verständnis von interprofessioneller Kompetenz ist die Ansicht, dass somit nicht noch eine weitere Kompetenz für Lehrkräfte hinzukommen würde, sondern dass interprofessionelle Kompetenz als organisatorisch-strukturelle Fokussierung einzustufen ist, die andere Kompetenzen zusammenführt und auf Entlastung – nicht auf eine neuerliche Mehrbelastung – abzielt. Zur interprofessionellen Kompetenz gehört u. E. vor allem die Haltung, dass nicht alles, was in Ganztagschulen geschieht, zu den Aufgaben und auch nicht zum Wissensbereich von Lehre-

---

26 Im Rahmen der KMK-Standards (KMK 2004) müsste die interprofessionelle Kompetenz zum Bereich Innovieren gehören, denn die Rahmenvorgabe NRW (2004) nennt hierzu differenzierter: Evaluieren, Innovieren und eben auch Kooperieren.

r/innen gehört. Wichtig scheint uns die Fähigkeit, zu unterscheiden, welche Aufgaben von wem zu erledigen sind sowie die Bereitschaft, eine neue Kultur der Zusammenarbeit zwischen unterrichtendem und nicht-unterrichtendem Personal mit zu gestalten. Die Fähigkeit sich abzugrenzen und Arbeitsbereiche innerhalb einer Ganztagsschule sinnvoll zu verteilen und dementsprechend auch keine Überforderung zu erleben, scheint uns nicht nur für die Weiterentwicklung der Einzelschule wichtig, sondern auch für die individuelle Lehrergesundheit.[27]

In Seminaren der ersten und der zweiten Phase der Lehrerbildung gilt es u.E. jedoch auch ebenso sehr, das Gegenteil einer möglichen Überfrachtung der Lehrerrolle zu vermeiden: nämlich das blinde Delegieren an andere Professionen. Durchgängig zu verbalisierende Fragen wären: Was können die anderen? Was kann ich? Was können wir gemeinsam und was arbeitsteilig? So ließe sich das Einschätzen (des Verhältnisses) von Professionen erlernen.[28] Es ginge dabei weniger um eine inhaltliche Definition von Zuständigkeiten, sondern eher um eine Hinführung zu einer interprofessionellen Kompetenz, die sicherlich ein Thema des Lebenslangen Lernens und nicht allein des Studiums oder der Berufseinstiegsphase ist.[29]

Die strukturellen und organisatorischen Entwicklungen von Halbtagsschulsystemen zu mehr oder weniger ganztägigen Schulsystemen in den deutschen Bundesländern, die sich sowohl auf der Makroebene der bildungs- und gesellschaftspolitischen Sphäre als auch auf der Mesoebene der schulischen Institutionen deutlich zeigen,

---

27 Siehe Schaarschmidt, 2005.

28 Solche Überlegungen flossen in die Planung eines neuen Studiengangs an der Universität Siegen ein, der im Schnittfeld zwischen Schul- und Sozialpädagogik angesiedelt ist und sich gegenwärtig in der Akkreditierungsphase befindet. Weitergehende Überlegungen hinsichtlich einer grundständig gemeinsamen Pädagogenausbildung stellte die GEW an (2006).

29 Dies sei kurz illustriert: Beispielsweise wurden in einer Lehrveranstaltung an der Universität Siegen die Seminarinhalte mit Hospitationen an einer benachbarten Ganztagsschule verknüpft. Die Studierenden hospitierten einmal wöchentlich im Übermittags-Angebot der Schule und führten gelegentlich (einige auch regelmäßig) eigene Angebote durch (z.B. die Betreuung des Ruheraums mit Entspannungsangeboten für Schüler). Im Seminar wurden parallel in zweiwöchig stattfindenden 90-minütigen Sitzungen Hintergrundinformationen und Rahmentheorien zum Thema Ganztagsschule und Ganztagsbildung erarbeitet und beide Komplexe in einer angeleiteten Reflexion und Analyse der Erfahrungen und Beobachtungen aus der Hospitation verbunden. Die Möglichkeit, Praxiserfahrungen auf diese Art direkt in ein Hochschulseminar hineinzutragen, wurde von den Studierenden als sehr gewinnbringend eingeschätzt; aus Sicht der Lehrenden zeigte sich, dass die Studierenden aus der Praxis sinnvolle und interessante Fragestellungen für die theoretische Arbeit generieren und eine höhere Motivation zur Auseinandersetzung mit zusammenhängenden pädagogischen Fragestellungen hatten.
In einer Reihe anderer Lehrveranstaltungen an den Universitäten Hamburg, Bielefeld und Rostock, die jeweils zur Hälfte von Studierenden der Lehrämter und der Pädagogik bzw. der Sozialen Arbeit besucht waren, wurden studiengangsgemischte Tandems oder Vierergruppen gebildet, die im Verlauf des Semesters die empirischen, theoretischen und konzeptionellen Aspekte des Themas Ganztagsbildung erarbeiteten und ggf. präsentierten sowie dazu didaktische Arrangements für die übrigen Teilnehmer/innen gestalteten. Die Feedbacks zu diesen Seminaren enthielten positive Bemerkungen über das Kennenlernen des jeweils anderen pädagogischen Bereichs. Ein weiterer Lerneffekt schien zu sein, dass der ansonsten weit verbreitete Fehlschluss von Lehramtsstudierenden vermieden werden konnte, Ganztagsschule als alleinigen Gegenstand der (Lehrer-)Personalentwicklung zu betrachten und damit tendenziell als Überforderung zu erleben.
Eine weitere, viel versprechende Möglichkeit zur wechselseitigen Förderung von Schulentwicklungskompetenzen sind Schulbeobachtungen durch Studierende als *Critical Friends*, wie sie ausführlich im Beitrag von Bosse im vorliegenden Band dargestellt und analysiert werden.

haben bisher nur sehr geringen kulturellen Niederschlag auf der Mikroebene der Lehrer/innenbildung gefunden. Unserer kleinen explorativen Befragung zufolge hat die Einführung der Ganztagsschule scheinbar nur dann Einfluss auf die Anschauungen und Denkweisen von Studierenden und Referendar/innen, wenn sie in die Praxis der schulischen Ganztagsangebote eingebunden sind. Die kollektive Bedeutung der Ganztagsschule für angehende Lehrer/innen besteht offenbar eher in vermuteten zusätzlichen Anforderungen an die eigene Profession und weniger in dem Erkennen einer Aufgabe, die gemeinsam mit anderen Pädagog/innen im Rahmen einer Organisationsentwicklung anzugehen wäre. Inwiefern gemeinsame Seminarkonzepte für Studierende der Lehrämter und der (Sozial-)Pädagogik hier eine entsprechende Personalentwicklung befördern können, wäre ebenso weiterhin auszuprobieren, wie empirisch zu untersuchen wäre, welche interprofessionellen Kompetenzen bereits jetzt in den Ganztagsschulen vorzufinden sind.

Literatur

Allemann-Ghionda, C. (2009): Ganztagschule im europäischen Vergleich. Zeitpolitiken modernisieren – durch Vergleich Standards setzen? In: ZfPäd, 54. Beiheft (i. D.)

Bäumer, G. (1929). Die historischen und sozialen Voraussetzungen der Sozialpädagogik und die Entwicklung ihrer Theorie. In: H. Nohl & W. Pallat (Hrsg.). Handbuch der Pädagogik, Bd. 5 (S. 3-26). Weinheim.

Bromme, R. (1992): Der Lehrer als Experte. Bern.

Burow, O.-A., Plümpe, M. & Bornemann, St. (2008). Schulentwicklung. In T. Coelen & H.-U. Otto (Hrsg.) (2008). Grundbegriffe Ganztagsbildung: Das Handbuch (S. 602-610). Wiesbaden: Verlag für Sozialwissenschaften.

Coelen, T. (2006). Ausbildung und Identitätsbildung. Theoretische Überlegungen zu ganztägigen Bildungseinrichtungen in konzeptioneller Absicht. In H.-U. Otto & J. Oelkers (Hrsg.) (2006), Zeitgemäße Bildung. Herausforderungen für Erziehungswissenschaft und Bildungspolitik (S. 131-148). München und Basel: Reinhardt.

Coelen, T. (2007). Dimensionen empirischer Ganztagsschulforschung aus sozialpädagogischer Sicht. In F. Bettmer, S. Maykus, F. Prüß, A. Richter (Hrsg.), Ganztagsschule als Forschungsfeld. Theoretische Klärungen, Forschungsdesigns und Konsequenzen für die Praxisentwicklung (S. 43-72). Wiesbaden: VS Verlag für Sozialwissenschaften.

Coelen, T. (2008). Debatten über Schulzeit in europäischen Ländern. In F.-U. Kolbe, S. Reh, B. Fritzsche, T.-S. Idel & K. Rabenstein (Hrsg.) (2008), Ganztagsschule als symbolische Konstruktion. Fallanalysen zur Legitimationsdiskursen in schultheoretischer Perspektive. (S.47-65). Wiesbaden: Verlag für Sozialwissenschaften.

Coelen, T. & Otto, H.-U. (Hrsg.) (2008). Grundbegriffe Ganztagsbildung: Das Handbuch. Wiesbaden: Verlag für Sozialwissenschaften.

Fritzsche, B., Idel, T.-S., Reh, S., Labede, J., Altmann, St., Breuer, A., Klais, S. Lahr, E. & Surmann, A. (2008). Legitimation des Ganztags in Grundschulen – Familiarisierung und schulisches Lernen zwischen Unterricht und Freizeit. In F.-U. Kolbe, S. Reh, B. Fritzsche, T.-S. Idel & K. Rabenstein (Hrsg.), Ganztagsschule als symbolische Konstruktion. Fallanalysen zur Legitimationsdiskursen in schultheoretischer Perspektive (S. 83-106). Wiesbaden: Verlag für Sozialwissenschaften.

GEW (2006) – Gewerkschaft Erziehung und Wissenschaft (Hrsg.) (2006). Kinder und Jugendliche im 21. Jahrhundert professionell begleiten – Für eine gemeinsame Pädagogenausbildung. Dokumentation des GEW-Workshops. http://www.gew.de/Binaries/Binary29108/GEW-GemPaed.pdf (24-03-07).

Herzog, W. & Schüpbach, M. (Hrsg.) (im Druck). Pädagogische Ansprüche an Tagesschulen. Bern: Haupt.

Höhmann, K., Bergmann, K. & Gebauer, M. (2007). Das Personal. In H.-G. Holtappels, E. Klieme, T. Rauschenbach & L. Stecher (Hrsg.), Ganztagschule in Deutschland. Ergebnisse der Ausgangserhebung der „Studie zur Entwicklung von Ganztagsschulen" (S. 77-85). Weinheim und München: Juventa.

Holtappels, H.-G., Klieme, E., Rauschenbach, T. & Stecher, L. (Hrsg.) (2007). Ganztagschule in Deutschland. Ergebnisse der Ausgangserhebung der „Studie zur Entwicklung von Ganztagsschulen" (StEG). Weinheim und München: Juventa.

KMK (2004) – Sekretariat der Ständigen Konferenz der Kultusminister der Länder in der Bundesrepublik Deutschland. Standards für die Lehrerbildung: Bildungswissenschaften. Beschluss der Kultusministerkonferenz vom 16.12.2004.

KMK (2008) – Sekretariat der Ständigen Konferenz der Kultusminister der Länder in der Bundesrepublik Deutschland. Allgemein bildende Schulen in Ganztagsform in den Ländern in der Bundesrepublik Deutschland. Statistik 2002 bis 2006. http://www.kmk.org/fileadmin/pdf/Statistik/GTS_2006.pdf (16-03-09).

Kolbe, F.-U., Reh, S., Fritzsche, B., Idel, T.-S. & Rabenstein, K. (Hrsg.) (2008). Ganztagsschule als symbolische Konstruktion. Fallanalysen zur Legitimationsdiskursen in schultheoretischer Perspektive. Wiesbaden: Verlag für Sozialwissenschaften.

Kraler, C. (2008a). Lehrerbildung. In T. Coelen, H.-U. Otto (Hrsg.), Grundbegriffe Ganztagsbildung: Das Handbuch (S. 765-775). Wiesbaden: Verlag für Sozialwissenschaften.

Kraler, C. (2008b). Professionalisierung in der Berufseingangsphase – Berufsbiografie und Kompetenzentwicklung. In: Schulverwaltung Spezial, 1 (2008), S. 4-7.

Larcher, S. & Grubenmann, B. (Hrsg.). (2008). Tagesstrukturen als sozial- und bildungspolitische Herausforderung. Erfahrungen und Kontexte. Zürich: Haupt.

LPO (2003) – LPO des Landes Nordrhein-Westfalen (2003). Ordnung der Ersten Staatsprüfungen für Lehrämter an Schulen (Lehramtsprüfungsordnung – LPO). Vom 27. März 2003, zuletzt geändert durch Gesetz vom 27. Juni 2006.

Maykus, St. (2008). Organisationsentwicklung in der schulbezogenen Jugendhilfe, In T. Coelen & H.-U. Otto (Hrsg.) (2008). Grundbegriffe Ganztagsbildung: Das Handbuch (S. 504-513). Wiesbaden: Verlag für Sozialwissenschaften.

Otto, H.-U. & Coelen, T. (Hrsg.) (2005). Ganztägige Bildungssysteme. Innovation durch Vergleich. Münster u.a.: Waxmann.

Rahmenvorgabe NRW (2004) – Rahmenvorgabe für den Vorbereitungsdienst in Studienseminar und Schule des Landes Nordrhein-Westfalen. RdErl. d. Ministeriums für Schule, Jugend und Kinder v. 1.7.2004 (ABl. NRW. S. 242). BASS (Bereinigte Amtliche Sammlung der Schulvorschriften in Nordrhein-Westfalen).

Schaarschmidt, Uwe (Hrsg.) (2005): Halbtagsjobber? Psychische Gesundheit im Lehrerberuf – Analyse eines veränderungsbedürftigen Zustands. Weinheim: Juventa.

Schäfer, B. & Six, B. (1978). Sozialpsychologie des Vorurteils. Stuttgart u.a.: Kohlhammer.

Schulte, M. (2008). Das Studienseminar. Die Ausbildung im Studienseminar (Gymnasium & Gesamtschule) aus der Perspektive der Referendare. Siegen (Diss.).

Senoner, A. (2004). Die Ganztagsschulen in Österreich. In: St. Appel, U. Rother & G. Rutz (Hg.): Jahrbuch Ganztagsschule 2005. Investitionen in die Zukunft (S. 176-179). Wochenschau: Schwalbach.

SPÖ (2003) – SPÖ-Parlamentsklub (2003). Ganztägige Schulformen. Projekt des SPÖ-Parlamentsklubs. http://www.ganztagsschule.at (14-01-2008).

Thimm, K.-H. (2008). Personelle Kooperation und Fortbildung. In T. Coelen & H.-U. Otto (Hrsg.) (2008). Grundbegriffe Ganztagsbildung: Das Handbuch (S. 809-818). Wiesbaden: Verlag für Sozialwissenschaften.

Thole, W. (2002). Soziale Arbeit als Profession und Disziplin. In W. Thole (Hrsg.), Grundriss Soziale Arbeit. Ein einführendes Handbuch (S. 13-59). Opladen: Leske + Budrich.

Tillmann, K.-J. (2008). Mehr Selbstständigkeit der Einzelschule – Bedingung oder Ergebnis der Ganztagsschulentwicklung?. In F. Prüß, S. Kortas, M. Schöpa (Hrsg.), Die Ganztagsschule: Von der Theorie zur Praxis. Anforderungen und Perspektiven für Erziehungswissenschaft und Schulentwicklung (S. 251-259). Weinheim und München: Juventa.

Barbara Drechsel und Manfred Prenzel

Was Lehrkräfte über internationale Vergleichsstudien wissen und in der Aus- und Weiterbildung erfahren sollten

1. Einleitung

Seit einigen Jahren prägen internationale Vergleichsstudien die Diskussion über Bildung in deutschsprachigen Ländern. Die Veröffentlichung der ersten Befunde aus PISA 2000 stand in Deutschland unter der Schlagzeile „PISA-Schock". Freilich stellen die Medien viele Ergebnisse verkürzt dar und beschränken sich oft darauf, Rangplätze zu beziffern. Dennoch haben die internationalen Vergleichsstudien grundlegende, häufig durchaus differenzierte Diskussionen über den Stellenwert von Bildung und Schule angeregt. Für diejenigen, die als Schülerinnen und Schüler, als Eltern oder als Lehrkräfte an Schule beteiligt sind, steht die Qualität der schulischen Ausbildung im Blickpunkt. Wichtige Aspekte dieser Qualität werden in Vergleichsstudien anhand wissenschaftlich fundierter Kriterien untersucht.

Insbesondere Vergleichsstudien, die eine internationale Perspektive anlegen, werfen eine Vielzahl an Themen und Fragen auf, die im Schulalltag und für die Ausbildung von Lehrerinnen und Lehrern von Bedeutung sind. Die Vergleichsstudien dienen ja nicht nur zur vergleichenden Beobachtung von Bildungssystemen, sondern zeigen, wie andere Schul- und Bildungssysteme – mit mehr oder weniger Erfolg – aktuelle Herausforderungen bewältigen (vgl. Seidel & Prenzel, 2008). Aber an welchen Bezugssystemen werden die Kriterien für eine „erfolgreiche" Kompetenzentwicklung oder Bildungsarbeit festgemacht? Wie kann man solche Kriterien begründen? Tragen sie den Herausforderungen einer globalisierten Wissensgesellschaft Rechnung und bleiben sie dennoch informativ und fair, wenn Staaten mit unterschiedlichen Traditionen und Kulturen verglichen werden?

Diese Fragen thematisieren in gewisser Weise den Begründungszusammenhang für die Schule heute, mit Blick auf die Zukunft. Da Vergleichsuntersuchungen eine Umsetzung von Testkonzeptionen in Aufgaben notwendig verlangen, gewinnen sie einen Grad an Konkretheit, der für Lehrkräfte höchst anregend sein dürfte. Vergleichsstudien erfassen zudem vielfältige Bedingungen von Unterricht und Schule, die Selbstverständlichkeiten, wie auch Besonderheiten des Lehrens und Lernens in verschiedenen Staaten, Regionen, Schulmodellen erkennen lassen. Befunde über Ergebnisse können relative Stärken wie Schwächen anzeigen, aber wie lassen sich diese interpretieren, vor dem Hintergrund gewachsenen Schullandschaften?

Internationale Vergleichsstudien und die entsprechenden Berichte liefern also viele Daten und Befunde, die in Erkenntnisse oder professionelles Wissen umgesetzt werden können und sollten: Wissen über Ziele, Bildungskonzeptionen und fachdidaktische Modelle, Wissen über derzeitige Bedingungen und Ergebnisse schulischer

Bildung, Wissen über unterschiedliche Schul- und Unterrichtszugänge sowie Wissen über relevante Bedingungsfaktoren

Diese vielfältigen professionell bedeutsamen Informationen sind freilich nicht in den Presseberichten über internationale Vergleichsstudien enthalten. Dennoch hat die Erfahrung der letzten Jahre gezeigt, dass sowohl sehr viele Eltern wie auch viele Lehrkräfte ihr Wissen über aktuelle internationale Vergleichsstudien vorwiegend aus Nachrichten und Tageszeitungen beziehen. Möglicherweise führt die öffentliche Aufmerksamkeit, die internationalen Vergleichsstudien speziell in deutschen Presseorganen und Medien zuteil wird, dazu, dass sich Lehrkräfte bereits gut informiert fühlen und die Studien selbst, die mit ihren Ergebnissen, Aussagen und Konsequenzen ihr Handlungsfeld einschlägig betreffen, selten genau studieren, analysieren und diskutieren.

Dies mag auch daran liegen, dass die Originalberichte der Studien umfangreich sind und viel Datenmaterial mit methodischen und statistischen Details enthalten. Die meisten Veröffentlichungen fallen damit in die Kategorie „empirische Forschungsberichte", die ohne methodische Vorkenntnisse nur schwer zu lesen sind. Damit wird freilich übersehen, dass diese Studien doch sehr viel mehr Informationen über Unterrichts- und Schulqualität bereitstellen, die Lehrkräften helfen können, Unterricht und Schule besser zu verstehen, Probleme und Herausforderungen genauer einzuordnen und Handlungsmöglichkeiten zu erkennen. Weil Vergleichsstudien an vielen Stellen Befunde zu hochrelevanten Themen liefern, können sie eine innovative und moderne Lehrerbildungskultur auf vielfältige Weise anregen.

Diese Gründe sprechen dafür, Ansätze und Ergebnisse wichtiger Vergleichsstudien in der Aus- und Fortbildung von Lehrkräften zu behandeln. Die Berücksichtigung des Themas in neueren Lehrbüchern zeigt, dass Vergleichsstudien als relevanter Gegenstand für die Aus- und Weiterbildung von Lehrkräften begriffen werden (vgl. z.B. Renkl, 2008; Schneider & Hasselhorn, 2008; Wild & Möller, in press).

In unserem Beitrag führen wir aus, welches Wissen über Vergleichsstudien für die Lehreraus- und Weiterbildung relevant ist, was Schulleistungsstudien über Unterrichtsqualität und Professionalität aussagen können und warum ein fundierter Einblick in Vergleichsstudien aus unserer Sicht zu einer modernen, an aktuellen gesellschaftlichen Problemen und modernen bildungstheoretischen Überlegungen orientierten Lehreraus- und Weiterbildungskultur gehört. Unserer Auffassung nach sind nicht nur die Ergebnisse von Vergleichsstudien, sondern auch der theoretische Hintergrund und die Testansätze, die Art der verwendeten Aufgaben und Fragebögen und die dahinter stehende Philosophie für Lehrkräfte wichtig und nützlich. Wir widmen uns daher zunächst diesen Aspekten (Abschnitte 2, 3 und 4). Im Anschluss daran betrachten wir die Aussagekraft von Vergleichsstudien anhand von einigen beispielhaften Ergebnissen (5).

Im Zentrum von Vergleichsstudien stehen die Schülerinnen und Schüler. Sie werden umfangreich getestet und befragt. Eine weitere Informationsquelle sind die Schulleitungen. Die Lehrerinnen und Lehrer werden nur in einigen Studien direkt einbezogen und befragt. Dennoch liefern Vergleichsstudien Informationen über die

Qualität von Unterricht oder zu Aspekten professionellen Handelns auf der Ebene der Einzelschule. Was etwa in Schulrückmeldungen über die Einzelschule berichtet werden kann, stellt Abschnitt 6 dar.

Da PISA („*Programme for International Student Assessment*") die bekannteste und derzeit modernste internationale Vergleichsstudie dieser Art ist, beziehen wir uns mit Beispielen und zur Veranschaulichung auf die OECD-Studie, die seit dem Jahr 2000 in dreijährigem Abstand Erhebungen mit den Kompetenzbereichen Lesen, Mathematik und Naturwissenschaften sowie fächerübergreifenden Kompetenzen mit wechselnden Schwerpunkten durchführt (vgl. z.B. OECD, 2001; OECD, 2004; OECD, 2007).

2. Bildungsziele und Bildungsergebnisse – was wird getestet, was wird unterrichtet und worauf kommt es an?

Der primäre Zweck von Vergleichsstudien besteht darin, die Qualität von Schulsystemen mit empirischen Verfahren und aus einer internationalen Perspektive einzuschätzen. Die aktuellen Vergleichsstudien legen den Schwerpunkt auf die Beurteilung der Ergebnisse und Erträge von Bildungsprozessen. Sie untersuchen vor allem Schulleistungen bzw. Schülerkompetenzen, aber auch Wiederholerquoten und Schulabschlüsse. Sie testen Wissen und Verständnis in Fachbereichen, aber auch fächerübergreifende Kompetenzen und sie erheben Merkmale der motivationalen, personalen und sozialen Entwicklung. Sie beziehen diese Ergebnisse aber auch auf Merkmale der sozialen und kulturellen Herkunft sowie auf Merkmale von Unterricht und Schule.

Im Zentrum der Vergleichsstudien stehen Testleistungen, die über Kompetenzen Auskunft geben sollen. Was und wie mit den Tests gemessen wird, muss im Vorfeld sorgfältig geklärt werden. In den so genannten „Rahmenkonzeptionen" beschreiben die Vergleichsstudien die theoretischen Bezugspunkte für die Erhebungen. Sie stellen die Ziele der Erhebung dar und präzisieren die Zielgruppe. Sie berücksichtigen den aktuellen Forschungsstand und explizieren bildungstheoretische Auffassungen. Außerdem beschreiben sie Anforderungen an die Konstruktion der Testverfahren und Fragebögen (vgl. Abschnitt 3 und 4).

Bei internationalen Vergleichsstudien ist es nicht einfach, einen gemeinsamen Nenner für die Untersuchung von Kompetenzen zu finden, denn Kulturen, Unterrichtstraditionen oder Lehrpläne unterscheiden sich zwischen Staaten. Dennoch muss ein übergeordneter Vergleichsmaßstab gefunden werden, der für alle teilnehmenden Staaten relevant, fair, zeitgemäß und wissenschaftlich begründet ist.

Kompetenzmessungen werden hauptsächlich auf zwei Arten normativ verankert: *Curricular orientierte Studien*, beispielsweise TIMSS (die *Trends in Mathematics and Science Study,* z.B. Mullis et al., 2005) oder PIRLS (die *Progress in Reading Literacy Study,* z.B. Mullis, Kennedy, Martin & Sainsbury, 2006*),* versuchen auf die Inhalte zuzugreifen, die im Überschneidungsbereich der Curricula in den teilnehmenden Staaten in einer bestimmten Jahrgangsstufe liegen. Dieses Vorgehen ist aufwendig, weil die Schulsysteme und Curricula in einzelnen Ländern Themen und Inhalte und sehr unterschiedlich organisieren und sequenzieren. Der Anspruch an einen fairen Test kann in Konflikt geraten mit dem Ziel, relevante Kompetenzen zu erfassen, denn diese liegen nicht unbedingt im Schnittbereich aller internationalen Lehrpläne.

Literacy-orientierte Studien wie PISA (OECD, 2006) umgehen dieses Problem, indem sie nicht die Lehrpläne als Ausgangpunkt nehmen, sondern einen bildungstheoretischen Bezugspunkt wählen. Sie fragen deshalb: Wie gut haben Schülerinnen und Schüler eines bestimmten Lebensalters Kompetenzen entwickelt, die für die aktive Teilhabe an einer Gesellschaft und für ein lebenslanges Lernen in der Wissensgesellschaft von Bedeutung sind? Mit dieser Frage wird unterstellt, dass in der so genannten Wissensgesellschaft heute weltweit bestimmte Anforderungen gemeistert werden müssen, um individuell sein Leben erfolgreich zu meistern und die gesellschaftliche und wirtschaftliche Entwicklung zu befördern. Literacy-orientierte Studien nehmen die Ergebnisse verschiedener Bildungsprozesse in den Blick und beziehen diese auf kognitive wie auch motivationale oder metakognitive Bildungsziele.

Die Zielgruppe von PISA sind fünfzehnjährige Schülerinnen und Schüler, die in den meisten Staaten kurz vor dem Ende der Pflichtschulzeit stehen. Untersucht werden die Kompetenzen, die potentiell für alle Jugendlichen dieser Altersgruppe von Bedeutung sind und sie in die Lage versetzen, aktiv und selbstbestimmt am gesellschaftlichen Leben teilhaben zu können. PISA orientiert sich an der *Funktion* von Kompetenzen in gesellschaftlichen und kulturellen Zusammenhängen. Entsprechende Anforderungen müssen für den jeweiligen Inhaltsbereich von Expertengruppen unter Berücksichtigung des aktuellen Forschungsstandes erarbeitet werden. Diese Anforderungsbeschreibungen sind Teil der Rahmenkonzeptionen, die wiederum konkrete Vorgaben für Aufgabenentwicklung ausführen (OECD, 2006).

PISA basiert auf einem dynamischen Modell lebenslangen Lernens: Den ständig neuen Anforderungen in einer sich verändernden Welt können Menschen nur dann erfolgreich begegnen, wenn sie ihr Leben lang ihre Kompetenzen weiterentwickeln. Die Vorbereitung auf das lebenslange Lernen wird freilich auch in den Präambeln von Lehrplänen gefordert, aber an welchen Merkmalen und Kompetenzen kann man sie fest- und sichtbar machen? Die Tests bei den Studien müssen diesen Anspruch widerspiegeln, indem sie anschlussfähige Kompetenzen überprüfen, auf deren Grundlage Schülerinnen und Schüler weiterlernen können. Andererseits müssen die Aufgabenanforderungen aktuell und innovativ sein, also auch neue Problemfelder erschließen und aufgreifen. So muss zum Beispiel der rasanten Entwicklung im informationstechnologischen Bereich Rechnung getragen werden, indem neue Testformen (computerbasiertes Testen) und neue Testbereiche (z.B. die Lesekompetenz von Schülerinnen und Schülern bei elektronisch dargebotenen Textsorten) entwickelt, erprobt und angewendet werden.

Die Rahmenkonzeptionen für die PISA-Domänen Lesen, Mathematik und Naturwissenschaften sind generell nach dem gleichen Prinzip strukturiert: Literacy (im deutschen Sprachgebrauch oft als *Grundbildung* bezeichnet) wird kognitionstheoretisch modelliert und betrachtet nach

- den Inhalten oder Konzepten, über die Schülerinnen und Schüler verfügen sollten,
- den Prozessen und Prozeduren, die die Jugendlichen verstehen und beherrschen sollten, und
- den Situationen und Kontexten, in denen sie ihr Wissen anwenden können sollten.

Die beiden hier skizzierten Vorgehensweisen, Tests in Vergleichsstudien normativ zu verankern, schließen einander nicht völlig aus. Die Präambeln in vielen Lehrplänen verweisen auf Grundbildungsbezüge; bestimmte Anforderungen in Richtung Literacy sind in ähnlicher Weise auch in Lehrplänen zu finden. Allerdings können sich die Grundrichtungen der Tests dahingehend unterscheiden, ob eher anwendungsbezogene oder schulbuchtypische Fragen gestellt und ob Wissen der aktuellen Jahrgangsstufe oder der gesamten Primar- oder Sekundarstufe erfasst wird. Auf jeden Fall ist die Entwicklung einer tragfähigen und überzeugenden Testkonzeption eine der größten Herausforderungen für internationale Vergleichsstudien. Aus diesen Gründen sind Testkonzeptionen aber auch ein höchst anregender Lesestoff für Lehrkräfte.

Den fächerübergreifenden Kompetenzen sind oft die Bereiche *selbstreguliertes Lernen, Lernmotivation, Einstellungen zum Lernen* oder zur eigenen weiteren *Bildungskarriere* und die *Vertrautheit mit Informationstechnologien* zugeordnet. Diese Bereiche werden meist nicht mit einem Test, sondern über Einschätzskalen erhoben. Diese Befragungen liefern dennoch auch Informationen über Einstellungen, Fähigkeiten und Überzeugungen von Jugendlichen, die (multikriteriale) Ergebnisse von Bildungsprozessen anzeigen. Die Schülerfragebogen lassen die Jugendlichen selbst zu Wort kommen und können repräsentative Befunde begründen, die nicht nur ein Bild von den Orientierungen junger Menschen geben, sondern auch manche Vorurteile (z.B. über Interessen oder die Mediennutzung) relativieren können.

Unter dem Begriff *Hintergrundmerkmale* werden schließlich Merkmale der Lebens- und Lernumgebungen erfasst, die mit den Bildungsergebnissen von Jugendlichen assoziiert sind. Diesen Merkmalen wenden wir uns in Abschnitt 4 zu.

Für Lehrerinnen und Lehrer, die sich damit beschäftigen, welche Vorstellung von Bildung in einer Studie wie PISA angesprochen wird, kann es anregend sein, Lehrinhalte unter diesem Gesichtspunkt zu betrachten und Überlegungen anzustellen, ob und wie die in der Schule vermittelten Kompetenzen einer Überprüfung auf Relevanz, Anwendbarkeit und Anschlussfähigkeit standhalten könnten. Studien wie PISA rücken Grundfragen in den Blickpunkt, die im Schulalltag vielleicht in den Hintergrund geraten, etwa Frage der Art: „Worauf kommt es im Fach wirklich an? „Was sollten meine Schülerinnen und Schüler beherrschen?" oder „Was soll am Ende der Schulzeit unbedingt an Kompetenzen und Einstellungen zu meinem Fach übrig bleiben?" können Reflektionen anregen und leiten.

3. Kompetenzen und Aufgaben – Wie werden Kompetenzmodelle in Aufgaben umgesetzt?

Die Testentwicklung erfolgt auf der Basis der Rahmenkonzeption und erfordert festgelegte Arbeitsschritte (OECD, 2006). Die zentralen Kriterien für die Aufgabenkonstruktion sind folgende:

- Die Aufgaben müssen die bildungstheoretischen Grundgedanken der jeweiligen Testkonzeption verkörpern.
- Die Aufgaben müssen die in der Testkonzeption unterschiedenen inhaltlichen Aspekte umsetzen und repräsentieren.
- Die Aufgaben müssen eine reliable, valide und international vergleichbare Leistungsmessung ermöglichen.

Diese Anforderungen sind leicht formuliert, aber höchst anspruchsvoll, denn es sollen ja komplexe Kompetenzen in Aufgaben übersetzt werden. Ein zentrales Kriterium für die Aufgabenqualität ist der Anspruch, relevante, anwendbare und anschlussfähige Kompetenzen zu erfassen. Die Aufgaben müssen optimale Voraussetzungen für selbstständiges und intelligentes Problemlösen und Weiterlernen in zentralen Inhaltsgebieten (vertikaler Transfer) sein und sollten die flexible Anwendbarkeit in unterschiedlichen Situationen (horizontaler Transfer) erfassen.

Die Rahmenkonzeptionen beschreiben Kompetenzmodelle, die einen inhaltlichen Bereich nach bestimmten, theoretisch und in der Fachliteratur begründeten Gesichtspunkten strukturieren. Innerhalb von Kompetenzmodellen werden Teildimensionen und Anforderungsniveaus unterschieden. Deshalb ist es höchst instruktiv, sich entsprechende Modelle und Aufgabenbeispiele aus den Testkonzeptionen genauer anzusehen.

Am Beispiel des Naturwissenschaftstests bei PISA 2006 wollen wir skizzieren, wie eine theoretische Rahmenkonzeption in Aufgaben umgesetzt wird. Das Kompetenzmodell für den Naturwissenschaftstest ist in Abbildung 1 dargestellt.

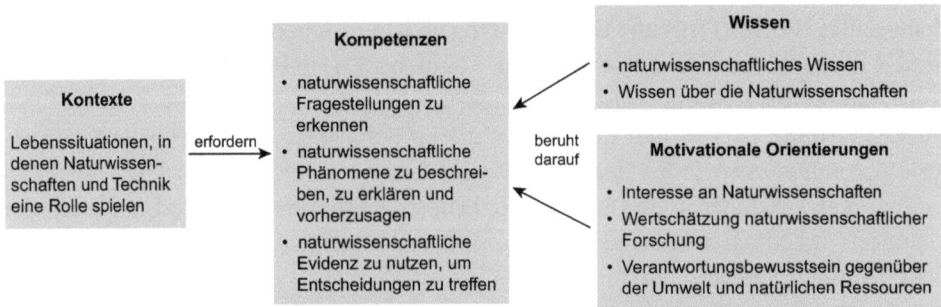

Abb. 1: Die Rahmenkonzeption naturwissenschaftlicher Grundbildung in PISA 2006 (Prenzel et al., 2007b, S. 66)

Die Rahmenkonzeption unterscheidet drei Teilkompetenzen, das *Erkennen und Formulieren von Fragestellungen*, die naturwissenschaftlich untersucht und beantwortet werden können, das *Beschreiben und Erklären naturwissenschaftlicher Phänomene* und das *Interpretieren von naturwissenschaftlicher Evidenz*. Grundlage der Kompetenzen sind das (objektbezogene) *naturwissenschaftliche Wissen* und das (Meta-) *Wissen über die Naturwissenschaften*. Für die Testentwicklung werden diese Wissensbereiche weiter in vier Wissenssysteme strukturiert: *Physikalische Systeme, lebende Systeme, Erd- und Weltraumsysteme* und *Technologische Systeme*. Diese Systeme werden anhand von Tabellen inhaltlich spezifiziert und weiter aufgeschlüsselt. Das Wissen über die Naturwissenschaften untergliedert sich in zwei Aspekte: *naturwissenschaftliches Forschen* und *naturwissenschaftliche Erklärungen*.

Außerdem schließt das Kompetenzmodell bestimmte *motivationale Orientierungen* ein, etwa die Aspekte *Interesse, Wertschätzung* und *Verantwortungsbewusstsein* in Bezug auf naturwissenschaftliche Probleme und Inhalte. Damit der Test tatsächlich die Alltagstauglichkeit der Kompetenzen, also die flexible Anwendung des Wissens erfassen kann, werden die Aufgaben in fünf relativ breit gefasste *Kontexte* eingebettet: Gesundheit, natürliche Ressourcen, Umwelt, Risiken und Gefahren sowie die Grenzen von Naturwissenschaften und Technik. Auch sie werden in der Rahmenkonzeption weiter aufgeschlüsselt, um konkrete Anwendungsbereiche zu benennen.

Die Aufgaben, die anhand dieses Modells konstruiert wurden, sind den Teilkompetenzen und Wissensbereichen zugeordnet: Jede Aufgabe misst sowohl eine der beschriebenen Kompetenzen, als auch eines der Systeme naturwissenschaftlichen Wissens oder einen Aspekt des Wissens über Naturwissenschaften. Selbstverständlich muss auch die Verteilung der Aufgaben auf diese verschiedenen Komponenten in der Rahmenkonzeption festgelegt, denn die Gewichtung wirkt sich auf die Aussage und Gültigkeit des Tests aus.

PISA-Aufgaben werden nach bestimmten Prinzipien und mit einer festgelegten Grundstruktur konstruiert: Die Aufgabe beginnt normalerweise mit einer einführenden Passage (einem Text, oft mit einem Bild oder einer Tabelle, etc.), die dazu dient, die Schülerinnen und Schüler in eine bestimmte realitätsbezogene Situation (zugleich einen Anwendungskontext für Wissen) einzuführen (OECD, 2006). Dann folgen drei oder vier Testfragen, die auf diese Situation bezogen sind. Mehrere thematisch zusammengehörende Items sind in eine Aufgabe eingebaut, sie bilden eine sogenannte *Unit*. Die Aufgaben weisen unterschiedliche Antwortformate auf. Bei einem Teil der Aufgaben müssen die Schülerinnen und Schüler unter mehreren vorgegebenen Antwortmöglichkeiten eine oder mehrere korrekte Lösungen markieren (Mehrfachwahl bzw. Multiple Choice). Bei anderen Antwortformaten sollen die Schülerinnen und Schüler eine eigene Antwort formulieren, die aus einem einzigen Wort oder einer Zahl (Kurzantwort) oder mehreren Sätzen (manchmal Zeichnungen) besteht (offenes Antwortformat). Unter http://pisa.ipn.uni-kiel.de/ findet sich eine Sammlung von Beispielaufgaben mit Lösungen aus den verschiedenen PISA-Erhebungsrunden.

Im Unterricht verwenden Lehrkräfte Aufgaben zur Überprüfung des Lernerfolgs, aber auch zum Erarbeiten von neuem Stoff, zum Durcharbeiten, zum Üben, zum

Anwenden und zur Sicherung des Lernerfolgs. Sich mit PISA-Aufgabenformaten und einzelnen Aufgaben zu beschäftigen, dürfte für die Entwicklung aller Arten von Aufgaben stimulierend sein. Ein Weg, um mit der Heterogenität von Lernvoraussetzungen erfolgreich umgehen zu können, besteht ja darin, häufiger Lernaufgaben einzusetzen, die auf Niveaus einzelner Schülerinnen und Schüler oder von Schülergruppen zugeschnitten werden können. Über Aufgaben können Lehrkräfte Anforderungen dosieren und die Schwierigkeiten auf die Voraussetzungen der Klasse oder einzelner Schülerinnen und Schüler ausrichten. Insofern ist eine intensive Auseinandersetzung mit PISA-Aufgaben (auch im Kontrast mit Aufgaben aus Vergleichsarbeiten oder zur Standardüberprüfung) für Lehrkräfte und auch für Studierende anregend und lohnenswert.

4. Fragebögen für Schulleitungen und Schüler – Welche Faktoren beeinflussen Unterricht und Schule?

Die Erhebungen bei Vergleichsstudien beschränken sich nicht nur auf Testleistungen. Bedeutsame Kriterien für ein modernes Bildungssystem betreffen auch die Chancengerechtigkeit. Wie gut gelingt es in den Bildungssystemen, Schülerinnen und Schüler unabhängig von ihrer sozialen oder soziokulturellen Herkunft oder ihres Geschlechts zu fördern?

Bei PISA füllen Schülerinnen und Schüler, die Schulleitungen und in einigen Staaten auch die Eltern und die Lehrkräfte Fragebögen aus. Unter dem Begriff „Hintergrundmerkmale" verbergen sich Merkmale, die mit den Bildungsergebnissen der Schüler und Schülerinnen assoziiert sind und deren Lern- und Lebensumgebungen zugeordnet werden können (vgl. auch Seidel, 2008). Es werden Lern- und Entwicklungsbedingungen erhoben, die vor allem das Elternhaus, die Schule und den Unterricht charakterisieren. Auskünfte über diese Hintergrundmerkmale auf diesen unterschiedlichen Ebenen informieren nicht nur über Bedingungen des Aufwachsens und diesbezügliche Unterschiede. Die Daten aus diesen Befragungen erlauben auch, die unter verschiedenen Bedingungen entwickelten Kompetenzen von Schülerinnen und Schülern zu vergleichen, auf nationaler wie internationaler Ebene. Damit können auch Aussagen darüber getroffen werden, inwieweit bestimmte Lebensbedingungen (z.B. Merkmale der Herkunft) in den einzelnen Ländern systematisch mit Kompetenzunterschieden – also unterschiedlichen Chancen auf eine erfolgreiche Kompetenzentwicklung – verknüpft sind (z.B. Ehmke & Baumert, 2007; Walter & Taskinen, 2007).

Informationen über Prozesse in schulischen und unterrichtlichen Lernumgebungen werden in PISA gesammelt, indem neben den Schülerinnen und Schülern die Schulleitungen – und in Deutschland bei PISA 2003 und 2006 in einer nationalen Option auch die Lehrkräfte – befragt werden. Einen Einblick in die familiäre Situation und das soziale Umfeld der Familie gibt ein Fragebogen an die Eltern der Schülerinnen und Schüler, der bei PISA 2006 erstmals als internationale Option angeboten wird und den 15 Teilnehmerstaaten als Informationsquelle nutzen (vgl. z.B. Maurischat, Taskinen & Ehmke, 2007).

Bei PISA spiegeln sich die inhaltlichen Schwerpunkte der Erhebungsrunden (Lesen, Mathematik und Naturwissenschaften) auch in den Fragebögen wider (Frey et al., in Druck; OECD, 2009): Es werden jeweils verstärkt solche Hintergrundmerkmale berücksichtigt, die für den Kompetenzerwerb in der jeweiligen Hauptdomäne aus theoretischer Sicht besonders bedeutsam erscheinen. Schülerinnen und Schüler geben Auskunft über Merkmale ihres Elternhauses (die soziale und kulturelle Herkunft), über Einstellungen (PISA 2006 beispielsweise verwendet im Schwerpunkt Naturwissenschaft u.a. eine Einschätzskala zu Umweltbewusstsein), Aktivitäten (beispielsweise Lese- oder Computeraktivitäten in der Freizeit und / oder mit Freunden, die Wahrnehmung des Unterrichts und ihrer Schule (z.B. Disziplin und Schulklima). Im PISA-Schulfragebogen werden an die Schulleitungen Fragen zum Thema Ausstattung und Ressourcen der Schule gerichtet und das Management der Schule, Kooperationen und besondere Angebote angesprochen (beispielsweise Ganztagsangebote oder Förderung besonders leistungsstarker oder leistungsschwacher Schülerinnen und Schüler).

Neben einer Reihe von strukturellen Bedingungsfaktoren, die den Kompetenzerwerb über lange Zeiträume mitbestimmen und pädagogisch kaum beeinflussbar sind (z.B. Beruf und Bildung der Eltern, kulturelle Besitztümer), gibt es Kontextfaktoren, die professionell gestaltet werden können und die vor allem den Unterricht betreffen. Diese Faktoren sind für die professionelle Entwicklung von Lehrkräften besonders bedeutsam. In Deutschland wurden bei PISA die Schüler- und Lehrerwahrnehmungen des Unterrichts und seiner Rahmenbedingungen in Mathematik und in den Naturwissenschaften analysiert (vgl. Baumert et al., 2004; Seidel, Prenzel, Wittwer & Schwindt, 2007), denen vor allem innerhalb des Bezugsrahmens einer bestimmten Schulart bescheinigt wird, ein realistisches Bild des Unterrichtsgeschehens zu zeichnen.

Befragungen dieser Art erlauben es zunächst, Unterrichtszeiten und die unterrichtliche Zeitnutzung zu betrachten, sich Gedanken über die Lehr-Lern-Aktivitäten zu machen, die den Unterricht kennzeichnen. Für die Naturwissenschaften beispielsweise beschreiben Seidel et al. (2007), wie häufig Lehrkräfte mit ihren Schülerinnen und Schülern Klassengespräche führen und über naturwissenschaftliche Themen diskutieren, wie oft sie Experimente durchführen, Modellvorstellungen entwickeln und bearbeiten und ihr erworbenes Können anwenden. Entsprechende Merkmale können einzeln, aber auch in Kombinationen betrachtet werden. Mit bestimmten Auswertungsverfahren können Unterrichtsmuster identifiziert werden, die den einzelnen Unterrichtsaktivitäten unterschiedlich viel Platz einräumen. Entsprechende Analysen zeigen vorherrschende Unterrichtstypen in den einzelnen Ländern und liefern Anregungen, über Unterrichtstraditionen und deren Effekte nachzudenken, oder den eigenen Unterricht entsprechend zu verorten und zu reflektieren.

5. Ergebnisse von Large Scale Assessments – Was sagen sie aus?

Vergleichsstudien nehmen die Qualität von Bildungssystemen anhand bestimmter Kriterien in den Blick. In PISA werden vor allem die Ergebnisse der Kompetenzmessungen in den Teilnehmerstaaten dargestellt und miteinander verglichen. Die *internationale Vergleichsperspektive* steht bei PISA im Zentrum. Die Stärken und Schwächen von Bildungssystemen können so beurteilt und mit denen anderer Staaten verglichen werden. Eine weitere Perspektive nimmt *inhaltliche Kriterien* als Bezugspunkt. Die Ergebnisse werden damit auf eine Vorstellung von Grundbildung bezogen und auf dieser Grundlage in ihren verschiedenen Abstufungen beschrieben und beurteilt. Bei PISA werden dazu die Verteilung der Schülerinnen und Schüler auf *Kompetenzstufen* dargestellt. Kompetenzstufen sind inhaltliche Beschreibungen der Fähigkeiten und Fertigkeiten, die zum Lösen der Aufgaben notwendig sind. Schließlich kann man die Ergebnisse unter einer zeitlichen Perspektive betrachten, in dem man die Ergebnisse über die verschiedenen Erhebungsrunden hinweg vergleicht, also von PISA 2000 über PISA 2003 und 2006 bis PISA 2009.

Internationale Vergleiche: Die Tests werden von einer über Zufallsverfahren gezogenen, repräsentativen Stichprobe von fünfzehnjährigen Jugendlichen bearbeitet. Jedes individuelle Testergebnis geht in den Gesamtbefund eines Staates ein. Die Tests werden international skaliert und die Skala wird dabei normiert: die Skalenwerte und deren Abstände werden so definiert, dass die Ergebnisse relativ einfach und anschaulich verglichen werden können. Die Festlegung einer gemeinsamen Skala für die Testergebnisse erleichtert den Vergleich von Mittelwerten zwischen den Teilnehmerländern. Die internationalen Kompetenzskalen in PISA sind so normiert, dass der über die OECD-Staaten berechnete Mittelwert bei 500 Punkten liegt, mit einer Standardabweichung von 100. Dieser Wert entspricht also dem OECD-Durchschnitt. Dieser OECD-Mittelwert dient als Referenz, um die jeweiligen Ergebnisse der teilnehmenden Staaten (auch die Partnerstaaten) zu vergleichen und zu beurteilen.

Die internationale PISA-Skala eignet sich über den internationalen Vergleich hinaus ebenfalls dazu, die Ergebnisse von Teilgruppen innerhalb und auch zwischen den Staaten vergleichen zu können. Solche Teilgruppen können beispielsweise anhand der regionalen Gliederungen (Länder der Bundesrepublik, Kantone der Schweiz) gebildet werden, Angehörige bestimmter Schularten oder Schülerinnen und Schüler unterschiedlicher sozialer oder kultureller Herkunft umfassen. Ebenfalls naheliegend ist die Gegenüberstellung der Kompetenzwerte von Jungen und Mädchen. Dieses Beispiel lässt zugleich weitergehende Vergleichsmöglichkeiten erkennen (innerhalb und zwischen Staaten bzw. regionalen Gliederungen, unterschiedlicher sozialer und kultureller Herkunft, etc.). Der internationale Vergleich legt also die Messlatte an das Bildungssystem, indem bestimmte Zielgruppen oder Teilgruppen davon in den Blick genommen werden: Was erreicht der eigene Staat, was können andere Staaten erreichen?

Im Folgenden illustrieren wir Ergebnisse des internationalen Vergleichs mit Ergebnissen zu Geschlechterunterschieden.

Staat	Mädchen		Jungen		Differenz Jungen – Mädchen
	M	(SE)	M	(SE)	
Türkei	430	(4.1)	418	(4.6)	
Griechenland	479	(3.4)	468	(4.5)	
Island	494	(2.1)	488	(2.6)	
Norwegen	489	(3.2)	484	(3.8)	
Neuseeland	532	(3.6)	528	(3.9)	
Finnland	565	(2.4)	562	(2.6)	
Korea	523	(3.9)	521	(4.8)	
Irland	509	(3.3)	508	(4.3)	
Australien	527	(2.7)	527	(3.2)	
Vereinigte Staaten	489	(4.0)	489	(5.1)	
Belgien	510	(3.2)	511	(3.3)	
Schweden	503	(2.9)	504	(2.7)	
OECD-Durchschnitt	499	(0.6)	501	(0.7)	
Frankreich	494	(3.6)	497	(4.3)	
Italien	474	(2.5)	477	(2.8)	
Japan	530	(5.1)	533	(4.9)	
Polen	496	(2.6)	500	(2.7)	
Kanada	532	(2.1)	536	(2.5)	
Spanien	486	(2.7)	491	(2.9)	
Tschechische Republik	510	(4.8)	515	(4.2)	
Portugal	472	(3.2)	477	(3.7)	
Schweiz	509	(3.6)	514	(3.3)	
Slowakische Republik	485	(3.0)	491	(3.9)	
Ungarn	501	(3.5)	507	(3.3)	
Mexiko	406	(2.6)	413	(3.2)	
Deutschland	512	(3.8)	519	(4.6)	
Niederlande	521	(3.1)	528	(3.2)	
Österreich	507	(4.9)	515	(4.2)	
Dänemark	491	(3.4)	500	(3.6)	
Luxemburg	482	(1.8)	491	(1.8)	
Vereinigtes Königreich	510	(2.8)	520	(3.0)	

-20   -10   0   10   20

☐ nicht signifikant   ▨ signifikant

Abb. 2:   PISA 2006, Mittelwertvergleiche der naturwissenschaftlichen Kompetenz der OECD-Teilnehmerstaaten nach Geschlecht (Prenzel et al., 2007b, S. 88)

Während das Lesen in den bisherigen PISA-Erhebungen eine klare Domäne der Mädchen war, schnitten in der Mathematik in den meisten OECD-Staaten die Jungen signifikant besser ab. In den Naturwissenschaften war das Bild ausgeglichener, jedoch erreichten auch hier in PISA 2003 in 11 Staaten die Jungen und nur in zwei Staaten die Mädchen höhere Kompetenzen (Zimmer, Burba & Rost, 2004).

Betrachtet man die Gesamtskala Naturwissenschaften bei PISA 2006 (Abbildung 2), dann zeigt sich eine weitgehend ausgeglichene Lage. Die Mittelwerte für Jungen und Mädchen differieren im OECD-Durchschnitt nur um 2 Punkte zugunsten der Jungen. In Mexiko, den Niederlanden, der Schweiz, Dänemark, Luxemburg und dem

Vereinigten Königreich lässt sich der Vorsprung der Jungen statistisch absichern. Die Differenz beträgt in Deutschland 7 Punkte zugunsten der Jungen, ist jedoch nicht signifikant. In der Türkei und in Griechenland erreichen hingegen die Mädchen eine signifikant höhere mittlere Kompetenz in den Naturwissenschaften als die Jungen und sind im Mittel 12 beziehungsweise 11 Punkte besser.

Größere und zum Teil erheblich Differenzen zwischen den Kompetenzen von Mädchen und Jungen finden sich, wenn man die Anteile beider Geschlechter auf den Kompetenzstufen I und darunter sowie auf den Stufen V und VI betrachtet oder sich die Geschlechterdifferenzen für die verschiedenen naturwissenschaftlichen Teil-kompetenzen (*naturwissenschaftliche Fragestellungen erkennen, naturwissenschaftliche Phänomene erklären und naturwissenschaftliche Evidenz nutzen*) in den Blick nimmt (vgl. hierzu Prenzel et al., 2007b, S. 89ff.). Diese Befunde mit teilweise erheblichen Unterschieden zwischen den Staaten können Lehrkräfte dazu anregen, die geschlechterspezifische Förderung in ihrem Unterricht zu überdenken.

Verteilungen auf Kompetenzstufen: Die zweite wichtige Perspektive, die bei der Betrachtung von PISA-Ergebnissen eingenommen wird, ist eine *inhaltliche* (kriteriumsorientierte), die unterschiedliche Kompetenzniveaus differenziert und die Anteile von Jugendlichen auf diesen Stufen betrachtet. Entsprechende Darstellungen informieren die Teilnehmerstaaten darüber, über welche inhaltlichen Kompetenzen die Fünfzehnjährigen verfügen und wie sich Kompetenzen innerhalb der Länder auf verschiedene Gruppen verteilen. Zu diesem Zweck werden die Kompetenzstufen theoretisch begründet und berechnet. Die Aufgaben werden anhand ihrer empirisch ermittelten Aufgabenschwierigkeiten und der theoretisch fundierten Anforderungen, die in den Rahmenkonzeptionen festgelegt sind, beschrieben. Tabelle 1 beschreibt exemplarisch zwei Kompetenzstufen in den Naturwissenschaften.

Tabelle 1: Beschreibung der Kompetenzstufen I und VI für die Gesamtskala Naturwissenschaften in PISA 2006 (Prenzel et al., 2007b, S. 77)

Kompetenzstufe	Beschreibung
VI > 707 Punkte	Auf Stufe VI können Schülerinnen und Schüler in konsistenter Weise *naturwissenschaftliches Wissen und Wissen über die Naturwissenschaften* in einer Vielzahl komplexer Lebenssituationen erkennen, erklären und anwenden. Sie können verschiedene Informationsquellen und Erklärungen zueinander in Beziehung setzen und die Beweise, die aus diesen Quellen folgen, nutzen, um Entscheidungen zu begründen. Sie demonstrieren ein weit entwickeltes naturwissenschaftliches und logisches Denkvermögen und sind bereit, ihr naturwissenschaftliches Verständnis einzusetzen, um Lösungen für unbekannte naturwissenschaftliche oder technologische Probleme zu finden. Schülerinnen und Schüler auf dieser Stufe können naturwissenschaftliches Wissen anwenden und Argumente entwickeln, um Empfehlungen auszusprechen bzw. Entscheidungen zu treffen, die von persönlicher, sozialer oder globaler Bedeutung sind.
I 335–409 Punkte	Auf Stufe I ist das naturwissenschaftliche Wissen der Schülerinnen und Schüler derart eingeschränkt, dass es nur auf einige wenige, bekannte Situationen angewendet werden kann. Die Schülerinnen und Schüler auf dieser Stufe sind in der Lage, offensichtliche naturwissenschaftliche Erklärungen zu liefern, die direkt vorliegenden Beweisen zu entnehmen sind.

So können verschiedene Kompetenzniveaus bzw. Abstufungen von Kompetenzen definiert werden. Die Kompetenzstufen sind so definiert, dass die Schülerinnen und

Schüler die der Stufe entsprechenden Aufgaben mit einer Wahrscheinlichkeit von 62 Prozent lösen können. Aufgaben auf höheren Kompetenzstufen werden mit einer geringeren Wahrscheinlichkeit gelöst. Die inhaltliche Interpretation der Aufgaben durch die Kompetenzstufen wird vor allem dazu genutzt, Gruppen von Schülerinnen und Schülern zu identifizieren, die besonders gut (auf der höchsten Kompetenzstufe) oder besonders kompetenzschwach (auf der Kompetenzstufe 1 oder darunter) abschneiden. Für Jugendliche auf oder unter den ersten Kompetenzstufen wird befürchtet, dass sie in ihrer zukünftigen Bildungskarriere (in schulischer und beruflicher Ausbildung) Schwierigkeiten haben werden. Umgekehrt wird bei Schülerinnen und Schülern auf der höchsten Kompetenzstufe angenommen, dass sie über ausgezeichnete Kompetenzen in einem Bereich verfügen und der dringend benötigte Nachwuchs in naturwissenschaftlich-technischen Berufen sein könnten. Abbildung 3 präsentiert Daten aus PISA 2006. Dargestellt sind die Schüleranteile in Prozent un-

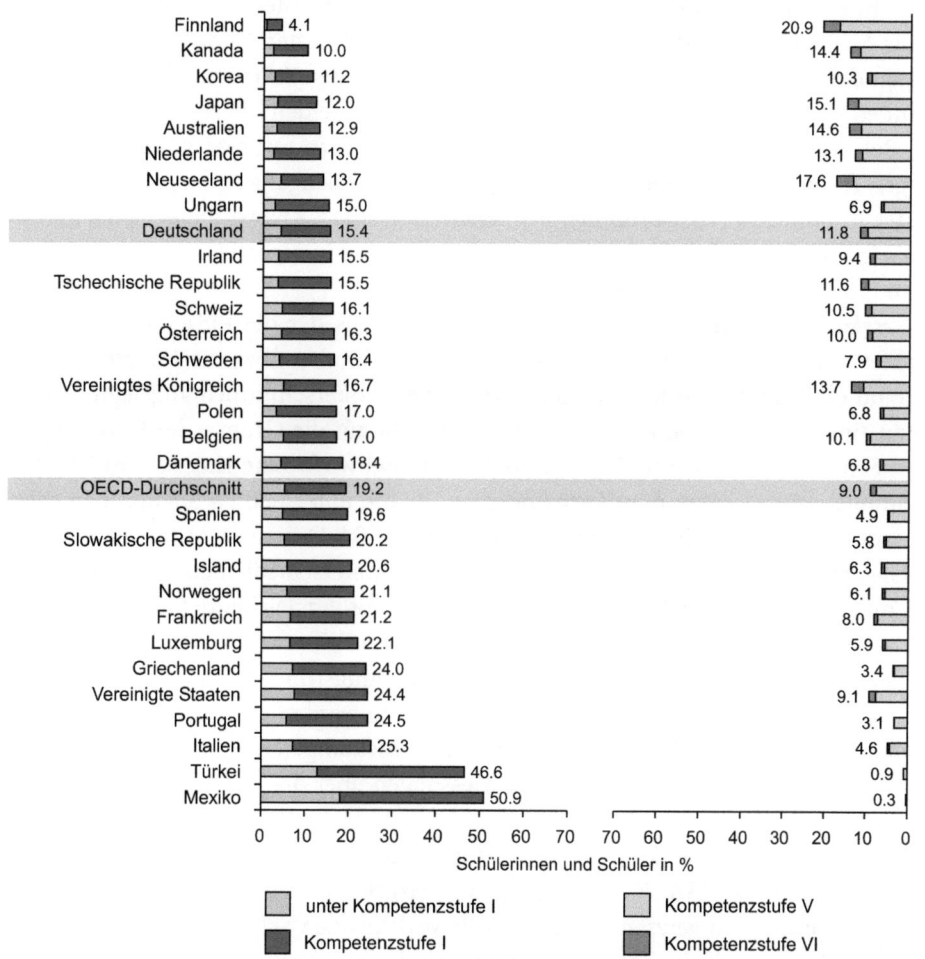

Abb. 3:   PISA 2006, Gesamtskala Naturwissenschaften: Schüleranteile in Prozent unter/auf Kompetenzstufe 1 bzw. über/auf Kompetenzstufe 6 (Prenzel et al., 2007b, S. 86)

ter bzw. auf der niedrigsten Kompetenzstufe und über bzw. auf den beiden höchsten Kompetenzstufen für die Naturwissenschaften.

Diese Form der Darstellung kontrastiert die beiden extremen Kompetenzniveaus und macht deutlich, was bei einer bloßen Betrachtung der Mittelwerte verborgen bliebe. Die Darstellung auf den Kompetenzstufen gibt eine inhaltliche Vorstellung darüber zu, inwieweit die Jugendlichen den Anforderungen der PISA zugrundeliegenden Vorstellung von Grundbildung im Sinne einer Teilhabe und Vorbereitung für ein Lernen über die Lebensspanne entsprechen. Unser Beispiel zeigt, dass die Gruppen auf sehr niedrigem bzw. und sehr hohem Kompetenzniveau in den Staaten stark variieren, während in Finnland ein sehr geringer Prozentsatz (4,1 Prozent) der Schülerinnen und Schüler unter und auf der Kompetenzstufe I liegt, sind des in Mexiko über die Hälfte (50,9 Prozent). Im OECD-Durchschnitt befinden sich 19,2 Prozent der Jugendlichen auf beziehungsweise unter der ersten Kompetenzstufe des Naturwissenschaftstests. Der Anteil für Deutschland beträgt hier 15,4 Prozent, in Österreich und der Schweiz sind es 16,3 Prozent bzw. 16,1 Prozent. Betrachtet man die Spitzengruppe der Schülerinnen und Schüler auf der fünften und sechsten Kompetenzstufe, dann beträgt der durchschnittliche Anteil in den OECD-Staaten 9 Prozent. In Deutschland befinden sich 11,8 Prozent der Jugendlichen auf den beiden oberen Kompetenzstufen. Beträchtliche Anteile von Schülerinnen und Schülern mit sehr guten Voraussetzungen für natur- oder ingenieurwissenschaftliche Studiengänge gibt es insbesondere wieder in Finnland (20,9 Prozent); nennenswert größere Anteile dieser Spitzengruppe als in Deutschland findet man zudem beispielsweise in Neuseeland (17,6 Prozent), Japan (15,1 Prozent) oder Australien (14,6 Prozent).

Vergleiche über die Zeit: Die dritte Perspektive, aus der die PISA-Ergebnisse betrachtet werden, betrifft den Vergleich über die Zeit, also über die im dreijährigen Abstand durchgeführten Erhebungen. PISA ist eine querschnittlich angelegte Studie, die zu einem bestimmten Zeitpunkt ein Schlaglicht auf die Gruppe der fünfzehnjährigen Schülerinnen und Schüler und ihr Lernumfeld wirft. Eine längsschnittliche Betrachtung, anhand derer man Lernzuwächse für die untersuchten Stichproben messen kann, ist mit dem derzeitigen internationalen PISA-Design nicht möglich.

Gleichwohl kann man die Befunde aus den unterschiedlichen Erhebungsrunden miteinander vergleichen. Sie beziehen sich ja auf vergleichbare Stichproben von Fünfzehnjährigen (allerdings jeweils unterschiedliche Kohorten). Bei der Konzeption der Tests wird darauf geachtet, dass die Erhebungsrunden eine gewisse Anzahl von Aufgaben gemeinsam haben. Für die Vergleiche werden diese gemeinsamen Testitems genutzt. Tabelle 2 zeigt am Beispiel der Lesekompetenz einen solchen ipsativen Vergleich, der die querschnittlichen Messungen über drei Zeitpunkte gemeinsam darstellt.

Nur im Bereich Lesen können wir bislang die Kompetenzen der Fünfzehnjährigen von PISA 2000 bis PISA 2006 vergleichend betrachten, weil dieser Testbereich von Beginn an umfassend getestet wurde und die vorliegenden Schätzungen für internationale Vergleiche über die Zeit präzise genug sind, um Unterschiede gegen den Zufall

Tabelle 2: Veränderung der Lesekompetenz zwischen PISA 2000
und PISA 2006 (Prenzel et al., 2007a, S. 412)

Staat OECD-Staaten	PISA 2006 M	PISA 2000 und PISA 2006 Diff.	(SE)
Korea	556	**31**	(6.7)
Finnland	547	0	(6.0)
Kanada	527	-7	(5.8)
Neuseeland	521	-8	(6.4)
Irland	517	-9	(6.9)
Australien	513	**-15**	(6.4)
Polen	508	**29**	(7.2)
Schweden	507	-9	(6.4)
Niederlande	507	m	m
Belgien	501	-6	(6.8)
Schweiz	499	5	(7.2)
Japan	498	**-24**	(8.1)
Vereinigtes Königreich	495	m	m
Deutschland	495	11	(7.1)
Dänemark	494	-2	(6.4)
Österreich	490	-2	(7.0)
Frankreich	488	**-17**	(7.0)
Island	484	**-22**	(5.5)
Norwegen	484	**-21**	(6.5)
Tschechische Republik	483	-9	(6.9)
Ungarn	482	2	(7.2)
Luxemburg	479	m	m
Portugal	472	2	(7.6)
Italien	469	**-19**	(6.3)
Slowakische Republik	466		
Spanien	461	**-32**	(6.1)
Griechenland	460	*-14*	(8.1)
Türkei	447		
Mexiko	410	*-11*	(6.7)
Vereinigte Staaten	m	m	m

abzusichern (Drechsel & Artelt, 2007). Signifikante Unterschiede sind in Tabelle 2 im Fettdruck hervorgehoben. Von den insgesamt 24 OECD-Staaten, für die Werte in der Lesekompetenz für PISA 2000 und PISA 2006 vorliegen, ändert sich das Niveau der Lesekompetenz in 13 Teilnehmerstaaten nicht, darunter Deutschland, Österreich und die Schweiz. Zu dieser Staatengruppe zählen beispielsweise Finnland, Belgien und Irland als Länder mit „traditionell" hoher Lesekompetenz, Dänemark und Österreich als Beispiele für Länder, die schon seit PISA 2000 im OECD-Durchschnittsbereich liegen, oder Portugal und Mexiko, deren Lesekompetenz seit PISA 2000 unterhalb des OECD-Durchschnitts liegt. In neun OECD-Teilnehmerstaaten zeigen sich signifikante Abnahmen zwischen PISA 2000 und PISA 2006. Signifikante Zunahmen in der mittleren Lesekompetenz der Fünfzehnjährigen zwischen der Erhebungsrunde PISA 2000 und der Erhebung im Jahr 2006 können lediglich für zwei OECD-Staaten berichtet werden.

6. Was sagen die Befunde über die Situation in einer einzelnen Schule?

Im Blickpunkt steht bei PISA stets die Funktion des *Systemmonitorings* (Prenzel, Carstensen & Zimmer, 2004): Die Ergebnisse von PISA sind – aufgrund des Designs und der Stichproben der Studie – eher für die Steuerung und Bewertung auf der Systemebene als für die Evaluation von Einzelschulen geeignet. Dennoch liefern Vergleichsstudien Informationen über die Qualität von Unterricht oder zu Aspekten professionellen Handelns auf der Ebene einzelner Schulen. Der Einsatz von *Schulrückmeldungen* hat gezeigt, dass Lehrerinnen und Lehrer von den Ergebnissen profitieren können, indem sie die Rückmeldungen zur Kompetenzverteilung in ihrer Schule und über weitere Aspekte des schulischen Lebens im Vergleich einordnen können. Vielfach sind die Erwartungen der Empfänger (oder auch der Schulbehörden, die sich von der Tatsache einer Rückmeldung Innovationsschübe erhoffen) an Schulrückmeldungen jedoch zu groß: Schulrückmeldungen ziehen nicht automatisch weiterführende Schul- oder Unterrichtsentwicklungsprozesse nach sich. Es gilt daher im Auge zu behalten, welche Reichweite Schulrückmeldungen aus einer Studie wie PISA haben können.

Die Schulrückmeldungen in PISA haben zum einen die Funktion, die Personen und Institutionen, die durch ihre Mitarbeit die Studie ermöglicht haben, am Prozess der Auswertungen teilhaben zu lassen und ihren Beitrag dadurch noch einmal explizit zu würdigen. Zum anderen geben Schulrückmeldungen den beteiligten Kollegien die Möglichkeit, die Befunde aus PISA zu nutzen. Schulrückmeldungen sind darauf angelegt, die pädagogische Diskussion in der Schule anzuregen. In PISA 2006 wurden in Deutschland allen Schulleitungen ihre individuellen Rückmeldungen zugesandt. Die Rückmeldungen wurden vertraulich behandelt und nur der jeweiligen Schule ausgehändigt. Die Schulbehörden erhielten keinen Einblick in diese Berichte. Die Ergebnisse können anhand der Rückmeldungen auch nicht einzelnen Schülerinnen und Schülern zugeordnet werden. Aus technischen Gründen wurden die Rückmeldungen ca. zweieinhalb Jahre nach den Erhebungen in der Schule gegeben. Um die Ergebnisse der eigenen Schule einordnen zu können, erhielten die Schulleitungen zusätzlich zum eigenen Ergebnis jeweils auch das Durchschnittsergebnis von Schulen mit vergleichbarer Schülerschaft in ihrem Bundesland. Diese sogenannten „Vergleichsschulen" entsprechen hinsichtlich der Schulart und der Zusammensetzung der Schülerschaft (sozioökonomischer Hintergrund, Migrantenanteil) der jeweiligen Schule. Die Ergebnisse dieser Vergleichsschulen stellen eine angemessene Referenzgruppe für einen Vergleich dar. Die rückgemeldeten Daten sind eine Momentaufnahme von Eingangsvoraussetzungen (z.B. sozialer Hintergrund der Schülerschaft), Prozessvariablen (z.B. Motivation der Schülerinnen und Schüler) und den Kompetenzen der Altersgruppe der Fünfzehnjährigen an der Schule. Auch wenn sie nur sehr begrenzt verallgemeinerbar sind, können die Befunde ein Anstoß bzw. Impuls zu einer Auseinandersetzung innerhalb des Kollegiums sein. Weiterhin können sich die Schulen im Umfeld der national repräsentativen PISA-Stichprobe einordnen und mit anderen Schulen mit ähnlichen Eingangsbedingungen vergleichen (*Benchmarkingfunktion*).

Die Erfahrungen der bisherigen PISA-Erhebungsrunden zeigen, dass die überwiegende Mehrzahl der Schulen an solchen Rückmeldungen interessiert ist. Für die Akzeptanz der Studie und den weitergehenden Wissenstransfer ist es von großer Bedeutung, speziell den Lehrerinnen und Lehrern einen Zugang zu den Ergebnissen zu eröffnen, die an ihrer Schule bereits mit PISA zu tun hatten. Auch wenn Schulrückmeldungen nicht erschöpfend sind, können sie ein Einstieg sein, sich mit den Informationen über Unterrichts- und Schulqualität zu befassen, die Lehrkräften helfen können, Unterricht und Schule besser zu verstehen, Probleme und Herausforderungen genauer einzuordnen und Handlungsmöglichkeiten zu erkennen.

Das große Interesse an den Rückmeldungen zu PISA demonstriert, dass Vergleichsstudien im Schulalltag als ein bedeutsames Thema wahrgenommen werden. Dieses Kapitel hat das innovative Potential beschrieben und den Beitrag aufgezeigt, den Vergleichsstudien inhaltlich zu wichtigen Problembereichen in Bildungssystemen leisten. Einen Blick über den eigenen Tellerrand zu wagen, Vergleiche zu ziehen, die fair sind und nicht kulturelle oder sozioökonomische Unterschiede vernachlässigen, ist anregend und hilft auch, eine moderne Kultur der Selbstvergewisserung durch Feedback weiterzuentwickeln. Sicher ist im schulischen Alltag die Zeit und Gelegenheit häufig zu knapp, um sich ausführlich mit den Implikationen und Möglichkeiten aus PISA auseinanderzusetzen. Die Ergebnisse solcher Studien erfahren zu können, die Hintergründe und theoretischen Grundlagen, sowie die verwendeten Methoden bei der Testentwicklung und der Auswertung und wichtige Fallstricke bei der Interpretation zu kennen gehört als fester Bestandteil in eine moderne Lehreraus- und weiterbildungskultur.

Literatur

Baumert, J., Kunter, M., Brunner, M., Krauss, S., Blum, W. & Neubrand, M. (2004). Mathematikunterricht aus Sicht der PISA-Schülerinnen und -Schüler und ihrer Lehrkräfte. In M. Prenzel, J. Baumert, W. Blum, R. Lehmann, D. Leutner, M. Neubrand, R. Pekrun, H.-G. Rolff, J. Rost & U. Schiefele (Hrsg.), PISA 2003. Der Bildungsstand der Jugendlichen in Deutschland – Ergebnisse des zweiten internationalen Vergleichs (S. 314-354). Münster: Waxmann.

Drechsel, B. & Artelt, C. (2007). Lesekompetenz. In M. Prenzel, C. Artelt, J. Baumert, W. Blum, M. Hammann, E. Klieme & R. Pekrun (Hrsg.), PISA 2006. Die Ergebnisse der dritten internationalen Vergleichsstudie (S. 225-248). Münster: Waxmann.

Ehmke, T. & Baumert, J. (2007). Soziale Herkunft und Kompetenzerwerb: Vergleiche zwischen PISA 2000, 2003 und 2006. In M. Prenzel, C. Artelt, J. Baumert, W. Blum, M. Hammann, E. Klieme & R. Pekrun (Hrsg.), PISA 2006. Die Ergebnisse der dritten internationalen Vergleichsstudie (S. 309-335). Münster: Waxmann.

Frey, A., Taskinen, P., Schütte, K., Prenzel, M., Artelt, C., Baumert, J., Blum, W., Hammann, M., Klieme, E. & Pekrun, R. (Hrsg.). (in Druck). PISA 2006. Skalenhandbuch. Die Dokumentation der Erhebungsinstrumente. Münster: Waxmann.

Maurischat, C., Taskinen, P. & Ehmke, T. (2007). Naturwissenschaften im Elternhaus. In M. Prenzel, C. Artelt, J. Baumert, W. Blum, M. Hammann, E. Klieme & R. Pekrun (Hrsg.), PISA 2006. Die Ergebnisse der dritten internationalen Vergleichsstudie (S. 203-224). Münster: Waxmann.

Mullis, I. V. S., Kennedy, A. M., Martin, M. O. & Sainsbury, M. (2006). PIRLS 2006 Assessment Framework and Specifications. Chestnut Hill, MA: Boston College.

Mullis, I. V. S., Martin, M. O., Ruddock, G. J., O'Sullivan, C. Y., Arora, A. & Eberber, E. (Hrsg.). (2005). TIMSS 2007 Assessment Frameworks. Chestnut Hill, MA: Boston College.

OECD. (2001). Knowledge and skills for life. First results from PISA 2000. Paris: OECD.

OECD. (2004). Learning for Tomorrow's World. First Results from PISA 2003. Paris: OECD.

OECD. (2006). PISA Assessing Scientific, Reading and Mathematical Literacy: A Framework for PISA 2006: OECD.

OECD. (2007). PISA 2006: Science competencies for tomorrow's world Vol. 1: Analysis. Paris: OECD.

OECD. (2009). PISA 2006 Technical Report. Paris: OECD.

Prenzel, M., Artelt, C., Baumert, J., Blum, W., Hammann, M., Klieme, E. & Pekrun, R. (Hrsg.). (2007a). PISA 2006. Die Ergebnisse der dritten internationalen Vergleichsstudie. Münster: Waxmann.

Prenzel, M., Carstensen, C. H. & Zimmer, K. (2004). Von PISA 2000 zu PISA 2003. In M. Prenzel, J. Baumert, W. Blum, R. H. Lehmann, D. Leutner, M. Neubrand, R. Pekrun, H.-G. Rolff, J. Rost & U. Schiefele (Hrsg.), PISA 2003 – Der Bildungsstand der Jugendlichen in Deutschland. Ergebnisse des zweiten internationalen Vergleichs (S. 355-370). Münster: Waxmann.

Prenzel, M., Schöps, K., Rönnebeck, S., Senkbeil, M., Walter, O., Carstensen, C. H. & Hammann, M. (2007b). Naturwissenschaftliche Kompetenz im internationalen Vergleich. In M. Prenzel, C. Artelt, J. Baumert, W. Blum, M. Hammann, E. Klieme & R. Pekrun (Hrsg.), PISA 2006. Die Ergebnisse der dritten internationalen Vergleichsstudie (S. 63-106). Münster: Waxmann.

Renkl, A. (Hrsg.). (2008). Lehrbuch Pädagogische Psychologie. Bern: Huber.

Schneider, W. & Hasselhorn, M. (Hrsg.). (2008). Handbuch der Pädagogischen Psychologie (Vol. 10). Göttingen: Hogrefe.

Seidel, T. (2008). Stichwort: Schuleffektivitätskriterien in der internationalen empririschen Forschung. Zeitschrift für Erziehungswissenschaft, 11(3), 348-367.

Seidel, T., Prenzel, M., Wittwer, J. & Schwindt, K. (2007). Unterricht in den Naturwissenschaften. In M. Prenzel, C. Artelt, J. Baumert, W. Blum, M. Hammann, E. Klieme & R. Pekrun (Hrsg.), PISA 2006. Die Ergebnisse der dritten internationalen Vergleichsstudie (S. 147-180). Münster: Waxmann.

Walter, O. & Taskinen, P. (2007). Kompetenzen und bildungsrelevante Einstellungen von Jugendlichen mit Migrationshintergrund in Deutschland: Ein Vergleich mit ausgewählten OECD-Staaten. In M. Prenzel, C. Artelt, J. Baumert, W. Blum, M. Hammann, E. Klieme & R. Pekrun (Hrsg.), PISA 2006. Die Ergebnisse der dritten internationalen Vergleichsstudie (S. 337-366). Münster: Waxmann.

Wild, E. & Möller, J. (Hrsg.). (in press). Einführung in die Pädagogische Psychologie. Heidelberg: Springer.

Zimmer, K., Burba, D. & Rost, J. (2004). Kompetenzen von Jungen und Mädchen. In M. Prenzel, J. Baumert, W. Blum, R. Lehmann, D. Leutner, M. Neubrand, R. Pekrun, H.-G. Rolff, J. Rost & U. Schiefele (Hrsg.), PISA 2003. Der Bildungsstand der Jugendlichen in Deutschland – Ergebnisse des zweiten internationalen Vergleichs (S. 211-224). Münster: Waxmann.

Ilse Schrittesser und Monika Hofer

Lehrerbildung als kulturelle Praxis?

Wie Pierre Bourdieus Habitusbegriff die Kulturen der Lehrerbildung und der Schulpraxis einander näher bringen könnte ...

1.   Praxis und Kultur in der LehrerInnenbildung

Lapidare (anonyme) Rückmeldung eines bzw. einer Studierenden zu einer pädagogischen Lehrveranstaltung für Lehramtsstudierende:

Mehr Praxisbezug!!!

Auszug aus einem Interview mit einem Gymnasiallehrer, 3. Dienstjahr, unterrichtet Mathematik, Bewegung und Sport[1]: „... An der Schule die Problemfelder sind vielleicht, dass ... immer wenn viele Menschen aufeinander treffen, das soziale Gefüge ein gespanntes ist, gerade ... gerade im Lehrberuf, wenn Junglehrer kommen, die ... Elan haben und Energie und ältere Lehrer schon ihre Pflicht erfüllen und schon genervt sind, ... da stoßen Welten aufeinander, das gibt ... soziale Diskrepanzen und Spannungsverhältnisse ... ja ... mit denen man umzugehen lernen muss im Schuldasein."

Auszug aus einem Interview mit einem Gymnasiallehrer, 22. Dienstjahr, unterrichtet Englisch, Geographie: „..., dass eben heute Lehrer genauso unterrichten wie sie selbst unterrichtet wurden vor fünfundzwanzig Jahren und das soll es doch auch nicht sein.[2]"

Unter Lehramtsstudierenden kursiert die Rede von der Praxisferne der Ausbildung – die Universität stehe für Theorielastigkeit, die Schule für das „wirkliche Leben", das man möglichst rasch und früh in der Ausbildung erfahren und vorwegnehmen möchte. Man erwartet sich von der Ausbildung Sicherheitsnetze und Anleitungen, um dann im „wirklichen Leben" nicht zu scheitern. Wie aber sieht das wirkliche Leben aus? Dass Lehrer und Lehrerinnen so unterrichten, wie sie selbst unterrichtet wurden?

Im folgenden Text wird versucht, gegen die in der Lehrerbildung gängige Polarisierung von Theorie und Praxis mit der These zu argumentieren, dass es sich nicht um Theorie hier und um Praxis dort handelt, sondern um zwei verschiedene und einander fremde Praxen, die ihrerseits differente Kulturen erzeugen. Sowohl Ausbildungs- als auch Schulpraxis werden damit als kulturelle Praxen beschrieben, die ganz

---

1   Aus einer Interviewserie zum Thema „Erlebte Problemfelder im Lehrerberuf."
2   Aus einer Interviewserie zur Fragestellung „Wie erleben Lehrer und Lehrerinnen mögliche Auswirkungen von Schulleistungstests wie PISA auf ihre Berufspraxis?"

bestimmte Handlungs- und Deutungsmuster hervorbringen. Vor diesem Hintergrund werden Überlegungen angestellt, wie beide Kulturen ihre aktuelle Fremdheit zu beiderseitigem Nutzen überwinden und Konzepte der Verständigung entwickeln könnten.

Betrachten wir zunächst die beiden Praxen: Einerseits geht es um die unmittelbare pädagogische Situation, die in ihr gesetzten Handlungen und getroffenen Entscheidungen, das wäre die eine Praxisform; und es geht andererseits um jenen Ort, an dem diese Handlungen und Entscheidungen rekonstruiert und begründet werden können, um eine Praxis des analytisch-distanzierten, unvoreingenommenen, ordnenden Blicks in Bezug auf die eigene Handlungsfähigkeit. Eine Verbindung beider Praxisformen würde bedeuten, sowohl als ganze Person gegenwärtig zu sein – eine Gegenwart, die unerlässlich ist, will man in der aktuellen pädagogischen Situation handlungsfähig bleiben – und dennoch eine kritische Distanz zur jeweiligen Situation zu bewahren. Praxis in diesem Verständnis bedeutet ein Einüben in ein scheinbar widersprüchliches Zusammenspiel von ganzer Person und Rolle (Oevermann spricht in diesem Zusammenhang von der „widersprüchliche[n] Einheit von spezifischen und diffusen Beziehungsanteilen", Oevermann, 1996, S.118), d.h. in die Fähigkeit, sich einzufühlen und parallel dazu die Fähigkeit zur systematischen Distanzbildung zu entwickeln.

Die Konfrontation mit dem beruflichen Handeln als zukünftiger Lehrer oder zukünftige Lehrerin erleben Studierende in der Ausbildung in den diversen pädagogischen und fachdidaktischen Schulpraktika, die ihnen helfen sollen, erste berufspraktische Erfahrungen zu machen und auf diese Weise Begegnungen mit der Berufswirklichkeit bewältigen zu lernen. Parallel dazu werden in der Regel Lehrveranstaltungen angeboten, in denen die gemachten Erfahrungen – z.B. als „Arbeit am Fall" – theoriegeleitet rekonstruiert und aufgearbeitet werden können. Wir haben es aber nicht mit Theorie auf der einen Seite und Praxis auf der anderen Seite zu tun, sondern mit zwei unterschiedlichen Praxisorten und an beiden Orten findet ein Lernen in Praxiszusammenhängen statt. Der eine Zusammenhang stellt auf ein Einüben in berufliches Handeln durch konkretes berufliches Handeln ab; der andere Zusammenhang setzt auf Einüben in eine Forschungs-, Reflexions- und Begründungspraxis. Dennoch erleben Studierende nur die erstere, also das berufsnahe Handeln, als „echte Praxis" und sie scheinen von der zweiten nur bedingt Nachhaltiges ins spätere Berufsleben mitzunehmen. Wie lässt sich dieses Phänomen erklären? Unserer These nach handelt es sich um einen „culture clash", den es zu bearbeiten gilt. Ein Aspekt der Berufskultur von Lehrern und Lehrerinnen spielt dabei eine wesentliche Rolle: sie lernen diesen Beruf bereits aus der Perspektive des Schülers bzw. der Schülerin gründlich kennen, manche behaupten, sie würden den Beruf sogar schon als Schüler und Schülerinnen „erlernen". Aus einer ähnlichen Beobachtung heraus forderte etwa Emile Durkheim vor mehr als hundert Jahren bereits die verpflichtende Einführung des Pädagogik-Studiums für Sekundarlehrer:

„Man sagt", formulierte Durkheim (Durkheim, 1972/1906, S. 11; hier zit. nach Ohlhaver & Wernet, 1999, S. 11), „dass der junge Lehrer sein Vorbild aus der

Erinnerung seines Lyceal- und Studentenlebens mitnimmt. Sieht man aber nicht, dass man damit die Routine verewigt? Denn der Lehrer von morgen kann nur die Gesten seines Lehrers von gestern wiederholen, und da er nur seinen eigenen Lehrer nachahmt, kann man in dieser ununterbrochenen Kette von Modellen, die sich ständig wiederholen, nicht sehen, wie man jemals eine Neuerung einführen könnte. Die Routine hat aber in der Überlegung ihren größten Feind."

Das Studium der Pädagogik sollte den Boden für solche „Überlegung" bereiten – so Durkheims Hypothese.

Zurück zum „culture clash" und der Frage, von welcher „Kultur" hier die Rede ist. Clifford Geertz beschreibt Kultur (unter Rückgriff auf Max Weber) als Netze bzw. Gewebe von Bedeutungen („webs of significance"), die die Menschen um sich herum weben (Geertz, 1973, S. 5) und die sich durch „dichte Beschreibung" („thick description") verstehen lassen. Kultur wird zur symbolischen Sinnordnung von Praxis und den in ihr realisierten konkreten Praktiken, die ihrerseits Verhalten regeln und sowohl subjektiv, als auch kollektiv wirksam sind. Eine Praktik lässt sich in diesem Verständnis als „eine sozial geregelte, typisierte, routinisierte Form des körperlichen Verhaltens (einschließlich des zeichenverwendenden Verhaltens) [beschreiben] und umfasst darin spezifische Formen des impliziten Wissens, des Know-how, des Interpretierens, der Motivation und der Emotion." (Reckwitz, 2008, S. 135).

Die beiden Kulturen, von denen hier die Rede ist, die der Ausbildung und die der Berufspraxis, sind in unterschiedliche Gewebe von Bedeutungen eingebettet und äußern sich über unterschiedliche kulturelle Codes. Sie produzieren damit teils offenbar unvereinbares praktisches Wissen. Die Frage lautet demnach (mit Reckwitz, 2008, S. 136), welches Know-how-Wissen und welches Deutungswissen jede der Kulturen hervorbringt, welche Praktiken daraus entstehen und wie sich daraus bestimmte Wahrnehmungen, Einstellungen, Haltungen, Urteile etc. formieren. Ist das einmal geklärt, ergibt sich daraus möglicherweise auch eine Antwort auf die Frage, warum in der Ausbildung erlerntes Wissen und Können von Berufsanfängern und -anfängerinnen als so wenig nachhaltig erfahren wird und warum Schule in der Folge kaum von dem Neuen einer neuen Lehrergeneration affiziert wird, sondern vielmehr die Berufsnovizen und –novizinnen im Nu in die „ewigen Routinen" der Schulpraxis einsozialisiert sind (vgl. dazu auch die Untersuchungen von Müller-Fohrbrodt et al. 1978) – obwohl sie mittlerweile zwar nicht ein Vollstudium der Pädagogik absolvieren, ihnen aber doch ein nicht unbeträchtlicher Anteil an erziehungswissenschaftlichem und (fach)didaktischem Wissen vermittelt wird.

Gehen wir davon aus, dass wir es mit einem Kulturproblem zu tun haben, so eröffnet Bourdieus Begriff des Habitus eine fruchtbare Deutungsmöglichkeit, da er einerseits ein heuristisches Konzept zur Analyse der Widerständigkeit von in der Schule vorherrschenden kulturellen Praktiken darstellt und andererseits (idealtypisch) die beschriebene Besonderheit von professionellem Handeln und die dazu erforderlichen Professionalisierungsprozesse als Formation eines spezifischen Habitus begrifflich erfassen lässt – und sich nicht zuletzt damit Hypothesen einstellen, wie sich die gelungene Aneignung eines solchen professionellen Habitus vollziehen könnte.[3]

Damit würde das Habituskonzept schließlich Ansatzpunkte liefern, wie sich ein kritisches Instellungbringen der in die kulturelle Praxis der Schule Eintretenden durch entsprechende vorbereitende und begleitende Maßnahmen in der Lehrerbildung fördern ließe.

2. Bourdieus Habitusbegriff als heuristisches Konzept zur „Aufklärung" der Lehrerbildung

Der Habitus – „nicht nur strukturierende, die Praxis wie deren Wahrnehmung organisierende Struktur, sondern auch strukturierte Struktur" – wird von Bourdieu (1987, S. 279) als die Verinnerlichung kultureller Praktiken in Form eines teils vorbewussten, teils unbewussten Prozesses von Konditionierungen und Anpassungen beschrieben, die zur Herausbildung bestimmter Handlungsmuster führen und entsprechende Dispositionen erzeugen – man könne sich, so Bourdieu, den Habitus wie eine Schrift vorstellen, die sich aus den gegebenen Bedingungen entwickelt und deren Typik dem Bewusstsein nur bruchstückhaft zugänglich sei (op. cit., S. 282).

„Eine der Hauptfunktionen des Habitusbegriffs", so Bourdieu, „besteht darin, zwei einander ergänzende Irrtümer aus dem Weg zu räumen, die beide der scholastischen Sicht entspringen: einerseits die mechanistische Auffassung, die das Handeln für die mechanische Folge äußerer Ursachen hält, andererseits die finalistische, die – so namentlich die Theorie rationalen Handelns – dafürhält, dass der Agierende frei, bewusst und, wie manche Utilitaristen sagen, *with full understanding* handelt, wobei die Handlung aus der Berechnung von Gewinnchancen hervorgeht." (Bourdieu, 2001/1997, S. 177). Gegen beide Theorien sei einzuwenden, so Bourdieu, „dass die sozialen Akteure über einen Habitus verfügen, den vergangene Erfahrungen ihren

---

3 Der Hinweis auf die Erfordernis, einen „berufsadäquaten Habitus" zu entwickeln, ist auch in dem bereits zitierten Band von Ohlhaver und Wernet mit knappem Bezug auf Bourdieu/Passeron (1971) zu finden. Die Lösung, die präsentiert wird, um ein „hochgradig routinisiert, dauerhaft und reformresistent" ablaufendes Geschehen (op. cit., S. 13) einer Deutung und Erklärung zuzuführen, wird in der einzelfallrekonstruktiven Schul- und Unterrichtsforschung gesehen. „Mit einem wirklichkeitswissenschaftlich orientierten, fallanalytischen Vorgehen werden in der Lehrerbildung in diesem Band", heißt es im Einleitungskapitel zur besagten Textsammlung, „die Ansprüche verbunden, neue Wege für die Lehrerbildung in ihrem charakteristischen Spannungsverhältnis zwischen Theorie einerseits und Praxis andererseits aufzuzeigen. Denn die Durchführung von Fallanalysen in der Lehrerbildung – so der Grundtenor der Beiträge dieses Bandes – erlaubt nicht nur eine praxisnahe, problem- und handlungsorientierte Reflexion von Schule und Unterricht, sondern kann dabei auch einen direkten Beitrag zur Verbesserung des Lehrerhandelns im Sinne der Bildung eines berufsadäquaten Habitus leisten. Dem paradigmatischen Anspruch qualitativer Ansätze in der Forschung entspräche so ein paradigmatischer Anspruch eines fallanalytischen Vorgehens in der Lehrerbildung." (op. cit., S. 15). Diesem Befund können die Autorinnen des vorliegenden Artikels voll und ganz zustimmen. Eines wird dabei jedoch übersehen: Der Einsatz von Fallanalyse wird möglicherweise den berufsadäquaten Habitus hervorbringen, nicht aber dessen Widerstandsfähigkeit gegen eine vereinnahmende und diesem Habitus entgegen gerichtete Schulkultur gewährleisten können. Angesetzt muss daher an beiden Polen werden: an der Ausbildung und an der Schulpraxis.

Körpern einprägten: Diese Systeme von Wahrnehmungs-, Bewertungs-, und Handlungsschemata ermöglichen es, praktische Erkenntnisakte zu vollziehen, die auf dem Ermitteln und Wiedererkennen bedingter üblicher Reize beruhen, auf die zu reagieren sie disponiert sind, und ohne explizite Zwecksetzung noch rationale Mittelberechnung Strategien hervorzubringen, die – freilich in den Grenzen der strukturellen Zwänge, aus denen sie resultieren und die sie definieren – angemessen sind und ständig erneuert werden." (op. cit., S. 177f.).

Bourdieu versucht, in zahlreichen Variationen aufzuzeigen, wie solche Schemata konstituiert werden. Vor allem sei der Habitus als „ein System verinnerlichter Muster [zu verstehen], die es erlauben, alle typischen Gedanken, Wahrnehmungen und Handlungen einer Kultur zu erzeugen – und nur diese." (Bourdieu, 1974/1970, S. 143).[4]

Geht man davon aus, dass die Schule eine der mächtigsten Sozialisationsinstanzen der Heranwachsenden darstellt, so lässt sich relativ leicht der Schluss ziehen, welch starke Impulse der Habitualisierung und damit der Vermittlung einschlägiger Praktiken von ihr ausgehen. Lehramtsstudierende sind, wenn sie ihre Ausbildung antreten, was schulische Angelegenheiten betrifft, bereits hinlänglich in ihrem „Gewohnheitssinn" (Bourdieu, 2001/1997, S. 182) geprägt. Sie sehen die Schule, in deren kulturellem Biotop sie so viele Jahre ihres Lebens verbracht haben, zunächst „ohne objektivierende Distanz, als etwas, das sich von selbst versteht" (op. cit., S. 183) und bringen „Handlungsprogramme" hervor, die objektiv richtig weil vertraut erscheinen und die darüber hinaus auch noch signalisieren, „dass man ‚richtig liegt‘, ohne berechnen zu müssen, da man eben tut, was zu tun ist, und wie und wann es dies ist, und zwar mit dem geringsten Kraftaufwand und sowohl innerlich empfundener als auch äußerlich wahrnehmbarer Zwangsläufigkeit." (op. cit., S. 183f.). Gerade im sozialen Feld der Schule zeigt sich mit besonderer Deutlichkeit, wie der Habitus das „Produkt einer Geschichte" ist (op. cit., S. 189).

Die beschriebene Heuristik könnte einen Hinweis darauf liefern, warum die Lehrerbildung so häufig vor dem Problem steht, dass man mit erziehungswissenschaftlichen Deutungsmustern nicht weit kommt. Die Studierenden haben ihre mitgebrachten Bilder und Vorstellungen von Schule und ihre eigenen Erwartungen an die Pädagogik und sind daher gegen die universitäre Praxis, Schule zu problematisieren und neu zu deuten, weitgehend immun. In der Erziehungswissenschaft kann die Annahme, dass erst praxisentlastete Analyse jene pädagogischen Fähigkeiten zur Entfaltung bringt, die in der realen Unterrichtssituation dauerhaft kompetentes Handeln ermöglichen, noch so unumstritten sein – die meisten Studierenden sind da anderer Ansicht.

---

4   Dass Bourdieu (1985, S. 377ff.) übrigens zunächst zwischen einem primären Habitus, der in den ersten Lebensjahren, in denen die Eltern und Geschwister das nahezu ausschließliche soziale Universum der Kinder darstellen, erworben wird und dem sekundären Habitus unterscheidet, der sich in Auseinandersetzung mit den sekundären Sozialisationsinstanzen außerhalb der Familie entwickelt, ist für den vorliegenden Gedankengang nur insofern von Bedeutung, als durch diese Unterscheidung noch einmal deutlich wird, dass der Habitus nicht angeboren ist, sondern erworben wird. Er bildet sich von früher Kindheit an in der Auseinandersetzung mit der Welt, in der Interaktion mit anderen aus (Krais &Gebauer, 2008, S. 61).

Bei Bourdieu heißt es, dass Habitus und Praxisstile, wie sie sich für ein Praxisfeld als typisch darstellen, zwar relativ veränderungsresistent sind, dass sich aber durch „Aufklärung"[5] dynamische Momente ausmachen lassen, in denen die Akteure und Akteurinnen der Bedingtheit ihres Habitus „die Konsequenz einer Bildungsanstrengung" (Wigger, 2006, S. 116) entgegen halten.

Aufklärung in diesem Sinne würde aber bedeuten, dass nicht ein Mehr an unmittelbarer (Schul-)Praxis in die Curricula der Lehrerbildung einzuführen wäre, sondern Arbeitsbündnisse mit dieser Schulpraxis zu schließen wären, welche die Steigerung reflexiver Erfahrungen von Schule ermöglichen, um damit zu untersuchen, wie Kulturen und deren Praktiken sich in die Wahrnehmung von Schulwirklichkeit einschleichen und diese in gewisser Weise „codieren". Methodisch ginge es darum, einen Ort der Reflexion und Analyse einzurichten, wo verschiedene Wege der Erforschung von Schulpraxis erprobt und Handwerkszeug zur Analyse kultureller Praktiken und der damit einhergehenden Habitusformen angeeignet werden können.

3. Die Professionalisierungsdebatte in der Lehrerbildung

Ein wesentliches Moment der aktuellen Debatte um die Lehrerbildung dreht sich um die Voraussetzungen und Konsequenzen von Professionalisierungsprozessen sowie, im Anschluss daran, um Fragen der Professionalisierungsbedürftigkeit des Lehrerberufs. Dabei gilt es einerseits nach Wegen zu suchen, wie auf eine spezifische Handlungspraxis in der Ausbildung vorbereitet werden und wie man professionelles Wissen und Können zur Bewältigung der Anforderungen der Schulpraxis erwerben kann. Andererseits ginge es um die Frage nach dem Spezifikum *pädagogischer* Professionalität, die ja konkret als Kern professionellen Lehrerhandelns zu gelten hätte.

Die Erfüllung von Integrations-, Qualifikations- und Selektionsfunktion als herkömmliche Aufgaben von Schule und von Lehrkräften dient – so die Grundidee institutionalisierten Lernens – der Stabilität und Weiterentwicklung der Gesellschaft (vgl. Fend, 1980; Enzelberger, 2001, S. 9). Die Bemühungen um eine kontinuierliche Professionalisierung in diesem Berufsfeld haben immer schon das Ziel verfolgt, Schule so zu gestalten, dass Schüler und Schülerinnen möglichst eigenständig den gesellschaftlichen Entwicklungen und Anforderungen begegnen können. Die Rede von der *pädagogischen* Professionalität von Lehrern und Lehrerinnen gewinnt vor diesem Hintergrund insofern an Brisanz, als sich das Ziel pädagogischen Handelns in der Schule nicht nur mit der Vermittlung von gesellschaftlich relevantem Wissen und von Kulturtechniken erschöpft, sondern die Förderung von Bildungsprozessen mit in den Blick nimmt oder zumindest deren nachhaltige Störung gering zu halten sucht. Unter dieser Perspektive könnte der Anspruch an pädagogische Professionalität

---

5 Bourdieu spricht von soziologischer Aufklärung. Im vorliegenden Ansatz geht es um systematische Aufklärung, d.h. um ein Kultivieren kritischer Reflexivität, Distanz und Selbstvergewisserung – eben jenes doppelten Habitus wie er bei Oevermann und in der Folge bei Helsper angesprochen wird. Wir greifen die Denkfigur des doppelten Habitus weiter unten auf.

durchaus etwas Subversives gewinnen, und zwar solange damit die Intention verfolgt wird, in institutionalisierten Kontexten nicht nur Ausbildung sicher zu stellen, sondern auch Bildung zu fördern. Bildung im hier gemeinten Sinn bringt nämlich immer „einen Dissens ins Spiel, der mit den herrschenden Übereinkünften bricht. Dies macht Bildung gefährlich. Sie wird gebraucht und gefürchtet, forciert und zugleich kalt gestellt." (Pongratz, 2009, S. 112). In diesem Zwiespalt steht die Schule seit ihren Anfängen. Bildungstheoretiker wie Heydorn stilisieren – in gewisser Weise überfordernd, in der Grundtendenz jedoch treffend – den Lehrer als „Befreiungshelfer" (Heydorn, 1970, S. 333).

Es obliegt allerdings dem Interpretationsspielraum der Profession, ob sie ihre Aufgabe in der bloßen Herstellung von gesellschaftlicher Brauchbarkeit des Einzelnen sieht oder darüber hinaus das Ziel der Beförderung bzw. Wiederherstellung einer möglichst weitgehenden „Autonomie einer Lebenspraxis" (Oevermann, 1996, S. 112) nicht aus den Augen verliert. Eine diesbezüglich noch zu formulierende (ethisch begründete) Selbstpositionierung – die etwa die Profession der Ärzte mit dem „Hippokratischen Eid" schon längst vollzogen hat (wenn auch die Realisierung brüchig bleibt) – steht übrigens für die Lehrerschaft noch aus. In jedem Fall steht – soweit herrscht zumindest weitgehend Konsens in aktuellen Ansätzen der Professionstheorie – der oder die Professionelle in einem Vermittlungsmodus zwischen individuellen und gesellschaftlichen Ansprüchen und hat in dieser Vermittlungstätigkeit den Blick sowohl auf die individuelle Situation als auch auf kollektive Erwartungen zu werfen. Damit ist im Grunde schon angedeutet, dass – betrachten wir die Aufgaben von Lehrern und Lehrerinnen als professionelle Pädagogen und Pädagoginnen – es nie nur um Qualifikation und Nutzbarmachen des Einzelnen für das Kollektiv gehen kann, sondern dass Schüler und Schülerinnen immer auch in ihren jeweiligen individuellen Ansprüchen und Aspirationen gesondert von kollektiven Erwartungen wahrzunehmen sind.

Es ist die beschriebene Vermittlungstätigkeit, der die besondere Leistungsfähigkeit von professionalisiertem Handeln zugeschrieben wird, da sie nicht standardisierbar und nicht bürokratisch abhandelbar ist. In der Fähigkeit, den individuellen Fall vor dem Hintergrund gegebener Bedingungen, Regeln und Normen so zu deuten, dass den subjektiven Ansprüchen im Rahmen der historisch vorhandenen Möglichkeiten und unter Berücksichtigung der Ansprüche der jeweils Anderen zu ihrem Recht verholfen wird, zeigen sich Ethos und Verantwortung, die „profession de foi" (Derrida, 2001, S. 15) des oder der Professionellen und werden die hohen Erwartungen an die Profession deutlich. Die beschriebene Fähigkeit – so wird aktuell argumentiert – lässt sich nicht durch bloße Vermittlung von Wissen entwickeln. Es handelt sich dabei vielmehr um eine Art Kunstfertigkeit verschränkt mit einem Repertoire an Praktiken und einer professionsethisch geprägten Haltung. Oevermann spricht in diesem Kontext von einer Kunstlehre, Derrida von dem Akt der öffentlichen Verantwortungsübernahme, Helsper vom „doppelten Habitus".

Professionalisierung wäre damit als ein langwieriger und komplexer Prozess zu verstehen, der die gesamte Person erfasst, bereits während der universitären

Ausbildung grundzulegen ist (u.a. Blömeke, 2001; Dirks & Hansmann, 2002) und in der Folge eine die gesamte (Berufs-)Biographie begleitende Aufgabe darstellt.

3.1 Biografie – Das Professionelle Selbst

Die biographietheoretische Position versucht neben den gesellschaftlichen und institutionellen Strukturen der Profession die professionellen Akteure und Akteurinnen mit ihrer individuellen Biographie in den Vordergrund treten zu lassen (Kraul et al. 2002, S. 9). Um professionell handeln zu können, ist es notwendig, abgesehen von einer fundierten wissenschaftlichen Ausbildung, auch über hinreichende Erfahrungen zu verfügen, welche aufgrund der individuellen biographischen Entwicklung gesammelt werden und die notwendig sind, um mögliche auftretende Widersprüche ausbalancieren zu können. „Professionelles Handeln [...] erfordert also Biographizität" (ebda.). Das bedeutet, dass am Beginn einer Berufslaufbahn andere Aufgaben zu bewältigen sind, als nach zehn- bis zwanzigjähriger Berufspraxis und dass die jeweiligen Lösungsstrategien und verfügbaren Handlungsmuster sich im Laufe einer Berufsbiographie mehrmals folgenreich ändern können. Somit betrachtet die berufsbiographische Forschung die Persönlichkeit oder das Selbstbild einer Lehrperson nicht als ein gegebenes, fertiges Produkt, sondern als einen individuellen, sehr komplexen und manchmal krisenhaft verlaufenden Lernprozess. Dahinter steht aber auch die Einsicht, dass die Lehrerpersönlichkeit ein ganzheitliches Phänomen sei und dazu unabdingbar soziale und lebensgeschichtliche Ereignisse und Erfahrungen gehören, die auch außerhalb der Schule liegen können (vgl. Ofenbach, 2006, S. 62f.).

Für Bauer et al. (1996, S. 15) handelt eine Person pädagogisch professionell, wenn sie gezielt ein berufliches Selbst aufbaut, „das sich an berufstypischen Werten orientiert, sich eines umfassenden pädagogischen Handlungsrepertoires zur Bewältigung von Arbeitsaufgaben sicher ist, sich mit sich und anderen Angehörigen der Berufsgruppe Pädagogen in einer nicht alltäglichen Berufssprache verständigt, ihre Handlungen unter Bezug auf eine Berufswissenschaft begründen kann und persönlich die Verantwortung für Handlungserfolge in ihrem Einflussbereich übernimmt". Die Vorläufigkeit und Fehlbarkeit bei Lösungswegen ist der Lehrperson bewusst und schließt das „an sich selbst Arbeiten" ein, um zum Beispiel im Unterricht noch angemessener handeln zu können. Terhart (2000, S. 36) spricht in diesem Zusammenhang von einer Metaqualifikation der Lehrperson, in Hinblick auf die Bereitschaft und Fähigkeit, „mit ständig neuen Wissens- und Kompetenzanforderungen umgehen zu können".

3.2 Vermittlung von Theorie und Praxis und doppelte Professionalisierung

In strukturtheoretischer Betrachtung ist lt. Oevermann der Idealtypus professionellen Handelns dann gegeben, wenn die Ausbildung zwar auf wissenschaftlicher Basis erfolgt, jedoch auch eine „professionell-handlungspraktische Einsozialisation" statt-findet. Seine Überlegungen richten sich auf eine Lebens-Praxis, die impliziert, dass immer wieder angesichts eines Spektrums von gegebenen Optionen eine begründba-re Auswahl getroffen werden muss und dass für diese Auswahl nicht immer bewähr-te Routinen, insbesondere im Hinblick auf die Begründungspflicht zur Verfügung stehen (Oevermann, 1996, S. 13f.). D.h. Lehrpersonen betrachten (im Modellfall) das Handeln der Schüler und Schülerinnen, indem sie systematisches Fachwissen und hermeneutisches fallbezogenes Erfahrungswissen so aufeinander beziehen, dass die Probleme der Schüler und Schülerinnen stellvertretend gedeutet und in Kooperation mit ihnen bearbeitet werden können (vgl. Koring, 1996, S. 322). Helsper (2001, S. 12) spricht – wie oben schon erwähnt – von der Ausbildung eines „doppelten Habitus":

Zum einen wird auf der Grundlage von Erfahrungen und praktischem Können in Schulsituationen sowohl situativ-spontan als auch routiniert gehandelt („praktisch-pädagogischer Habitus"),

Zum anderen soll der Lehrer bzw. die Lehrerin in der Lage sein, sich zur pädago-gischen Praxis in ein reflexives Verhältnis setzen zu können („wissenschaftlich-refle-xiver Habitus"). Professionalisiertes Handeln in der Lebens-Praxis wird damit als ge-sellschaftlicher Strukturort der „systematischen Erzeugung des Neuen" (Oevermann, 1996, S. 81ff.) gesehen. Aufgrund der Besonderheit jedes individuellen Falls wird die krisenbewältigende Erneuerung in ein Nahverhältnis mit der eigenständigen Bearbei-tung von Geltungsfragen gebracht, sodass sich schließlich professionalisiertes Han-deln als „Ort der Vermittlung von Theorie und Praxis unter Bedingungen der wissen-schaftlichen Rationalität" (Oevermann, 1996, S. 80) präsentiert.

Gerade diese Vermittlung, die vor allem nach der Fähigkeit zur Distanz gegen-über dem Praxisfeld verlangt, fällt Lehramtsstudierenden jedoch besonders schwer. Sie haben sich – wie eingangs erwähnt – für einen Beruf entschieden, dessen Pra-xisfeld sie jahrelang aus der Schülerperspektive erfahren haben. Kommen sie dann in den ersten Praktikumsphasen der Ausbildung wieder in die Schule zurück, reakti-vieren sich rasch eingefahrene Muster, Routinen und Selbstverständlichkeiten. Ähn-liches geschieht – nach Überstehen des so genannten Praxisschocks – in den ersten Jahren der Berufstätigkeit. Rasch verblasst das im Studium angeeignete Wissen; ver-gessen ist die „profession de foi", das Bekenntnis zur Begründungsverpflichtung und zur Verantwortungsübernahme für das eigene Handeln angesichts einer an Zu- und Anweisungen sowie an (über Jahrhunderte kaum modifizierten) Routinen orientier-ten Lehrerschaft. Auch die Berufssprache, die in der Ausbildung versucht wird zu vermitteln, weicht rasch den in der Schulpraxis gängigen, meist vom Laiendiskurs kaum unterscheidbaren Redeweisen.

Die Schulpraxis hat ihre eigene Logik und prägt recht rasch ihre Akteure und Akteurinnen bzw. reanimiert die alten, mitgebrachten Prägungen. Die Vorstellung herrscht vor – das hören wir immer wieder von unseren Studierenden –, dass ein Großteil des in der Ausbildung angeeigneten und als Theorie meist negativ etiket-tierten Wissens und Könnens beim Eintritt in die Praxis ohnehin wenig hilfreich sei und man daher erst mit dem praktischen Tun, also im Training „on the job" das eigentlich Relevante für den Lehrerberuf erlerne. Verstärkt wird dieser Eindruck von jenen Praktikern und Praktikerinnen, die die Neulinge mit der Aufforderung in den Beruf einführen, doch die ganze erlernte graue Theorie, die von der Ausbildung mitgebracht wird, zu vergessen, da sich erst in der Berufspraxis die wirklich brauchbaren Verfahren zeigen würden. Die Crux dieses Vorurteils besteht darin, dass auf diese Weise eine reflexionsarme Eigendynamik schulischer Praktiken und damit die Entfaltung jenes typischen Lehrerhabitus gefördert wird, der sich hinter dem Rücken der Subjekte quasi als deren „hidden curriculum" einstellt und hartnäckig durch die (individuelle und kollektive) Schulgeschichte hindurch hält. Ohne reflexive Distanz und ohne die Möglichkeit der Selbstvergewisserung kann der Lehrer bzw. die Lehrerin jedoch die Geltungsansprüche professioneller Praxis nicht einlösen (vgl. dazu auch die Figur des „reflective practitioner" wie sie von Donald A. Schön so treffend beschrieben wurde, Schön, 1982). Nur wenn sich beide Praxen – die der Ausbildung und die der Schule – aufeinander beziehen, so lautet die schlussfolgernde These, *und* miteinander in Kontakt bleiben, erst wenn sich Schule und Universität zu tragfähigen Kooperationen entschließen, die zur Schaffung einer gemeinsamen Community von Professionellen führen, kann der beschriebene „culture clash" nachhaltig bearbeitet werden. Es gälte also sowohl in Hinblick auf die Selbstvergewisserung einer bislang relativ reflexionsresistent gebliebenen Schulpraxis als auch in Bezug auf eine von der Schulpraxis relativ entfernt agierende Forschungspraxis Arrangements zu finden, in denen die Fremdheit der beiden Kulturen – „praxisentlastet" (Praxis im Sinne von Berufspraxis) – bearbeitet und aufgehoben wird. Bourdieus Habituskonzept könnte dazu das theoretische Handwerkszeug liefern und auf Methoden verweisen, wie solche gemeinsamen Vorhaben zu konzipieren wären.

4.   Vier Thesen und ein Resümee

Im vorliegenden Text wurden unter Rückgriff auf Bourdieus Habitusbegriff vier Thesen aufgestellt: Erstens war die Rede von den zwei Kulturen, jener des praktischen Handelns vor Ort im Beruf und jener der praxisentlasteten und theoriegeleiteten Reflexion, wie sie in der Ausbildung gepflegt wird. Die relative Fremdheit der beiden Kulturen führt dazu – so die Beobachtung der Autorinnen –, dass die berufspraktische Kultur und die reflexive Wissenschaftskultur miteinander weitgehend unvereinbar bleiben, was sich wiederum nachteilig auf die Profession auswirkt. Auf Grund der Vertrautheit der Schulpraxis, in die Lehrer und Lehrerinnen schon als Schüler und Schülerinnen einsozialisiert werden und die sie dann bei Berufseintritt rasch wieder vereinnahmt, werden jene Aspekte professionalisierten Handelns, die nach einer systematischen und theoriebezogenen Distanz verlangen, im berufspraktischen Handeln nicht weiter gepflegt – man bleibt in der Unmittelbarkeit.

Im Anschluss daran wurde zweitens argumentiert, dass Bourdieus Habituskonzept ein heuristisches Modell für das beschriebene Dilemma darstellen könnte, da es erstens Analysewege für die jeweiligen Praxisstile eröffnet und damit die Dynamik der „ewigen Routinen" beleuchtet und sich zweitens durch ein Ausschöpfen der Potenziale in der Interpretation der Habitusformationen und der darin aufgehobenen „Aufklärungsmöglichkeiten" Optionen auftun, wie sich ein nachhaltiger professioneller pädagogischer Habitus entfalten kann.

Drittens führen diese Ausführungen zur These von der Notwendigkeit eines beide Praxen einbeziehenden Lehrerbildungsprogramms – mit dem Ziel, durch Verstehen kulturelle Verständigung zu fördern. Ein solches Programm wäre wie ein Arbeitsbündnis zwischen wissenschaftlicher Forschung und Berufsfeld zu konzipieren, in dem die Forscher und Forscherinnen gemeinsam mit den Studierenden des Lehramts die Schulpraxis zum Forschungsgegenstand machen und auf diese Weise das schulpraktische Handeln mit Hilfe wissenschaftlich abgesicherter Methoden angeregt wird, sich selbst aufzuklären. Eine Einführung in die Schulpraxis wäre damit – entgegen dem Wunsch vieler Studierender – nicht vorrangig als ein Einüben in diese Praxis zu gestalten, sondern würde vor allem die Entwicklung eines forschenden, fremden Blicks zum Ziel haben, der eine Voraussetzung für die Entfaltung des hier beschriebenen professionellen Habitus darstellt. Daraus folgt die vierte, im vorliegenden Text nur angedeutete These: sie handelt von der Notwendigkeit der Ausformung einer Community von Studierenden, Forschenden und Praktikern und Praktikerinnen als Ort der Formulierung von Forschungsfragen und von Methoden, wo in entsprechenden Praxisforschungsvorhaben nach Antworten auf diese Fragen gesucht wird und wo sich die praktische Ausbildung von Lehramtsstudierenden vorrangig vollzieht – ein Ort der Kunstlehre, der nicht in unmittelbarer Berufspraxis aufgeht, sondern wo in der Aufklärung über Praktiken einerseits so etwas wie Kulturanalyse betrieben und andererseits durch das spezielle Arrangement der Kooperation und des Arbeitsbündnisses zwischen den zwei Kulturen zur Entwicklung eines an pädagogischer Professionalität orientierten Habitus beigetragen wird.

5. Resümee

Lehrerbildung vollzieht sich, wie weiter oben dargestellt, als *biografischer Prozess*, welcher auf im Entwicklungsgang erworbene Voraussetzungen, Fähigkeiten und Haltungen aufbaut.

Vorformen eines *professionellen Habitus* entwickeln Lehramtsstudierende zunächst, indem sie ihre schulischen und familiären Abhängigkeiten überwinden und beginnen, ihre Berufswahlmotive zu überdenken sowie sich im Studium und an der Universität zu orientieren. Aus der Perspektive des lernenden Subjekts setzen sie sich Ziele, die darauf gerichtet sind, mehr zum Lehrerberuf erfahren zu wollen, um die Schulwelt besser verstehen und später auch mitgestalten zu können. Weiters müssen sie lernen, ihr Alltagswissen über Schule, ihren *primären* und *sekundären Habitus* und die darin liegenden Deutungsmuster in Beziehung zu wissenschaftlichen Theorien zu setzen, um sich nach dem Studium als Lehrperson im Kontext der Schulpraxis verorten zu können. Die bewusste Betrachtung verinnerlichter Wünsche und

Erwartungen an den Lehrerberuf, an die Schule, an Schüler und Schülerinnen muss als wichtiger Bestandteil in der Aus- und Weiterbildung von Lehrpersonen hervorgehoben werden. Da die beruflichen Anforderungen mit dem „Verfügen über Wissensbestände, Handlungsroutinen und Reflexionsformen" (Terhart, 2000, S. 54) bewältigbar sind, kann auf diese Weise ein zweck- und situationsangemessenes professionelles Handeln entstehen.

Lehrerbildung wird damit vor dem Hintergrund *wissenschaftlicher Theorien zur Steigerung pädagogisch professionellen Handelns* vertieft.

Professionelles Handeln von Lehrpersonen umfasst die Transformation von Wissen in Können in der Praxissituation. Dabei ist nicht die einfache Anwendung wissenschaftlicher Theorien in der Unterrichtssituation gemeint, sondern die nachträgliche Reflexion und Neuinterpretation über das eigene Tun im Kontext theoretischer Wissensbestände. Wissen muss ständig neu konstruiert und transformiert werden, um sich „durch eigene praktische Erfahrungen erneut zu einem – subjektiv konsistenten – professionellen Wissen" (Bromme, 1992, S. 147) zusammenzufügen.

Diese Transformation im *Habitus* ermöglicht Erfahrungs- und Lernmöglichkeiten für persönliche Entwicklung und Weiterentwicklung, auch in der Gemeinschaft mit anderen, und zwar unter Betonung des selbstreflexiven Moments und des Moments der Begründungsfähigkeit des eigenen Handelns. Dieser Aneignungsprozess vollzieht sich überwiegend im Zuge der Entfaltung eines *professionellen Selbst* und ist weder mit dem Lehramtsstudium noch im Berufsleben abgeschlossen.

Lehrerbildung wird daher als ein Ort zu konzipieren sein, dessen „Praxis" sich nicht in der Absolvierung von Schulpraktika erschöpft, sondern *eine Praxis gemeinsamen strukturierten Nachdenkens und eines methodisch gefassten, aufklärenden Dialogs* zwischen Schul- und Ausbildungspraxis konstituiert. Schon in der Ausbildung und anschließend in der Weiterbildung braucht es daher Arrangements, in denen diese Form der Reflexivität praktiziert werden kann. So können etwa durch Fallanalysen jene hermeneutischen Einsichten entfaltet werden, welche sich durch die Vermittlung fallrekonstruktiv gewonnener Theorien eröffnen. Jedoch bedarf es – und das ist der springende Punkt – dazu zunächst der *Beleuchtung und Analyse der unterschiedlichen Kulturen* zur nachhaltigen Bearbeitung des Theorie-Praxis-Problems. Nur so können interpretative, die Praxis erforschende Methoden auch tatsächlich ihr Potenzial entfalten.

Demnach wären Arbeitsbündnisse zwischen Studierenden, Forschern und Forscherinnen und (so genannten) Praktikern und Praktikerinnen an Schulen zu schließen, mit dem Ziel, systematische Einblicke in die jeweils andere Praxis zu gewinnen – etwa durch gemeinsame Praxisforschungsvorhaben.

Die Entstehung einer Community von Professionellen, die im gemeinsamen Bearbeiten pädagogischer und erziehungswissenschaftlicher Denkfiguren und Fälle eine professionsbezogene Wissensbasis ebenso aufbauen, wie die Einübung in einen reflexiven, erkenntniskritischen Habitus vorantreiben, wäre zu fördern (Schrittesser, 2009, S.14).

Professionalität konstituiert sich somit schon während des Studiums – eingebettet in strukturelle und inhaltliche Rahmungen an der Universität und in Kontakt mit einer an die Universität näher als allgemein üblich angebundenen Schulpraxis.

Die Menge der einzelnen Erfahrungen, die die Studierenden aufgrund ihrer Teilhabe, ihrer Rollen, ihrer Aufgaben usw. innerhalb der „Professional Community" machen, wird zu einem komplexen Erfahrungswissen für den zukünftigen Lehrerberuf gebündelt und formiert. D.h. die Wahrnehmungen und Erkenntnisse werden aufgenommen und mit bisherigen Erfahrungen verbunden, damit aber auch immer wieder neu modifiziert und strukturiert. Die Studierenden entfalten jenen *„doppelten Habitus"*, welcher durch die an Bourdieu angelehnte Aufklärungsarbeit die „ewigen Routinen" hinter sich lässt und zu einer dauerhaften Dynamisierung der Berufskultur auch im späteren Berufsleben beitragen soll.

Literatur

Bauer, K.O. (2000). Konzepte pädagogischer Professionalität und ihre Bedeutung für die Lehrerarbeit. In Bastian, J., Helsper, W. & Reh, S. (Hrsg.), Professionalisierung im Lehrerberuf. Von der Kritik der Lehrerrolle zur pädagogischen Professionalität. Opladen: Leske & Budrich.

Bauer, K.O., Kopka, A. & Brindt, St. (1996). Pädagogische Professionalität und Lehrerarbeit. Eine qualitativ empirische Studie über professionelles Handeln und Bewusstsein. Weinheim: Juventa.

Blömeke, S. (2001). Erwerb professioneller Kompetenz in der Lehrerausbildung und die Aufgaben von Zentren für Lehrerbildung. In Seibert, N. (Hrsg.), Probleme der Lehrerbildung. Analysen, Positionen, Lösungsversuche (S. 131-162). Bad Heilbrunn: Klinkhardt.

Bourdieu, P. (1987). Die feinen Unterschiede. Kritik der gesellschaftlichen Urteilskraft. Frankfurt/Main: Suhrkamp.

Bourdieu, P. (2001/1997). Meditationen. Zur Kritik der scholastischen Vernunft. Frankfurt/Main: Suhrkamp.

Bourdieu, P. (1974/1970). Zur Soziologie symbolischer Formen. Frankfurt/Main: Suhrkamp.

Bourdieu, P. & Passeron, J.C. (1971). Die Illusion der Chancengleichheit. Stuttgart: Klett.

Bromme, R. (1992). Der Lehrer als Experte. Zur Psychologie des professionellen Wissens Bern u.a.: Huber.

Derrida, J. (2001). Die unbedingte Universität. Frankfurt/Main: Suhrkamp.

Dirks, U. & Hansmann, W. (Hrsg.) (2002). Forschendes Lernen in der Lehrerbildung. Auf dem Weg zu einer professionellen Unterrichts- und Schulentwicklung. Bad Heilbrunn: Klinkhardt.

Durkheim, E. (1972/1906). Die Entwicklung der Pädagogik. Weinheim/Basel: Beltz.

Enzelberger, S. (2001). Sozialgeschichte des Lehrerberufs: Gesellschaftliche Stellung und Professionalisierung von Lehrerinnen und Lehrern von den Anfängen bis zur Gegenwart. Weinheim: Juventa.

Fend, H. (1980). Theorie der Schule. München, Wien u.a.: Urban & Schwarzenberg.

Geertz, C. (1973). The Interpretation of Cultures. Selected Essays. New York: Basic Books.

Helsper, W. (2001). Praxis und Reflexion – die Notwendigkeit einer „doppelten Professionalisierung des Lehrers". Journal für Lehrerinnen- und Lehrerbildung, 1 (3), S. 7-15.

Heydorn, H.-J. (1970). Über den Widerspruch von Bildung und Herrschaft. Bildungs-theoretische Schriften 2. Frankfurt/Main: Syndikat.

Koring, B. (1996). Zur Professionalisierung der pädagogischen Tätigkeit. In Combe, S. & Helsper, W. (Hrsg.), Pädagogische Professionalität (S. 303-339). Frankfurt/Main: Suhr-kamp.

Krais, B. & Gebauer, G. (2008). Habitus. Bielefeld: transcript.

Kraul, M., Marotzki, W. & Schweppe, C. (2002). Biographie und Profession. Eine Einleitung. Bad Heilbrunn: Klinkhardt.

Müller-Fohrbrodt, G., Damm, H.-D., Cloetta, B. & Helmreich, R. (1978). Umweltbedingungen innovativer Kompetenz: Eine Längsschnittuntersuchung zur Sozialisation von Lehrern in Ausbildung und Beruf. Stuttgart: Klett-Cotta.

Oevermann, U. (1996). Theoretische Skizze einer revidierten Theorie professionalisierten Handelns. In: Combe, A. & Helsper, W. (Hrsg.). Pädagogische Professionalität. Unter-suchungen zum Typus pädagogischen Handelns. Frankfurt/Main: Suhrkamp, 70-182.

Ofenbach, B. (2006). Geschichte des pädagogischen Berufsethos. Realbedingungen für Lehrer-handeln von der Antike bis zum 21. Jahrhundert. Würzburg: Königshausen & Neumann.

Ohlhaver, F. & Wernet, A. (Hrsg.) (1999). Schulforschung Fallanalyse Lehrerbildung. Diskus-sion am Fall. Opladen: Leske + Budrich.

Pongratz, L. (2009). Bildung im Bermuda-Dreieck. Bologna-Lissabon-Berlin. Eine Kritik der Bildungsreform. Paderborn: Ferdinand Schöningh.

Reckwitz, A. (2008). Subjektsichten. Themen der Soziologie. Bielefeld: transcript.

Schön, D. A. (1982). The Reflective Practitioner. How Professionals Think in Action. New York: Basic Books.

Schrittesser, I. Editorial – Professionalität und Professionalisierung. In Schrittesser, I. (Hrsg.), Professionalität und Professionalisierung. Einige aktuelle Fragen und Ansätze der univer-sitären LehrerInnenbildung (S. 7-18). Frankfurt/Main: Peter Lang.

Terhart, E. (2000). Perspektiven der Lehrerbildung in Deutschland. Abschlussbericht der von der Kultusministerkonferenz eingesetzten Kommission. Weinheim: Beltz.

Wigger, L. (2006). Habitus und Bildung. Einige Überlegungen zum Zusammenhang von Habitusformationen und Bildungsprozessen. In Friebertshäuser, B., Rieger-Ladich, M. & Wigger, L. (Hrsg.), Reflexive Erziehungswissenschaft. Forschungsperspektiven im Anschluss an Pierre Bourdieu (S. 101-118).Wiesbaden: VS.

Meinert A. Meyer

Kultur, Kompetenz und Lehrerbildung aus der Perspektive der Bildungsgangforschung

1. Einleitung: Kultur und Kompetenz

„Kultur" und „Kompetenz" sind wichtige Begriffe der gegenwärtigen Diskussion in den Sozialwissenschaften (Reckwitz 2000), in der Allgemeinen Didaktik und den Fachdidaktiken (Liebau/Huber 1985, Keuffer/Meyer, Hrsg. 1997, Keuffer u.a. Hrsg. 1998, Nohl 2007, Lüders Hrsg. 2007). Sie verweisen zugleich auf ältere Traditionen, zum Beispiel auf Arbeiten von Jerome Bruner (1996) oder Klaus Mollenhauer (1983/85).

Kultur ist im Sinne seiner lateinischen Ursprungsbedeutung *cultura:* Pflege, Zucht, Bearbeitung dessen, was ohne sie nicht gedeihen würde (Meinert Meyer 2005). Wenn wir von Kultur im Zusammenhang mit Schule und Unterricht sprechen, geht es zum einen um die Kulturabhängigkeit dessen, was gelernt werden soll, um das kulturelle Erbe, was ich in diesem Beitrag ausblende. Zum anderen geht es um die Lehr-Lern-Kultur, um das Lehren und Lernen als kulturelle Praxen. Es ist dabei sinnvoll, die Schulkultur (Helsper u.a. 2001) von der Fach- und damit von der Unterrichts- oder Lehrkultur und beides von der Lernkultur zu unterscheiden.

Die Verwendung von Kompetenz mit Bezug auf Schule und Unterricht ist historisch jünger als die von Kultur. Zu Humboldts Zeiten sprach man von den „menschlichen Kräften". Noam Chomsky hat die Unterscheidung von „Kompetenz" und „Performanz" zunächst in die Linguistik eingebracht (Chomsky 1965), was in der Sprachdidaktik und Fremdsprachendidaktik und dann insgesamt in den Fach- und Bereichsdidaktiken aufgenommen worden ist. So sprach und spricht man in der Fremdsprachendidaktik von der fremdsprachlich-kommunikativen Kompetenz als Zielsetzung des Unterrichts (Meyer 1986). Wer fremdsprachlich-kommunikativ kompetent ist, kann etwas, er kann sich zum Beispiel mit Sprechern fremder Sprachen verständigen. Zugleich ist die pädagogische Psychologie in die Diskussionen eingestiegen. Kompetenzen sind erlernbare kognitive Fähigkeiten und Fertigkeiten für die Lösung von Problemen, bei Einschluss von Verantwortlichkeit und motivationalen, volitionalen und sozialem Perspektiven (Weinert 2001a, 2001b).[1] Die Dominanz der Kompetenzorientierung in der gegenwärtigen erziehungswissenschaftlichen Diskussion im deutschsprachigen Raum, in den Rahmenrichtlinien und bei der Etablierung der Bildungsstandards ist ein Produkt der *empirischen Bildungsforschung* nach PISA (vgl. Meinert Meyer u.a. 2008).

Aus der Perspektive der *Bildungsgangforschung* (vgl. Hericks u.a. Hrsg. 2001) ist es naheliegend, Kultur und Kompetenz aufeinander zu beziehen. Wer kompetent ist,

---

1 Eine Übersicht zum Stand der Kompetenzforschung aus der Perspektive der pädagogischen Psychologie geben Marcus Hasselhorn und Andreas Gold (2006, S. 130-139),

kann sich in einer Kultur (= Lebenswelt) erfolgreich bewegen; er kennt sich aus, er kann handeln. Im Rahmen von Schule gilt dies für beide Seiten, für die Schülerinnen und Schüler und für die Lehrer. Ein kompetenter Lehrer kann gut unterrichten. Er beherrscht das, was von ihm erwartet wird, mit „professioneller Kompetenz". Ein kompetenter Schüler weiß, was Schule ist und was in ihr sein „Job" ist (Breidenstein 2007). Dabei besteht, soweit ich sehe, Konsens darüber, dass für die Lehrer professionelle Kompetenz ohne Reflexionskompetenz schlecht denkbar ist. Gesucht ist der der reflektierende Praktiker, der *reflective practitioner* (Schön 1982).

Mir liegt jetzt schon an dem Hinweis, dass ich Donald A. Schöns Arbeit als wegweisend betrachte. Der *reflective practitioner* verfügt über spezialisiertes, eingegrenztes wissenschaftlich ausgewiesenes und standardisiertes, aber in vielfacher Hinsicht nicht expliziertes Wissen und Können. (Schön 1982, S. 23). Er kann seine spontan und intuitiv gestaltete Alltagsarbeit reflektieren: Defizite – Ungewissheit, Instabilität, Einzigartigkeit und Wertekonflikt – erkennen und seine Alltagsarbeit mit Bezug auf diese Probleme verbessern (Schön 1982, S. 50 und 62). Ich sehe aber keinen Hinweis auf das, was für mich nachfolgend wichtig wird: Das Praxiswissen und -können und die *reflection-in-action* können nicht verhindern, dass es zu jeweils typischen, aus der Biographie der Studierenden, Referendare und Lehrer erklärbaren Verzerrungen der Wahrnehmung kommt.

Für die Beschreibung von Kompetenzprofilen und für die Beschreibung des Weges bis zu entwickelten Kompetenzen muss zwischen unterschiedlichen Kompetenzarten und Wissensformen unterschieden werden: explizites und implizites Wissen, *tacit knowledge*, Praxiswissen und theoretisches Wissen, Erfahrungswissen, Performanz und Kompetenz, *knowing how* und *knowing that* etc. Ein reflektierter Praktiker kann das, was er weiß, explizieren. Wenn er Lehrer ist, kann er Schulkultur, Fachkultur und Lernkultur vernünftig aufeinander beziehen. Er ist nicht ein Forscher; man erwartet aber von ihm, dass er gut mit Wissenschaftswissen umgehen kann.

Die Förderung der professionellen Kompetenz und der Fähigkeit zur Reflexion der eigenen Situation und zur darauf bezogenen Optimierung der eigenen Handlungsmöglichkeiten bedarf der Einbindung in eine Praxisgemeinschaft (Lave/Wenger 1991 und spätere Publikationen), was für den deutschen Sprachraum auf das Konzept der „lernenden Schule" verweist (Schratz/Steiner-Löffler 1999, Hilbert Meyer 1997[2], Meinert Meyer 1997). Es liegt nahe, dass neben dem Lernen in Praxisgemeinschaften die Arbeit mit Portfolios (Kraler 2007, Nädler u.a. 2009) für den Aufbau professioneller Kompetenz geeignet ist. Selbstverständlich haben aber auch die traditionelle Aus- und Fortbildung, Supervision und Hospitation ihre Berechtigung. Aus der Perspektive der Bildungsgangforschung kann der Erwerb von fachlichem Wissen und der Aufbau von beruflicher Kompetenz einschließlich ihrer reflexiven Qualitäten als erfolgreiche Bearbeitung professioneller „Entwicklungsaufgaben" verstanden werden (Havighurst, 3. Aufl. 1972, vgl. Hericks 2006). Fokus meines Beitrags ist die

---

2   Hilbert Meyer (1997): Schulpädagogik, Band II: Für Fortgeschrittene. Cornelsen Scriptor Berlin, S. 243ff.

These, dass es sich lohnt, die Professionalisierung von Lehrern als Bearbeitung von Entwicklungsaufgaben zu fassen.

Ich kann jetzt darlegen, über welche Schritte ich meine Argumentation bezüglich Kultur und Kompetenz in der Lehrerbildung entfalte. Das Zusammenspiel von fachlichem Kompetenzerwerb und Fach- und Lernkultur soll in **Abschnitt 2** zunächst an einem problematischen Beispiel, der Bewertung des erziehungswissenschaftlichen Lehrangebots einer großen deutschen Universität durch einen Lehramtsstudenten, verdeutlicht werden. Das Beispiel zeigt m. E., dass die Lernbiographie der zukünftigen Lehrerinnen und Lehrer in der Lehrerbildung systematisch berücksichtigt werden sollte. In **Abschnitt 3** beschäftige ich mich deshalb mit Entwicklungsaufgaben im Professionalisierungsprozess und versuche in **Abschnitt 4** eine Strukturierung des Verhältnisses von Fachkultur und Lernkultur mit Bezug auf Pierre Bourdieus Konzepte des *Habitus*, des *Feldes* und der *Illusio*. Es folgen in **Abschnitt 5** Überlegungen zur Synthese der Theoriebausteine in der Bildungsgangforschung.

2.   Unterricht aus der Sicht eines Studierenden

Fachkultur entwickelt sich. Sie wird erlernt, in und außerhalb schulischen Unterrichts, an der Universität in Lehrveranstaltungen, aber auch in informellen Lernsituationen. Das nachfolgende Interview kann als Station auf dem Wege in die Professionalität unterrichtlicher Fachkulturen gelesen werden, ist vielleicht aber auch Station auf dem Weg in eine Krise.[3]

Martin ist 25 Jahre alt. Er studiert im 3. bzw. 4. Semester die Fächer Biologie und Englisch für das Lehramt an Gymnasien. Er weist mehrfach darauf hin, dass er sich als schon weitgehend professionalisiert versteht. Sein Vater ist Lehrer, seine Mutter ist Lehrerin: *„Im Lehrerzimmer meiner Mutter, wenn ich dann mit meiner Schule fertig war, bin ich dann rüber zu meiner Mutter, wenn die noch weiter Unterricht hatte, hab mich dann noch eine Stunde ins Lehrerzimmer gesetzt, hab dann ja schon gehört, wie die Leute geflucht haben oder seltener mit irgendwas richtig zufrieden waren.“*

Außerdem hat Martin jahrelang Rollenspiele geleitet: *„... mit Monster tot hauen und so.!“*

Völlig geklärt ist die Berufswahl noch nicht: *„Inzwischen habe ich ja meine Sinnkrise bekommen, ob Lehramt überhaupt noch Sinn macht oder ob ich mich dadurch nur noch frustrieren würde. Ich habe ja jetzt schon zwei Stunden ... hospitiert und die Kleinen waren an sich ja doch recht niedlich ... also ich will da dieses Praktikum abwarten und dann entscheide ich mich.“*

Zu seinen Fächern ist Martin aufgrund seines fachlichen Interesses gekommen: *„Das sind eigentlich die Sachen, die mir damals als Schüler am meisten Spaß gemacht haben. ... Das sind Fächer, für die ich mich begeistern kann, und ich hoffe, diese Begeisterung weitergeben zu können...“*

Martin weiß schon, worauf es ankommt: *„Er [der Lehrer, M. Meyer] muss soviel Fachwissen haben, dass er einem Schüler Rede und Antwort stehen kann, auch wenn ein*

---

3   Das Interview ist von einer studentischen Hilfskraft geführt worden. Ich gehe davon aus, dass Martin mir gegenüber nicht so freimütig gesprochen hätte, wie er es ihr gegenüber getan hat.

Schüler mal ein bisschen tiefer nachbohrt. Und ich glaube, dass diese Autorität auch teilweise aus einem Fachwissen erwächst. .. .Ja, und der Rest sind dann nur noch didaktisches und fachliches [auf das Unterrichtsfach bezogenes fachdidaktisches, M. Meyer] Wissen ... da habe ich mein Bild noch nicht ganz abgerundet. Als didaktisch kompetent betrachte ich einen Lehrer dann, wenn er weiß, wie eine Materie am besten zu vermitteln ist. Dadurch, dass er sich anschaut, wie andere Leute es versucht haben und wo sie Erfolge oder Misserfolge hatten. Das ist im Prinzip ein Aufarbeiten dessen, was andere einem vorgekaut haben..."

Das Studium in den Fächern und in der Erziehungswissenschaft soll Martin dazu verhelfen, dass er später im Unterricht durchkommt: *„Dass ich fachlich kompetent genug bin, um mich vor den Schülern sicher zu fühlen. ... Dass ich Werkzeuge an die Hand kriege, wie ich Schüler, die meinen Unterricht sabotieren wollen, auch soweit wieder rum kriege, dass sie mich nicht daran hindern, den Rest der Schüler zu belehren.*"

Martin koppelt sein didaktisches Modell deshalb mit Kritik an den Schülerinnen und Schülern, wie er sie jetzt in den schulpraktischen Studien erlebt: *„Ich frage mich, inwieweit sind diese Menschen [Schüler, M. Meyer] noch erziehbar? Ich meine jetzt in meinem Sinne erziehbar. Ich hab da vielleicht ein bisschen sehr altmodisch konservative Ansichten ... ich hab halt wie gesagt immer gern gelernt und ich war auch glücklich mit Frontalunterricht. Ich hab entsprechend immer aktiv mitgearbeitet und ich kann niemanden verstehen, der es nicht so handhabt. ... Nach meinem Bild ist ein Lehrer ... besitzt ein Lehrer eine natürliche Autorität, allein durch sein persönliches Auftreten, das die Schüler von, ... nicht extra durch irgendwelche Disziplinierungsmaßnahmen zur Mitarbeit angeregt werden müssen. Dass er von der Materie so begeistert ist, dass er diese Begeisterung ..., dass die sich auf den Schüler halt mit überträgt. Dass dadurch auch dieses Motivationsproblem gelöst wird. ... Dass er aber auch z.B. in der Lage ist, Frontalunterricht so anschaulich zu gestalten, dass auch alle Schüler mitmachen. ... Und dass wenn mal andere Arbeitsmethoden eingeführt werden, dass die dann Hand in Hand mit dem Frontalunterricht gehen ...*"

Zur Frage, ob seine erziehungswissenschaftliche Einführungsveranstaltung, in die Praxisanteile integriert waren, ihm geholfen habe, Theorie und Praxis zusammenzubringen, sagt Martin, seine Position konkretisierend: *„Ich bin da vielleicht nicht das Paradebeispiel, weil ich immer ein echter Fan von Frontalunterricht war. ... Ich bin nicht unbedingt der Team-Mensch. Ich fühl mich durch andere Leute immer gebremst. Im Frontalunterricht kann ich mich (als Schüler) im Prinzip alleine mit dem Lehrer unterhalten.*"

Zu dieser Auffassung passt, dass Martin seine erziehungswissenschaftlichen Lehrveranstaltungen danach auswählt, wo in seinem Stundenplan noch Luft ist, nachdem die beiden Unterrichtsfächer, Biologie und Englisch, versorgt sind. Für einige Lehrveranstaltungen der Erziehungswissenschaft gehe d]as allerdings nicht. Für die Integrierten Schulpraktika muss man sich in Listen eintragen: *„Und da hab ich jetzt in diesem Vorbreitungsseminar für das Schulpraktikum auch wieder so'ne Frau gezogen. Die hatte noch zwei richtige Lehrer an ihrer Seite, und wenn die dann eine Frage stellt und keine Sau antwortet, dann wird diese Frage halt zurückgenommen. Also da wird nicht überhaupt mal nachgehakt ‚Ihr faulen Säcke, habt ihr das nicht gelesen?‘, oder ähnliches. Also das wird total schleifen gelassen. ... ‚Wir arbeiten ja so völlig zwanglos‘, so kommt das für mich rüber.*"

Was Martin an der Lehrenden seines Fachbereichs kritisiert, kritisiert er auch an vielen Lehrerinnen und Lehren und an den Schülern: *„Der Schüler von heute ... sitzt seine Zeit ab und macht irgendwelchen Jokus ... und die Leute [die Lehrer, M. Meyer], die machen sich nur kaputt. Die versuchen ihren Begeisterungs-Enthusiasmus-Striemel da durchzuziehen und fallen permanent auf den Bauch.*"

Für mich war die Lektüre dieses Interviews zunächst ein Schock. Nachfolgend habe ich mir aber die Frage gestellt, wie man Lehramtsstudenten wie Martin in ihrem Professionalisierungsprozess *unterstützen* kann. In dieser Unterstützung, das ist für mich nicht nur auf der Basis dieses Interviews klar, dürfen die didaktischen Voreinstellungen der Studierenden, ihre internalisierten Bilder guten Unterrichts, nicht einfach negiert werden. Ich kann deshalb jetzt verdeutlichen, was die Professionalisierung von Lehrern aus der Perspektive ihres Bildungsgangs bedeutet, und weise darauf hin, dass so Facetten der Lernentwicklung in den Blick kommen, die in der etablierten erziehungswissenschaftlichen Biographieforschung (Krüger/Marotzki 2006) und beim Novizen-Experten-Paradigma (Bromme 1992) so noch nicht angesprochen werden.

Bedeutsam für den Professionalisierungsprozess aus der Perspektive der Bildungsgangforschung ist, dass es ein Bildungskontinuum, eine *Entwicklungstreppe* von der Schule über das Studium bis in das Referendariat und in die Lehrertätigkeit gibt, auf der es von Stufe zu Stufe zu qualitativen Veränderungen kommt. Im Schaubild:

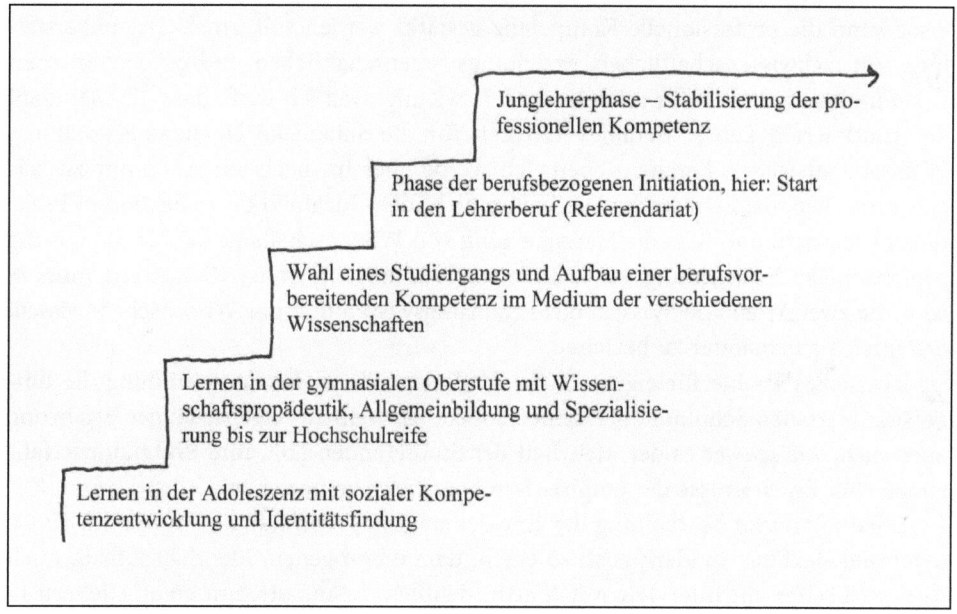

Junglehrerphase – Stabilisierung der professionellen Kompetenz

Phase der berufsbezogenen Initiation, hier: Start in den Lehrerberuf (Referendariat)

Wahl eines Studiengangs und Aufbau einer berufsvorbereitenden Kompetenz im Medium der verschiedenen Wissenschaften

Lernen in der gymnasialen Oberstufe mit Wissenschaftspropädeutik, Allgemeinbildung und Spezialisierung bis zur Hochschulreife

Lernen in der Adoleszenz mit sozialer Kompetenzentwicklung und Identitätsfindung

Abb. 1:   Bildungsgangtreppe

Eine perspektivenreiche Kompetenzentwicklung, das ist meine Position, ist nur denkbar, wenn sich die Lehramtsstudierenden klar machen, dass sie ihr tief verankertes Bild vom guten Unterricht revidieren müssen, weil Ihre Rolle im Unterricht eine andere sein wird, als es ihre eigene Schülerrolle einmal gewesen ist. So, wie man in der Didaktik der Naturwissenschaften die Ausgangsvorstellungen der Schüler, ihre physikalischen, chemischen und biologischen *pre-concepts* untersucht hat, um zu klären, wie sie sich auf die fachwissenschaftlichen Konzepte beziehen und wie sie diesen angenähert werden können, so muss man auch fragen, was die Lehrer an Vorwissen, an Vorerfahrungen und Voreinstellungen zum Lehren und Lernen mitbringen. Das

Interview mit Martin kann verdeutlichen, wie dominant dieser Einfluss – gegen alle universitären Bemühungen – sein kann. Klar sollte deshalb jetzt schon sein, dass das zu Bilderwissen verwandelte Erfahrungswissen aus der eigenen Vergangenheit ergänzungsbedürftig ist.

Wenn man Interviews mit Lehrern führt (vgl. Meyer/Kunze/Trautmann 2007, Meinert Meyer 2009, Ziegler 2009), wird schnell deutlich, dass auch für sie – wie bei Martin – die eigenen Schulerfahrungen für den Auf- und Ausbau der berufsbezogenen Kompetenzen, Einstellungen und Verhaltensweisen sehr wichtig sind. Lehrer haben – wie oben erläutert – in der Regel ein *Bild* des guten Unterrichts und des guten Lehrers/der guten Lehrerin im Kopf, das erfahrungsgesättigt, das ganzheitlich-emotional bestimmt ist und das jeweils spontan aktiviert werden kann. Eine produktive Entwicklung im Professionalisierungsprozess ist deshalb nur dann zu erwarten, wenn das, was da mitgebracht wird, in einen Reflexionsprozess eingebunden und so der Veränderung zugänglich gemacht wird. Ohne sie kommt es zur Stagnation und dann auch bald zur Krise oder zur Regression. Das Bilderwissen der Lehrer bedarf also, wenn die professionelle Kompetenz gestärkt werden soll, einer Gegenüberstellung mit fachwissenschaftlichen, erziehungswissenschaftlichen und psychologischen Erkenntnissen. Dies ist für mich besonders wichtig, weil ich weiß, dass die Mehrzahl der routinierten Lehrer darauf verzichtet, für die alltägliche Unterrichtsgestaltung Wissenschaftswissen heranzuziehen. Ich werde aber im nächsten Abschnitt zu zeigen versuchen, dass ein solches Verhalten nicht dem Idealbild des reflektierten Praktikers entspricht und dass die Heranziehung von Wissenschaftswissen für die Lösung professioneller Entwicklungsaufgaben letztlich unumgänglich ist. Zielsetzung muss es sein, die zwei Arten von Wissen, das Erfahrungswissen und das Wissenschaftswissen, ertragreich aufeinander zu beziehen.

Ich weiß, dass hierfür eigentlich in der Ersten Phase der Lehrerbildung die universitär betreuten Schulpraktika dienen sollen, ich weiß aus eigener langer Erfahrung aber auch, wie schwer es der Mehrheit der Studierenden fällt, ihre Praktikumserfahrungen auf Erkenntnisse der empirischen Forschung zu beziehen.

Die erfolgreiche Bearbeitung der Entwicklungsaufgaben führt nicht nur zur Kompetenzentwicklung, sondern auch zu einem darauf bezogenem Identitätsaufbau. Auch dies wird schon im Interview mit Martin deutlich. Er müsste, um eine Scheitern in der Professionalisierung zu vermeiden, sein professionelles Selbstbild und sein Schülerbild ändern.

Das folgende Schaubild soll meine Position plakativ darstellen:

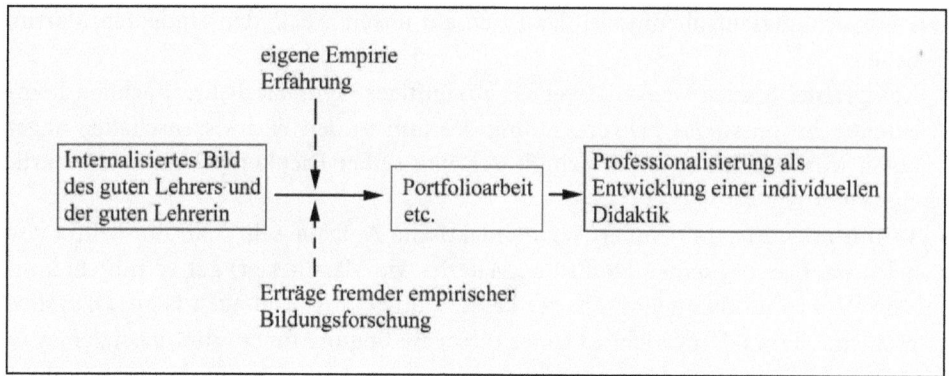

Abb. 2:   Die Lehrerrolle aus der Sicht der Bildungsgangforschung

Was ich jetzt als geradlinige Entwicklung (Abb. 2) über eine Entwicklungstreppe (Abb. 1) dargestellt habe, kann natürlich auch als eine kreisförmige Entwicklung konzipiert werden, in der es den Studierenden bzw. den Referendaren gelingt, das Gleiche, die gute Unterrichtsgestaltung, jeweils auf höherem Anspruchsniveau wahrzunehmen und sich so zu entwickeln.

3.   Entwicklungsaufgaben und ihre Bearbeitung

Uwe Hericks hat das Konzept der Entwicklungsaufgaben von Robert J. Havighurst (1948/1972) auf die Lehrerbildung bezogen. Berufliche Entwicklungsaufgaben unterscheiden sich von anderen Aufgaben und Anforderungen dadurch, dass sie nicht negiert werden können, wenn es nicht zu substanziellen, die Berufsausübung gefährdenden Komplikationen kommen soll. Aus meiner Sicht eignet sich der Ansatz, um – der Abbildung 2 entsprechend – Erfahrungswissen und eigene Erfahrungen auf das Wissenschaftswissen der verschiedenen Bezugsdisziplinen zu beziehen.

Hericks identifiziert vier Entwicklungsaufgaben, vor die die sich professionalisierenden Lehrer gestellt sind:

- Ausbau von **Kompetenz** und kontrolliert effektiver Umgang mit den Kompetenzen, einschließlich des Umgangs mit den Defiziten, die jedes Kompetenzprofil realistischer Weise aufweisen wird,
- Ausbau der Fähigkeit, Wissen und Können, das man selbst erworben hat, zu **vermitteln**, d. h. an Schülerinnen und Schüler weiterzugeben,
- Fähigkeit die Schülerinnen und Schüler in ihrer Andersartigkeit **anzuerkennen** und nicht parallel zum eigenen Bild guten Unterrichts und zum eigenen Bild des guten Lehrers ein unreflektiertes Bild des guten Schülers zu konstruieren,
- Ausbau der Fähigkeit **in der Institution** Schule zu **agieren**, nicht nur mit den Ausbildungsleitern, Mentoren und der Schulleitung, mit den Kolleginnen und Kollegen **und** den Schülerinnen und Schülern (Hericks 2006, S. 92-138).

Das Entwicklungsaufgabenmodell lässt sich auf unseren Fall, den Studenten Martin, beziehen:

- *Kompetenz:* Martin weiß, dass er als zukünftiger Gymnasiallehrer fachlich kompetent sein muss. Das Lehrprogramm, das ihm in den Fachwissenschaften angeboten wird, nimmt er an. Er erhofft sich von seiner Fachkompetenz eine natürliche Autorität.
- *Vermittlung:* Martin definiert seine didaktische Aufgabe sehr klar. Ein Lehrer soll belehren. Er muss seinen Stoff (die „Materie, wie Martin sagt) gut vermitteln können. Wenn ihm dies gelingt, hat er keine Motivations- und auch keine Disziplinprobleme. Frontalunterricht ist unter dieser Bedingung für Martin die angemessene Lehrform.
- *Anerkennung:* Dass Martin bereit wäre, die Schülerinnen und Schüler in ihrer Andersartigkeit anzuerkennen, ist nicht erkennbar. Im Gegenteil, er behauptet, er verstehe die Jugendlichen nicht mehr, die nur sechs bis acht Jahre jünger als er sind. Bei seiner Begeisterung für die von ihm studierten Unterrichtsfächer vergisst er also, dass die Schüler nicht für *alle* ihre Unterrichtsfächer gleichzeitig begeistert sein können und dass dies ja wohl auch bei ihm selbst in der Schule nicht der Fall gewesen ist.
- *Agieren in der Institution:* Martin sagt explizit, dass er Team Teaching nicht mag. Auch deshalb bevorzugt er offensichtlich den Frontalunterricht. Ansonsten setzt er auf die Erfahrungen, die er im Lehrerzimmer seiner Mutter gesammelt hat. Dabei bleibt die Institution blass, so wie bei den meisten Studierenden. Bedrängend wird diese Entwicklungsaufgabe in der Regel erst im Referendariat.

Die Antwort auf die Frage, wie man Martin in seinem Professionalisierungsprozess erfolgreich unterstützen könnte, muss an dieser Stelle spekulativ bleiben. Er müsste dazu gebracht werden, zu akzeptieren, dass sein Bild von gutem Unterricht, wie er es im Interview zum Ausdruck bringt, aller Wahrscheinlichkeit nach langfristig nicht tragfähig ist.

Ich gehe nicht nur aufgrund langjähriger universitärer Praxis davon aus, dass sich die Arbeit mit *Portfolios* besonders gut eignet, die Entwicklung von fachlicher Kompetenz und professioneller Identität zu fördern. Auch Martin würde ich raten, mit einem Portfolio zu beginnen, in dem er seine Kompetenzentwicklung darlegt. Dies wird durch Forschungsvorhaben zur Portfolio-Arbeit bestätigt (Kraler 2007, Nädler/ Meyer 2009)). Potfolio-Arbeit stärkt die Reflexionsfähigkeit und so zugleich die Fähigkeit der Selbststeuerung.

Dabei darf die Auseinandersetzung mit Wissenschaftswissen nicht ausgeblendet werden. Die Verpflichtung auf fachwissenschaftliche, fachdidaktische, erziehungswissenschaftliche und psychologische Studien bedeutet aber nicht, dass alle zukünftigen Lehrer das gleiche können sollen. Vielmehr sollten die Studierenden darin unterstützt werden, ihre eigene, ihre *individuelle Didaktik* zu entwickeln, die ihrer Lernbiographie und ihren persönlichen Stärken und Schwächen entspricht. Aus der Perspektive der Bildungsgangforschung geht es also darum, das vorhandene Erfahrungswissen und das vorhandene biographische Gepäck ertragreich und belastbar auf die wissenschaftlichen Erkenntnisse zu beziehen, sodass die Zielsetzung der *reflektierten* Berufsfähigkeit operationalisierbaren Gehalt bekommt.[4] Dass dies keineswegs eine einfache Akzeptanz der Ausgangsvorstellungen und Handlungsmuster ist, sollte nach meinem Beispiel, dem Fall Martin, selbstverständlich sein. Martin müsste bereit sein, die empirischen Untersuchungen zur Qualität von frontaler Belehrung und kooperativen Unterrichtsformen überhaupt erst einmal zur Kenntnis zu nehmen (zum Beispiel Rabenstein/Reh 2007, vgl. Biermann u.a. 2008). Er müsste seine eigenen Normalitätserwartungen mit denen anderer Studierender ernsthaft vergleichen. Er müsste akzeptieren, dass Kompetenz und Identität wechselseitig aufeinander verweissen, um dann zur begründeten und tragfähigen eigenen Position zu gelangen.

Der von den Studierenden und Referendaren zu gestaltende Ausgleich zwischen den langfristig und fest internalisierten Erfahrungen im biographischen Gepäck auf der einen Seite, dem Wissenschaftswissen und den beruflichen Erwartungen auf der anderen Seite wird dadurch erschwert, dass das Erfahrungswissen ganzheitlich, emotional aufgeladen und spontan aktivierbar ist. Außerdem gibt es in und außerhalb der Universität in großem Umfang nicht ausreichend abgesicherte Positionen, Vorurteile, Wünsche und Klischees zu Schule und Unterricht gibt. Jedermann fühlt sich in Sachen Schule kompetent! Zur Reflexion des eigenen Bildes vom guten Unterricht und zur Auseinandersetzung mit relevanter erziehungswissenschaftlicher, didaktischer und fachwissenschaftlicher Literatur gehört deshalb, sich mit diesen Klischees, Vorurteilen und Wunschwelten selbstkritisch auseinanderzusetzen und *zugleich* ein kritisches und reflektiertes Verhältnis zum Umgang mit Wissenschaftswissen aufzubauen.

Ich finde es angesichts dieser Forderung bedeutsam, dass Referendare und routinierte Lehrer, die ich interviewt habe, ein aus meiner Sicht tragfähigeres Konzept ihrer Entwicklungsaufgaben dokumentiert haben. Während Martin sozusagen um sich selbst kreist, kann man an Interviews mit Referendarinnen und Referendaren zeigen, dass sie sich darum bemühen, die Schüler zu verstehen und „dicht an den Schülern zu sein", wie es ein Referendar formuliert hat (Meyer 2009, S. 125ff.). Aus meiner Sicht ist aber auch diese dokumentierte Schülerorientierung noch nicht ausreichend. Langfristig tragfähig sind nur Konzepte, die das eigene Interesse an der Sache mit dem Interesse an der Entwicklung der Schüler gehaltvoll verknüpfen.

Ich deute das zunächst wieder an einem Negativbeispiel an, einem Lehrer, den wir Herrn Tenfelde genannt haben (vgl. Meyer/Trautmann 2000). Wir konnten zeigen, dass dieser Lehrer in fachlicher Hinsicht, bezüglich seiner Sprachkompetenz, bezüglich der Landeskunde und des interkulturellen Lernens – er war Fachleiter und er war an der Richtlinienerstellung seines Bundeslandes beteiligt – sehr kompetent war, dass er sich aber nicht in die Lernsituation der Schüler seines Englischleistungskurses hineinversetzen konnte. Er hatte kein *Interlanguage*-Konzept und er hatte kein

---

4   Ich gehe davon aus, dass auf diese Weise besser dem Vorwurf (von Heinz Mandl und anderen) begegnet werden kann, dass die Universität sehr viel „träges Wissen" produziere, das die zukünftigen Lehrer nicht in handlungsanleitendes Praxiswissen verwandeln können.

Konzept der *Beteiligung* der Schüler an der Gestaltung des Unterrichtsprozesses, das die Leistungsheterogenität der Schüler angemessen berücksichtigt und durch das die Hemmungen bezüglich der Kommunikation in der Fremdsprache abgebaut werden. Plakativ sichtbar wurde dies Problem an der Aussage einer Schülerin. Sie sagte, dass sie das Gefühl hatte, mit ihren Beiträgen „den Unterricht" aufzuhalten (Meyer/Trautmann 2000, S. 93).

Das Missverstehen war übrigens beidseitig. Die Schüler hatten kein ausreichendes Verständnis für die fachlichen Ansprüche und damit für die Fachkultur, die Herr Tenfelde vertrat. Welche Themen er einbrachte, war für sie letztlich unwichtig, da ihr Hauptproblem ihre mangelhaft entwickelte fremdsprachliche Kompetenz darstellte. Die landeskundliche Zielsetzung des Lehrers – es ging um *voluntarism* in den USA – perlte so an ihnen ab. Herr Tenfelde vertrat mit der landeskundlichen Orientierung seines Unterrichts und der Praktizierung der „direkten Methode" die typische fremdsprachliche Fachkultur. Man könnte auch sagen, dass er sie ver*körperte*, während die Schülerinnen und Schüler eine ökonomisch konzipierte Lernkultur realisierten, in der die fachlichen Zielsetzungen von Herrn Tenfelde auf das Lernen der Fremdsprache, auf die Sprachpraxis, reduziert wurden. Das Ergebnis war ein schlechter Kompromiss: Die Schüler waren offensichtlich, um das gute Lehrer-Schüler-Verhältnis nicht zu gefährden, bereit, die Mühsal des Unterrichtsgeschäfts und Herrn Tenfeldes Bevorzugung der wenigen „guten" Schüler des Leistungskurses, die das Unterrichtsgespräch tragen, zu akzeptieren, und das heißt, dass die wechselseitige persönliche, den Fachunterricht ausschließende Anerkennung von ihnen höher bewertet wurde als die als kritisch eingeschätzte Behinderung der Schülerpartizipation im Unterrichtsprozess.

Das professionelle Denken und Handeln von Herrn Tenfelde lässt sich wie folgt auf die vier professionellen Entwicklungsaufgaben beziehen, die ich eben bei der Interpretation des Interviews mit Martin benutzt habe:

Kompetenz: Die von uns dokumentierten Unterrichtsstunden, das Lehrer- und das Schülergruppeninterview demonstrieren eine hohe fachliche Kompetenz des Lehrers. Herr Tenfelde spricht ein sehr kultiviertes Englisch, und die Schüler wissen das. Zugleich ist er stark landeskundlich interessiert. Während der Student Martin den Kompetenzaufbau als primäre Zielsetzung seines Fachstudiums ausweist, kann Herr Tenfelde beanspruchen, sich die Kompetenz erworben zu haben.

Vermittlung: Im üblichen Sinne hat Herr Tenfelde auch seine Vermittlungsfähigkeit voll entwickelt, seine didaktisch-methodische Kompetenz. Er praktiziert die direkte Methode und er hat viel mitzuteilen. Deshalb ist Lehrerzentriertheit der Unterrichtsplanung und -gestaltung für ihn selbstverständlich. Was er offensichtlich nicht kann, ist die Gestaltung der Schülerpartizipation in einer solchen Art, dass *alle* Schüler beteiligt werden und dass sie sich nicht überfordert fühlen.

Anerkennung: Die Schüler stellen als sehr positiv heraus, dass sie sich von Herrn Tenfelde menschlich anerkannt fühlen. Er will sie nicht bloßstellen. Sie sehen aber, dass damit verbunden ist, dass die meisten von ihnen überfordert sind und dass die von Herrn Tenfelde praktizierte direkte Methode das mit ihr verbundene Ziel, eine lernfördernde Schülerpartizipation, nicht erreicht. Zugleich ergibt sich das Problem, dass die inhaltliche Themenstellung, der US-amerikanische Voluntarismus, von den Schülern beiseite geschoben wird. Die menschliche Wärme, die Herr Tenfelde den Schülern entgegenbringt, behindert ihn zugleich in seiner Vermittlungsaufgabe. Seine Bereitschaft zur Anerkennung der Schüler hat keine fachliche Basis.

Agieren in der Institution: Bezüglich der Aktivitäten in der Institution Schule ist das Interview mit Herrn Tenfelde nicht ergiebig. Wir wissen aber, dass er als Fachleiter und als Leiter des Fachbereichs Fremdsprachen an seinem Gymnasium voll institutionell verankert ist, also auch in dieser Hinsicht das Gegenteil von Martin darstellt. Auch für Herrn Tenfelde gilt, dass er, wie Martin, im Teamwork nicht allzu viel Routine hat.

Wie weit bin ich mit meiner Argumentation? Ich habe jetzt gezeigt, dass es entwickeltere berufliche Rollenverständnisse gibt, als sie Martin, der Student, präsentiert. Ich darf aber nicht einfach so das Rollenverständnis von Herrn Tenfelde als Richtschnur für die Entwicklung von Martin nehmen. Dies wird am nun folgenden zweiten eher negativen Beispiel deutlich, der Lehrerin, die wir Frau Nienstedt genannt haben (Meyer/Kunze/Trautmann 2007, S. 117ff.).

Frau Nienstedt unterrichtete gleichfalls einen Englischleistungskurs. Sie stellte das spiegelbildliche Gegenstück zu Herrn Tenfelde mit seinem Leistungskurs dar. Da sie sich nicht primär als Fachlehrerin verstand, obwohl sie stark an der englisch-amerikanischen Literatur interessiert war. Am wichtigsten war für sie, eine enge Beziehung zu ihren Schülern aufzubauen. Frau Nienstedt arbeitete deshalb auch beständig *schülerorientiert*. Die Lebenswelt der Schüler war für sie Ausgangspunkt der Unterrichtsplanung. Sie wollte Unterricht *mit* den Schülern gestalten, nicht *für* sie. Dass die Schüler empathiefähig werden, war ihr wichtiger als der letzte Stand der Literaturtheorie; sie ließ sich in ihrer Schülerorientierung deshalb auch nicht durch das Abitur blockieren und kritisierte die Schüler, die immer nur an ihre Punkte dachten. Das, was sie als Lebenswelt der Schülerinnen und Schüler sah, entsprang dabei aber, soweit wir sehen können, eher ihren eigenen Erfahrungen und ihrem eigenen Bildungsgang als kontrollierter Jugendforschung. Auch hier kam es deshalb, wie bei Herrn Tenfelde und seinem Kurs, zu einer Konfrontation. Traurig machende Literatur – die Schüler lasen James Baldwins „Sonny's Blues" – wurde abgelehnt. Der Eingriff in die Privatsphäre – Frau Nienstedt wollte mit ihren Schülern über Rauschgiftkonsum sprechen – wurde nicht akzeptiert. Die Schülerinnen und Schüler sahen zwar die Möglichkeit, sich im Unterricht einzubringen. Diese für die Gestaltung des Unterrichts günstig Voraussetzung wurde aber dadurch neutralisiert, dass sie sich durch die Themen des Unterrichts und durch die Art der Zuwendung wenig angesprochen oder sogar blockiert fühlten und dass sie ein größeres und damit auch anstrengenderes Engagement von ihrer Seite ablehnten. Nicht alles, was für sie wichtig war, gehörte in die Öffentlichkeit des Unterrichts. Sie verhielten sich dabei, wie die Schüler von Herrn Tenfelde, strategisch und setzen der Schülerpartizipation, die Frau

Nienstedt anstrebte, enge Grenzen, was diese auf die passende Formel brachte, dass es an „Resonanz" gefehlt habe. Mit Bezug auf die vier professionellen Entwicklungsaufgaben komme ich deshalb zu folgender Einschätzung der professionellen Stärken und Defizite von Frau Nienstedt:

Kompetenz: Obwohl Frau Nienstedt im von uns beobachteten Unterricht einen kompetenten Eindruck macht, ist sie bezüglich ihrer fachlichen Kompetenz eher eine Zweiflerin. Sie fragt immer wieder, was sie besser machen kann. Sie ist nicht in der Lage, ihre Kompetenzen angemessen einzuschätzen und hat keine Kompensationstechniken für die tatsächlichen oder nur vermuteten Kompetenzdefizite entwickelt.

Vermittlung: Frau Nienstedt denkt ihre Vermittlungsaufgabe aus ihrer Schülerorientierung heraus. Sie will die Schüler in ihrer Lebenswelt abholen, um darauf aufbauend guten Fachunterricht zu machen, und stellt viele schüleraktivierende Aufgaben. Problematisch ist aber, dass die Schüler den unterrichtlichen Bezug auf ihre außerschulische Lebenswelt als Verletzung ihrer Privatsphäre ansehen. Außerdem ist diese Orientierung bei Frau Nienstedt nur aus ihrem Alltagsverstand und ihrer eigenen Erinnerung gespeist, unter Verzicht auf die Erkenntnisse der Jugendforschung.

Anerkennung: Bei keiner anderen Lehrerin, bei keinem anderen Lehrer haben wir eine so starke Bereitschaft wie bei Frau Nienstedt gefunden, sich in die Lebenswelt der Schüler hinein zu versetzten und aus ihrer Perspektive zu denken. Das ist Anerkennung der Schüler in ihrer Andersartigkeit, dies allerdings ohne Bezug auf verlässliche Jugendforschung, nur aus der eigenen Biographie heraus. Dadurch, dass die Schüler die Orientierung des Unterrichts an der Lebenswelt aber ablehnen, gerät Frau Nienstedt in eine dilemmatische Situation. Sie erlebt Enttäuschungen, weil die Schüler nicht mitmachen.

Agieren in der Institution: Dass die Schüler nicht bereit sind, mit ihrer Englischlehrerin über ihren eigenen Drogenkonsum zu sprechen, zeigt, dass Frau Nienstedt nicht darüber nachgedacht hat, was es bedeutet, dieses Thema (und vergleichbare andere Themen) aus der privaten Sphäre in die schulische Öffentlichkeit zu ziehen. Sie macht keinen Unterschied zwischen privater und öffentlicher Kommunikation und steht insofern auch hier vor einer notwendigen Entwicklungsaufgabe.

Eine vergleichende Bewertung der beiden Fälle, Herr Tenfelde und Frau Nienstedt, und des Interviews mit Martin mit Bezug auf die vier Entwicklungsaufgaben bietet sich an. Beide Arten von Lehrerhabitus, die „*Verkörperung*" der Lernaufgabe durch Herrn Tenfelde und die Suche nach „*Resonanz*" von Frau Nienstedt, werden von den Schülerinnen und Schülern abgelehnt. Wir müssen also erklären, weshalb die beiden Kulturen, die *Fachkultur der Lehrer* und die *Lernkultur der Schüler,* im Rahmen der schulischen Gestaltung der Lernprozesse so verschieden sind.

4. Fachkultur und Lernkultur – mit Bezug auf Pierre Bourdieu

Wie weit bin ich jetzt in meiner Argumentation? Ich habe schon in Abschnitt 1 dargelegt, dass der **reflektierte Praktiker** das Leitbild darstellt, auf das hin der professionelle Lernprozess für zukünftige Lehrer ausgelegt werden sollte, ich habe aber auch schon darauf hingewiesen, dass seine Problementfaltung meine Fragestellung noch nicht angemessen klären kann. Meine beiden Lehrer, die längst ihre Berufskompetenz entwickelt hatten, hatten Defizite, die nicht von ihnen reflektiert wurden. Ich komme deshalb auf den Lehramtsstudenten Martin und meine beiden Abbildungen aus Abschnitt 2 zurück. Der Lernweg von der Schule in die Universität und aus ihr wieder zurück in die Schule (Abbildung 1) wird nur dann zum Aufbau von reflexiver Kompetenz führen, wenn er systematisch durch *Wissenschaftswissen* und durch *Kritikfähigkeit und -bereitschaft* ergänzt wird. Praxis und ihre Reflexion im Sinne von Donald A. Schön und die Bearbeitung von Entwicklungsaufgaben im Sinne von Robert J. Havighorst reichen dafür nicht aus. Deshalb liegt der Bezug auf eine kritische sozialwissenschaftliche Theorie nahe. Ich definiere dafür jetzt zunächst Kompetenz im Hinblick auf die vier Entwicklungsaufgaben:

> Fachlich kompetent und damit zu professioneller Arbeit fähig ist derjenige Lehrer, dem es gelingt, die fachliche Kompetenz im engeren Sinne mit der Vermittlungsaufgabe, mit der Förderung der Schülerinnen und Schüler und der Anerkennung ihrer Andersartigkeit in Übereinstimmung zu bringen, und dies unter Berücksichtigung der Tatsache, dass das Lehren und Lernen in der Institution Schule stattfindet.

Ich versuche nun auf dieser Basis das Spannungsverhältnis von Fachkultur und Lernkultur theoretisch in den Griff zu bekommen und erstelle dafür, wie angekündigt, einen Bezug zu Pierre Bourdieus **Habitus**-Konzept, zu seiner Idee des *sozialen Feldes* und der *Illusio* (der das soziale Feld stabilisierenden Vorstellungen bezüglich dessen, was im Feld möglich ist) und beziehe das dann auf Schule und Unterricht.

Bourdieu fasst unter den Begriff des Habitus das, was traditionell als Bildung gedacht worden ist, und hebt damit die Komponente der Gewohnheit, der Übung und der durch Reflexion nicht beliebig aufhebbaren Unverfügbarkeit von Bildung hervor. Habitus ist ein System verinnerlichter Muster, ist Aufbau von Verhaltensmustern auf der Basis individueller und kollektiver Erfahrung. Die Verhaltensmuster ermöglichen es, die „typischen Gedanken, Wahrnehmungen und Handlungen einer Kultur zu erzeugen" (Bourdieu 1974, S. 143). Der Habitus ist deshalb zugleich strukturierte und strukturierende Struktur, ist *opus operatum* und *modus operandi* (Bourdieu 1976, S. 164, und 1987, S. 98f.). Er ist *strukturiert*, insofern in ihn „die Denk- und Sichtweisen, die Wahrnehmungsschemata, die Prinzipien des Urteilens und Bewertens" eingegangen sind, die es in einer Gesellschaft oder einem ihrer Subsysteme gibt; er ist *strukturierend*, da das Bewusstsein vom Gewordensein dieser zweiten Natur in der „Selbstverständlichkeit der von ihm erzeugten Praxis untergegangen" ist (Krais/

Gebauer 2002, S. 5f.). Dabei ist das, was aufgrund des strukturierend-strukturierten Handelns im Feld jeweils möglich wird, Illusion in einem technischen Sinne, *Illusio*, wie das Bewusstsein, das in der Marxschen Theorie vom Sein abhängig ist. Bourdieu will deshalb die Praxis aus der Praxis heraus theoretisch angemessen beschreiben:

> „Selbst wenn sie durch die Zukunft, d. h. die expliziten und explizit gesetzten Ziele eines Projekts oder Planes determiniert zu sein scheinen, werden die Praxisformen und Praktiken, die der Habitus – als Erzeugungsprinzip von Strategien, die es ermöglichen, unvorhergesehenen und fortwährend neuartigen Situationen entgegenzutreten – hervorbringt, doch durch die implizite Vorwegnahme ihrer Folgen, nämlich durch die vergangenen Bedingungen der Produktion ihres Erzeugungsprinzips derart determiniert, dass sie stets die Tendenz aufweisen, die objektiven Bedingungen, deren Produkt sie in letzter Analyse sind, zu reproduzieren." (Bourdieu 1976, S. 165)

Ich versuche eine Applikation:

Der Habitus der Lehrer macht ihr Verhalten verständlich. Er macht es möglich, dass trotz neuartiger Situationen und permanenter Veränderungen im sozialen Feld alles beim Alten bleibt.

Die Lehrer und die Schüler leben deshalb in partiell getrennten Sinnwelten, obwohl sie sich im gleichen Feld bewegen. Die Lehrer sehen, dass sie irgendetwas falsch machen, ändern aber ihr Programm nicht, und die Schüler sehen, was die Lehrer falsch machen, handeln aber nicht. Beate Krais und Gunter Gebauer formulieren das einprägsam: „Der praktische Glaube an das Feld entsteht bei den Akteuren, indem sie teilnehmen am Spiel: Mit ihrer Teilnahme lassen sie sich auf das ein, worum es in diesem Spiel geht (...), mit ihrer Teilnahme erkennen sie aber auch das Spiel selbst an, seine Voraussetzungen, den Einsatz, die Ergebnisse, die Kriterien für ‚gutes‘, ‚elegantes‘ oder auch nur ‚erfolgreiches‘ Spiel. Wenn die Zustimmung zum Feld fehlt oder zurückgenommen wird, erscheinen die Welt, die dieses Feld bildet, und das Handeln in ihr absurd" (Krais/Gebauer 2002, S. 62).[5]

Dabei ist m.E. besonders wichtig, dass die Entwicklung von Fachkultur, die durch die Lehrer repräsentiert wird, und die Entwicklung von Lernkultur, wie sie die Schülerinnen und Schüler aus ihrem Bildungsgang heraus in den Fachunterricht einbringen, nicht nur als *Kooperation*, sondern auch als *Zusammenprall* nicht von sich aus harmonisierender *Sinnkonstruktionen* verstanden werden kann. Der der Motor für die Divergenz der Sinnkonstruktionen kann darin gesehen werden, dass Schüler und

---

5 Mir liegt an dem Hinweis, dass wir in unserer empirischen Untersuchung zur Schülerpartizipation ein Beispiel dafür gefunden haben, dass das Unterrichtsspiel von den Schülern als absurd wahrgenommen wurde. Die Schüler gelangten zu der Auffassung, dass das, was im Unterricht passierte, für ihre berufsbezogenen Entwicklungsaufgaben nichts mehr brachte (vgl. Meyer/Kunze/Trautmann 2007, Kapitel 3.3, Fallstudie Alberti).

Lehrer an unterschiedlichen Entwicklungsaufgaben arbeiten. Die Sinnkonstruktionen der Lehrer und der Schüler sind unterschiedlich, bestimmen aber, weil sie illusionäre Kraft haben, gemeinsam die unterrichtliche Interaktion.

Es sollte einleuchten, dass diese These Bourdieus für das Verständnis, das die Lehrer für die Schüler und die Schüler für die Lehrer aufbringen, bedeutsam ist. Anzunehmen, man könnte das Gegenüber einfach so verstehen, ist irreführend. Für uns hilfreich ist deshalb, dass Bourdieu selbst seine Konzeption von *Habitus*, *sozialem Feld* und *Illusio* auf die Schule übertragen hat. Diese tradiere nicht nur Wissen, sondern auch Stile, Haltungen, Meinungen, Werthaltungen, Urteile und ästhetisches Empfinden und stabilisiere so Machtverhältnisse, ohne dass sich die Individuen dessen bewusst werden müssten. Ihre Funktion sei es, „bewußt (…) Unbewußtes zu übermitteln" (BOURDIEU 1974, S. 139). In der Schule wird immer wieder die Illusion der Verständigung erzeugt, habituell und nur begrenzt reflektiert. Obwohl sich die Lehrer und die Schüler im gleichen sozialen Feld, Schule und Unterricht, bewegen, konstruieren sie dieses Feld unterschiedlich. Als These formuliere ich deshalb:

> Der unterschiedliche Habitus der Lehrer und der Schüler stabilisiert sich in der *Illusio* des gesellschaftlichen Feldes, das wir Schule und Unterricht nennen. Die Illusio macht es möglich, dass man an einander vorbeiredet und dass der Unterricht trotzdem läuft. Sie wird fassbar in den Sinnkonstruktionen der Lehrer und der Schüler.

Man kann die ganz selbstverständliche Annahme von Herrn Tenfelde, dass landeskundlich-interkulturelle Themen bildend wirken und die Schüler interessieren müssen, und die Annahme von Frau Nienstedt, dass die hohe Literatur für die Schüler gewinnbringend ist, in diesem Theorierahmen als Versuch der unbewussten Machtausübung deuten. Bourdieu schreibt zusammen mit Passeron:

> „Jede pädagogische Aktion ist objektiv symbolische Gewalt, insofern sie mittels einer willkürlichen Gewalt eine kulturelle Willkür durchsetzt" (Bourdieu/Passeron 1973, S. 13).

Die Lehrer denken aus *ihrer Fach*kultur heraus, die Schüler denken aus *ihrer Lern*kultur heraus; und die Schule als Institution ermöglicht eben dies; das wechselseitige Verstehen, das sich von wechselseitigem Missverstehen gar nicht trennscharf abheben lässt und das zugleich Machtausübung darstellt. Das ist die *Illusio* im schulischen Feld. In meiner Sprache heißt dies, dass die Sinnkonstruktionen der Lehrer und der Schüler verschieden sind. Bourdieus Darlegung, was es heißt, etwas zu verstehen, ist dafür aufschlussreich:

> „Das unmittelbare „Verstehen" setzt ein unbewußtes Verfahren der Entschlüsselung voraus, dem nur dort voller Erfolg beschieden ist, wo die Kompetenz beider: desjenigen, der sie in seiner Handlung oder seinem Werk verwirklicht, und desjenigen, der sie in seiner Wahrnehmung dieses Handelns oder dieses Werkes objektiv einsetzt, zur Deckung kommt; mit anderen Worten dann, wenn die Verschlüsselung

als Transformation eines Sinns in eine Praxis oder in ein Werk mit dem symmetrischen Verfahren der Entschlüsselung zusammenfällt. Möglich und wirklich vollzogen wird das Verstehen, dieser Akt der Entschlüsselung, der sich als solcher verkennt, nur dort, wo der historisch geschaffene und fortbestehende Schlüssel, der den – unbewußten – Entschlüsselungsakt möglich macht, ummittelbar und vollständig vom wahrnehmenden Individuum (in Form kultivierter Disposition) beherrscht wird und im weiteren mit dem Schlüssel verschmilzt, der (in seiner Eigenschaft als kultivierte Disposition) das Hervorbringen des wahrgenommenen Verhaltens oder Werkes einst ermöglicht hat. In allen anderen Fällen ist dagegen partielles oder gar totales Mißverständnis die Regel, führt die Illusion unmittelbaren Verstehens zu illusionärem Verstehen, nämlich dem des Ethnozentrismus als Irrtum in Bezug auf den Schlüssel: Kurz, noch die „verständigste" Deutung begibt sich, speist sie sich nur aus einem naiven Glauben an die Identität der Menschheit und verfügt über kein weiteres Hilfsmittel als die, einem Ausdruck Husserls zufolge, „intentionale Einfühlung in den Anderen", in die Gefahr, nur eine besonders musterhafte Form des Ethnozentrismus abzugeben." (Bourdieu 1976, S. 152f.)

Verstehen *und* Missverstehen sind Ausdruck von „Ethnozentrismus". Man versteht nur, was zu einem passt und was man will. Sie sichern die Stabilität des Unterrichtsprozesses. Die Lehrer gestalten ihren Unterricht, ohne die Bewertung, die die Schüler ihm geben, zur Kenntnis zu nehmen. Und die Schüler entwickeln ihre differenzierte Wahrnehmung und Einschätzung des von ihnen besuchten Unterrichts, ohne zum aktiven Partner der Lehrer bezüglich der Unterrichtsgestaltung zu werden. Vielmehr verhalten sie sich rezeptiv und kritisieren dabei ausgiebig und elaboriert, was die Lehrer ihnen anbieten. Verstehen *und* Missverstehen sichern die alltägliche Stabilität der Geschehnisse.

Es fragt sich also, ob man gegen diese Stabilität von Habitus und Illusio im sozialen Feld angehen kann. Ich vermute, dass dafür die Delegation von Verantwortung und die Stärkung der Rechte der Schüler zentrale Bedeutung haben. Als These:

> Spielräume für eine Verbesserung der Verhältnisse in Schule und Unterricht sind begrenzt. Unterrichtsentwicklung wird nur in einer Lehr-Lern-Kultur gelingen, die den Lernenden essentiell Partizipation eröffnet, die ihre eigenen Sinnkonstruktionen zulässt und ihnen Verantwortung für den Unterrichtsprozess überträgt.

Ob Lehrerbildung hier produktiv sein kann, weiß ich nicht. Man muss den Lehrer- und den Schüler-Habitus erkennen und reflexiv verändern, obwohl dieser von dem gemeinsamen Glauben an die *Sinnhaftigkeit* des symbolischen Spiels, das gespielt wird, lebt. Das Spiel gibt den Unterrichtsfächern und -inhalten ihren Sinn, obwohl die Sinnkonstruktionen der Lehrer und der Schüler verschieden sind. Die *Illusio*, die zum Feld notwendigerweise dazu gehört, ist jeweils „nur" Konstruktion, als solche aber wirksam. Herr Tenfelde steht für die didaktische *Illusio*, dass er seine eigenen Erfahrungen mit Voluntarismus in den USA zu Erfahrungen der Schüler machen kann. Frau Nienstedt steht für die didaktische *Illusio*, dass es möglich ist, die Lebenswelt der Schüler zum Ausgangspunkt der Unterrichtsgestaltung zu machen.

5. Fachkultur, Lernkultur und Lehrerbildung – Versuch einer Synthese

Wie weit bin ich in meiner Argumentation? Ich wollte zeigen, dass es sinnvoll ist, die Sinnkonstruktionen der Lehrer, die sich aus ihrem Bild vom guten Unterricht und damit aus ihrer Lernbiographie speisen, viel stärker zu berücksichtigen, als dies bis jetzt der Fall ist. Weiter wollte ich mit Bezug auf Pierre Bourdieu zeigen, dass die unterschiedlichen Sinnkonstruktionen und die widersprüchlichen Einstellungen der Lehrer und der Schüler eine Stabilisierung des alltäglich ablaufenden Unterrichts auf nicht-optimalem Niveau nicht verhindern, gegen das, was sich Donald Schön vom *reflective practitioner* erhofft hat.

Ich verdeutliche das jetzt mit einem Vergleich. In der *Interlanguage*-Forschung spricht man von der Fossilisierung der Sprache von Fremdsprachensprecherr. Fremdsprachen-Lerner können mit ihrer *Interlanguage*, die noch starke Defizite im Vergleich zur Zielsprache ausweist, doch schon mehr oder weniger erfolgreich kommunizieren. Deshalb schwindet das Bedürfnis, hinzuzulernen: Das Vokabular ist stark beschränkt, Passiv und seltenere Zeitformen werden nicht verwendet, der Satzbau stimmt fast nie, die Aussprache ist voller Eigentümlichkeiten, usw. Aber man kann mit einer solchen fossilisierten Sprache schon kommunizieren, und das haben ihre Sprecher „gelernt“. Wer die Lehrerbildung verbessern will, muss also einen Weg finden, wie er didaktische Fossilisierungen aufbrechen kann.

Ich versuche jetzt, die vier Theoriebausteine, das Bild des reflektierten Praktikers, das Entwicklungsaufgaben-Konzept, Pierre Bourdieus Illusio-Idee und die Fossilisierungs-Analogie aufeinander zu beziehen und die Frage zu klären, was die Konsequenzen für die Lehrerbildung sind. Meine These dazu lautet:

> Das symbolische Spiel in Bourdieus Habitus-Theorie, das die Aktivitäten der Akteure sinnvoll macht, begrenzt die Effektivität des *reflective practitioner*. Es entspricht der Bearbeitung der Entwicklungsaufgaben und den auf diese bezogenen Sinnkonstruktionen der Lehrer und der Schüler, wie sie in der Bildungsgangforschung und -didaktik mit Bezug auf Havighursts Entwicklungsaufgaben und Hericks' Applikation auf die Lehrerbildung untersucht werden. Wir können uns eine geradlinige Entwicklung der professionellen Kompetenz von Lehrern als Konstrukt denken, müssen aber akzeptieren, dass diese Entwicklung offensichtlich durch Fossilisierung gestoppt werden kann. Die realen Professionalisierungsprozesse, die wir empirisch fassen können, sind durch Entwicklungsschübe, aber auch durch Stagnation, Retardierung und Fossilisierung, aber auch durch krisenhafte Entwicklungen bestimmt.

Ich verdeutliche dies zunächst wieder *ex negativo.* Trotz der Probleme der Unterrichtsgestaltung, die Herr Tenfelde und Frau Nienstedt sehr wohl sehen, bleiben sie
in den Erfahrungswelten, die sie sich in ihrer beruflichen Sozialisation aufgebaut haben. Weder Herr Tenfelde noch Frau Nienstedt haben in ihren Interviews die Wissenschaften, die Landeskunde, die Literaturwissenschaft, die Jugendforschung oder
die Motivationspsychologie, als Unterstützung für ihre Argumentationen eingebracht.
Die Bestimmung der Lehr-Lern-Situation darf aber nicht nur intuitiv aus dem Alltagsverstand und aus dem Bauch heraus geleistet werden. Man könnte Donald
Schöns Konzeption des *reflective practitioner* so lesen. Vielmehr muss es zur Bedeu-
tungsaushandlung mit den Schülern, zur *negotiation of meaning,* kommen, die letztlich nur wissenschaftlich abgesichertes Erfahrungswissen erlaubt, so schwierig dies
auch angesichts der habituellen Selbstverständlichkeiten der Akteure sein mag. Der
Aufbau einer Feedback-Kultur (vgl. Bastian u.a. 2005) muss dazu führen, dass die
Schüler lernen, ihre didaktische Kompetenz in die Unterrichtsplanung einzubringen
und zunehmend verantwortungsvoller den Unterrichtsprozess mitzugestalten und
mitzuverantworten. Ich bleibe deshalb dabei, dass der Weg von den subjektiven Bildern guten Unterrichts zu einer belastbaren individuellen Didaktik, wie ich ihn oben
skizziert habe (vgl. Abbildung 2), nur über das Aufbrechen der weitgehend unbewussten Prozesse möglich ist, die im symbolischen Spiel, das wir Unterricht nennen,
ablaufen. Zugleich warne ich vor dem Kurzschluss, die auf die Entwicklungsaufgaben der Lehrer beziehbaren Sinnkonstruktionen einfach mit dem gleichzusetzen, was
im Fachunterricht passiert, weil die Schülerinnen und Schüler im Unterrichtsprozess
ihre eigenen Sinnkonstruktionen und ihre eigene Lernkultur entwickeln und weil der
Unterrichtsprozess das Ganze ist: die Lehrer- und die Schülerperspektive in ihrer widersprüchlichen Einheit. Ich habe dazu passend gezeigt, dass nicht nur Studierende
wie Martin, sondern auch Lehrer wie Herr Tenfelde und Frau Nienstedt, die auf den
ersten Blick routiniert kompetent sind, doch Defizite bei zentralen Aspekten des Pa-
kets ihrer vier professionellen Entwicklungsaufgaben haben. Ich formuliere deshalb
als weitere These:

> Wenn wir in der Bildungsgangforschung postulieren, dass das Konstrukt der Ent-
> wicklungsaufgaben der Heranwachsenden sich dafür eignet zu beschreiben, was der
> Motor ihres Lernens ist, und wenn die Sinnkonstruktionen, die sie mit dem Unter-
> richt verbinden können, als Operationalisierungen der Bearbeitung ihrer Entwick-
> lungsaufgaben verstanden werden müssen, dann stellen die didaktisch-methodischen
> Aktivitäten der Lehrer den Versuch dar, die Bearbeitung von Entwicklungsaufgaben
> durch die Heranwachsenden *in bildender Absicht* zu beeinflussen. Die Lehrer ma-
> chen dabei die Lernenden zu Objekten ihrer pädagogischen Absichten; sie können,
> wenn sie überhaupt in bildender Absicht wirksam sein wollen, nicht anders, und
> ihre Absichten ergeben sich aus ihrem eigenen Bildungsgang.

Die Erkenntnis, dass die bildenden Absichten der Lehrer, wie sie in Interviews deutlich werden, wesentlich durch ihren eigenen Bildungsgang bestimmt sind und dass
die Lerninteressen der Schüler aus der Bearbeitung ihrer Entwicklungsaufgaben

heraus verständlich werden, fordert dazu auf, Unterrichtsplanung systematisch aus der Perspektive der Bildungsgangforschung zu gestalten (vgl. Meinert Meyer 2008).[6]

Schlussbemerkung

Ich komme auf meine Ausgangsfrage zurück, was man für die Lehrerbildung lernen kann, wenn man aus der Perspektive der Bildungsgangforschung Zielsetzungen der Lehrerbildung zu identifizieren versucht. Ich meine, dass es für die weitere Verbesserung der Lehrerbildung hilfreich ist, wenn wir in Entwicklungsaufgaben denken und dabei akzeptieren, dass die von den Lehrern präsentierte Fachkultur immer wieder in konfliktreicher Spannung zur Lernkultur der Schülerinnen und Schüler steht. Deutlich sollte also geworden sein, dass aus meiner Sicht die Bildungsgangforschung in das Aufgabenpaket der Lehrerbildung aufgenommen werden muss. Nur so lassen sich die Kompetenezdefizite, die ich exemplarisch an Martins „unausgegorenen" Ideen über guten Unterricht und an Herrn Tenfeldes und Frau Nienstedts Unterrichtsgestaltung festgemacht habe, beheben oder zumindest mildern. Die Lehrerbildung kann sich dabei an Donald A. Schöns Konzeption des *reflective practitioner* orientieren, sollte aber Havighursts Konzept der *developmental tasks* aufnehmen und mit Bezug auf Bourdieu akzeptieren, dass Schule und Unterricht ein soziales Feld darstellen, das durch Habitus, Illusio und Machtausübung in bildender Absicht bestimmt ist.

Es ergibt sich so eine klassische dialektische Herausforderung für die Lehrerbildung: Fachlehrer-Habitus und Illusio sind zu stärken und zugleich zu überwinden.

Literatur

Bastian, J., Combe, A., & Langer, R. (2005): Feedback-Methoden. Erprobte Konzepte, evaluierte Erfahrungen. Beltz Verlag, Weinheim etc.

Biermann, Chr., Fink, M., Hänze, M., Heckt, D. H., Meyer, M.A., & Stäudel, L. (2008): Individuell Lernen – Kooperativ Arbeiten. Friedrich Jahresheft, Erhard Friedrich Verlag, Seelze.

Bourdieu, P. (1974): Zur Soziologie der symbolischen Formen. – Frankfurt a.M.

---

6   Mir liegt an dem Hinweis, dass Bourdieus Theorieangebot eine dialektische Konzeption für die Beschreibung des Unterrichtsprozesses erfordert, wie sie vor allem Lothar Klingberg entwickelt hat (1987). Er definiert die komplexen Rollen der Akteure, der Lehrenden und der Lernenden. Sie sind zugleich Agierende und Reagierende, zugleich selbst- und fremdbestimmt. Die Interviews machen die Gleichzeitigkeit, den Wechsel und die Überlagerungen, die diese Doppelrollenförmigkeit erzwingt, bewusst. Der von Klingberg für jeden Unterrichtsprozess vorausgesetzte Grundwiderspruch ist darin zu sehen, dass die Lehrer die Rolle übernehmen wollen und sollen, die Schüler zu „führen", während die Schüler sich gerne in der Rolle der zunehmend selbständig Agierenden sehen, sich aber trotzdem führen lassen müssen und eben diese Führung auch erwarten, insofern sie den Lehrern die Verantwortung für die Unterrichtsgestaltung zuweisen. Pädagogische Führung und Selbsttätigkeit ergänzen sich immer nur widersprüchlich und verweisen so wechselseitig aufeinander. Die Lehrer fühlen sich verantwortlich, obwohl sie doch eigentlich Verantwortung abgeben sollten. Die Schüler klagen Selbsttätigkeit ein, bleiben aber in der traditionellen Lernerrolle.

Bourdieu, P. (1976): Entwurf einer Theorie der Praxis auf der ethnologischen Grundlage der kabylischen Gesellschaft. Suhrkamp Verlag, Frankfurt a.M. (Original 1972).

Bourdieu, P. (1987): Sozialer Sinn. Kritik der theoretischen Vernunft. – Frankfurt a.M. 1987.

Bourdieu, P./Passeron, J.-C. (1973): Grundlagen einer Theorie der symbolischen Gewalt. – Frankfurt a.M.

Breidenstein, G. (2006): Teilnahme am Unterricht. VS Verlag für Sozialwissenschaften Wiesbaden.

Bromme, R. (1992); Der Lehrer als Experte. Bern, Huber.

Bruner, J. (1996): The Culture of Education. Harvard University Press. Cambridge, Massachusetts, und London, England.

Chomsky, N. (1965): Aspects of the Theory of Syntax. The M.I.T. Press, Cambridge, Mass.

Combe, A./Gebhardt, U. (2007): Sinn und Erfahrung. Verlag Barbara Budrich, Opladen und Farmington Hills.

Hasselhorn, M./Gold, A. (2006); Erfolgreiches Lernen und Lehren. W. Kohlhammer, Stuttgart.

Robert J. Havighurst (1948, 3. Aufl. 1972): Developmental Tasks and Education, Longman, New York and London.

Helsper, W., Böhme, J., Kramer, R.-T., & Lingkost, A. (2001): Schulkultur und Schulmythos.. Rekonstruktionen zur Schulkultur I. Leske + Budrich.

Hericks, U. (2006): Professionalisierung als Entwicklungsaufgabe. Rekonstruktionen zur Berufseingangsphase von Lehrerinnen und Lehrern. VS Verlag für Sozialwissenschaften Wiesbaden.

Hericks, U. u.a. (2001): Bildungsgangdidaktik. Perspektiven für Fachunterricht und Lehrerbildung. Leske + Budrich, Opladen.

Keuffer, J., & Meyer, M. A., Hrsg. (1997): Didaktik und kultureller Wandel. Aktuelle Problemlagen und Veränderungsperspektiven. Deutscher Studien Verlag, Weinheim.

Keuffer u.a. 1998 = Keuffer, J./Krüger, H.-H./Reinhardt, S./Weise, E./Wenzel, H. (Hrsg.) (1998): Schulkultur als Gestaltungsaufgabe. Partizipation – Management – Lebensweltgestaltung. – Weinheim.

Klingberg. L. (1987): Überlegungen zur Dialektik von Lehrer- und Schülertätigkeit im Unterricht der sozialistischen Schule. Potsdamer Forschungen, Reihe C, Heft 74. Pädagogische Hochschule „Karl Liebknecht", Potsdam.

Krais, B./Gebauer, G. (2002): Habitus. transcript, Bielefeld.

Kraler, Christian (2007): Portfolioarbeit in der LehrerInnenbildung. Eine Standortbestimmung. In: Erziehung und Unterricht. Österreichische Pädagogische Zeitschrift. 157. Jahrgang, Heft 5-6/2007, S. 441-448.

Krüger, H.-H., und Marotzki, W., Hrsg. (2006): Handbuch erziehungswissenschaftliche Biographieforschung. 2., bearbeitete und aktualisierte Auflage. VS Verlag für Sozialwissenschaften. Wiesbaden.

Lave, J./Wenger, E. (1991): Situated Learning and Legitimate Peripheral Participation. – Cambridge.

Liebau, E./Huber, L. (1985): Die Kulturen der Fächer. In: Neue Sammlung, 25. Jg. S. 314-339.

Lüders, J., Hrsg. (2007): Fachkulturforschung in der Schule, Verlag Barbara Budrich, Opladen und Farmington Hills.

Meyer, H. (1997): Schulpädagogik. Bd. II: Für Fortgeschrittene. Cornelsen Scriptor, Berlin.

Meyer, M.A. (1986): Shakespeare oder Fremdsprachenkorrespondenz? Zur Reform des Fremdsprachenunterrichts in der Sekundarstufe II. Verlag Büchse der Pandora, Wetzlar.

Meyer, M. A. (1997): Die „lernende Schule" als Antwort auf kulturellen Wandel. In: Keuffer, J./Meyer, M. A. (Hrsg.): Didaktik und kultureller Wandel. Aktuelle Problemlagen und Veränderungsperspektiven. – Weinheim, S. 33-66.

Meyer, M. A. (2005): Stichwort: Alte oder neue Lernkultur? In Zeitschrift für Erziehungswissenschaft, Heft 1, Seite 5-27.

Meyer, M. A. (2007): Fachkultur, Lernkultur und Bildungsgang. In Jenny Lüders, Hrsg.: Fachkulturforschung in der Schule, Verlag Barbara Budrich, Opladen und Farmington Hills, S. 191-208.

Meyer, M. A. (2008): Unterrichtsplanung aus der Perspektive der Bildungsgangforschung. In: Meyer M. A., Prenzel, M., & Hellekamps, S., Hrsg. (2008): Perspektiven der Didaktik, Sonderheft 9 der Zeitschrift für Erziehungswissenschaft, S. 117-138.

Meyer M. A., Prenzel, M., & Hellekamps, S., Hrsg. (2008): Perspektiven der Didaktik, Sonderheft 9 der Zeitschrift für Erziehungswissenschaft.

Meinert A. Meyer (2009): Bildungsgangdidaktik aus historischer und empirischer Perspektive. In: Görlich, Christopher D. V., Hrsg. (2009): Das lernende Subjekt. Aufsätze. Verlag Books on Demand GmbH, Norderstedt, S. 83-150.

Meyer, M. A., Kunze, I., & Trautmann, M., Hrsg. (2007): Schülerpartizipation im Englischunterricht. Eine empirische Untersuchung in der gymnasialen Oberstufe. Verlag Barbara Budrich, Opladen & Farmington Hills.

Meyer, M. A., & Meyer, H. (2007): Wolfgang Klafki. Didaktik für das einundzwanzigste Jahrhundert?, Beltz-Verlag, Weinheim etc.

Meyer, M. A., & Schmidt, R., Hrsg. (2000): Schülermitbeteiligung im Fachunterricht. Englisch, Geschichte, Physik und Chemie im Blickfeld von Lehrern, Schülern und Unterrichtsforschern. Leseke + Budrich, Opladen.

Meyer, M. A./Trautmann, M. (2000): Musteranalyse einer Unterrichtssequenz im Fach Englisch. In: Meyer, M. A./Schmidt, R., Hrsg.: Schülermitbeteiligung im Fachunterricht. Englisch, Geschichte, Physik und Chemie im Blickfeld von Lehrern, Schülern und Unterrichtsforschern. Leske + Budrich, Opladen, S. 93-141.

Mollenhauer, K. (1983): Vergessene Zusammenhänge. Über Kultur und Erziehung. Juventa Verlag München.

Nädler, F.-U./Bade.P./Meyer, M.A. (2009): „Wozu soll ich forschen? Ich will doch nur unterrichten!" – Zur Gestaltung von Integrierten Forschungspraktika. In: SEMINAR. Zeitschrift des Bundesarbeitskreises der Fachseminarleiter (BAL) Schneider Verlag Hohengehren (im Druck).

Neuß, N. (2009): Biographisch bedeutsames Lernen. Empirische Studien über Lerngeschichten in der Lehrerbildung. Habilitationsschrift. Verlag Barbara Budrich, Opladen und Farmington Hills.

Nohl, A.-M. (2007): Kulturelle Vielfalt als Herausforderung für pädagogische Organisationen- In: Zeitschrift für Erziehungswissenschaft, Heft 1, S. 61-74.

Rabenstein, K., & Reh, S. (2007): Kooperatives und selbstständiges Arbeiten von Schülern. Zur Qualitätsentwicklung von Unterricht. VS Verlag für Sozialwissenschaften, Wiesebaden.

Reckwitz, A. (2000): Die Transformation der Kulturtheorien in den Sozialwissenschaften. Eine systematische Theoriegeschichte. Weilerswist. Velbrück.

Schön, D. A. (1983): The Reflective Practitioner. How Professionals Think in Action. Basic Books, ohne Ortsangabe.

Schratz, M., & Steiner-Löffler, U. (1998): Die Lernende Schule. Arbeitsbuch pädagogische Schulentwicklung. – Weinheim.

Weinert, F. E. (2001a): Concepts of Competence. A Conceptual Clarification. In: Rychen, D.S./ Salganik, L, eds.: Defining and Selecting Key Competencies. Göttingen, S. 57-92.

Weinert, Franz. E. (2001b): Vergleichende Leistungsmessung in Schulen – eine umstrittene Selbstverständlichkeit. In: Weinert, Franz E. (Hrsg.): Leistungsmessungen in Schulen. Beltz Verlag, Weinheim und Basel S. 17-31.

Ziegler, Chr. (200)): Schülerpartizipation im naturwissenschaftlichen Unterricht. Verlag Barbara Budrich. Opladen und Farmington Hills.

Peter Fauser, Jens Rißmann und Axel Weyrauch

Das Entwicklungsprogramm für Unterricht und Lernqualität – Theoriegeleitete Intervention als Professionalisierungsansatz

Einführung

Ziel der Fortbildung im Entwicklungsprogramm für Unterricht und Lernqualität (E.U.LE.) ist ein Paradigmenwechsel vom „Lehren zum Lernen". Lehrerinnen und Lehrer sollen das Lernen der Schülerinnen und Schüler immer besser verstehen und fördern können. Grundlegend dafür ist ein professionell kontrollierter Perspektivwechsel, ein „Verstehen zweiter Ordnung", das neben dem eigenen Verstehen der Lehrpersonen das Verstehen der Lernenden einschließt.

E.U.LE. ist als berufsbegleitendes dreijähriges Fortbildungsprogramm für Lehrpersonen im Jahr 2004 eingerichtet worden. In wechselnden Praxis- und Präsenzphasen qualifizieren sich Lehrpersonen zu „Beratern für Verständnisintensives Lernen". Das Programm soll landesweit in Thüringen Qualifikationsprozesse schulnah anregen. Bisher wurden über 100 Lehrkräfte in jährlich ausgeschriebenen Fortbildungsgruppen mit je 24 Teilnehmern qualifiziert. Für die Ausbildung der Lehrpersonen und deren spätere Begleitung wird parallel eine Gruppe von Trainerinnen und Trainer aufgebaut, auf die hier nicht näher eingegangen wird. Auf der Ebene der Schulen sollen sich Lehrergruppen zu professionelle Lerngemeinschaften (Bonsen/Rolff 2006) entwickeln. An E.U.LE. sind mehrere Partner beteiligt: Eine Konzeptgruppe am Lehrstuhl für Schulpädagogik und Schulentwicklung der Friedrich-Schiller-Universität Jena, das Thüringer Kultusministerium, die Imaginata e.V. Jena, das Thüringer Institut für Lehrerfortbildung, Lehrplanentwicklung und Medien und ganz besonders die Robert Bosch Stiftung GmbH, Stuttgart, durch ihr Programm „Verstehen lehren – Unterrichtsentwicklung durch Verständnisintensives Lernen".

Im Folgenden werden wir zunächst den kultur- und professionstheoretischen Hintergrund und Rahmen des Programms darstellen, danach seinen Ansatz und sein Konzept – seine lerntheoretische Basis, die Fortbildungsdidaktik und seine Einbettung ins berufswissenschaftliche und berufspraktische Feld. Erste Ergebnisse der Evaluation und zusammenfassende Überlegungen zur Lehrerbildung insgesamt beschließen den Beitrag.

1. Hintergrund und Rahmen: „Kultur" als professions- und wissenschaftstheoretischer Grundbegriff

Wir möchten aus Gründen, die mit dem Konzept von E.U.LE. zusammenhängen, auf bestimmte Aspekte des Kulturbegriffs ausdrücklich eingehen. Wesentlich dabei ist zunächst, „Kultur" nicht als rein additive Sammelkategorie zu verstehen, der sich einzelne Erscheinungen zuordnen lassen, die einer Epoche oder Stilrichtung oder einer Domäne, etwa der Kunst angehören. Uns interessiert vielmehr die grundlegende Perspektive, die mit dem Begriff der „Kultur" für die Konstruktion des Gegenstandsbereichs eröffnet wird – im Unterschied etwa zu „Organisation" oder „Institution" oder auch „Gesellschaft". Wir heben vier Aspekte besonders heraus:

Erstens, „Kultur" ist ein Synthesebegriff und bezieht sich auf das Gesamt der (fachlichen und beruflichen) Handlungs- und Praxisverhältnisse, die als Ergebnis und als Prozess menschlicher Leistung gesehen werden. „Kultur" fragt holistisch – nach dem, was die Teile zusammenhält und das Ganze in anderer Qualität als die Summe der Teile beschreibt, und zwar spezifisch und historisch bestimmt.

Dieser Aspekt lässt sich an einer schultheoretischen Diskussion verdeutlichen, die seit den siebziger Jahren des vorigen Jahrhunderts geführt wird (Fauser 1989, 1992). Angesichts der großen Unterschiede zwischen Einzelschulen konvergierten unterschiedliche pädagogische Traditionen in der Frage, was eine „gute Schule" ausmacht (Loccumer Protokolle 1986). Gefragt wurde nach der Ausgestaltung der Schule *als ganzer*. Der Begriff der Kultur wurde dabei eingeführt, um diese „Ganzheit" schultheoretisch zu fassen. Fend (1986, S. 275) charakterisiert Schulen als „gemeinschaftliche Problemlösungszusammenhänge", als „aktive, gemeinschaftlich gestützte oder beeinträchtigte Auseinandersetzungen mit den vorhandenen Ressourcen". Durch ein solches „gemeinschaftliches" Handeln könne „so etwas wie die Kultur einer Schule entstehen, die man als die jeweilige Modalität der gemeinschaftlichen Aufgabenbewältigung angesichts vorgegebener Ziele und vorhandener Ressourcen interpretieren kann". Der „Kultur" einer Schule wird hier eine synthetisierende, orientierende und integrierende Leistung zugeschrieben. Diese Leistung wird in der gemeinschaftlich ausgebildeten „Modalität", in der Art und Weise pädagogischen Handelns gesucht.

Die Betrachtung von Schulen als Kulturen lässt einen zweiten wesentlichen Aspekt erkennen: Für Kulturen ist die Verschränkung individueller und kollektiver Lernprozesse im Kontext spezifischer Aufgaben charakteristisch. Das gilt ganz besonders für professionelle Kulturen: erst durch diese Verschränkung ergeben sich „geteilte Normen, Werte, Denkweisen, Anschauungen und Traditionen" und „kollektive Bedeutung" (IFS).

Ein dritter Aspekt ergibt sich aus dem Wandel von Professionalität im Prozess der Modernisierung (Fauser 1996). Hier werden berufliches Handeln und Wissen mit besonderen Ansprüchen an methodisch kontrollierte Qualität (Standards, „Regeln der Kunst") verbunden: Das Handeln soll rational im Sinne solcher Normen sein. Hier spielt die institutionelle Koppelung an die Berufswissenschaften eine maßgebliche Rolle. Traditionsbestimmtes, erfahrungsgeprüftes Wissen und Können wird ergänzt oder sogar ersetzt durch den Zusammenhang von wissenschaftlich legitimierter Theorie und Methode.

Im beschleunigten Wandel der Moderne wird noch ein vierter Aspekt wichtig: Professionelle Kulturen bewahren und entwickeln nicht nur Kompetenzen zum „Wie", sondern sie sind auch maßgeblich am „Was" beteiligt. So wenden Juristen nicht nur herrschendes Recht nach den Regeln der Kunst an („das Wie"), sondern sie beeinflussen maßgeblich, was wir unter Recht verstehen (das „Was"). Professionelle Kulturen bestimmen nicht nur darüber, wie Aufgaben gelöst werden, sondern auch darüber, worin die Aufgabe überhaupt besteht. Moderne professionelle Kulturen zeichnen sich, zusammenfassend, dadurch aus, dass sie die theoretische Kompetenz (Was) mit der methodischen Kompetenz (Wie) unter einem fachlich-rationalen Anspruch koppeln und dynamisieren. Profis erkennt man an einer adaptiven exzellenten Routine.

Zusammenfassend sei festgehalten, dass mit einem „kulturtheoretischen" Ansatz der Professionalisierung vier Aspekte angesprochen sind:
- das Verhältnis zum pädagogischen Praxisfeld, vor allem zur Schule als ganzer
- die Verschränkung von individuellen und kollektiven Lernprozessen
- die Verbindung von Berufspraxis und Berufswissenschaft
- die – adaptive – Koppelung von „Theorie" und „Methode" (Dynamisierung)

Vor diesem Hintergrund lässt sich nun das Entwicklungsprogramm für Unterricht und Lernqualität (E.U.LE.) skizzieren. Gemäß der Interventionslogik von E.U.LE. erläutern wir diese vier Aspekte nun in umgekehrter Folge, beginnen also mit der pädagogischen „Mikropolitik" – dem Zusammenspiel von Theorie und Methode im professionellen Handeln.

2. Das Entwicklungsprogramm für Unterricht und Lernqualität: Ansatz und Konzept

2.1 Ansatz: Theorie und Methode

E.U.LE. soll einen langfristig wirksamen Beitrag zur thüringischen Schul- und Unterrichtsentwicklung leisten. In diesem Gesamtrahmen konzentriert sich E.U.LE. auf die pädagogische Mikroebene: Es geht um die handlungsleitenden Prozesse in den Köpfen der Lehrpersonen, um das Wechselspiel zwischen „Theorie" und „Methode", das deren Interaktion mit den Lernenden steuert.

Hier stößt man auf ein Grundproblem, das die Veränderung von Institutionen wie der Schule wie auch professioneller Routinen kennzeichnet – also eines Handelns, das als Ergebnis anspruchsvoller Lernprozesse und permanenter Ausübung, oft in Situationen „unter Druck" , ausgebildet worden ist. „Das Dilemma des Akteurs ... besteht darin, dass die für eine Entscheidungsfindung verfügbare Zeit häufig kleiner ist als die für Orientierung und Handlungsauswahl benötigte Zeit. Entsprechend ist

‚Handeln unter Druck' dadurch charakterisiert, dass ohne Ausnützen aller verfügbaren externen und internen Informationen, sowie ohne Ausschöpfen der eigenen Problemlösungskompetenzen bei variierender emotionaler Beteiligung der Akteur sich im Realitätsausschnitt orientieren und sich für das Ergreifen oder Unterlassen von Maßnahmen entscheiden muss." (Wahl 1991, S. 11). Anders ausgedrückt: Lehrpersonen können gerade durch ihre (berufsnotwendigen) Handlungsroutinen (Methode) und durch ihre Vorstellungen vom Lernen (Theorie) daran gehindert werden, pädagogisch wesentliche Veränderungen im Lernen und Aufwachsen der Kinder und Jugendlichen wahrzunehmen oder angemessen darauf zu reagieren.

‚Benötigt wird daher ein Fortbildungsansatz, der sowohl durch seine theoretische wie auch durch seine methodische Ausrichtung Routinen öffnen und ihre adaptive Dynamik steigern kann, also so flexibel ist, dass er inhaltlich und methodisch den individuellen Ausgangslagen und Lernwegen der Lehrpersonen gerecht werden kann. Bei E.U.LE. wird dies durch die konstruktivistische Orientierung der dem Programm zu Grunde liegenden Lerntheorie (2.2.) und einer entsprechenden Fortbildungsdidaktik (2.3.) zu gewährleisten versucht.

2.2 Konzept: Lerntheorie: Verständnisintensives Lernen

Verständnisintensives Lernen ist eine pädagogische Lerntheorie, die den Ertrag mehrerer aufeinander aufbauender Schulreformansätze bündelt und in die gegenwärtige Lern- und Bildungsforschung einbettet. Wurzeln liegen im Programm „Praktisches Lernen", das seit den frühen 80 Jahren die Bedeutung eigener Erfahrung und eigenen Handelns für das Lernen herausgearbeitet hat; dies wird seit 1989 im Programm „Wettbewerb Demokratisch Handeln" in jährlichen Ausschreibungen im Kontext politischer Bildung fortgeführt. Im Projekt „Imaginatives Lernen" und der Imaginata (vgl. www.imaginata.de) steht die Bedeutung der Vorstellungsbildung für das Lernen im Zentrum. „Verständnisintensives Lernen" ist eine Synthese der in jahrelanger enger Kooperation mit Lehrpersonen und Schulen gewonnenen Einsichten im Kontext gegenwärtiger kompetenztheoretischer Lern- und Bildungsforschung. (Fauser u.a. 1984, 1992, Projektguppe 1998, Beutel/Fauser 2007, Fauser/Madelung 1996, Rentschler/Madelung/Fauser 2003).

Was bedeutet Verständnisintensives Lernen? Wir erläutern dies induktiv am Bau einer Seifenkiste – einem Beispiel aus der Schule, und zwar zuerst unter einem strukturellen Aspekt (welche Dimensionen unterscheiden wir beim Lernen) und dann unter einem prozessualen Aspekt (wie kommt und wie bleibt Lernen in Bewegung?) (vgl. Fauser/Prenzel/Schratz 2008, S. 8-10).

Struktur des Lernens

Wer an eine „Seifenkiste" denkt, hat Bilder im Kopf – vielleicht zeigt das „Kopfkino" auch ein Seifenkisten-Rennen mit Fahrzeugen unterschiedlichsten Aussehens: manche ähneln Rennwagen, andere Go-Carts. Kurz: wir bilden eine Vorstellung von

„Seifenkiste". Wer eine Seifenkiste bauen will, der braucht mehr als die bloße Vorstellung – er braucht einen Plan, der jedes einzelne Element beschreibt, der erkennen lässt, woher man es bekommt und wie die Teile zusammengehören: Räder vom Kinderwagen, Roller, oder Handwagen; Kugellager, Achsen, Lenkung (wie beim Bob, Auto?), Sitz (Brett oder Fahrradsattel?), Karosserie (Sperrholz ?), Bremsen (braucht man die?). Planen ist eine Aufgabe für die Vorstellungskraft. Am Ende aber braucht es wirkliche Gegenstände, die ihre Funktion erfüllen: die Vorstellungen müssen realitätstauglich werden, müssen Erfahrung und Handeln und unseren besonderen Ansprüchen genügen.

Freilich: aus Rädern, Sperrholz, Achsen, Seilzügen, können auch ganz andere Objekte entstehen – Bewegungsmaschinen, Kunstwerke, wie Jean Tinguely sie gebaut hat. Hier aber geht es um ein Fahrzeug, eine Maschine, die eine bestimmte Leistung auf abschüssiger Straße bringen muss. In das Wechselspiel zwischen Vorstellung und Erfahrung mischt sich daher ein zielbezogenes, rationales Denken ein, eine andere Art zu Denken als das Vorstellungsdenken – in seiner strengsten Form nennen wir es „Begreifen". Hier geht es um Kriterien und Kategorien, um Urteile, um fach- und sachgerechte Erwägungen. In unserem Fall stammen diese Kategorien vor allem aus Maschinenbau und Mechanik. Wenn dann gebaut wird, beginnt ein direktes Wechselspiel mit der physischen Realität, und es gilt, Widerstände zu überwinden, Unklarheiten zu ertragen und am Ziel festzuhalten. Schließlich müssen wir entscheiden, ob und wann wir den Test riskieren wollen. Zur Struktur des Lernens, die wir hier beleuchten, gehört also – neben der Vorstellung, dem Begreifen, der Erfahrung – eine gleichsam übergeordnete, begleitende, organisierende, kritische Aufmerksamkeit die reflektiert, optimiert und steuert. Wir nennen das Metakognition.

Im Zusammenspiel dieser vier Dimensionen – Erfahrung, Vorstellung, Begreifen und Metakognition – gewinnt das Lernen eine ganz besondere Qualität – es wird verstehenstief, anwendungstauglich, wirklichkeitsfest – wir sprechen von „Verständnisintensivem Lernen". Ein solches Lernen ist nicht reproduktiv und auf die Wiedergabe isolierter Fakten angelegt, sondern aktiv-konstruktiv, auf Zusammenhänge, Sinnbezüge ausgerichtet. Diese Qualität ist gemeint, wenn wir heute in der Bildungs-, Schul- und Lernforschung fordern, das Lernen solle auf Kompetenz – d.h. auf Anwendbarkeit, Problemerkennung und -lösung, eigenständiges Denken – und nicht auf bloße Informationsaufnahme und -wiedergabe aus sein.

Lernen als Prozess: Was Lernen bewegt und beweglich hält

Wer so mit anderen zusammen lernt, erlebt ein Lernen mit besonderen Qualitäten. In der neueren Forschung zur Selbstbestimmungs- und Interessentheorie wird deutlich, dass es die Erfüllung von drei miteinander verbundenen Bedürfnissen ist, die dazu ermutigt, sich auf neue Fragen, Aufgaben, Herausforderungen aktiv und zuversichtlich einzulassen. „Neben dem Bedürfnis nach Kompetenzerfahrung sind zwei weitere Bedürfnisse entscheidend, nämlich das Bestreben nach sozialer Eingebundenheit und der Wunsch nach autonomer Handlungsregulation." (Krapp/Ryan 2002, S.72, vgl. Krapp 2002, Deci/Ryan 1993). Dies finden wir auch in unserem Beispiel:

- Kompetenzerleben. Das ist die Erfahrung, die Welt der Gegenstände und Aufgaben besser verstehen, in ihr handeln und die eigenen Grenzen erweitern zu können: Die Seifenkiste fährt wirklich!
- Autonomieerleben. Das ist die Erfahrung, auf die Wirksamkeit eigenen Denkens und Handelns vertrauen zu können: Dieses Fahrzeug haben wir in eigener Leistung nach eigener Vorstellung gebaut!
- Eingebundenheit. Das ist die Erfahrung, die Welt mit der Gemeinschaft anderer Menschen zu teilen und dieser Gemeinschaft anzugehören – andere zu verstehen und von ihnen verstanden zu werden: Auch die anderen, nicht zuletzt die Lehrer, verstehen und anerkennen diese Leistung.

2.3   Konzept: Fortbildungsdidaktik

Welche Bedeutung hat die Theorie des Verständnisintensiven Lernens bei E.U.LE.? Ziel ist es, dass Lehrerinnen und Lehrer das Lernen der Schülerinnen und Schüler immer besser verstehen und fördern können. Im Zentrum steht dabei das „Verstehen zweiter Ordnung", das neben dem – ganz individuellen – eigenen Verstehen der Lehrpersonen das – ganz individuelle – Verstehen der Lernenden und die Wahrnehmung der Unterschiede zwischen beiden einschließt. Die Theorie des Verständnisintensiven Lernens erfüllt hierbei die Funktion, die professionellen Lernprozesse der Lehrpersonen auf spezifische Weise an das Lernen, genauer: das Verstehen der Schülerinnen und Schüler co-konstruktiv zu binden und den „Umbau" der Handlungsroutinen zugleich anzuregen und in eine bestimmte Richtung zu lenken.

Dazu genügt allerdings nicht die Aneignung einer Theorie im Sinne deklarativen Wissens (als Theorie „großer Reichweite"), sondern es bedarf eines Umbaus der handlungsleitenden Kognitionen und der damit verbundenen Handlungsroutinen – der Interaktion mit den Lernenden, aber auch der methodisch-didaktischen Aktivitäten und Entscheidungen –, der „Theorien kurzer Reichweite" (Wahl 1991). Es handelt sich also um einen Ansatz, der didaktische und unterrichtsmethodische Entscheidungen einschließt, selbst aber auf einer theoretischen Ebene liegt, auf der solche Entscheidungen getroffen und begründet werden. Diese Verankerung in der Theorie begründet die besondere Qualität von E.U.LE als theoriegeleiteter Intervention.

Das E.U.LE.-Curriculum versucht, die inhaltliche und methodische Systematisierung des Programms mit individuellen Ausgangslagen und Verläufen zu verbinden. Die folgende Grafik soll dies verdeutlichen. Sie unterscheidet in der vertikalen Dimension unter einem theoretisch-systematischen Blickwinkel die Ebenen beruflichen Lernens und Handelns, horizontal die (empirischen) Felder der Berufspraxis, in denen das Handeln situiert ist. Das Bild einander überlagernder Ellipsen soll andeuten, dass die Fortbildung sozusagen konzentrisch von innen nach außen angelegt ist, die Felder sich beim individuellen Lernen aber nicht in einer linearen Abhängigkeit oder Abfolge ordnen, sondern systemisch gekoppelt sind und individuell unterschiedlich durchlaufen werden. Die regelmäßigen Portfolio-Gespräche mit den

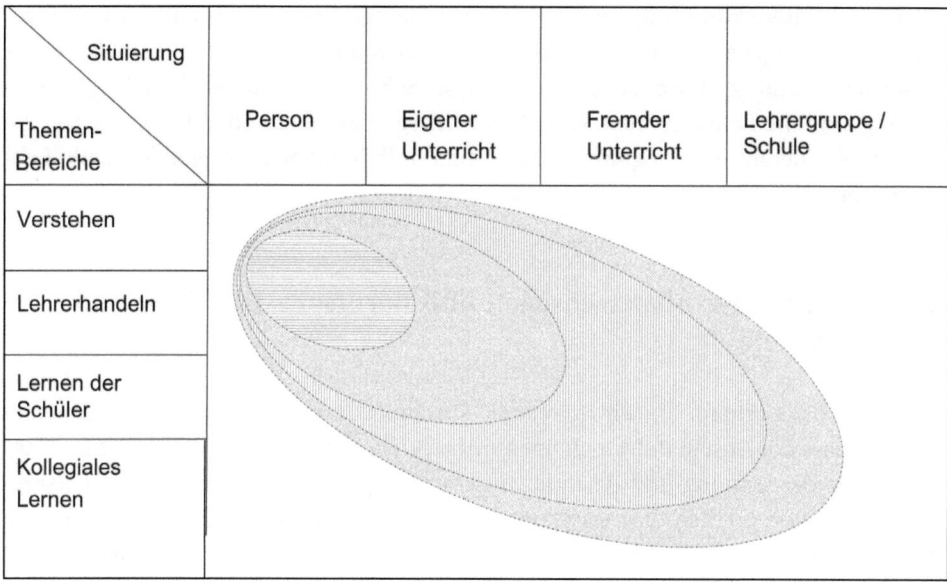

Situierung Themen-Bereiche	Person	Eigener Unterricht	Fremder Unterricht	Lehrergruppe / Schule
Verstehen				
Lehrerhandeln				
Lernen der Schüler				
Kollegiales Lernen				

Teilnehmerinnen und Teilnehmern zeigen, dass dies tatsächlich der Fall ist. Sie bilden zugleich ein wichtiges Hilfsmittel dafür, individuelles und kollektives Lernen aufeinander abzustimmen.

Für unsere Fortbildungsdidaktik ist daher, zusammenfassend, charakteristisch, dass sie Training und Reflexion von Lehrpersonen in unterschiedlichen Situierungen miteinander verbindet – wir sprechen von einer „situierten Koppelung von Training und Reflexion". Sie kombiniert nicht nur Reflexion und Training, sondern auch handlungsentlastete mit alltagsnahen Sequenzen. Ein solcher Wechsel hat sich nicht nur bei uns als wirksam erwiesen, um dauerhafte Veränderungen der sehr veränderungsresistenten Unterrichtsroutinen zu erreichen (Wahl 2001).

Verstehen zweiter Ordnung kann nicht nur in der direkten Arbeit mit Schülerinnen und Schülern gelernt werden. Gerade die Zusammenarbeit von Lehrpersonen bietet dafür günstige Trainingsmöglichkeiten. Sie können gegenseitig wie Modelle für Lernende fungieren. Die schulart- und fachbezogene Heterogenität von kollegial lernenden Gruppen erleichtert dabei den Zugang zur Schülerperspektive, weil bei fachfremden Kollegen spezielle fachliche und fachdidaktische Aspekte in den Hintergrund treten und oft sehr elementare Fragen gestellt werden, die es begünstigen, das eigene „Fach" und die eingespielten Wahrnehmungsroutinen ganz neu zu betrachten. Die dabei wahrgenommenen Differenzen dienen als Erfahrungsbasis für den schrittweisen und immer stärker reflektierten Aufbau des Verstehens zweiter Ordnung.

Weitere Elemente für die theoriegeleitete Auseinandersetzung mit der eigenen Lern- und Lehrerbiografie sind Rollenspiele, Aufstellungen (analog zur systemischen Familientherapie) und Lerntagebücher. Sie unterstützen die gezielte Bearbeitung der handlungsleitenden Kognitionen und Routinen. Dabei verschiebt sich der Schwerpunkt im Laufe der Fortbildung vom eigenen Lernen und Unterricht auf die Arbeit mit Kolleginnen und Kollegen. Zu Beginn findet die Arbeit in Kleingruppen wechselnder Besetzung statt; später werden Projektgruppen aus 5-6 Teilnehmern gebildet, die je eigene Themen und Arbeitsformen wählen. Hinzu kommen kollegiale Unterrichtsplanung, -hospitation und -analyse. Schon während der dreijährigen Ausbildung sind die Lehrpersonen Teilnehmer in regional arbeitenden Intervisionsgruppen für alle Berater im Programm und initiieren in Tandems kollegial lernende Lehrergruppen.

2.4 Konzept: Berufswissenschaft und Berufspraxis, Schule und Praxisfeld

Für die Arbeitsformen, die wir im letzten Abschnitt beschrieben haben, gilt ganz allgemein, dass die Auseinandersetzungen mit eigenen Erfahrungen, dem eigenen Handeln sowie der Planung und Analyse von Unterricht immer stärker mit den entsprechenden pädagogischen Bezugstheorien – Lerntheorie, (Fach-)Didaktik, Theorien des Lehrerhandelns und des Lehrerberufs –, verknüpft werden. Nicht zuletzt ist die Entwicklung von wissenschaftlichen Werkzeugen zur Selbstevaluation des Lehrerhandelns Teil des Programms. Für die intensive Verknüpfung von Berufswissenschaft und Berufspraxis hat sich die Ansiedelung des Programms an die Universität Jena als sehr günstig erwiesen (vgl. www.uni-jena.de).

Seit Beginn des Fortbildungsprogramms wurde das Konzept besonders im Hinblick auf den Zusammenhang zwischen individuellen, kollegialen und institutionellen Lern- und Entwicklungsprozessen mehrfach revidiert. Im Sinne einer „kulturtheoretischen" Perspektive hat sich dabei die „Situierung" des individuellen Lernens im gemeinsamen Praxiskontext kollegialer Lerngruppen als immer wichtiger erwiesen. Insbesondere die Stabilisierung von Veränderungen in der einzelnen Schule als dem wesentlichen Gesamtrahmen der beruflichen Praxis scheint sehr stark davon abzuhängen, ob es gelingt, kollegiale Lernprozesse in Gruppen von Lehrpersonen in Gang zu bringen und aufrecht zu erhalten, die, um die für diesen Band gewählte Perspektive noch einmal zu zitieren, die Prinzipien des Verständnisintensiven Lernens „als Referenzpunkte für Einstellungen und Handlungen von Akteuren dienen und diesen jenseits ihrer individuellen Dimension auch eine kollektive Bedeutung verleihen". Während am Anfang des Programms die Vorstellung bestand, zwischen individuellen, kollegialen und institutionellen Veränderungen (also der Entwicklung einzelner Schulen als ganzer), könne eine Art Parallelität erreicht werden, gehen wir heute davon aus, dass die Lernprozesse auf diesen drei Ebenen unterschiedlich verlaufen und dass dabei die kollegialen Lernprozesse eine Schlüsselstellung einnehmen – sowohl für die Stabilisierung von Veränderungen beim individuellen Handeln als auch für eine Dynamisierung auf institutioneller Ebene, also für Unterrichtsentwicklung und Schulentwicklung gleichermaßen. Dies unterstreicht eine kulturtheoretische-holistische Sicht, weil damit auf die Bedeutung der je spezifischen Handlungskontexte und -ebenen und der von Schule zu Schule verschiedenen kollektiven Konstellationen, Traditionen usw. aufmerksam gemacht wird.

3. Erfahrungen, Erkenntnisse, Perspektiven

Wir haben das Fortbildungskonzept von E.U.LE. aus einer kultur- und professions-theoretischen Perspektive dargestellt und seine konstruktivistisch-humanistische Orientierung begründet. Sein theoretischer Kern ist die Theorie des Verständnisintensiven Lernens, sein didaktischer Kern ist eine theoriegeleitete situierte Koppelung von Training und Reflexion. Wesentliches Ziel ist ein „Verstehen zweiter Ordnung", das neben dem eigenen Verstehen der Lehrpersonen das Verstehen der Lernenden und die Wahrnehmung der Unterschiede zwischen beiden einschließt. Lehrpersonen sollen dadurch immer besser in der Lage sein, das individuelle Lernen der Schülerinnen und Schüler durch ihr pädagogisches Handeln co-konstruktiv zu fördern sowie die dazu notwendigen methodisch-didaktischen Arrangements zu treffen und flexibel zu verändern. Wir haben die direkte, das Handeln dynamisierende Verbindung aus Theorie und Methode und die damit verbundene Ausbildung von adaptiven Routinen als ein wesentliches Merkmal professioneller Kompetenz bezeichnet. Der beschleunigte gesellschaftliche Wandel verlangt eine solche Adaptivität freilich nicht allein auf der Ebene des individuellen Handelns der Lehrpersonen. Vielmehr müssen kollegiale und institutionelle Lernprozesse hinzu kommen. Um die Interdependenz der verschiedenen Bereiche theoretisch fassen zu können, scheint uns der Kulturbegriff und eine kulturtheoretische Perspektive insgesamt als produktiv. Im Fortbildungsprogramm wird der Interdependenz der Veränderungen auf den verschiedenen Ebenen dadurch Rechnung getragen, dass die professionellen Lernprozesse von vornherein kollegial eingebettet sind und auf unterschiedliche Weise situiert, also auf die tatsächliche Praxis in der Schule ausgerichtet werden.

Der bisherige Verlauf des Programms zeigt zunächst auf sehr elementare Weise, dass der Ansatz und seine Realisierung im professionellen System auf positive Resonanz stoßen. Die Bewerberzahlen für die Fortbildung sind gestiegen, die Förderung des Programms ist von den Trägern verlängert und verstärkt worden, der Anteil der Lehrpersonen, die die Fortbildung vorzeitig beenden, liegt unter zehn Prozent und das Programm hat sich in Thüringen durch Empfehlungen der Lehrkräfte untereinander ausgebreitet. Davon unabhängig wird das Programm evaluiert und es liegen erste belastbare Ergebnisse über die Wirkung bei Teilnehmern der Fortbildung und in ihrer Praxis vor. Von besonderem Interesse muss aus unserer Sicht sein, ob sich Hinweise auf die Wirksamkeit des programmspezifischen Interventionskerns – also die Verbindung von Theorie und Methode und die Verschränkung von individuellen und kollegialen Lernprozessen – finden lassen. Darauf werden wir auf der Grundlage von Evaluationsergebnissen des Programms zusammenfassend eingehen, ehe wir zum Schluss weiterführende Perspektiven zur Lehreraus- und -fortbildung skizzieren.

3.1 Evaluationsergebnisse

E.U.LE. kombiniert verschiedene Instrumente formativer und summativer Evaluation. Ziel ist zum einen, die Fortbildung durch eine begleitende Reflexion bestmöglich an die jeweiligen Entwicklungen in den Trainingsgruppen anzupassen und zum anderen, die Wirkungen des Programms möglichst valide zu erfassen.

Formative Elemente der Evaluation sind offene und geschlossene Formate einer zyklischen Lehrerbefragung. Sie dienen als direktes Feedback zu den einzelnen Fortbildungssequenzen und bilden einen mitwachsenden Fundus für die Wahrnehmung der individuellen und kollegialen Lernprozesse sowie für neue Themen und Arbeitsformen. Rund 600 der Äußerungen der Lehrerinnen und Lehrer am Ende jedes Ausbildungstages wurden unter anderem textanalytisch ausgewertet (Mayring, 1992). Dabei ergibt sich der wichtige Befund, dass die Lehrpersonen in unserer Fortbildung über Erfahrungen berichten, die sich im Sinne der „grundlegenden Bedürfnisse" – Autonomieerleben, Kompetenzgefühl und Eingebundenheit – verstehen lassen, wie sie im Kontext der Selbstbestimmungs- und Interessentheorie für den Aufbau überdauernder Lernbereitschaft und Selbstwirksamkeits-Überzeugungen postuliert werden. Grundlegend scheint dabei zu sein, dass die Lehrpersonen bei der Fortbildung gemeinsam mit Kolleginnen und Kollegen in einem Klima gegenseitiger Wertschätzung regelmäßig und systematisch an beruflichen Themen arbeiten und dass dabei ihre ganz eigenen Erfahrungen und Einsichten gefragt sind. „Eingebundenheit" in diesem Sinne – als inhaltlich bestimmte Kooperationserfahrung zur Unterstützung eigener professionsbezogener Lernprozesse – wird von den Teilnehmern über alle Veranstaltungen hinweg als von gleichbleibend höchster Bedeutung eingeschätzt. Dies unterstreicht, wie wichtig gerade beim Aufbau neuer professioneller Perspektiven und Routinen die Verschränkung individueller und kollegialer Lernprozesse ist.

Hinzu kommt eine summativ angelegte Vergleichsuntersuchung mit anschließenden Einzelfallstudien auf Lehrer- und auf Schülerebene. Die Untersuchung, die in Zusammenarbeit mit dem Deutschen Institut für Internationale Pädagogische Forschung in Frankfurt am Main stattfand, wurde in einem quasi-experimentellen Längsschnittdesign über zwei Jahre (2006-2008) mit vier Messzeitpunkten angelegt (mit je 67 Lehrerpersonen und 1.500 Schülern). Vergleichsgruppe und Interventionsgruppe wurden per Ausschreibung generiert. Die Ergebnisse der ersten Erhebungswelle zeigen durch ihre hohe Übereinstimmung, dass die beiden Gruppen durch das Verfahren sehr gut parallelisiert werden konnten.

Die Vergleichsuntersuchung belegt, dass im Verlauf der Ausbildung die Selbstwirksamkeitsüberzeugungen der Lehrpersonen bedeutsam steigen und die Belastungs- und Beanspruchungsgefühle sinken. Auch in den halbjährlich geführten Portfoliogesprächen beschreiben die Lehrpersonen ihre Veränderungen so, dass sie durch die theoriegeleitete Reflexion ihrer Handlungsroutinen Inhalte und Methoden des Unterrichts neu einordnen, das Lernen der Schüler differenzierter wahrnehmen und reflektierter unterstützen sowie für ihr Lehrerhandeln und dessen Veränderung neue Spielräume erschließen und nutzen. Diese Selbstauskünfte aus den Fallstudien werden durch die Schülerbefragungen in der summativen Evaluation bekräftigt. In Klassen mit mehr als vier Unterrichtsstunden pro Woche und Fach, in denen Lehrkräfte auch durch die organisatorischen Rahmenbedingungen größere Handlungsspielräume besitzen, beschreiben die Schüler in der Erhebung, dass Lehrpersonen die Lernprozesse genauer wahrnehmen (Diagnostische Kompetenz, Rakoczy/Tkalenko 2008), dass sie den Unterricht umbauen, schüleraktiver gestalten (Schülerbeteiligung, Fehler- und Prozessorientierung, Konstruktivistische Unterrichtsgestaltung, ebenda) und damit auch der Unterrichtsdruck sinkt.

Zusammenfassend zeigen die Ergebnisse der Evaluation, dass die Lehrpersonen sowohl aus ihrer individuellen und subjektiven Sicht als auch in der Wahrnehmung der Lernenden und der Trainer die Fähigkeit zur Anpassung des professionellen Handelns an das Lernen der Schülerinnen und Schüler verbessern konnten. Diese Verbesserung ist im Sinne eines Verstehens zweiter Ordnung zum einen auf der Ebene des Umgangs und der Wahrnehmung individueller Lern- und Verstehenswege wirksam, wie die Ergebnisse der Schülerbefragung zeigen, zum anderen bei Entscheidungen über inhaltliche oder methodische Arrangements. Zumindest tendenziell wird auf diese Weise immer mehr die co-konstruktive Wahrnehmung und Förderung der individuellen Lernprozesse der Schülerinnen und Schüler steuerungs- und gestaltungswirksam für die pädagogische Interaktion und die methodisch-didaktische Choreografie. Einen solchen Vorrang des Lernens hatten wir als wesentliches Kriterium dafür eingeführt, ob man von einer verbesserten pädagogischen – und nicht lediglich methodisch-didaktischen – Professionalität und von einer Koppelung von Theorie und Methode sprechen kann – grundlegend für adaptive Routinen.

Wir beobachten außerdem, dass es für die Lehrerinnen und Lehrer besonders wichtig ist, in der Ausbildung einen Ort zu finden, an dem sie ihr berufliches Lernen als kollegialen Prozess im geschützten Raum gegenseitigen Vertrauens und wechselseitiger Wahrnehmung erleben können. Nimmt man die Ergebnisse der verschiedenen Evaluationselemente zusammen, ergibt sich, dass kollegiales Lernen dreifach bedeutsam ist: erstens als anregende und förderliche „Umgebung" des individuellen Lernens, zweitens für die Entwicklung und Stabilisierung von beruflichen Kompetenzen und Qualitätsstandards in der Fachgemeinschaft und schließlich als selbstverständliches Strukturelement pädagogischer Professionalität, das im traditionellen Berufsverständnis von Lehrerinnen und Lehrern weitgehend fehlt.

Die Veränderung von individuellen Handlungsroutinen und der damit oft verbundene Umbau des eigenen Unterrichts führt nicht selten zu Reibungen im Kollegium; das ist systemisch-kulturtheoretisch und sozialpsychologisch betrachtet als sozusagen reaktiver Effekt der Verschränkung individueller und kollektiver Praxen zu erwarten. Darüber hinaus sind dies auch Indizien für einen sich vollziehenden institutionellen Lernprozess, der als solcher begleitet und Teil der reflektierten, professionellen Praxis der Schule werden muss. Schulen können nur im bewussten Erleben der Verschränkung der individuellen, kollegialen und institutionellen Lernprozesse die Kompetenz aufbauen, welche sie benötigen, um immer komplexere und umfassendere Veränderungen ihres Handelns und ihrer eigenen Praxis zu vollziehen. Die

Verbindung und Verschränkung mit Lernprozessen der Schulleitungen ist dabei nach unserer Beobachtung und Erfahrung besonders wichtig. Nur eine selbst aktiv lernende und an der Entwicklung professioneller Formen kollegialen Lernens interessierte Schulleitung kann die Dynamik solcher Prozesse produktiv nutzen und befördern.

3.2 Schule und Profession

Abschließend soll die Frage aufgegriffen werden, welche Perspektiven sich aus dem hier vorgestellten Konzept und den bisher gewonnenen Erfahrungen und Erkenntnissen für die Lehrerbildung bezeichnen lassen.

Neben den schultheoretischen und professionstheoretischen Grundlagen unseres Konzepts, die wir zum Teil schon darstellen haben, bildet dabei der gegenwärtige bildungspolitische Gesamtprozess zur Reform der Lehrerbildung (in der Bundesrepublik Deutschland) den wesentlichen Kontext. Wir können darauf hier nicht im Einzelnen eingehen, möchten aber doch zwei Aspekte erwähnen.

Erstens: Seit gut zehn Jahren wird anhaltend über die Reform der Lehrerbildung diskutiert. In einer Erklärung vom Oktober 2000 und dann in einem Beschluss vom Dezember 2004 hat die KMK das Leitbild und Standards für die künftige Lehrerbildung formuliert. In unserem Kontext ist hier vor allem wichtig, dass für die erste Phase der Lehrerbildung u.a. eine „klarere Ausrichtung der Studien am späteren Berufsfeld" und eine „bessere Einbindung schulpraktischer Studienelemente" gefordert werden und für die zweite Phase eine „Erhöhung des Anteils selbstständigen Lernens" und eine „stärkere Miteinbeziehung der Schulen in die Ausbildung" (Arbeitsgruppe Lehrerbildung 2002, Terhart 2003, S. 166). Insgesamt stellt die Forderung nach einer systematischen Verschränkung von (berufs)wissenschaftlichen und praktischen Elementen über alle Phasen der Lehrerbildung, wenn auch mit unterschiedlicher Akzentuierung, eine Kernforderung der Reformdebatte dar. Das entspricht methodisch in unserem Konzept der „situierten Koppelung von Training und Reflexion".

Zweitens: Seit Beginn wird die Reformdebatte nicht nur von der Frage bestimmt, wie sich die professionellen Kompetenzen künftiger Lehrpersonen verbessern lassen. Vielmehr prägt der „Bologna-Prozess", also die Umstellung der Studiengänge auf ein BA-MA-Konsekutivmodell auch die Bemühungen um eine Reform der Lehrerbildung. Aus heutiger Sicht muss die bisherige Entwicklung sehr skeptisch beurteilt werden. Zum einen haben sich von Bundesland zu Bundesland und von Hochschule zu Hochschule je verschiedene Studiengänge entwickelt – auch dort, wo die Konsekutivstruktur eingeführt worden ist, und die Auswirkungen des Bologna-Prozesses auf die Qualität der Lehrerbildung erweisen sich insgesamt als hoch problematisch (Tillmann 2009). Eine Ausnahme bildet hier das „Jenaer Modell der Lehrerbildung", bei dem der Versuch gemacht worden ist, die wesentlichen Forderungen der Reformdebatte konzeptionell umzusetzen (Zentrum für Lehrerbildung und Didaktikforschung Jena, www.uni-jena.de).

Unsere Überlegungen zum Lehramtsstudium und zur Berufseinstiegsphase liegen daher einerseits auf der Linie der Reformdebatte, stehen andererseits aber zur faktischen Entwicklung in starker Spannung. Das fügt sich in ein Entwicklungsbild, in dem die Ungleichzeitigkeiten und die Heterogenität im Bildungswesen insgesamt immer noch mehr zu wachsen scheinen.

Machen wir uns nun zunächst noch einmal klar, welches die schultheoretischen und professionstheoretischen Koordinaten unseres Ansatzes sind. Schultheoretisch sind für unseren Ansatz zwei Perspektiven grundlegend:

- Schulen bedürfen auf institutioneller Ebene einer wachsenden adaptiven Dynamik. Angesichts der Tatsache, dass die Umgebungen von Schulen und damit die Lebensverhältnisse, das Aufwachsen von Kindern und Jugendlichen, immer heterogener wird, ist eine zwingende Konsequenz aus dem Anspruch auf adaptive Dynamik, dass die wesentlichen qualitätswirksamen Entscheidungen und Gestaltungen für Schulen nicht durch zentralen Input gesteuert werden können, sondern die Kompetenzen hierfür auf der Ebene de Einzelschule liegen müssen.
- Vor diesem Hintergrund wird die Einzelschule als wesentliches pädagogisches Handlungs- und Steuerungszentrum immer wichtiger. Bei der Analyse besonders guter Schulen, wie sie z.B. im Deutschen Schulpreis (Fauser/Prenzel/Schratz 2007, 2008, 2009) vertreten sind, wird deutlich, dass die pädagogische Qualität von Schulen, also ihre adaptive Dynamik von institutionellen Lern- und Entwicklungsprozessen abhängig ist, bei denen über Jahre hinweg professionelle Lernprozesse auf individueller und auf kollegialer Ebene mit entsprechenden organisatorischen Hand in Hand gehen müssen. Als schultheoretisches Konzept betont deshalb „Kultur" die holistische Perspektive auf die Schule als einer Institution, deren Geschichte und Gestaltung nur angemessen verstanden werden kann, wenn sie als Ergebnis von interdependenten Lernprozessen auf verschiedenen Ebenen wahrgenommen wird.

Professionstheoretisch schließen unsere Überlegungen an diese schultheoretische Sicht an:

- Erstens: Wir gehen davon aus, dass der Wechsel vom Lehren zum Lernen für Lehrpersonen eine grundlegende Umstellung der Wahrnehmungs- und Handlungsroutinen fordert. Die dafür notwendige professionelle Kompetenz haben wir mit dem Begriff der adaptiven Routine charakterisiert. Sie ermöglicht eine ständige Weiterentwicklung des pädagogischen Handelns aus dem kritisch-konstruktiven Wechselspiel von „Theorie und Methode" – von verständnisintensivem Lernen als der Theorie, die Wahrnehmung und Handeln steuert, und den Handlungsroutinen als der „Methode" – dem Gesamt entlastender und ordnender Fertigkeiten, Organisationsmuster und didaktischer Arrangements, deren ein effektiv strukturierter Schulalltag bedarf.
- Zweitens: Für die Lehreraus- und -fortbildung stellt sich die Frage nach den beruflichen Lernprozessen, die zur Ausbildung einer solchen neuen pädagogischen Professionalität, zu einer adaptiven Routine, führen. Für unseren Fortbildungsansatz

ist hier die „situierte Koppelung von Training und Reflexion" charakteristisch. Wesentlich ist dabei die Beobachtung, dass sich adaptive Routinen nur entwickeln können, wenn Theorie (= Reflexion) und Methode in handlungsnahen und zugleich stressarmen Situationen intensiv gekoppelt werden (= Training).

- Drittens: Für die Gestaltung beruflicher Lernprozesse bilden nach unserer Erfahrung kollegiale Lerngruppen das vielleicht wichtigste Element. In kollegialen Lerngruppen kann sich die Art von professioneller Kultur ausbilden, die im Kontext einer gemeinsamen Praxis sowie beruflicher Routine und Erfahrung Handlungsnähe sichert und zugleich den Stress mindert, der im Alltag durch den Entscheidungs- und Verantwortungsdruck verhindert, dass Routinen verändert werden können. Kollegiales Lernen bildet daher zugleich das Bindeglied zwischen dem individuellen beruflichen Lernen und der Schulentwicklung.

3.3 Perspektiven für die Lehrerbildung

Was bedeuten diese Überlegungen für die Reform und Entwicklung der Lehreraus- und -fortbildung? Wir möchten, freilich im vorgegebenen Rahmen nur sehr knapp, einige Folgerungen für Lehramtsstudium und Berufseinstieg formulieren – also für die beiden „Phasen" des Lehrerberufs, an die unsere Fortbildung dann als berufliches Lernen in der dritten Phase anschließt.

Lehramtsstudium: vom Schüler zum Lehrer – Perspektivwechsel, Rollenwechsel und Paradigmenwechsel

Lehrer- und Schülerrolle sind in der Schule komplementär aufeinander bezogen und werden durch Interaktionsroutinen während der gesamten Schulzeit ausgebildet und stabilisiert. Lehramtsstudierende bringen eine umfassende Schulerfahrung ins Studium mit und mit dieser Erfahrung sind umfassende Handlungsroutinen zum Schülerhandeln im Verhältnis zum Lehrerhandeln verbunden – Niederschlag unzähliger Situationen. Bei den meisten Schülerinnen und Schülern dürften dabei die Erfahrungen mit der „alten" Buch- und Stoffschule, der Schule der Belehrung, überwiegen. Stellen wir uns in einem Gedankenexperiment vor, dass Schülerinnen von heute auf morgen in die Rolle von Lehrpersonen wechseln und eine volle Berufstätigkeit aufnehmen. Es ist zu erwarten, dass sie dann – schon um ihr „Überleben" in einer komplexen Umgebung mit hohem Entscheidungs-, Handlungs- und Verantwortungsdruck zu sichern, unbewusst auf die Routinen zurückgreifen werden, die sie in der „alten Schule" selbst komplementär erfahren haben. Die Untersuchungen zur beruflichen Sozialisation und zum Praxisschock zeigen eindrucksvoll, wie schnell unter dem Druck der Verhältnisse gute Vorsätze, es besser zu machen, den selbst erlebten und vollzogenen, oft durch Disziplindruck geprägten Interaktionsmustern weichen (Händle 1987, Hänsel 1975, Ulich 1996).

Das macht sehr deutlich, dass der Übergang von der Schule ins Lehrerstudium in einer Zeit, in der die Schule insgesamt einen Paradigmenwechsel vollziehen muss, außerordentlich anspruchsvolle, je individuelle Lernprozesse der Studierenden verlangt: den Wechsel der Perspektive vom eigenen Lernen und Verstehen zum Verstehen zweiter Ordnung, den Rollenwechsel von der SchülerInnenrolle zur Rolle der Lehrperson und den pädagogischen Paradigmenwechsel von der Schule des Lehrens zur Schule des Lernens. Wir sind der Überzeugung, dass auch für diese erste Phase der Lehrerbildung unser Postulat einer „situierten Koppelung von Training und Reflexion" richtig ist und ebenso kollegialen Lernprozessen eine grundlegende Bedeutung zukommt.

Für die erste Phase ergeben sich vor diesem Hintergrund folgende Schwerpunkte: Grundlegend ist die wissenschaftlich instrumentierte Analyse und Begleitung von eigenen und fremden Lernprozessen und von Unterricht, besonders der eigenen Schulerfahrung. Darüber hinaus geht es um die Ermöglichung erster experimentell ausgerichteter Praxis- und Handlungserfahrungen. Hierzu gehören beispielsweise: individuelle Lernbegleitung einzelner Schülerinnen und Schüler, Fehlerinterviews, lernbiografische Berichte, Analysen von videografiertem und besuchtem Unterricht; Austausch mit Anderen über Lösungs- und Lernstrategien, über Verstehenserfahrungen und Verstehensprobleme, biografische Interviews mit Lehrpersonen, Rollenspiele, Unterstützung von Lehrpersonen im Unterricht, Schulexkursionen. Nicht zuletzt sollte die Hochschule alle Möglichkeiten nutzen, die Lernprozesse der Studierenden selbst als Reflexions- und Trainingsfeld für die künftige Berufspraxis zu nutzen. Es ist selbstverständlich, dass die hier postulierte Ausrichtung der Lehrerbildung nicht ohne längere betreute Praxisphasen möglich ist und dass die berufswissenschaftlichen Inhalte vom Beginn des Studiums an einen erheblichen Anteil des Curriculums ausmachen müssen. Im Blick auf das fachwissenschaftliche Studium – also die Bezugsdisziplinen der Schulfächer – scheint uns die wichtigste Frage zu sein, wie es gelingen kann, den konstruktivistischen Ansatz, der die gegenwärtige Auffassung von Lernen und Lehrerhandeln bestimmt, auch hier bei der Vermittlung und Aneignung der Inhalte zum Tragen zu bringen. Mehr noch, die Konstruktion und Rekonstruktion von Verstehensprozessen muss in den Fachdisziplinen – sowohl aus fachlicher Sicht der Konstituierung der Inhalte als auch aus der individuellen Sicht des Lernens der Studierenden einen eigenen Stellenwert erhalten.

Berufseinstieg: Professionelle Kompetenzkerne

Aus der Sicht unseres Fortbildungsansatzes lässt sich das Ziel für die Berufseinstiegsphase so beschreiben: Der traditionelle „Normalverlauf" des Berufseinstiegs von Lehrpersonen führt dazu, dass Routinen ausgebildet werden, die es ermöglichen, den alltäglichen Handlungsdruck im Unterricht zu bewältigen und sich ihm Rahmen der kollegialen Konventionen der jeweiligen Schule einen anerkannten Stand zu sichern. Dabei ist kollegiale Zusammenarbeit im Unterricht und sind professionelle Lernprozesse unter Lehrpersonen – also die langfristige, wissenschaftlich orientierte Zusammenarbeit bei der Vorbereitung, Durchführung, Auswertung und Verbesserung von Unterricht – noch immer die Ausnahme. Berufsanfängerinnen und -anfänger sind weitgehend auf sich gestellt. In dieser Situation ist es eher unwahrscheinlich, dass adaptive Routinen entstehen können. Dazu ist der Handlungsdruck zu groß und der Raum für entlastende Reflexion und Training zu klein.

Aus unserer Sicht könnte die Ausbildung von professionellen Kompetenzkernen – also der Vorform oder Vorstufe adaptiver Routinen – durch eine Kombination folgender Elemente begünstigt werden.

- Am wichtigsten erscheint uns die assistierende Mitarbeit bei Experten und Expertinnen des Berufs, also bei erfahrenen Lehrerinnen und Lehrern, die über adaptive Routinen verfügen. In einer solchen Umgebung besteht die Chance, bei vermindertem Handlungsdruck in zunehmendem Umfang eigene Routinen aufzubauen. Die enge Zusammenarbeit mit diesen Lehrpersonen, entspricht dabei den kollegialen Lernprozessen im Rahmen unseres Fortbildungsansatzes.
- Neben der Mitarbeit bei Experten messen wir der Zusammenarbeit bzw. Mitarbeit von Berufsanfängern in kollegialen Lerngruppen große Bedeutung bei. Besonders wichtig ist dabei allerdings, dass sich diese Zusammenarbeit nicht auf praxisferne, seminarähnliche oder supervisorische Treffen beschränkt, sondern die theoriegeleitete Reflexion, Planung, Durchführung und Evaluation des Unterrichts einschließt. Auf diese Weise kann die kollegiale Zusammenarbeit zu einem normalen Bestandteil der beruflichen Praxis werden.
- Schließlich sollte die (im Umfang begrenzte) selbstständige Unterrichtstätigkeit ergänzt werden durch Möglichkeiten, das eigene Handlungsrepertoire durch Trainings und Experimente zu erweitern und zu verbessern.

Für alle drei Elemente wäre eine enge Zusammenarbeit von Praxis und Wissenschaft zu wünschen. Uns ist bewusst, dass hier erhebliche Engpässe bestehen, und dass es insbesondere nicht genügend Lehrerinnen und Lehrer gibt, die als Expertinnen und Experten ihres Berufs über die Art von adaptiver Routine verfügen, die wir mit unserem Fortbildungsansatz zu fördern versuchen. Dies wiederum ist das wichtigste Motiv dafür, dass das Entwicklungsprogramm für Unterricht und Lernqualität überhaupt ins Leben gerufen wurde.

Literatur

Arbeitsgruppe Lehrerbildung (2002). Empfehlungen zur Weiterentwicklung der Lehrerbildung in Niedersachsen. Abschlußbericht der Arbeitsgruppe Lehrerbildung der Wissenschaftlichen Kommission Niedersachsen. Hannover.

Beutel, W./Fauser, P. (Hrsg.) (2007). Demokratiepädagogik. Lernen für die Zivilgesellschaft. Schwalbach/ Ts.: Wochenschau Verlag

Boettcher, W./Bremerich-Vos, A. (Hrsg.) (1987). ‚Kollegiale Beratung‘ in Schule, Schulaufsicht und Referendarausbildung. Frankfurt/M.

Böhm-Kasper, O. (2004). Schulische Belastung und Beanspruchung. Eine Untersuchung von Lehrern und Schülern am Gymnasium. Münster: Waxmann.

Bonsen, M./Rolff., H.-G. (2006). Professionelle Lerngemeinschaften von Lehrerinnen und Lehrern. Zeitschrift für Pädagogik, 52 (2), 167-184.

Deci, E.L./Ryan, R.M. (1993). Die Selbstbestimmungstheorie der Motivation und ihre Bedeutung für die Pädagogik. Zeitschrift für Pädagogik, 39 (2), 223-238.

Fauser, P.(1989). Nachdenken über pädagogische Kultur. Die Deutsche Schule 81 (2), 5-25.

Fauser, P. (1992). Erfahrene Aufklärung. Zur Rationalität und Anthropologie der Schule als Institution. (unveröff. Habil.). Tübingen.

Fauser, P. (1994). Was ist Praktisches Lernen? Lehren und Lernen, 20 (2), 5-15.

Fauser, P. (1996). Personalität oder Professionalität? Zum Berufsethos von Lehrerinnen und Lehrern. Beiträge zur Lehrerbildung 14 (1), 9-28.

Fauser, P. (2003). Lernen als innere Wirklichkeit. Über Imagination, Lernen und Verstehen. In: Rentschler/Madelung/Fauser (Hrsg.), Bilder im Kopf, Texte zum imaginativen Lernen (S.242-287). Seelze-Velber: Kallmeyer.

Fauser, P./Madelung, E. (Hrsg., unter Mitarbeit von G. Irmert-Müller) (1996). Vorstellungen bilden. Beiträge zum imaginativen Lernen. Seelze-Velber: Friedrich.

Fauser, P./Prenzel, M./Schratz, M. (Hrsg.) (2007). Was für Schulen! Gute Schule in Deutschland. Seelze-Velber: Kallmeyer.

Fauser, P./Prenzel, M./Schratz, M. (Hrsg.) (2008). Was für Schulen! Profile, Konzepte und Dynamik guter Schulen in Deutschland. Seelze-Velber: Kallmeyer.

Fauser, P./Prenzel, M./Schratz, M. (Hrsg.) (2009. Was für Schulen! Wie gute Schule gemacht wird – Werkzeuge exellenter Praxis. Seelze-Velber: Kallmeyer.

Fend, H. (1986). „Gute Schulen – schlechte Schulen". Die einzelne Schule als pädagogische Handlungseinheit. Die deutsche Schule 78 (3), S. 275-293.

Händle, C. (1987). Unterschiedliche Prioritäten von Lehrern für ihren Unterricht und Folgerungen für Beratung. In: Boettcher/Bremerisch-Vos (Hrsg.), S. 297-319.

Hänsel, D. (1975). Die Anpassung des Lehrers – Zur Sozialisation in der Berufspraxis. Weinheim, Basel: Beltz Verlag.

Krapp, A. (2005): Das Konzept der grundlegenden psychologischen Bedürfnisse: Ein Erklärungsansatz für die positiven Effekte von Wohlbefinden und intrinsischer Motivation im Lehr-Lerngeschehen. Zeitschrift für Pädagogik, 51 (5), 626-641.

Krapp A./Ryan R.M. (2002). Selbstwirksamkeit und Lernmotivation. In Jerusalem, M. & Hopf, D. (Hrsg.), Zeitschrift für Pädagogik. Selbstwirksamkeit und Motivationsprozesse in Bildungsinstitutionen. 44. Beiheft. 54-68.

Mayring, Ph. (1992). Analytische Schritte bei der Textinterpretation. In: Huber, G.L. (Hrsg.): Qualitative Analyse. Computereinsatz in der Sozialforschung. (S. 11-41), München: Oldenbourg.

Projektgruppe Praktisches Lernen (Hrsg.) (1998). Bewegte Praxis. Praktisches Lernen und Schulreform. Weinheim und Basel: Beltz.

Rackoczy, K., Tkalenko, O. (2008). Evaluation der Schulpartnerausbildung von „E.U.LE.-Entwicklungsprogramm für Unterricht und Lernqualität". Abschlussbericht über die vier Erhebungswellen für das Thüringer Kultusministerium. (unveröffentlicht).

Rentschler, I./Madelung, E./Fauser, P. (Hrsg.) (2003). Bilder im Kopf. Beiträge zum imaginativen Lernen. Seelze-Velber: Kallmeyer.

Rißmann, J. (2004). Lehrerhandeln und Verstehen. Ein konstruktivistisches Lehrertraining zum verständnisintensiven Lernen. Dissertation Jena 2003. Jena: IKS Gramond.

Terhart, E. (2003). Reform der Lehrerbildung: Chancen und Risiken. In: Gogolin, I./Tippelt, R. (Hrsg.): Innovation durch Bildung. Beiträge zum 18. Kongress der Deutschen Gesellschaft für Erziehungswissenschaft. S. 163-180. Opladen: Leske und Budrich.

Tillmann, K.-J. (2009). Probleme und Perspektiven der Lehrerbildung. Vortrag bei den Jenaer Tagen der Didaktik am 9. Mai 2009.

Ulich, K. (1996). Beruf Lehrer/in. Arbeitsbelastungen, Beziehungskonflikte, Zufriedenheit. Weinheim und Basel: Beltz.

Wahl, D. (1991). Handeln unter Druck. Der weite Weg vom Wissen zum Handeln bei Lehrern, Hochschullehrern und Erwachsenenbildnern. Deutscher Studien Verlag: Weinheim.

Wahl, D. (2001). Nachhaltige Wege vom Wissen zum Handeln. Beiträge zur Lehrerbildung, 19 (2), 157-174.

Dieser Bericht beruht auf der Arbeit der Konzeptgruppe des Programms. Ihr gehörten Anfang 2009 neben den Verfassern an: Martin Boock, Ulrike Uta Feine, Friederike Heller, Kerstin Immerthal, Katrin Lange, Veronika Meinunger, Martina Roland, Stephan Schnurre, Myriam Schwarzer, Cornelia Sperling, Otto Thiele, Ute Waldenburger, Marina Wiesner

http://www.eule-thueringen.de

Wilfried Schley und Michael Schratz

Die Zukunft gemeinsam entstehen lassen

Professionalisierung von Führungspersonen als Systemwandel

Einführung

Die deutschsprachigen Bildungssysteme sind *„overmanged"* und *„underled"*. Vielerorts finden sich innovative Ansätze und Menschen, die an einem Musterwechsel arbeiten, sie bleiben aber regional beschränkt oder finden keine Unterstützung im Gesamtsystem. So bleiben auch gut gemeinte Reformansätze oft Insellösungen oder werden von Lehrerinnen und Lehrern als inkohärent, z.T. sogar widersprüchlich aufgenommen (z.B. Forderung nach mehr Qualität, aber weniger Freiraum sie zu schaffen). Die Kultur von Schule wird stark durch Führungspersonen auf allen Systemebenen geprägt, die als Katalysatoren oder Agenten des Wandels wirksam werden.

In der *Leadership Academy* (LEA) folgen Führungspersonen aus dem österreichischen Schulsystem jenseits von herkömmlichen Seminarkonzeptionen einem neuen Paradigma des Lernens und der Professionalisierung, das auf Vernetzung setzt. *Leadership* kennzeichnet die besondere personale und mentale Kompetenz einer Führungsperson, der Entwicklung im eigenen Bereich Richtung zu geben, ein starkes Engagement der Einzelnen auszulösen und die organisationale Leistungsfähigkeit zu steigern Das Leadership-Netzwerk soll die Leistungsfähigkeit des Gesamtsystems stärken – mit dem Ziel, die Bildungsprozesse von Schülerinnen und Schülern zu verbessern.

Der neue Professionalisierungsansatz dient der Befähigung, Qualifizierung und Ermutigung von Leitungspersonen auf allen Ebenen des Bildungssystems. Sie werden in die Lage versetzt komplexe Entwicklungsaufgaben über Schwerpunkte, Prioritäten, Projekte und Profile strategisch anzugehen. Sie lernen Themen in Entwicklungsprozesse zu übersetzen und die Menschen in ihrem Verantwortungsbereich für herausfordernde Aufgaben zu begeistern. Aus Kultur, Struktur und Prozessen entwickelt sich in der gemeinsamen Arbeit eine Identität. Das Ziel ist die Herausbildung einer neuen Kultur von Leadership, die sich durch das gesamte Schulsystem zieht.

Der Kulturwandel in diesem Professionalisierungsansatz liegt in einem Musterwechsel, der folgenden Prinzipien verpflichtet ist:
- Er arbeitet auf der Basis des selbstorganisierten Lernens mit einer starken Lernumgebung.
- Er betrachtet die Teilnehmenden als verantwortliche Gestaltende ihrer eigenen Lernprojekte.
- Das Prinzip der Initiative und Verantwortung verbindet sich mit dem Gedanken der Partizipation und Aktivität.

- Die Motivation zu einer anspruchsvollen und zeitlich belastenden Qualifizierung wächst aus dem unmittelbaren Nutzen der Academy für das System, in dem die Betreffenden Führungsverantwortung tragen.
- Die Zusammensetzung der Leadership Academy entspringt dem Grundsatz von Vielfalt und Durchmischung von Leitungspersonen aus den unterschiedlichen Schularten, Regionen und Hierarchieebenen.

1. Das Konzept von LEA

1.1 Entstehung der Leadership Academy (LEA)

Als die Frage an uns gerichtet wurde, wie man die Führungsqualität und Professionalität der Leitung im Bildungsbereich nachhaltig steigern könne, waren unsere Prämissen bald klar. Sie liegen in der Verbindung zwischen Professionalität, Leadership und „Community of Practice". Leadership kennzeichnet die besondere personale und mentale Kompetenz einer Führungsperson, der Entwicklung im eigenen Bereich Richtung zu geben, ein starkes Engagement Einzelner auszulösen und die organisationale Leistungsfähigkeit zu steigern – mit dem Ziel, die Bildungsprozesse von Schülerinnen und Schülern zu verbessern.

Leadership als Professionalität zweiter Ordnung geht über die Managementkompetenz hinaus. Sie ist mehr als die Anwendung professioneller Qualitätsstandards. Sie zeigt sich in konkreten Situationen, die als Aufgaben und Herausforderungen von den Führungspersonen zu bewältigen sind. Professionalität entwickelt sich dabei im bewussten Tun, sie lässt sich damit im eigentlichen Sinn nicht lehren. Das hat sie mit der Gruppendynamik gemein, die auch eine Lehre der Wirkungen ist, ohne operationalisierte Handreichung zu sein. Wir sehen in traditionellen Qualifizierungsmaßnahmen die Gefahr der Produktion „trägen Wissens" und wollten ein Arrangement schaffen, unter dem sich Leadership als Professionalität entwickelt. Das bedeutet Abschied zu nehmen vom klassischen Lehrgang als Qualifikationstyp. Es genügt eben nicht, Führungskonzepte kennen zu lernen und darüber zu diskutieren, es ist vielmehr nötig, zu konkretem Handeln zu kommen. Wir sind demnach vom Ansatz des „situated learning" (Lave & Wenger 1991) ausgegangen. Theorie und Praxis fallen im Aktionslernen zusammen. Der eigentliche Erkenntnisgewinn wird durch Reflexion erzielt.

Die Elemente unseres Denkens
- Lösungsorientierte Arbeit an innovativen Projekten in der eigenen Organisation.
- Neues Theorie-Praxis-Verständnis durch Aufhebung der Trennung von Lernen und Anwenden und Überwinden der Transferproblematik im Ansatz des „situated learning".
- Kompetenzerwerb durch begleitende Reflexion im Kollegialen Teamcoaching (KTC).

- Netzwerkorganisation durch vielfältige Verflechtungen in der Lernpartnerschaft, der Kollegialen Teamcoaching-Gruppe sowie der Regional- und Fachgruppe.
- Zusammenspiel von unternehmerischer Verantwortung der einzelnen Akteurinnen und Akteure der Leadership Academy mit der Verantwortungsteilung im Netzwerk.
- Strategieunterstützende Umsetzung von Bildungsreformen wie Bildungsstandards, Individualisierung und innere Differenzieruung, Ganztagsschule, Frühförderung u.a.
- Leadership mit Lust an Gestaltung und Vertrauen auf menschliche Ressourcen.
- Professionelle Unterstützung und Führung durch die wissenschaftlichen Leiter (Autoren dieses Beitrags) mit ihrem Team, das durch die NetzwerkkoordinatorInnen als RepräsentantInnen der Bundesländer erweitert wird.

Wie hat man sich das Leben dieser Academy vorzustellen?

1.2 Soziale Architektur

Die *Leadership Academy* besteht aus Generationen. In jeder Generation nehmen etwa 250-300 Führungspersonen aus dem Bildungsbereich aus Österreich teil. Die TeilnehmerInnen kommen aus allen Bundesländern und Schulformen, aus der Schulaufsicht und dem Ministerium. Sie führen Kollegien, Schulleitungen in der Region und Projekte oder Fachaufgaben in den Bundesministerien für Bildung, Wissenschaft und Kunst. Die Anmeldung erfolgt über die LandesschulratspräsidentInnen[1].

Die *Leadership Academy* besteht aus vier Foren, die nach den Elementen der entstehenden Zukunft (emerging future) von C. O. Scharmer (2007) aufgebaut sind:
- FORUM I: Opening Mind
- FORUM II: Opening Heart
- FORUM II: Opening Mind
- FORUM IV: Opening Future

Die Arbeit in den Foren beginnt immer im Plenum. Die große Gruppe wird erlebnisaktivierend moderiert. Für das Gelingen der Kommunikation sorgen Saalmikrophone und Helferinnen, die jede Meldung und Äußerung technisch unterstützen. Lernen wird auf diese Weise zu einem Erlebnis. Der methodische Grundsatz lautet: Aktivierung, Erfahrungsorientierung und Reflexion nach dem Großgruppenmoderationskonzept, das wir für die LEA maßgeschneidert entwickelt haben.

Das Konzept zielt darauf, die TeilnehmerInnen zu TeilgeberInnen zu machen. Dialogrunden an Tischgruppen von acht Personen, Zweiergespräche über die Tischecken, exemplarische Coaching-Dialoge auf der Bühne mit den Leitern der LEA tragen zu starker Identifikation bei. Erlebnisaktivierende Übungen, metaphorische

---

[1] Entsprechen den KultusministerInnen in den einzelnen Bundesländern.

Aufgaben, symbolische Kommunikationsformen, Bewegung und Rituale sichern auch in der großen Gruppe Lebendigkeit und sorgen für Dynamik.

Der zweite Tag der Foren ist in der Regel als Coaching-Tag gestaltet. Die große Gruppe löst sich auf, geht in die Kollegialen Teamcoaching-Runden, um dort jeder Person die Aufgabe und Chance zu geben, das eigene Projekt zu präsentieren, es kollegial beraten zu lassen und reich beschenkt mit Bildern, Gedanken und am Ende konkreten Ideen zur Lösung heim zu gehen.

Der dritte Tag hat eine Ausrichtung auf den Transfer. Dort wird in der Lernpartnerschaft, im regionalen Netzwerk und im Plenum der Blick nach vorn gerichtet. Strategisches Vorgehen, Kommunikationsmanagement und Arbeit am kommunikativen Dreischritt stehen im Mittelpunkt, bevor es zum Ausklang und zum Feedback kommt:

- **Selbstklärung** der Ziele, Motivationen und Ideen
- **Kommunikationsklärung** der bevorstehenden Dialoge im Praxisfeld
- **Systemklärung** zur Entwicklung geeigneter Projektstrukturen, Aktivierungen und Steuerungen zur Zielerreichung

1.3 Erfolgsfaktoren

Die Dynamik und Taktung der Arbeit geht von den Projekten aus. Sie sichern die Verbindung zur institutionellen Realität. Gemäss dem Satz von Kurt Lewin lernt man eine Organisation erst dann kennen, wenn man sie verändert oder etwas in ihr neu entwickelt. Die Intensität der Arbeit hängt eins zu eins vom eigenen Engagement ab. Die Dichte der Kommunikation entwickelt sich im Dialog mit der Lernpartnerin. Das Kollegiale Teamcoaching (KTC) weitet den Blick und sorgt für kreative Infusionen.

Der Erfolg steht in Relation zur Stimmigkeit. Passt das Thema zum Entwicklungsstand der Organisation, nimmt es die Zone der nächsten Entwicklung konstruktiv auf und gibt es eine Verbindung zwischen dem persönlichen Lernen und dem organisationalen Lernen. Das sind die zentralen Fragen bei der Themenauswahl und Projektgestaltung. Gute Leadership hat die doppelte Blickrichtung: Blick auf die Person und Blick auf die Situation. Am Ende geht es um Glaubwürdigkeit, Überzeugungskraft und Ausstrahlung.

1.4 Genutzte Konzepte

Einerseits geht es uns um Konzepte des professionellen Handelns, um Kompetenzentwicklung und projektorientierte Lernansätze auf der Ebene der TeilnehmerInnen, andererseits aber um eine Entwicklung des gesamten österreichischen Bildungssystems. Führungspersonen sind die Schlüssel für innovative Praxis, wenn sie lernen, ihre Arbeit als Teil eines Gesamtprozesses zu sehen und diesen in die Zukunft zu leben. Die Bewusstheit über die „Kluft zwischen Wissen und Handeln" (Mandl/Gerstenmeier 2000), die Auseinandersetzung um aktivierende Lernformen, die Erkenntnisse zum trägen Wissen und die Qualifizierung durch Verantwortungsübertragung und Zu-Mutung sind bedeutsame Elemente dieses Prozesses. Ebenso tragen das ergebnisorientierte Denken, die Orientierung an Standards und die Vertrautheit mit Qualitätsmanagementsystemen zu einer für das Gesamtsystem richtungweisenden Entwicklung bei.

Wir betrachten die TeilnehmerInnen als PartnerInnen im Dialog. Wir schätzen Kritik und Auseinandersetzung und wir arbeiten zielorientiert. Vermutlich wird deshalb in der LEA weniger über Standpunkte und Begründungen diskutiert, sondern viel mehr danach gerungen, die situativ „richtigen" Lösungen und Ideen zu finden. Leadership fühlt sich leicht und beweglich an, wenn einmal die innere Klarheit da ist und die Kommunikationsklärung läuft. Man fühlt sich angezogen, über Verstand und Gefühl, vereint in der Sehnsucht nach Neuem.

1.5 Stellenwert der Forschung

Die große Zahl der LEA-TeilnehmerInnen (ca 2.000 in den ersten Jahren) eröffnet eine einmalige Möglichkeit, Erkenntnisse über Systemwirkungen aus der Perspektive von Führungspersonen zu erforschen. Eine systematische Erforschung von Schlüsselaspekten lässt besondere Einblicke in individuelle und organisationale Aspekte des Schulsystems erwarten – allerdings nicht in abgehobener wissenschaftlicher Distanz, sondern angekoppelt an die Erfahrungen und Einstellungen der Mitglieder des LEA-Netzwerks.

In einem neuen Theorie-Praxis-Verständnis durch die Aufhebung der Trennung von Lernen und Anwenden und Überwinden der Transferproblematik im Ansatz des *„situated learning"* eröffnen sich neue Möglichkeiten der Forschung, in der die Mitglieder des LEA-Netzwerks selbst die wichtigsten Akteure im Forschungsprozess sind. Durch die unmittelbare Rückmeldung der Ergebnisse erfahren sie sich auch als solche und erleben Forschung daher als notwendigen Teil ihres eigenen Professionalisierungsprozesses. Dies zeigt sich beispielsweise in den Entwicklungsfolgen der *Leadership Kompetenz Skala* (LKS), welche die Kompetenzen von Führungspersonen (Eigenschaften, Fähigkeiten und Verhaltensweisen) im Hinblick auf Innovations- und Ergebnisorientierung erfasst (vgl. Pool 2007).

1.6 Teilhabe am Netzwerk

Es ist anregend, spannend und belebend Teil des LEA Netzwerks zu sein. Sie arbeiten an ihrer Kompetenzentwicklung, entdecken die Leadership Kompetenz in Ergänzung zur Managementkompetenz, bauen ihre Kommunikations- und Projektmanagementkompetenz weiter aus, schärfen ihr Rollenbewusstsein und entwickeln ihre Steuerungskompetenz.

Gleichzeitig tun sie etwas für ihr System. Sie praktizieren das Projektmanagement an einem systemrelevanten Thema und lernen effizienter, zielorientierter und vielleicht sogar lustvoller daran zu arbeiten.

Die eigene seelische Balance profitiert von Impulsen zum bewussten Loslassen, dem Prozess selbst eine Rolle im Geschehen zu geben und zu einem Teil auch die Wirkungen im System zu beobachten, um nicht kurzatmig als Feuerlöscher im Haus herum zu flitzen. Sie lernen bewusster zu intervenieren und erweitern ihr Verständnis und ihr Repertoire.

Die *Leadership Academy* wird für sie als TeilnehmerInnen zur Bühne, manchmal ist sie Werkstatt, oft auch Rüttelstrecke zum Test ihres Prototypen und ab und zu auch Jahrmarkt der Ideen.

2. Der Prozess von LEA

Atmosphärische Interaktionen

Es ist 8.20 am Morgen. Ein früher Beginn im Kongresszentrum Alpbach in Tirol. 280 Teilnehmende der Leadership Academy strömen in den großen Saal. Die Leitung stimmt sich mit dem Team ab und nimmt die Atmosphäre wahr. In 10 Minuten beginnt die Großgruppenarbeit.

Eine aufgeregte Stimmung, erwartungsvoll und fröhlich, voller herzlicher Interaktionen. Das Netzwerk der kollegialen Teamcoaching Gruppen wird sich heute bilden. Lernpartner für einen einjährigen Prozess der Arbeit an innovativen, herausfordernden und offenen Aufgaben sind zu finden. Vertrauen in unsicheren Situationen.

Noch sind die Gespräche am Tisch im Zentrum der Wahrnehmung, einige kommen noch und suchen ihren Platz, im Hintergrund eine weibliche Bluesstimme. Die Stimmung erreicht uns am Podium. Die Kamera projiziert unsere Köpfe in Großformat auf die Leinwand. Unsere Aufgabe ist es Aufmerksamkeit zu gewinnen. Ein unkonventionelles wertschätzendes Willkommen, persönliche Sätze, ein kurzer Dialog über die Eindrücke des Vortages, eine kurze Geschichte ..., vieles ist möglich. Es geht darum Eindrücke zum Ausdruck zu bringen, wir wissen ja nicht was in den Köpfen vorgeht. Wir sind Stimmungsleser, Wahrnehmende von Atmosphären und Windrücken. Wir haben die Chance die Aufmerksamkeit zu lenken, Evidenz zu schaffen und Spannung aufzubauen. Ohne Fokus bildet sich keine Energie und Energie ist der Stoff der Arbeit in großen Gruppen.

Eine klassische Situation in der Leadership Academy (LEA), die für uns das stärkste und intensivste Erfahrungsfeld der Arbeit mit großen Gruppen darstellt. Inzwischen sind mehr als 25 mehrtägige Foren mit 250 Teilnehmer/innen und mehr gelaufen. Aus der anfänglichen Not der großen Zahl entstand eine faszinierende Arbeitsform, die weit über die Leadership Academy hinaus weisend Relevanz hat. Wir werden in diesem Beitrag einige der relevanten Fragen, Dimensionen, Dynamiken und Erkenntnisse evidenzbasiert darstellen und so unsere Erfahrungen und daraus gewonnene Erkenntnisse zugänglich machen.

2.1 Wahrnehmen und wahrgenommen werden

Große Gruppen scheinen einen monologischen Stil heraufzubeschwören. Wie sollen wir als Leiter der Veranstaltung denn die vielen Menschen erreichen? Wir können ja nicht in ihre Köpfe hineinsehen. Das stimmt und ist zugleich die größte Denkfalle. Wir werden zeigen, wie es möglich ist, ein persönliches Wahrgenommen-werden, ein Angesprochen-sein und ein Gemeint-sein im Großgruppenrahmen zu ermöglichen. Dazu gehört erst einmal die Aufgabe, die große Gruppe (= ungegliederte Vielheit) in kleine überschaubare Einheiten zu gliedern und eine Atmosphäre der Gastlichkeit und des Eingeladenseins zu schaffen. Dem Wahrgenommen-werden ist es förderlich an Tischen Platz zu nehmen und dazu eingeladen zu sein, vertraute Menschen zu finden oder Unbekannte als Tischnachbarn zu gewinnen.

Die entscheidende Qualität der Interaktion ist die der persönlichen Relevanz und der Aufgehobenheit. Dialoge benötigen ein Gegenüber. Das können Tischnachbarn sein oder die Leiter der Großgruppe. Eine gehobene, ja feierlich besondere Atmosphäre stellt sich ein, wenn wir als Impulsgeber, Katalysatoren, Navigatoren und Inhaltsverantwortliche die Rolle der Gastgeber einnehmen. Aus der Sicht der Angesprochenen ist es entscheidend vorzukommen und gemeint zu sein. „Ja, sie sprechen mir aus der Seele, ja, so geht es mir".

„Savu bona" „Sikona" so lautet das **Begrüßungsritual** der Bantus in Südafrika. Erst wenn Du mich gesehen hast, bin ich existent. Wir erreichen diese Wirkung durch das Sichtbarmachen und Begrüßen. Ein Aufstehen und Sich-zeigen schafft ein Klima der Herzlichkeit und Würdigung. Es ist gut, dass Ihr da seid, so lautet die Botschaft.

Lautes Denken ermöglicht Stimmungen projektiv zu erfassen. Viele mögen noch völlig unklar darüber sein, was Sie als innovatives Vorhaben im Rahmen der LEA angehen werden. Oder: Was persönlich ein Musterwechsel ist, wird sich noch herausstellen. Oder: Manche sind skeptisch, sich auf das Abenteuer der Innovation in ihrem System einzulassen. Gerade am Anfang sind viele Fragen offen. Laut denken schafft Transparenz, enthält psychologische Erlaubnisse für Ambivalenz, Vorbehalt, Skepsis und Zweifel. Es ist eine Form der projektiven Identifikation.

Aktivierung der Teilnehmenden in Nachbardialogen, Erfahrungen über die Tischecken, Reflexionen in Halbgruppen oder Entscheidungen für Tischvoten bilden Impulse des Austauschs und der Einigung. Freewriting, persönliche Reflexionen im Lerntagebuch, stilles Reflektieren, Festhalten von Eindrücken, Arbeiten an Aufgaben. Das bringt Momente der Stille und Konzentration und ein Erleben der grosen Runde als Einheit. Und darum geht es, die Vielheit und Vielfältigkeit in der Gemeinsamkeit zu erfahren, eine Erfahrung, die Unterschiedlichkeit hervorhebt und sich von Richtig-Falsch-Denken abhebt.

2.2 Dynamik und Interaktion

Die Chance der großen Gruppe liegt in der Intensität des Erlebens und der Dynamik. Alles bekommt ein stärkeres Maß. Störungen werden deutlicher, Unruhe wird unüberhörbar, Stille wird zur Spannung und Lachen steckt an.

Kommunikation ist phänomenologisch gesehen ein leibliches Geschehen. Wir erleben und erfahren uns als psychosomatische Einheit. Wir spüren Situationen, wir erfassen auch das, was gleichsam in der Luft liegt. Emotionalität existiert als Atmosphäre in der gemeinsamen Situation eines Ortes oder Raumes. Seine Akustik, seine Weite, seine Ästhetik verdichten sich zu einer wahrnehmbaren Stimmung, die mit der Gestimmtheit der Menschen in engem Zusammenwirken besteht.

Was geschieht, wird unmittelbar und deutlich wahrgenommen. Ein Versprecher, eine unklare Antwort, ein spontaner Leitungsdialog auf offener Bühne. Die Teilnehmenden teilen das Erleben wortwörtlich. Alles, was geschieht, verläuft in Echtzeit, hier und jetzt, im laufenden Prozess.

Dialoge mit den Beteiligten werden über Saalmikrophone und „Reporter vor Ort" technisch ermöglicht. Entscheidend ist die Präsenz, die Bereitschaft Fragen, Wünsche, Anregungen und Kritik aufzunehmen. Am Umgang mit Kritik haben wir am meisten gelernt.

Die überzeugendste Form der Resonanz ist der Leitungsdialog. In dem Moment, in dem wir die offene, manchmal ungeschminkte Wahrheit der Situation aussprechen und uns mit ungeplanten Interaktionen auseinandersetzen, entsteht Wahrhaftigkeit und Glaubwürdigkeit, zugleich aber auch das Risiko des „Schönredens" und der „Rechtfertigung". Wir haben lernen müssen Kritik zu schätzen, wir verstehen sie heute als Beziehungs- und Kontaktangebot.

2.3 Sprache und Ansprache

Eine Sprache, die anspricht, ist erst einmal persönlich. Der Wahrnehmungs- und Erlebensraum wird durch die ersten Worte definiert. Konventionelle Begrüßungen schaffen den Rahmen, sie sprechen jedoch nicht an, schaffen keine Atmosphäre und keine gemeinsame Situation. Sie schaffen Orientierung. Eine soziale konventionelle Basis ist zugleich die Voraussetzung für das Erleben von Persönlichem.

Eine Störung im Headset während der Entwicklung der Grundhaltungen der Leadership in der Schule wurde von unregelmäßigen Brummgeräuschen in der Tonübertragung begleitet. Sie führte nach einiger Zeit zu unausgesprochenen Hypothesen über mögliche

Auslöser für die Störlaute: Waren es Bewegungen und wäre es besser still zu stehen, war es eine zu große Nähe zum Auditorium und wäre es klüger sich zurück zu bewegen, war es die Lautstärke, die Sprechgeschwindigkeit oder waren es gar Inhalte und Aussagen als Auslöser. Nach einiger Zeit wartete das Auditorium auf den nächsten Aussetzer und der Moderator bezog den „Brumm" als imaginär anwesenden Dritten ein, begrüßte ihn mimisch, wartete demonstrativ auf sein nächstes Erscheinen und nahm seine „Kommentare" als Bestätigung oder Missbilligung wahr. In dieses Spiel war das Auditorium mit eingebunden, ja gleichsam verwoben. Wir befanden uns in einem geistig assoziativen Raum, ein Beispiel für eine gemeinsame Situation. Am nächsten Tag war ein großes Bedauern zu spüren, als der „Brumm" nicht mehr dabei wahr. Er wurde mit großer Resonanz verabschiedet und fand immer wieder Erwähnung: „Wenn das der Brumm" gehört hätte, was hätte erwohl dazu gemeint.

Eine Sprache, die Geschichten erzählt und aufleben lässt, hat attraktive Wirkung. Sie zieht an, fordert auf mitzugehen, zu antizipieren, wie die Geschichte wohl ausgehen mag. Das unmittelbare Erleben packt die Aufmerksamkeit. Hier-und-jetzt-Interaktionen mit Spontancharakter hatten besonders prägende Wirkungen.

2.4 Struktur und Handeln

Große Gruppen müssen geführt werden. Im Verständnis der Leadership geht es am besten. sich gemeinsam einzulassen auf eine Zukunft, wenn sie entsteht (*emerging future*), bedeutet Möglichkeiten erkennen, Alternativen entwickeln, Chancen ergreifen und einen Fokus setzen.

Verantwortung übernehmen für das, was kommt, und das, was ich verlasse. Umgehen mit der Unsicherheit, ob ich dabei das Richtige getan habe. Offen bleiben im Kristallisationsprozess von Lösungen, im Schaffen von ersten Beispielen und Prototypen des Zukünftigen. Alle Zustände im Übergang vom „nicht mehr" zum „noch nicht" sind mit Ambivalenz belegt und verlangen große innere Bereitschaft sich dem zu stellen. Unsere Erfahrung ist, dass diese Erfahrung als ein kollektiver Prozess des Erlebens mit vielfältigen Lösungen und Antworten in großen Gruppen in synchronen Prozessen zu hoher Intensität führen. Der Mut wächst und die Fähigkeit, den eigenen inneren Impulsen zu trauen.

Momente des Loslassens, Sich-trennens, Verabschiedens sind prägend für die biografischen Muster und das eigenen biografische Bewusstsein. Die daran anschließende Leere kann oft lebenslang im leiblichen Gedächtnis gespeichert abgerufen werden. Unser soziales Archiv kennt die existenziellen Momente der Suche, des Tastens, Entdeckens und Sich-findens.

Ein Lernen, das darauf aufbaut, entdeckt die Lösung im Inneren, vertraut der schöpferischen Kraft und würdigt die Erkenntnisse. Agency versteht sich dementsprechend als Haltung der Verantwortung für das Erkannte, Erfaßte, Herausgefundene und schöpferisch Gestaltete.

In der Leitung plenarer Runden mit vielen kleinen Zirkeln und noch mehr Individualität wird uns das Potenzial dieser Vielfalt bewusst und lässt uns staunen. Es gibt das inzwischen auch publizierte Phänomen der „Weisheit der Vielen" (Surowiecki 2005). Es begegnet uns und fordert Respekt.

2.5 Imagination und Storytelling

Große Gruppen werden vielfach ex cathedra belehrt, das heißt Informationen werden von Expert/innen an möglichst viele Anwesende weiter gegeben (z.B. Großvorlesungen, Informationsweitergabe über Reformen durch das Ministerium u.ä.). Wir gehen mit klassischen Vorträgen sparsam um, da sie – ähnlich dem Frontalunterricht in der Klasse – die Energie auf die vortragende Person binden. Für Veränderungsprozesse ist bedeutsam, dass in den einzelnen Menschen Entwicklungsimpulse in Gang gesetzt werden.

Emmy, ein junges Lemming-Mädchen will sich nicht damit abfinden, wie alle anderen Lemminge über den Felsen in die Tiefe zu springen. Weder die alten Weisen noch ein zur Erstellung eines Lemming-Leitbilds eingeflogener Berater können sie davon abbringen, ihren eigenen Weg zu suchen: „Weshalb bin ich hier?" „Wer bin ich?" „Was will ich überhaupt?" fragt sie sich, mit Tränen in den Augen am Abgrund sitzend. Das auf Leinwand projizierte Bild von Emmy wirkt: es ist mausestille im Saal.

Emmys Fragen wirken katalysatorisch für die einzelnen Mitglieder des Leadership-Netzwerks: „Weshalb bin ich hier?" „Wer bin ich?" „Was will ich überhaupt?" bilden die Fragen des Hier und Jetzt. Bin ich jemand, der einem Lemming ähnlich den anderen folgt oder das tut, was alle anderen tun? Manage ich meine Schule oder übernehme ich eine Leadership-Haltung ein? Der Impuls ist übergesprungen, Antworten auf diese existentiellen Fragen liegen nicht auf der Hand. Sie beginnen zu wirken.

Das Auslösen innerer Bilder ist eine wirkungsvolle Kraft in der Großgruppe, um jedem und jeder Einzelnen eine individuelle Form der Auseinandersetzung mit einem Thema zu ermöglichen. Daher kommt in unserer Arbeit der Freisetzung von inneren Bildern ein besonderer Stellenwert zu. Der bekannte Hirnforscher G. Hüther (2004) spricht von der „Macht der inneren Bilder", die das „Tiefenwissen" freisetzen, also die Ebene, in der die „wirklichen" Bedürfnisse und Vorstellungen einer wünschenswerten Zukunft verankert sind. Das ist vermutlich der Ort, von dem aus Impulse für Transformationsprozesse ausgehen.

C.O. Scharmer (2007) nennt diesen Moment *Presencing* (aus der Verbindung von *presence* und *sensing*), d.h. das Wahrnehmen der Schnittstelle zwischen Vergangenheit und Zukunft, der Moment des Musterwechsels vom *letting go* (alter Muster) und *letting come* (neuer Bilder). Die (neue) Zukunft beginnt hier und jetzt, wo innere Bilder (neues) Denken, Fühlen und Handeln auslösen. Hirnforscher wie Pöppel (2006) und Hüther (2004) argumentieren, dass menschliches Handeln vor allem durch innere Bilder gesteuert wird, die auf emotional berührende Situationen in der persönlichen Biografie zurückgehen. Scharmer nennt diesen Moment *emerging future*, den Zeitpunkt für die entstehende Zukunft.

Da es uns der Leadership Academy nicht nur um die Förderung individueller Entwicklung, sondern um die Initiierung von Systemwandel geht, ist die Erfahrung in der Großgruppe eine wichtige Voraussetzung. Das Eigenerleben und das Wahrnehmen der anderen sowie der gegenseitige Austausch über die unterschiedlichen biografischen und systemischen Erfahrungen in vielfältigen Settings (Großgruppe, Tischgruppe, Coaching-Team, Lernpartnerschaft) bewirken eine Intensivierung.

2.6 Methoden und Settings

Wie der Raum als dritter Pädagoge durch die äußere Architektur wirkt (vgl. Schratz 2009), so ist auch die innere, d.h. soziale Architektur für das Gelingen einer Großgruppenarbeit von besonderer Bedeutung. Die Leadership Academy ist keine physische Einrichtung in Form eines Gebäudes, da sie sonst die Strukturen des klassischen Systems abbilden würde, das durch Hierarchien, standardisierte Abläufe etc. gekennzeichnet ist (vgl. Abb. 1).

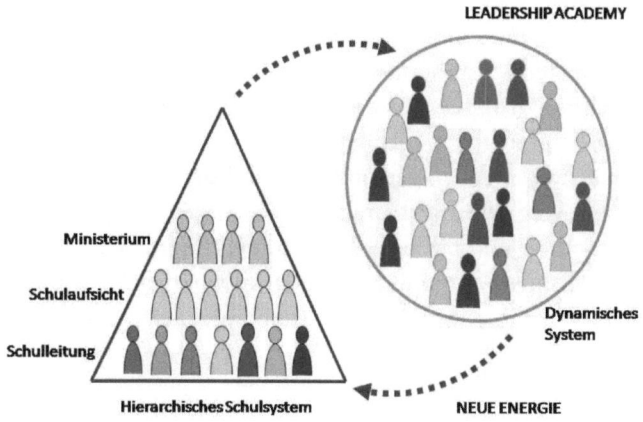

Abb. 1:   Die Dynamik schöpferischer Energie freisetzen

Das Dreieck in Abbildung 1 symbolisiert das hierarchische System, aus dem die Teilnehmer/innen der LEA kommen. Im Kreis der LEA werden die einzelnen Hierarchieebenen durchmischt, wodurch Interaktionen und Kommunikation „auf Augenhöhe" erfolgen. Die Teilnehmer einer LEA bilden ein Generationsnetzwerk, welches das Gesamtsystem abbildet (alle Schultypen, Schulaufsicht unterschiedlicher Ausrichtung, Führungspersonen aus dem Ministerium mit unterschiedlichen Aufgaben). Erst die große Gruppe macht es möglich, das Gesamtsystem in dieser Form abzubilden, wodurch das Anliegen eines Systemwandels als gemeinsames Anliegen lebbar wird und sich nicht über Aufträge oder Reformmaßnahmen von der „Zentrale" an die „Basis" delegierten lassen muß. Diese gemeinsame Erfahrung macht auch *alle* zu Betroffenen und Beteiligten („Gemeinsam sind wir stark!").

Zum Systemwandel kommt es allerdings nicht automatisch, sondern dazu ist ein binnendifferenziertes Setting für Austauschprozesse und konkrete Entwicklungsschritte erforderlich. Sie beginnen bei der Tischgruppenarbeit im Großplenum, in dem immer wieder neue Sitzpartner/innen dafür sorgen, dass der Systemblick erweitert wird. Diese erfolgt über unterschiedliche methodische Arrangements, die vom World Café (vgl. Schratz 2006) bis zur freien Tischarbeit reichen. Durch den Austausch an Tischen erfolgt nicht nur die Verarbeitung plenarer Inputs, sondern auch das Verstehen standortspezifischer Problemsichten (Stichwort: Kontextsensibilität) und individuellen menschlichen Handelns (Stichwort: Personenfeedback). Damit die Erfahrungen an den Einzeltischen vernetzt werden können, werden in den Plenarphasen immer wieder auch Stimmungsbilder per Mikrofon aufgegriffen und damit zum Teil der gemeinsamen Erfahrung gemacht („Reporter vor Ort").

Die kleinste Einheit bildet die Lernpartnerschaft, um auch in der großen Gruppe bei flexiblen Arrangements eine Beziehungskonstante zu schaffen. Lernpartner/innen haben mehrere Aufgaben, die sich grob in zwei Funktionsbereiche unterteilen lassen: Zum einen hat sie/er die Aufgabe, als sog. „kritische/r Freund/in" den Musterwechsel zu begleiten, etwa durch die Unterstützung bei der Umsetzung der konkreten Schritte bzw. Maßnahmen aus der Coachingarbeit. Andererseits ist seine/ihre Aufgabe die des Controllers, um sicherzustellen, dass der Musterwechsel auch tatsächlich „greift", d.h. der Rückfall in die alten Muster verhindert wird.

Die kollegialen Teamcoaching-Gruppen sind jene professionellen Lerngemeinschaften, die die intensivste Begegnung ermöglichen, da die Coaching-Phasen eine kontinuierliche Auseinandersetzung mit der persönlichen und beruflichen Entwicklung der Teilnehmer/innen am Weg zur „next practice". Sie setzen sich jeweils aus drei Lernpartnerschaften zusammen und bilden eine vertraute „Heimatbasis" inmitten der vielfach wechselnden Settings während der Großgruppenarbeit. Dazu erhalten sie auch einen persönlichen Lernort mit einem vollständigen Set von Planungs- und Gestaltungsmaterial.

2.7 Erfolgsfaktoren

1. Flow: Die Arbeit im „intermediären Raum" wurde bereits von Winnicott als Möglichkeit und Voraussetzung für Kreativität beschrieben. In diesem Raum werden Bilder, Szenarien und Perspektiven wirksam, die barrierefrei betrachtet und ohne Angst weitergedacht werden können. Im Flow wächst der Mut sie auch zu realisieren und damit dem Prozess der *emerging future* Gestalt zu geben.
2. Respekt: Alle Haltungen, Perspektiven, Emotionen und Zielbilder sind Teile eines größeren Ganzen. Sie werden mit Respekt und Achtung aufgenommen und als individuelles Hervorbringen in der Resonanz bestätigt und gewürdigt. Gerade

Menschen in herausfordernden Rollen gewinnen so ihre Identität und entwickeln Freiheitsgrade für ihr Handeln und ihre Interaktionen mit den SchülerInnen, Eltern und KollegenInnen.

3. Aufmerksamkeit: Im Wahrnehmen festigt sich das Erleben der eigenen Identität. Die Aufmerksamkeit anderer hebt Konturen heraus und macht den Fokus klarer. Informationen werden im Kontext der Erzählung und der systemischen Einbettung zu relevanten Erkenntnissen, die die Qualität von „Aha-Erlebnissen" haben.

4, Stimmigkeit: In der Führung von Schulen, der Leitung von Teams, der Koordination von Fachgruppen, der Steuerung von Lernprozessen agieren Professionelle immer in mehr oder weniger bewusster Differenzwahrnehmung. Häufig sind ambivalente Gefühle und widersprüchliche Haltungen präsent. Das Erleben von Stimmigkeit im Umgang mit Komplexität und Ambivalenz stärkt die Akteure.

5. Klarheit: Die Beeindrucktheit der Teilnehmenden durch das starke unmittelbare Erleben verlangt nach Klarheit der Ziele, der Struktur und der Begründungen. Starke Atmosphären wirken und nehmen mit. Sie bedürfen der Transparenz und Kohärenz: Warum geschieht jetzt gerade dieses und wozu führt es.

6. Fokus: In der Antizipation von Prozessen und Schwierigkeiten werden Aufgaben, Herausforderungen und Abenteuer vorweg genommen. (Was kommt als nächstes auf Sie zu und was sollte Ihnen gelingen?) Da Situationen von der Beschaffenheit her chaotisch mannigfaltige Ganzheiten sind, die gleichwohl aus geschichteten, ineinander verwobenen Ebenen, Bezügen und Kontexten besteht, geht es immer darum den Fokus zu setzen.

7. Energie: Aus einem klaren Fokus erwächst die deutlich stärkere Chance der Gewinnung schöpferischer Energie. So werden immer wieder erlebnisbetonte Erfahrungsräume geschaffen wie eine Expedition zum Südpol als Metapher für Schulentwicklung und Leadership, eine Balanceaufgabe von 30 Kolleginnen im spannungsvollen Führen eines Spinnennetzes mit einer Aufbauaufgabe von schweren aufeinander stapelbaren Bauklötzen, die Öffnung einer Faust meines Gegenübers als Metapher für Vertrauensbildung und die Gewinnung von Offenheit. Aufgaben, die viele Lösungen zulassen haben besondere Kraft. Sie fordern auf anziehende Weise.

8. Individueller roter Faden: Die höchste Herausforderung liegt in der spannungsvollen Situation vielfältiger personalisierter Prozesse in der großen Runde. Wir bieten in der Leadership Academy die Chance der Bearbeitung eines persönlichen systemischen Vorhabens. Die Innovation verlangt Disziplin, weil es gerade nicht um den genialen Einfall geht, sondern um das beharrliche Herangehen an neue Möglichkeiten.

2.8 Atmosphären

Wer Großgruppen im Geist der Leadership anregt und navigiert, tut gut daran Atmosphären wahrzunehmen. Das sind fühlbare, oft jedoch schwer definierbare Elemente. Sie sind der Intuition zugänglich und gehören zu den Phänomenen, die sich durch Teilen vermehren.

„Leadership is like beauty: You can't define it, but you know it when you see it." (Warren Bennis). Eine Atmosphäre ist leiblich spürbar, gekennzeichnet durch Qualitäten wie Weite, Dichte, Intensität und Gelöstheit oder Spannung. Atmosphären können angesprochen werden, um Bewusstheit zu fördern und den Eindruck zu teilen, sie verstärken sich und gewinnen an Präsenz durch die Resonanz. Die Führung von großen Gruppen bedarf der Resonanzfähigkeit in besonderem Maße.

2.9 Stellenwert großer Gruppen

Wir heben abschließend drei Momente hervor, die Früchte einer neuen Arbeit im Spannungsfeld von kollektiver Intelligenz und personalisierendem Lernen sind.
1. Geteilte Werte:
   Große Gruppen entwickeln Prozesstugenden und gemeinsame Werte (*shared values*). Die Arbeit mit diesen Gruppen verbindet. Spezifische verbindende Werte tauchen auf: Transparenz, Achtsamkeit, Respekt, Behutsamkeit, Gesichtswahrung. Sie bilden einen haltenden Grund, der Risiken, Offenheiten trägt, – und Spannungen auch.
2. Commitment:
   Das Erleben der Interdependenz ist eindrucksvoll. Von den wechselnden Atmosphären großer Gruppen gehen Impulse aus. Das Gefühl diese Gruppen zu leiten, hebt sich auf. Die sprechenden Atmosphären müssen bloß gehört werden. Und sie verlangen eine Antwort.
3. Zugehörigkeit:
   Das Bild des Bewirkens trennt in Handelnde und Behandelte, Lehrende und Lernende, Subjekt und Objekt. Das stärkste Erleben in großen Gruppen ist die gemeinsam reflektierte Subjektivität. Wir lernen vermutlich stärker als die lernende Community selbst. Es liegt daran, dass wir als Lernende Teil dieser Gemeinschaft sind und dieses Lernen offen begrüßen.

Die Großgruppenarbeit der Leadership Academy hat uns viel gelehrt, worüber ein schriftlicher Beitrag nur bruchstückhaft berichten kann. Die Intensität der schöpferischen Energie wird erst über die Qualität des Erlebens und der Dynamik gemeinsamer Anliegen wirksam: Leadership braucht Kreativität, Querdenken und Professionalität, Mut zum Erproben von Neuem, Gelassenheit und Zeit zur Reflexion.

Literatur

Deneke, F.W. (1998). Psychische Struktur und Gehirn. Die Gestaltung subjektiver Wirklichkeiten. Stuttgart: Schattauer.

Hüther G. (2004). Die Macht der inneren Bilder. Göttingen: Vandenhoek & Ruprecht.

Lave, J. & Wenger, E. (1991). Situated learning: Legitimate peripheral participations. Cambridge: Cambridge University Press.

Mandl, H. & Gerstenmeier, J. (Hrsg.). (2000). Die Kluft zwischen Wissen und Handeln: Empirische und theoretische Lösungsansätze. Göttingen: Hogrefe.

Pöppel E. (2006). Der Rahmen. Ein Blick des Gehirns auf unser Ich. München: Hanser.

Pool, S. (2007). Leadership auf dem Prüfstand – Mit der Leadership-Kompetenz-Skala Führungskompetenzen von Schulleitungspersonen auf der Spur. In: journal für schulentwicklung. 11, (1) S. 42-53.

Scharmer, C.O. (2007). Theory U: Leading from the Future as It Emerges. Cambridge, MA: SOL (Society for Organizational Learning).

Schmitz, H. (1997). Höhlengänge. Über die gegenwärtige Aufgabe der Philosophie. Berlin: Akademie.

Schratz, M. (2006). Das World Café – eine wirksame Methode zur Vernetzung von Wissen in großen Gruppen. In: journal für schulentwicklung. 10, (1) S. 98-106.

Schratz, M. (2009). Bildung und Architektur: Der Raum als dritter Pädagoge. Innsbruck: BiWi Magazin S. 30-31.

Senge, P. (1996). Die Fünfte Disziplin. Stuttgart: Klett-Cotta.

Senge, P. et al. (1999). The Dance of Change: Die 10 Herausforderungen tiefgreifender Veränderungen in Organisationen. Wien: Signum.

Surowiecki, J. (2005). Die Weisheit der Vielen – Warum Gruppen klüger sind als Einzelne und wie wir das kollektive Wissen für unser wirtschaftliches, soziales und politisches Handeln nutzen können. München: Goldmann.

Weitere Informationen: www.leadershipacademy.at

Institutionen und Strukturen der
Lehrer/innenbildung auf dem Weg

Birgit Weyand

Zentren für Lehrerbildung als Agenturen des Systemwandels

1. Einleitung

Der Zustand der deutschen Lehrerbildung ist vielfach beschrieben und als veränderungsbedürftig diagnostiziert worden. Dass es sich dabei keineswegs um ein akutes Krankheitsbild handelt, sondern teilweise auch von einem chronischen Leiden gesprochen werden kann, zeigt Schnabel-Schüle in ihrem Beitrag zu diesem Band auf. Viele Ursachen hierfür sind auszumachen und ein Großteil der Chronifizierung liegt daran, dass zwar viel am Patienten herumgedoktert wird, die jeweiligen Experten jedoch zumeist nur ein Segment des ganzen Systems Lehrerbildung betrachten und behandeln. Genauso wie die klassische Medizin weist auch der Umgang mit der Lehrerbildung diesen fragmentierten Zugang auf und trägt somit zur Tradierung des Zustands bei. Diese Kultur des Zugangs hat aber nicht nur traditionelle Gründe, sondern zugleich kultiviert sie unter Wahrung von Selbstverständnissen und Standes- bzw. Machtinteressen das tradierte System. Um diese Mechanismen und destruktiven Dynamiken, wie z.B. Dequalifizierungsprozesse in Phasen des Lehrermangels, zu durchbrechen, müsste zwangsläufig auf allen Systemebenen[1] gefragt werden: Wer hat welches Interesse an der Aufrechterhaltung und widersteht daher dem Veränderungsdruck? Konstruktiv würde man fragen: Welche Anreizstrukturen könnten den vermeintlich erfolgreichen Weg des Systemerhalts hinterfragen helfen und einen Wandel generieren?

Erfreulich ist, dass dem Patienten Lehrerbildung in den letzten Jahren zumindest erhöhte diagnostische Aufmerksamkeit zuteil wird und es auch an mehr oder weniger elaborierten Therapievorschlägen nicht mangelt. Ein Heilmittel wird dabei zumeist ins Spiel gebracht, von dem eine Breitbandwirkung erhofft wird: Die Einrichtung von Zentren für Lehrerbildung. Die bislang zu beobachtende Wirksamkeit der Zentren sowie die Nebenwirkungen im sensiblen systemischen Gefüge erinnert an eine klinische Erprobungsstudie für ein neues Medikament. Die Wirkungen unterscheiden sich je nach individuellem Patienten, es kommt auf die Dosis, die Einstellung des Patienten und seine (Immun-)Abwehrhaltung an. Zu einem auf Dauer angelegten Einsatz von Zentren für Lehrerbildung bedarf es daher genauer Beobachtungen, um spezifische Dosierungs- und Anwendungshinweise geben zu können, die bei maximaler und insbesondere nachhaltiger Wirksamkeit insgesamt die Nebenwirkungen auf ein erträgliches Maß reduzieren.

---

1 Dies wären auf der Mikroebene das universitäre Binnengefüge, auf der Mesoebene das Verhältnis der Institutionen und Phasen der Lehrerbildung zueinander und auf der Makroebene die föderale Struktur des deutschen (Lehrer-)Bildungssystems.

2. Zentren für Lehrerbildung[2] im Fokus der Aufmerksamkeit

Mehrere Studien haben sich mit dem Aufgabenspektrum sowie mit typischen Formen von Zentren für Lehrerbildung befasst, und es liegen Gutachten und Erfahrungsberichte über die Arbeit einzelner Zentren vor; exemplarisch sei auf die Beiträge von Blömeke (1998, 2000, 2002, 2004), Hilligus & Rinkens (2005) und Wilke (2005) verwiesen.

Merkens brachte 2005 in der Schriftenreihe der Deutschen Gesellschaft für Erziehungswissenschaft einen Band zu Zentren für Lehrerbildung heraus, der über die beispielhaften Darstellungen einiger Zentren sowie einen federführenden Beitrag von Terhart diese neue Institution beleuchtete. Zeitgleich stellte Hilligus die Ergebnisse ihrer systematischen und vergleichenden Recherche zur Lage der Zentren vor und stellte

> „viele Gemeinsamkeiten, aber auch deutliche Unterschiede zwischen den einzelnen Standorten" fest. „Nicht nur die Bezeichnungen variieren, sondern die ‚Art der Institutionalisierung und die Zusammensetzung der Zentren‘, deren ‚Funktion und Befugnisse‘ sowie deren Ziele und Aufgaben." (2005, S. 69).

Warum also nach nur vier Jahren ein erneuter Beitrag zu Zentren für Lehrerbildung? Dies ist m. E. aus mehreren Gründen sinnvoll. Zum einen befindet sich die Lehrerbildung derzeit immer noch in einem starken Wandel und zum anderen sind seit 2005 m. W. nunmehr an allen lehrerausbildenden Hochschulen in Deutschland derartige Zentren eingerichtet worden, die gemeinsame Webplattform www.lehrerbildung.de weist 54 Zentren für Lehrerbildung auf (Stand: Juli 2009).

Zudem sind die Zentren für Lehrerbildung seit 2007 untereinander vernetzt und es liegen erste Ergebnisse einer empirischen Studie zu Grunddaten von Zentren für Lehrerbildung vor. Letztlich darf in einem Band zu Kulturen der Lehrerbildung ein Fokus auf Zentren für Lehrerbildung m. E. nicht fehlen, da die Zentren für Lehrerbildung als neue intra- und interinstitutionelle Querstrukturen eine Schlüsselfunktion im Prozess der Sichtbarmachung und kohärenzorientierten Verschmelzung tradierter (Sub-) Kulturen der Lehrerbildung wahrnehmen bzw. wahrnehmen können.

3. Zentren für Lehrerbildung als Reformagenturen

Der Reformboom in der Lehrerbildung ist auch an den mittlerweile fast flächendeckend implementierten Zentren für Lehrerbildung an den lehrerausbildenden Hochschulen in Deutschland sichtbar. Im Jahr 2000 hat sich die Kultusministerkonferenz der Länder (KMK) auf elf Aufgabenbereiche von Zentren für Lehrerbildung

---

2   Obgleich die Zentren für Lehrerbildung je nach Profil, institutioneller Verortung und Ausrichtung bzw. Kernaufgaben unterschiedliche Bezeichnungen haben, wird im Folgenden einheitlich der Terminus „Zentren für Lehrerbildung" verwendet.

verständigt, die Koordination, Konzeption, Vernetzung, Forschung, Beratung, Qualitätssicherung und Innovation institutionell verankern und somit gewährleisten sollen.

In diesem Beitrag soll versucht werden, die Bedeutung, die Funktion und das Potenzial von Zentren für Lehrerbildung anhand folgender Fragestellungen zu beleuchten:

- Welche programmatischen Erwartungen gehen bzw. gingen mit den Gründungen der Zentren für Lehrerbildung einher?
- Wie passen Zentren für Lehrerbildung in das intra- und interinstitutionelle Gefüge, welches die Lehrerbildung durch ihre Phasen- und Querstruktur sowie die damit verbundene Segmentierung entwickelt hat?
- Sind Zentren für Lehrerbildung eher reaktiv als Indikatoren oder eher proaktiv als Entwicklungsagenturen für einen System- bzw. Kulturwandel einzuordnen?

Dabei wird dort, wo es ergänzend sinnvoll erscheint, die Situation der Zentren für Lehrerbildung durch Ergebnisse einer empirischen Erhebung zu Grunddaten von Zentren für Lehrerbildung[3] aufgezeigt.

4.   Die Segmentierung in der Lehrerbildung

Lehramtsstudierende bewegen sich durch ihr Kombinationsstudium quer zu Fächer- und Fachbereichsgrenzen, die gesamte Ausbildung schließt zudem unterschiedliche Institutionen mit jeweils spezifischen Ausbildungskulturen und Selbstverständnissen ein.

Für die Universität stellt Blömeke 2004 fest, dass

> „eines der zentralen Ergebnisse aller Lehramtsevaluationen der letzten zehn Jahre [...] dementsprechend die Feststellung mehrfacher Desintegrationsprozesse zwischen den an der Lehrerausbildung beteiligten Personen und Organisationen [ist]“. (2004, S. 268)

Folgerichtig ist vielen Reformkonzepten zur LehrerInnenbildung eine inhaltliche sowie strukturelle Verzahnung immanent. Zentren für Lehrerbildung können, zumindest inneruniversitär, ähnlich wie eine Defragmentierungs-Software durch das Aufspüren von Redundanzen und Friktionen den Boden für Verzahnungen bereinigen.

Weitere wesentliche Instrumente zur Überwindung von Desintegration und curricularer Beliebigkeit stellen die Standards für die Bildungswissenschaften der Kultusministerkonferenz (KMK) von 2004 sowie die ländergemeinsamen inhaltlichen Anforderungen für die Lehramtsfächer, von der KMK als „Saarbrücker Beschluss“ im

---

3   Die Zentren für Lehrerbildung der Universität Trier sowie der LMU München haben 2007 per Umfrage von den bis dato implementierten ZfL deren Grunddaten erhoben; das Projekt wurde vom Stifterverband für die Deutsche Wissenschaft gefördert.

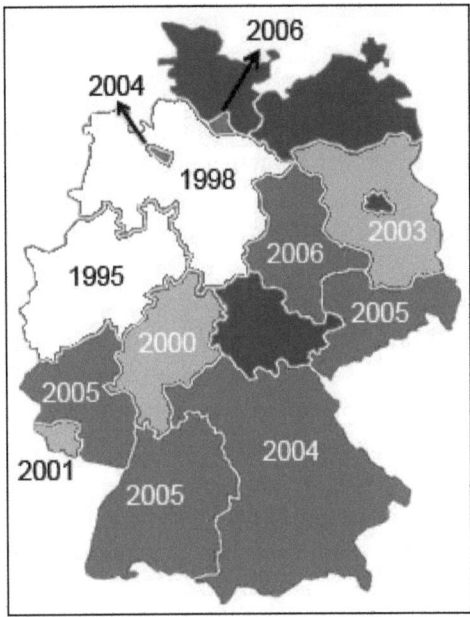

Oktober 2008 verabschiedet, dar. Der Beitrag von Saterdag in diesem Band stellt diesen in seiner Bedeutung für einen Kulturenwandel nicht zu unterschätzenden Prozess gesondert und ausführlich vor.

Aus diesem vielfach beschriebenen veränderungsbedürftigen Zustand der dekonstruktiven Segmentierung in der LehrerInnenbildung kann sich die programmatische Empfehlung einer zentralen, und damit fachbereichsübergreifenden Einrichtung zur Koordination und Integration als steuernde Institution ableiten lassen. Um zugleich einen Ort für die immer noch desiderate Lehrerbildungs- und/oder Schulforschung zu schaffen, haftet den allermeisten Zentren für Lehrerbildung der Status einer wissenschaftlichen Einrichtung an.

Derartige systemische Überlegungen und Implementierungen fanden in den letzten Jahren in den Bundesländern statt. Pionierarbeit leistete seit 1980 – und lange Zeit sehr einsam – das Zentrum für Lehrerbildung an der Universität Bielefeld. Den bereits seit Mitte der 90er Jahre in Nordrhein-Westfalen und Niedersachsen eingerichteten Zentren folgte die Gründungswelle in Hessen, Saarland, Brandenburg, Berlin, Bayern, Bremen, Rheinland-Pfalz, Sachsen, Baden-Württemberg und Hamburg. Die nebenstehende Grafik zeigt die Gründungen geografisch auf.

Im Auftrag der Kultusministerkonferenz hatte die sog. Terhart-Kommission in ihrem Abschlussbericht zu Perspektiven der Lehrerbildung in Deutschland die Gründung von Zentren für Lehrerbildung empfohlen. Dieser programmatische Appell hatte unterschiedlich lange Wege in der Bundesrepublik, wie das folgende Diagramm zeigt, letztendlich ist dieser Empfehlung im Kern jedoch flächendeckend und in unterschiedlicher Ausprägung gefolgt worden. Insbesondere um das Jahr 2005 ist ein richtiggehender Gründungsboom zu verzeichnen.

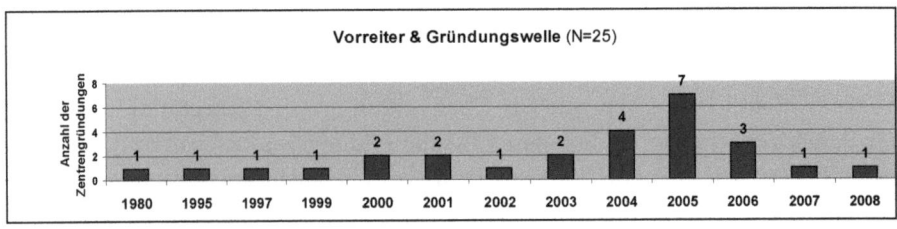

Abb. 1:   Gründungsjahr der Zentren

Es gibt die Zentren für Lehrerbildung nunmehr flächendeckend, aber was können und sollen sie leisten? Wintermantel stellt als KMK-Präsidentin anlässlich einer Senatssitzung der Hochschulrektorenkonferenz mit dem Schwerpunktthema „Lehrerbildung nachhaltig als zentraler Aufgabe der Hochschulen mit besonderen Anforderungen an alle beteiligten Fakultäten" fest:

> „Dafür entwickeln die Universitäten nicht nur inhaltliche Konzepte, sondern auch Organisationsformen, die die Qualität der Lehrerbildung sichern und verbessern. Das können auch fakultätsübergreifende Zentren für Lehrerbildung und Schulforschung sein wie in Göttingen oder Paderborn". (HRK 2009)

Überspitzt formuliert sollen Zentren für Lehrerbildung folgenden Prozess unterstützen: aus dem beliebigen und unverbundenen Neben- und Nacheinander sowohl horizontal eine curricular und komplementär verzahnte als auch vertikal eine anschlussfähige und sukzessive Ausbildungsstruktur kommunizieren, koordinieren und steuern – dies alles angesichts jahrzehntelang gewachsener und tradierter institutioneller Kulturen der Lehrerbildung an Hochschulen und Studienseminaren. Ist dies ein zwar anspruchsvolles aber realisierbares Unterfangen oder vielmehr ein hybrides Konstrukt bzw. eine Utopie?

Den meisten Reformmodellen in der Lehrerbildung ist eine stärkere inhaltliche und strukturelle Verzahnung der Ausbildungsteile immanent. Interdisziplinäres und interinstitutionelles Miteinander ist daher zwingend erforderlich geworden und somit auch eine Verständigung über eine gemeinsame und anschlussfähige Ausbildungskultur. Dies stellt sich als große Herausforderung dar und wird je nach Genese, Konstitution und Profil der einzelnen Zentren unterschiedlich angegangen. Der Anspruch ist immer hoch, z.B. geht Saterdag davon aus, dass alleine die Institutionalisierung von Zentren für Lehrerbildung in Rheinland-Pfalz eine tragfähige Kooperationsstruktur für die zweifelsohne notwendige Aufgaben- und Zuständigkeitsverteilung ist (vgl. 2004, S. 62).

Terhart (2007) empfiehlt gemeinsame Standards für Zentren für Lehrerbildung und eine starke Ausrichtung auf die immer noch desiderate Lehrerbildungs- und Schulforschung.

Nicht ohne kritische Bedenken gegenüber einer umgreifenden Fixierung auf Standards kann ein Vergleich von Grunddaten der Zentren für Lehrerbildung in Deutschland deren Heterogenität darstellen, aber im Vergleich von Best Practice auch so etwas wie Minimalstandards für eine erfolgreiche Next Practice aufzeigen. Aber wann genau sind Zentren für Lehrerbildung erfolgreich? Welche Parameter für Erfolg können hier herangezogen werden? Ist die Effizienz von Zentren für Lehrerbildung messbar? Ist bereits die Sichtbarmachung der Lehrerbildung innerhalb einer Hochschule effiziente Arbeit?

Damit eine konstruktive und nachhaltige Wirksamkeit durch top-down gesteuerte Organisationsentwicklung gelingen kann, ist es geboten, die Standortbedingungen und je spezifisch gewachsenen und prägenden Ausbildungskulturen als konstitutive

Elemente zu analysieren. Verallgemeinernd kann jedoch auch die Suche nach und Analyse von systematischen Strukturen und Entwicklungsprozessen Hinweise zur konstruktiven und nachhaltig wirksamen Arbeit der Zentren geben. Ein Vorhaben hierbei ist eine erste Formulierung von Minimalstandards für Zentren für Lehrerbildung (vgl. Gabler, Hilligus & Weyand 2009), eine konzeptionelle Arbeit, die als roter Faden bei jedem jährlichen Treffen der Zentren weitergesponnen wird.

Ebenfalls im Kern dieser Arbeit liegt die Erhebung der Grunddaten von Zentren für Lehrerbildung, deren prägnanteste Ergebnisse hier vorgestellt werden sollen. Nach Impulsen durch einen Vortrag von Terhart beim Ersten Bundestreffen der Zentren für Lehrerbildung 2007 in Münster wurden 52 Zentren für Lehrerbildung im Jahr 2007 angeschrieben und um Bearbeitung eines Fragebogens gebeten. Dieses Erhebungsinstrument wurde in Kooperation des Zentrums der Universität Trier und der LMU München entwickelt. Der Stifterverband für die Deutsche Wissenschaft unterstützte das Projekt. Insgesamt haben 28 Zentren für Lehrerbildung an der Studie teilgenommen, ein Rücklauf von 51 Prozent. Folgende Bundesländer waren an der Erhebung beteiligt (in Klammern die Zahl der Zentren): Baden-Württemberg (5), Bayern (6), Berlin (1), Brandenburg (1), Bremen (1), Hamburg (1), Hessen (1), Niedersachsen (2), Nordrhein-Westfalen (5), Rheinland-Pfalz (2), Saarland (1), Sachsen (1), Sachsen-Anhalt (1).

5. Strukturmerkmale von Zentren für Lehrerbildung

Im März 2007 initiierte das Zentrum für Lehrerbildung der Universität Münster das erste bundesweite Treffen der GeschäftsführerInnen der ZfL, dem 2008 in Trier, 2009 in Hamburg und 2010 in Bielefeld weitere jährliche Arbeitstagungen folgten. Zum Auftakt dieser bundesweiten Vernetzung stellte Terhart in einem grundlegenden Vortrag zu Wirksamkeit und Perspektiven von Zentren für Lehrerbildung in Münster das sog. Anreicherungsmodell mit folgenden Ingredienzien vor:

- Verbesserung der Ressourcen,
- Ausbau der Kompetenzen,
- Aufbau einer Forschungsplattform,
- Federführung in allen Lehrerbildungsfragen und
- Mitsprache bei Berufungen.

Diese sicherlich sinnvolle Programmatik ist (nicht erst seit 2007) in den verschiedenen Zentren für Lehrerbildung sehr unterschiedlich angegangen worden, das Spektrum ist groß. Ich glaube jedoch, dass auch die Zielmargen unterschiedlich sind, dies hängt stark mit Personen und Prozessen zusammen. Die Stellung der Zentren für Lehrerbildung reicht inneruniversitär von Duldung über Akzeptanz bis zu Inanspruchnahme und Wertschätzung. Dies zeigt im Prinzip nur die organisationstheoretisch erwartbaren Optionen im komplexen Binnenverhältnis einer Universität auf und führt je nach Lage zu konstruktiven aber eben auch zu destruktiven Prozessverläufen.

Den sehr schmalen Grat, auf dem die Zentren für Lehrerbildung im institutionellen Binnengefüge ihren Weg und vor allem ihren Platz finden müssen, beschrieb Terhart 2005 sehr präzise:

> „Wie viel Macht muss einem Zentrum für Lehrerbildung mindestens gegeben werden, damit es seine Aufgaben erfüllen kann – und wie machtlos muss es bleiben, damit die Akzeptanz und breite Verankerung in der Universität nicht gefährdet wird?" (S. 19)

Beispielsweise zeigt sich aktuell im Anhörungsverfahren zur Novellierung des Hochschulgesetzes in Rheinland-Pfalz, wie unterschiedlich einzelne Bereiche der Universitäten auf die geplante Ausdifferenzierung der Aufgaben der Zentren für Lehrerbildung, die implizit mit stärkeren Steuerungsfunktionen einhergeht, Stellung genommen haben – das Spektrum reicht auch hier von Begrüßung bis zu dezidiertem Widerspruch, letzterer symptomatisch aus den Fachbereichen mit dem größten Lehramtsanteil.

Die „Stärke" eines Zentrums für Lehrerbildung kann an drei Strukturmerkmalen festgemacht werden, die in der Tabelle jeweils als Bündel von Variablen differenziert sind.

Tabelle 1: Strukturmerkmale von Zentren für Lehrerbildung

Lehrerbildung als Profilmerkmal der Hochschule	Struktur/Profil des Zentrums	Ausstattung des Zentrums
Anzahl der angebotenen Lehrämter/ Schularten	Rechtsform & Einbindung in die Hochschule	Haushaltsmittel
Anzahl und Anteil der Lehramts-studiengänge zur Anzahl übriger Studiengänge	Organisationsform (Gremienstruktur, Geschäftsstelle etc.)	Personelle und materielle Ausstattung
Anteil der Lehramtsstudierenden an den Gesamtstudierendenzahlen	Entscheidungsbefugnisse	Drittmittel
Anzahl und Anteil der an der Lehrerbildung beteiligten Fakultäten	Aufgaben und Tätigkeitsfelder	

Da zumeist die universitäre Erstausbildung der Lehramtsstudierenden im Fokus der Arbeit der Zentren für Lehrerbildung steht, ist insbesondere die Stellung und Wirksamkeit im universitären Binnengefüge von Bedeutung. Einige Zentren für Lehrerbildung sind jedoch interinstitutionell besetzt, d.h. VertreterInnen aus Studienseminaren und Schulen sind – zumeist beratende – Mitglieder, z.B. in Rheinland-Pfalz und in Hamburg.

Die inneruniversitäre „Stärke", aber eher noch die Akzeptanz eines Zentrums für Lehrerbildung kann nicht nur anhand obiger Kriterien hergeleitet werden, sondern implizit lässt sich auch an einigen „weichen" Faktoren ablesen, wie bedeutsam das Zentrum erachtet wird: Wen entsenden die Lehramtsfächer in die Gremien des ZfL? Wie regelmäßig nehmen die universitären Mitglieder an den Sitzungen teil? Usw.

5.1 Lehrerbildung als Profilmerkmal der Hochschule

Ob die Lehrerbildung ein Profilmerkmal einer Hochschule ist, kann entweder anhand spezifischer, großteils quantitativer Indikatoren betrachtet und summiert werden, oder aber dies wird als universitäres Selbstbild so gesehen und sowohl nach innen als auch bzw. oder nach außen kommuniziert. Bei der Erhebung der Grunddaten zeigt sich dieses breite Spielfeld an Optionen ebenfalls, teils – und das ist sehr interessant – in diametraler Ausprägung.

Um diejenigen Hochschulen mit einem Lehramtsprofil von Hochschulen ohne Lehramtsprofil unterscheiden zu können, wurden in der Studie folgende Variablen summiert:

- Anzahl der unterschiedlichen Schularten,
- Anteil der Lehramtsstudiengänge an den Gesamtzahl der Studiengänge,
- Anteil der Lehramtsstudierenden an der Gesamtzahl der Studierenden,
- Anteil der am Lehramt beteiligten Fakultäten zur Gesamtzahl der Fakultäten.

Zwei Drittel der Hochschulen weisen demnach auf der Berechnungsgrundlage von Indikatoren ein Lehramtsprofil auf.

Die Zentren wurden zudem explizit gefragt, ob die Lehrerbildung Teil des eigenen Hochschulprofils ist. Vergleicht man diese Angabe der Zentren mit der berechneten Variable aus Indikatoren, ergibt sich folgendes Bild: Sechs Zentren geben an, dass die Lehrerbildung Teil des Hochschulprofils ist, obwohl dies bei der Berechnung der Indikatoren nicht bestätigt werden konnte. Zwei Zentren geben sogar an, dass die Lehrerbildung kein Teil des Hochschulprofils ist, obwohl die Indikatoren darauf schließen lassen. Hier klaffen also quantitative Verhältnisse und subjektiv und/oder kollektiv erlebte Bedeutsamkeit weit auseinander, wie es bei Patienten auch oft eine breite Kluft zwischen klinischem Erscheinungsbild und subjektiv erlebter Wirklichkeit gibt.

An vielen Einzelbeispielen lässt sich dieses Paradox ebenfalls häufig beobachten und man kann leicht den Eindruck erhalten, dass die Abwehr der Lehrerbildung proportional zum Anteil der Lehramtsstudierenden steigt, d.h. je mehr Lehramtsstudierende ein Fach hat, desto mehr tendieren die Lehrenden dazu, diese als notwendiges Anhängsel zwar zu dulden, aber oft auch abzuwerten. Dies deckt sich auch mit Aussagen vieler Lehramtsstudierenden, die sich mehr oder weniger explizit als Studierende zweiter Klasse behandelt fühlen.

Jenseits der individuellen Ebene ist auch strukturell zu beobachten, dass die Kooperationsbereitschaft in den Zentren für Lehrerbildung nicht unbedingt von den „großen" Lehramtsfächern ausgeht, sondern häufig sogar die Abwehrhaltungen gerade aus dieser Ecke kommen. Hier scheint in der Tat eine „gründliche Reflexion über das Selbstverständnis der Fächer" (Weiler in diesem Band) vonnöten zu sein. Ganz absurd wird die Abwehrhaltung gegenüber den Zentren für Lehrerbildung durch die Bildungswissenschaften, deren Existenzberechtigung genuin von der universitären Lehrerbildung abhängt. Über die Gründe derartiger Reaktionen vermutet Terhart, dass in

> „denjenigen universitären Disziplinen wiederum, die den Unterrichtsfächern korrespondieren und die zumal in den gymnasialen Lehramtsstudiengängen den allergrößten Teil eines Lehramtsstudiums ausmachen, [...] Zentren für Lehrerbildung eher argwöhnisch daraufhin beobachtet [werden], ob sie als fachfremde Instanzen auf die Art und Organisation der Lehre einwirken (oder gar bei Personalentscheidungen mitwirken) wollen und dies aufgrund der rechtlichen Konstruktion gegebenenfalls auch können." (2005, S. 19).

Aus spezifischer Sicht der Bildungswissenschaften könne die Gründung eines Zentrums für Lehrerbildung als direkte Konkurrenz angesehen werden:

> „Man könnte übrigens meinen, dass die am erziehungswissenschaftlichen Studienanteil in der Lehrerbildung beteiligten Fächer (Pädagogik, Psychologie, Soziologie, Philosophie u.a.) die Gründung solcher Zentren durchweg und bedingungslos unterstützen würden. Das ist aber nicht immer der Fall – was vielleicht durch die Sorge dieser Fächer zu erklären ist, die Deutungshoheit für den Zustand der Lehrerbildung am Standort zu verlieren oder vom Zentrum für Lehrerbildung aus selbst mit neuen Anforderungen an die Ausgestaltung der Lehre konfrontiert zu werden" (ebd.).

Viele informelle Erfahrungsberichte bei den jährlichen Zentrentreffen scheinen Terharts Einschätzung zu stützen.

Mittel- und langfristig ist die breite Verankerung eines Zentrums in der Hochschule am ehesten durch die Einbindung aller an der Lehrerbildung beteiligten Bereiche zu sichern. Die außeruniversitäre Lehrerbildung beteiligt sich zumeist rege an der Arbeit der Zentren.

Die folgende Auflistung der genannten Gruppen/Institutionen zeigt die Vielfalt an Interessenlagen und Kulturen auf, die es in den Zentren zusammenzuführen gilt:

- Inneruniversitär: Fachwissenschaften, Fachdidaktiken, Erziehungs-, bzw. Bildungswissenschaften, Hochschulleitung, Verwaltung, ProfessorInnen, Mittelbau, Studierende, Verwaltung.
- Außeruniversitär: Studienseminare, Schulreferate, Dienstaufsicht, Ministerien, Schulrektoren, LehrerInnen, Lehrerprüfungsamt, Elternverbände, Wirtschaft.

Insbesondere die Diskrepanz an Ausbildungskulturen zwischen Hochschulen (z.B. Proseminare mit über 35 Studierenden) und Studienseminaren (z.B. Fachseminare mit fünf bis 15 AnwärterInnen) muss deutlich gemacht werden, bevor an beide Institutionen die gleichen Evaluationskriterien bzgl. erworbener Kompetenzen angelegt werden.

5.2   Struktur bzw. Profil von Zentren für Lehrerbildung

5.2.1 Rechtsform und Einbindung in die Hochschule

Die Rechtsformen der befragten Zentren sind, bedingt durch die Kulturhoheit der Bundesländer, die unterschiedlichen Hochschulgesetze der Länder und den Autonomiegrad bzw. die Binnenstruktur der jeweiligen Hochschule sehr unterschiedlich. Daher ist die Formulierung eines diesbezüglichen Mindeststandards sehr schwierig. Es hat sich jedoch gezeigt, dass analog zu den Forderungen der verschiedenen Expertenkommissionen eine zentral angesiedelte Querstruktur die größtmögliche Wirksamkeit hinsichtlich einer Koordinierung erzielen kann, da die Lehrerausbildung an den Hochschulen ebenfalls quer über die beteiligten Fakultäten stattfindet. Eine beispielsweise nur die Bildungswissenschaften und Fachdidaktiken integrierende Zentrumsstruktur entließe die Fachwissenschaften zugleich aus ihrer Verantwortung.

Bezogen auf die Hochschulen lautet der Vorschlag für einen Mindeststandard daher:

> „Das Zentrum für Lehrerbildung hat grundsätzlich die Funktion, zwischen den an der Lehrerausbildung innerhalb der Universität beteiligten Institutionen und Verantwortlichkeiten koordinierend und steuernd zu wirken. Es kann besonders definierte Aufgaben wahrnehmen." (Gabler, Hilligus & Weyand 2009)

Vielen Reformmodellen ist auch eine zeitliche Verschränkung und inhaltliche Verzahnung von Theorie- und Praxisphasen gemein. Dies bricht das sukzessive Nacheinander von 1. und 2. Phase der Ausbildung auf und impliziert ein zeitliches Nebeneinander und institutionelles und damit personelles Miteinander. Diese – im günstigsten Fall – qualitätssteigernde Verdichtung geht in der Regel mit einer starken Verkürzung des Vorbereitungsdienstes einher. Um die Dignität beider Institutionen zu wahren und die jeweiligen Potenziale kohärent und synergetisch zu nutzen und die beiden Phasen anschlussfähig zu gestalten, ist eine koordinierende Instanz erforderlich. Auch hier kann durch die entsprechende Rechts- und Organisationsform eines Zentrums für Lehrerbildung kulturelle Aufbauarbeit geleistet werden, die in der Praxis nicht ohne Fallstricke ist. Gilt es doch hier, zwei tradierte Kulturen (Hochschule und Studienseminare) wechselseitig zu erforschen, auf ihre Schnittmengen hin abzuklopfen und als kommunizierende Röhren fruchtbar zu machen – ein für beide Seiten neues und sehr ungewohntes Terrain.

> „Das Zentrum für Lehrerbildung kann daher Aufgaben der Koordination und Mitwirkung seitens der Universität im Hinblick auf die 2. und 3. Pha-

se haben. Es kann auch als phasenübergreifende gemeinsame Einrichtung etabliert werden (z.B. Hamburg, RLP)." (ebd.)

Der Stifterverband für die Deutsche Wissenschaft hat 2009 mit der Ausschreibung des Programms „Von der Hochschule in den Klassenraum" einen starken Anreiz gegeben, „Neue Wege in der Zusammenarbeit zwischen Hochschulen und Studienseminaren in der Lehrerausbildung" zu beschreiten – was an der hohen Zahl von insgesamt 52 eingereichten Anträgen abzulesen ist. Es wäre interessant, hier zu schauen, bei wie vielen Anträgen bzw. Konzepten Zentren für Lehrerbildung eine Rolle spielen.

5.2.2 Geschäftsstelle

Sichtbar werden Zentren für Lehrerbildung in der Regel durch ihre Geschäftsstelle. Von den an der Studie beteiligten Zentren verfügen mehr als 90 Prozent über eine Geschäftsstelle. Die Leitung der Zentren für Lehrerbildung wird zumeist im Rahmen der universitären Ehrenämter von ProfessorInnen wahrgenommen, die für einen bestimmten Zeitraum gewählt werden. Ob ein Zentrum ohne Geschäftsstelle und damit ohne das in der Regel nur dort angesiedelte hauptamtliche und damit konstante Personal überhaupt arbeiten kann, ist eine interessante Frage. Die Personalausstattung der Zentren für Lehrerbildung ist jedoch auch ein entscheidendes Kriterium für die „Stärke" und effiziente Arbeit eines Zentrums. Im Durchschnitt verfügen die Zentren für Lehrerbildung über vier Stellen, die Spanne reicht jedoch von einer bis zu 12. Ein Vorschlag für einen diesbezüglichen Minimalstandard[4] geht dahin, dass ein Zentrum über eine Geschäftsführung, eine Sachbearbeitung sowie über weitere Stellen für spezifische Aufgaben wie z.B. Schulpraktische Studien, Studienberatung, Prüfungsadministration und Lehrkoordination verfügen sollte.

5.2.3 Entscheidungsbefugnisse

Die Verantwortung für die Lehre liegt genuin bei den Fachbereichen/Fakultäten. Die Hochschulleitung mit den von ihr eingesetzten Kommissionen spielt in dieser Verantwortungsstruktur eine richtungsweisende und übergeordnete Rolle. Soll das Zentrum laut der jeweiligen Stellungs- und Rollenvorgaben durch Gesetze und (Ver-) Ordnungen hier koordinierende und vor allem steuernde Funktionen wahrnehmen, muss dies zwangsläufig mit Befugnissen einhergehen. Diese können eng begrenzt oder auch recht weitreichend sein, die Spanne reicht in der Praxis von Informations-, Empfehlungs-, Beratungs- bis zu Entscheidungsbefugnissen bzw. -kompetenzen. Die sog. Baumert-Kommission hat jüngst für die Zentren in Nordrhein-Westfalen sehr

---

4 Vgl. hierzu den Vortrag von Gabler, Hilligus & Weyand beim 3. Bundestreffen der Zentren für Lehrerbildung im März 2009 in Hamburg. Dort wurden Entwürfe zu Minimalstandards für Zentren für Lehrerbildung diskutiert.

weitreichende Befugnisse und Kompetenzen gefordert. Die Schwierigkeit liegt darin, auszutarieren, für welche Aufgaben welche Befugnisse sinnvoll und notwendig sind. Dies kann faktisch nicht ohne Re-Organisationen und manchmal auch Verteilungskämpfe geschehen. Top-Down-Verordnungen sollten hier keinesfalls die erste Wahl sein, sondern um nachhaltig effizient und konstruktiv zu arbeiten, sind Überzeugungsarbeit und intensive Dialoge mit allen Beteiligten erforderlich. Hierfür bietet die in der Regel paritätisch besetzte Gremienstruktur der Zentren eine gute Voraussetzung, da dieses hochsensible Feld kontinuierlicher, konzeptioneller Abstimmungsprozesse bedarf. Mit Kompetenzen auf dem Papier blieb dennoch so mancher Tiger zahnlos, so dass eine situationsabhängige Balance zwischen steuerungs- und Kooperationsfunktionen angebracht sein kann: an akuten Symptomen orientierte homöopathische Dosierungen aus Machtdemonstrationen und überzeugungsorientierter Kleinarbeit.

Hierbei spielen die leitenden ProfessorInnen eine nicht zu unterschätzende Rolle. Zum einen ist ihre disziplinäre Herkunft sowie ihr Standing in der Hochschule für die Akzeptanz und Wirksamkeit eines Zentrums bedeutsam und zum anderen ihre organisationsstrategischen und sozial-kommunikativ integrierenden Kompetenzen. Die LeiterInnen der Zentren gestalten so auch die Rahmenbedingungen für die konkreten Aufgaben und Tätigkeitsfelder der Zentren mit.

5.2.4 Aufgaben und Tätigkeitsfelder

Die spezifischen Aufgabenfelder prägen das Profil eines Zentrums für Lehrerbildung. Sie sind stark abhängig von den rechtlich geregelten Befugnissen am jeweiligen Standort sowie natürlich auch von der Aufgabenverteilung im universitären Binnengefüge. Nicht zuletzt hängen das Arbeitsvermögen und die Schwerpunkte auch von der Ausstattung und der spezifischen Expertise des Personals am Zentrum für Lehrerbildung ab. Dennoch kann das Spektrum der Aufgaben und Tätigkeiten mit den folgenden Kernbereichen beschrieben werden (vgl. Gabler, Hilligus & Weyand 2009); flankierend werden Ergebnisse der empirischen Erhebung zu den Grunddaten aufgeführt (N= 28):

a) Studium und Lehre: Curriculumentwicklung; Lehrkoordination; fachübergreifende Studieninformation- und -beratung; Eignungs- und Neigungsberatung; Einbindung und Koordination der Schulpraktischen Studien; Evaluation und Qualitätssicherung.

Im Bereich Studium und Lehre stellen sich angesichts der inneruniversitären Fragmentierung große Anforderungen an Steuerung und Koordination sowie an die Beratung. In diesem Bereich wird der „institutionelle Ort" der Lehrerbildung am ehesten sichtbar. Da es hierbei vorwiegend um Service- und Unterstützungsangebote geht, ist die Akzeptanz und Kooperationsbereitschaft eher gut.

Hierzu die Empirie: Information und Beratung werden als Kerngeschäft bezeichnet; wie zu erwarten ist die Studiengangsentwicklung ein großes Aufgabenfeld; 30 Prozent der Zentren sind nicht an Evaluationen beteiligt, 25 Prozent sind teilweise beteiligt; fast 50 Prozent sind an der Qualitätssicherung der Lehre beteiligt; 41 Prozent übernehmen die Organisation der Schulpraktischen Studien.

Tabelle 2: Wahrgenommene Aufgaben und Tätigkeitsfelder

Wahrnehmung von folgenden Aufgaben	Häufigkeit	gültige Prozente
Praktikumsberatung	22	84,6
Studienberatung	21	80,8
Beteiligt an Berufungen	13	50,0
Beteiligt an Bildungsberatung	12	48,0
Eignung- und Neigungsberatung	11	42,3
Stundenplangestaltung	10	38,5
Sonstige Beratungsangebote	4	15,4
Psycho-soziale Beratung	3	11,5

b) Forschung: Anregung und Koordination von Forschungsverbünden; Initiierung, Koordination und Durchführung von Forschungsvorhaben; Übersicht und Beratung zu spezifischen Förderprogrammen; Unterstützung bei Angeboten für den wissenschaftlichen Nachwuchs

In der Forschung konkurrieren alle um Ansehen in der Scientific Community und natürlich auch um Drittmittel. Dies erschwert generell Kooperation, obgleich diese gerade an den interdisziplinären Schnittstellen z.B. bei Bildungs-, Schul-, Unterrichts- und Professionsforschung dringend angezeigt wäre. Merkens weist explizit auf die Rolle der Zentren für Lehrerbildung bei einem „gemeinsamen Programm Bildungsforschung" hin, um die „hinreichende Fokussierung verschiedener Beteiligter" zu erreichen (2005, S. 10).

c) Wissenstransfer: Planung und Durchführung von Vorträgen, Tagungen etc.; Entwicklung und Durchführung von Fort- und Weiterbildungsangeboten; Entwicklungsberatung (z.B. für Schulen); Politikberatung.

Zentren für Lehrerbildung sind als „institutioneller Ort" prädestiniert für den Bereich Wissenskommunikation und -transfer – über disziplinäre Interessen und Grenzen hinaus. Die sich zunehmend festigenden Kontakte und Netzwerke der Zentren bundesweit sind hier nur ein beachtenswerter Baustein.

d) Personal: Mitwirkung und Beratung bei lehramtsspezifischer Personalentwicklung; Hochschuldidaktische Angebote; Konzeption und Koordination zur

Weiterqualifizierungen z.B. Fachdidaktik, MentorInnen; Entwicklung von lehr-amtsspezifischen Professuren; Mitwirkung bei Berufungen.

„Personal" ist ein heikles Thema, weil es eng mit dem folgenden Bereich der Finan-zen verknüpft ist. Besonders sensibel ist der Bereich Berufungen, weil hier die Fächer und Fachbereiche einen tradierten und starken Hoheitsanspruch haben.

e) Finanzen: Entwicklung von lehramtsbezogenen Kriterien zur fachbereichsinternen Mittelvergabe; Zuweisungskompetenz für Mittel zur weiteren Verteilung nach eige-nen Kriterien insbesondere für Lehre, Forschung und Entwicklung; Projektbezoge-ne Mittelverteilung mit Anreizfunktion, z.B. für fachbereichsübergreifende Koope-ration.

Eine Steuerungsfunktion von Zentren bezüglich der lehramtsbezogenen Finanzen wird erwartungsgemäß als ein (zu) weit reichender Eingriff in bestehende Zuständig-keiten betrachtet. Nur wenige der an der empirischen Studie beteiligten Zentren ver-fügen über Zuweisungskompetenzen für Finanzen.

Besonders interessant bei den Ergebnissen der Studie ist der Vergleich der Anga-ben zu Tätigkeitsfeldern nach rechtlich vorgegebenen (und damit wohl politisch er-wünschten), tatsächlichen und idealtypischen Prioritäten. Hier die Mittelwerte zur Frage nach der Wichtigkeit von Arbeitsbereichen, die die Kluft zwischen Ansprüchen und Wirklichkeit aufzeigen:

Tabelle 3: Arbeitsschwerpunkte der Zentren

Arbeitsbereiche	Mittelwert		
	„verordnet"	idealtypisch	tatsächlich
Studiengangsentwicklung	**1,41**	1,25	**1,39**
Lehrangebot	2,26	1,96	2,22
Fort- und Weiterbildung	1,96	1,58	1,96
Profilierung der Lehrerbildung	1,52	**1,08**	1,71
außeruniversitäre Kooperation	1,52	1,33	1,67
auf Schule und Lehrerbildung bezogene Forschung	2,04	1,54	2,33
Evaluation der Lehrerbildung	1,78	1,38	2,13
Studieninformation- und Beratung	1,61	1,38	1,54
Bildungsberatung	2,55	**2,21**	**2,61**
Ressourcenplanung, -verteilung	**2,65**	2,08	2,58
Ressourcenakquirierung	2,55	2,04	2,35
Mitwirkung an Stellenberufungen	2,23	1,67	2,30
Wahrnehmung von Funktionen in den universitären Gremien	2,24	1,71	2,17

(Je kleiner der Wert, desto höher die Priorität; hervorgehoben sind in jeder Spalte die höchste und die niedrigste Priorität)

Nicht unerwähnt bleiben darf im Bereich Lehre und Dienstleistung die Rolle und Aufgabe der Zentren bei der Weiterentwicklung einer Lehramtskultur an den Hochschulen, die insgesamt zu einem besseren beruflichen Selbstverständnis und damit auch zu einem optimierten Berufsimage beitragen kann. Hierzu gehören Absolventenfeiern ebenso wie Alumni-Arbeit oder auch das Engagement in spezifischen Stipendienprogrammen.

5.3   Ausstattung des Zentrums

Das dritte Strukturmerkmal zur Beschreibung von Zentren für Lehrerbildung ist deren Ausstattung bezüglich Haushaltsmittel, personeller und materieller Ausstattung sowie Drittmittel.

Die Höhe der jährlichen Haushaltsmittel für die einzelnen Zentren variiert erheblich, einzelne Angaben reichen von 1.000 bis zu 100.000 €. In diesen Budgets sind keine Mittel für die Studiengänge enthalten. Die große Varianz zeigt sich auch in der Anzahl der dem Zentrum zur Verfügung stehenden Räume, hier reicht die Spanne von einem bis zu 20 Räumen. Dies verwundert nicht angesichts der ebenfalls großen Spanne bei der personellen Ausstattung. Hinter dem Mittelwert von vier Stellen stehen ein Minimum von einer und ein Maximum von 12 Stellen.

Doch wovon hängt die für die Wirksamkeit entscheidende Ausstattung der Zentren ab? Vom Alter, von der Genese, vom quantitativen Stellenwert der Lehrerausbildung in der jeweiligen Hochschule, von der Forschungsstärke und der -ausrichtung? Die Analyse der empirischen Studie zu Grunddaten der Zentren kann hier einige Tendenzen aufzeigen.

Klassifiziert man die an der Studie beteiligten Zentren nach Stellen in kleine (1-2), mittlere (3-5) und große (6+), so lässt sich ein Zusammenhang mit dem Alter der Zentren aufzeigen:

Tabelle 4: Alter und Personalstellen der Zentren

Standort	N	Mittelwert der Stellen
ältere Zentren (1997-2003)	9	4,44
jüngste Zentren (seit 2004)	13	2,77

Wahrscheinlich „wachsen" Zentren mit dem Alter und damit mit dem Aufgabenspektrum.

Der Zusammenhang zwischen der Anzahl der Lehramtsstudierenden und der Anzahl der Stellen in den Zentren ist nicht so deutlich, wie er angesichts des proportional ansteigenden Beratungsaufkommens (Kerngeschäft der Zentren) zu erwarten wäre:

Tabelle 5: Anzahl Lehramtsstudierende und Personalstellen der Zentren

Anzahl Lehramtstudierende	N	Mittelwert der Stellen
> 5000	5	4,6
< 5000	15	3,07

Jedoch scheint es hier eine bedeutsame Grenze zu geben, was den prozentualen Anteil der Lehramtsstudierenden an der Gesamtzahl aller Studierenden anbelangt, die Marge von 20 Prozent zeigt den erwarteten Zusammenhang auf. Dies korrespondiert mit dem Zusammenhang zwischen Lehrerbildung als Profilmerkmal einer Hochschule und deren prozentualem Anteil.

Tabelle 6: Prozentualer Anteil der Lehramtsstudierenden und Personalstellen der Zentren

Anteil Lehramtstudierende	N	Mittelwert der Stellen
über 20%	10	4,4
bis 20%	10	2,5

Einen deutlichen Zusammenhang kann man zwischen der Anzahl der Lehramtsstudierenden und der Höhe der Haushaltsmittel beobachten.

Tabelle 7: Anzahl der Lehramtsstudierenden und Höhe der Haushaltsmittel (Mittelwert 4 entspricht 15.000–20.000 €; Mittelwert 10 entspricht 45.000–50.000 €)

Anzahl Lehramtsstudierende	N	Mittelwert Haushaltsmittel
> 5000	5	10,4
< 5000	12	4,42

Da die Höhe der zugewiesenen Mittel an die Hochschulen von der Kopfzahl der Studierenden abhängt, ist der Zusammenhang vielleicht hier zu sehen. Ein Verfahren zur Haushaltsmittelberechnung der Zentren ist bspw. der pro Kopf berechnete Vorwegabzug.

Ein rechnerischer Zusammenhang zwischen prozentualem Anteil der Lehramtsstudierenden zu den Haushaltsmitteln kann ebenfalls aufgezeigt werden, er ist jedoch geringer als im Zusammenhang mit der Anzahl.

Die Stellenzuweisung an die Zentren für Lehrerbildung scheint demnach mehr von dem prozentualen Anteil der Lehramtsstudierenden an einem Universitätsstandort abzuhängen als von der Anzahl der Lehramtsstudierenden, jedoch hängt die Mittelzuweisung tendenziell mehr von der Kopfzahl der Studierenden ab.

Die Untersuchung von Zusammenhängen zwischen Forschungsausrichtung bzw. Forschungsaktivitäten, Haushaltsmitteln und Personalstellen ergab, dass forschende

Zentren schlechter mit Haushaltsmitteln ausgestattet sind und vielleicht durch die Forschung versuchen bzw. dazu angehalten sind, ihre Stellensituation über Drittmittel zu verbessern. Zentren mit hoher Forschungsaktivität haben tendenziell mehr Drittmittelstellen.

Weitere Tendenzen lassen sich folgendermaßen beschreiben: forschende Zentren sind aktiver bei der Profilierung des Lehramts, aber weniger aktiv bei Studieninformation und -beratung, nicht forschende Zentren sind hier aktiver; forschende Zentren sind aktiver bei der Ressourcenbeschaffung; kleinere Zentren sind forschungsaktiver.

Um auf Terharts Anreicherungsmodell und seine Empfehlungen „Verbesserung der Ressourcen, Ausbau der Kompetenzen, Aufbau einer Forschungsplattform und Federführung in allen Lehrerbildungsfragen" zurückzukommen – alles korreliert miteinander bzw. bedingt sich wechselseitig. Insbesondere die „Federführung in allen Lehrerbildungsfragen" erfordert Forschung, weil sie evidenz- und empiriebasiert sein sollte. Merkens empfiehlt hierzu vier Forschungsstränge: Grundlagenforschung, angewandte Forschung, Entwicklungsforschung sowie Handlungsforschung (vgl. 2005, S. 108f.).

Eine Perspektive zum Umgang mit dieser Herausforderung bieten die jährlichen Zentrentreffen, die seit 2006 stattfinden. Auf deren Agenda hat das Thema Professionalisierung der Zentren einen festen Platz erhalten. Durch die damit einhergehende starke Vernetzung der Zentren wird das Von-einander-lernen über die punktuellen jährlichen Treffen hinaus gefördert, so dass mittelfristig eine Arrondierung der Zentren nach performativen Standards stattfinden kann. Dieser Prozess könnte durch weitere Forschungsprojekte zu den Zentren selbst gestützt werden. Eine gute Grundlage für weitere empirische Arbeiten bietet der Projektbericht zur „Erhebung von Grunddaten zu Zentren für Lehrerbildung in Deutschland" (Weyand & Krämer 2010).

6. Fazit und Ausblick

Trotz vielerlei Reformen krankt die Lehrerbildung immer noch, die alten Symptome sind vielleicht weniger augenfällig, neue Symptome, teils als Nebenwirkungen rasanter Reformierungen, sind hinzugekommen. Nakamura beschreibt zur Bachelor-Master-Reform aktuell eindrucksvoll die ‚vollkommene Zersplitterung durch die Hochschulautonomie' (vgl. 2008).

Zentren für Lehrerbildung können nicht alle Krankheiten des Systems heilen, sie dienen nicht als Breitband-Antibiotikum, weil sie dann selbst zu viele Nebenwirkungen erzeugen würden und unter der scheinbar gesunden Oberfläche die tiefer liegenden Herde nicht mehr erkennbar wären. In homöopathischen Dosen verabreicht – und vor allem nach einer in der Homöopathie üblichen gründlichen und systemischen Diagnostik – können Zentren für Lehrerbildung m. E. eher wirksam werden.

Die Zentren für Lehrerbildung werden sich weiterentwickeln (müssen), genauso wie die Lehrerbildung insgesamt. Die breite Vernetzung der Zentren[5] könnte zudem zu einer bundesweit einheitlichen Regelung der Lehrerausbildung beitragen, die angesichts der Offenbarung ‚massiver Schwächen in der derzeitigen Lehrerbildung' derzeit „entfernter denn je sei", wie Hägler 2009 im SPIEGEL ONLINE konstatiert.

Eine Chance zum Aufzeigen ihrer Wirksamkeit (oder zumindest als Nützlichkeitsnachweis), zur Selbstvergewisserung und zur Positionierung der Zentren für Lehrerbildung bieten m. E. die Akkreditierungsverfahren. Hier können Zentren sowohl bei der Entwicklung der reformierten Studiengänge als auch beim Akkreditierungsverfahren selbst wertvolle Beratungs-, Gestaltungs- und Koordinierungsarbeit leisten. Zudem stellen die Gutachten zur Akkreditierung eine Evaluation im Sinne einer Status Quo Beschreibung anhand mehr oder weniger expliziter Standards dar (z.B. die im Akkreditierungsantrag enthaltenen Leitfragen).

Die Einrichtung der „School of Education" 2009 an der Technischen (Exzellenz)Universität München (TUM) ist ein beachtenswerter Schritt mit möglicherweise bundesweiter Signalwirkung. Dort ist die qualitätsorientierte Lehrerbildung als wesentlicher und nachhaltiger Beitrag zur Rekrutierung guten Studierendennachwuchses erkannt und – als eines von fünf Exzellenzmerkmalen – mit der Weiterentwicklung des Zentrums für Lehrerbildung zur Professional School umgesetzt worden. Dies konnte nur durch die Unterstützung und unter Federführung der Hochschulleitung geschehen.[6]

Vielerorts mangelt es aber gerade hier an dieser Unterstützung, gilt doch die Lehrerbildung schon sehr lange als zwar etabliertes jedoch nicht unbedingt geliebtes Kind der Universitäten. Die derzeitige Debatte in der Lehrerbildung um Polyvalenz versus Professionalisierung kann als aktuelle Facette eines Jahrzehnte alten Desintegrationsprozesses der Universitäten zur Lehrerausbildung gesehen werden, den Blömeke 2002 zusammenfassend beschrieben und analysiert hat.

Zur Situation der Zentren für Lehrerbildung bilanzierte Merkens 2005:

> „Die Empirie … bleibt diffus. Das hängt damit zusammen, dass in den verschiedenen Hochschulen Zentren jeweils nach der Bedarfslage sowie nach Zielvorstellungen der Beteiligten gegründet worden sind und dann ihre Arbeit aufgenommen haben. Die Vielfalt der Praxis zeigt positiv, dass sich sehr unterschiedliche Bedarfe identifizieren lassen, denen dann jeweils Genüge zu tun versucht worden ist. So ist nicht zu erwarten, dass auf der Basis der Empirie ein allgemeines Konzept entwickelt werden kann. Ein solches Konzept kann vielmehr nur aus Anforderungen bestimmt werden, die an Lehrerbildung gestellt werden." (S. 103)

Letzterem ist zuzustimmen. Bezogen auf meine eingangs formulierten Fragestellungen sollten die Zentren für Lehrerbildung jedoch im Sinne eines m.E. noch ausstehenden gemeinsamen Leitbildes guter Lehrerbildung eine eher proaktive und

---

5 siehe auch die vom ZfL Münster administrierte gemeinsame Website www.lehrerbildung.de
6 Zur Weiterentwicklung von Zentren für Lehrerbildung zu Professionell Schools sei auf den Beitrag von Weiler in diesem Band verwiesen.

gestaltende Funktion übernehmen und nicht nur den von Partikularinteressen ge-steuerten Bedarfslagen und Zielvorstellungen einzelner Beteiligter in der heterogenen Hochschulbildungslandschaft nachgehen.

Die Herausforderungen für die Lehrerbildung bleiben groß, auch gerade ange-sichts der Transformierung der Erstausbildung in Bachelor-Masterstudiengänge, die viele Chancen zur Neu- und Re-Konzeption birgt. Hier können die Zentren für Leh-rerbildung eine wichtige Steuerungs- und Innovationsfunktion übernehmen, damit gerade nicht alter Wein in neue Schläuche gefüllt wird, wie Weiler in diesem Band eher pessimistisch vermutet. Zentren für Lehrerbildung müssen sich gerade in diesen turbulenten Reformzeiten selbstreflexiv auf ihre Ziele, Werte und Aufgaben besinnen, damit sie nicht zu Erfüllungs- bzw. Umsetzungsgehilfen im Spannungsfeld von spe-zifischen Machtinteressen und Bewahrungstendenzen der verschiedenen Subkulturen im Lehrerbildungssystem werden, sondern selbst zu Agenturen für Weiterentwick-lung (vgl. das Vorwort zu diesem Band).

Daher ist m. E. eine Intensivierung der bundesweiten Vernetzung sinnvoll, die sich nicht nur auf anwendungsbezogenen Erfahrungs- und Wissensaustausch bezieht, sondern auch im Bereich Forschung und Leitbild (beispielsweise in Richtung eines Teaching Council) eine federführende Rolle übernimmt.

Das als Perspektive für Zentren für Lehrerbildung eingangs erwähnte „Anreiche-rungsmodell" (Terhart 2007) sollte m. E. Impulscharakter haben, auch oder gerade weil es sehr ambitioniert und nicht ohne Spannungen ist. Insbesondere die „Feder-führung in allen Lehrerbildungsfragen" setzt eine gemeinsame Kultur von Werten und Standards im Sinne eines Leitbildes „guter Lehrerbildung" voraus. Dieses Leit-bild gilt es zu generieren, wobei hier auf die Vorlagen zum Leitbild guter LehrerIn-nen der Kultusministerkonferenz und der Hochschulrektorenkonferenz rekurriert werden kann.

„Starke" Zentren für Lehrerbildung können zu einer besseren, weil zumindest de-fragmentierteren Lehrerbildung führen. Dies erfordert für die Zentren selbst gewis-se (Minimal-) Standards, die ihnen die notwendigen Voraussetzungen und Rahmen-bedingungen für erfolgreiche Arbeit im Sinne eines Leitbildes guter Lehrerbildung geben. Die hierzu 2009 in Hamburg vorgestellten Kriterien sollten weiterdiskutiert werden und über die Vergewisserung ‚geteilter Normen, Werte und Traditionen in einem weiteren Schritt jenseits ihrer individuellen Ausprägung als integrative Refe-renzpunkte eine kollektive Dimension aufzeigen', wie die HerausgeberInnen den Kul-turbergriff in diesem Band als Hintergrundfolie beschreiben.

Dass dieser Prozess eine normative Ausrichtung hat und auch lieb gewonnene Gewohnheiten berührt, ist die große Herausforderung in diesem Kulturenwandel, der zudem institutionelle und möglichst auch föderale Grenzen überwinden soll.

Viele Kulturen bieten vielfältiges Potenzial. Kritisch wird dies durch Brüche und Friktionen innerhalb und zwischen den Kulturen. Eine kohärente und konsistente neue Lehrerbildung muss die Kulturen zusammen bringen, dabei aber deren Dignität wahren und die Partikularinteressen beachten und nutzen.

Eine Verschmelzung von Kulturen kann viele Wirkungen haben, im schlimms-
ten Fall verschwindet eine völlig, weil die anderen zu dominant sind. Oftmals gehen
die einen in den anderen auf, ohne nennenswerten Mehrwert. Im m. E. besten Fall
passiert etwas Verrücktes: das Reiben der Kulturen aneinander verrückt die tradierten Perspektiven und Haltungen, gewohnte Denk- und Handlungsmuster funktionieren nicht mehr, es herrscht Verunsicherung. Das kann zu stolperndem Aktionismus
führen, aber auch zu reflektierendem Innehalten – und dann kann Raum für Neues, Gemeinsames, Innovatives und vielleicht gar Visionäres entstehen. Bleibt zu hoffen, dass die permanenten Wahlkämpfe mit ihrer Konjunkturierung des Bildungs-
themas den ExpertInnen den Atem lassen für diese Neubesinnung, denn Personen
und Prozesse – auch in den Zentren für Lehrerbildung – sind der Garant für Weiterentwicklung, Strukturen können diesen den unterstützenden Rahmen geben, nicht
mehr, aber auch nicht weniger.

Literatur

Blömeke, S. (Hrsg.) (1998). Reform der Lehrerbildung? Zentren für Lehrerbildung: Bestands-
aufnahme, Konzepte, Beispiele. Bad Heilbrunn/Obb.: Klinkhardt.
Blömeke, S. (2000). Zentren für Lehrerbildung. Element inneruniversitärer Organisations-
entwicklung. In: Das Hochschulwesen. Forum für Hochschulforschung, -praxis und -po-
litik (Neuwied) 48 (4), S. 124-130.
Blömeke, S. (2002). Universität und Lehrerausbildung. Bad Heilbrunn/Obb.: Klinkhardt.
Blömeke, S. (2004). Erste Phase an Universitäten und Pädagogischen Hochschulen. In:
Blömeke, S./Reinhold, P./Tulodzieki, G./Wildt. J. (Hrsg.). Handbuch Lehrerbildung. Bad
Heilbrunn/Obb.: Klinkhardt. S. 262-274.
Gabler, W., Hilligus, A. H. & Weyand, B. (2008). Profilmerkmale von Zentren für
Lehrerbildung. Vortrag beim 3. Bundestreffen der Zentren für Lehrerbildung am
03.03.2009 in Hamburg; http://www.lehrerbildung.de/ww3ee/163384.php?sid=10498
13771086286802491497 1497240 [21.07.2009]
Hägler, M. (2009). Auf einmal steht man im Klassenzimmer. SPIEGEL ONLINE
vom 21.07.2009. http://www.spiegel.de/unispiegel/jobundberuf/0,1518,635466,00.html
[23.07.09]
Hilligus, A. H. (2005). Zentren für Lehrerbildung in der Bundesrepublik Deutschland. In:
Hilligus, A. H. & Rinkens, H.-D. (Hg.). Zentren für Lehrerbildung – Neue Wege im
Bereich der Praxisphasen. Münster: LIT.
Hochschulrektorenkonferenz (HRK) (2009). Weiterentwicklung der Lehrerbildung. Presse-
mitteilung vom 15.07.2009.
Merkens, H. (2005). Konzeptionelle Überlegungen für die Zukunft. In: Merkens, H. (Hrsg.).
Lehrerbildung: Zentren für Lehrerbildung. Schriftenreihe der DGfE. Wiesbaden: VS-
Verlag, S. 103-110.
Nakamura, Y. (2008). Lehrerbildung: Vielfalt in der Einheitlichkeit. Die Ausbildung unter den
Bedingungen von Bologna. http://bildungsklick.de/a/58518/lehrerbildung-vielfalt-in-der-
einheitlichkeit/ [03.08.2009]
Rinkens, H.D., Tulodzieki, G., Blömeke, S. (Hrsg.) (1999). Zentren für Lehrerbildung – Fünf
Jahre Unterstützung und Weiterentwicklung der Lehrerausbildung. Ergebnisse des
Modellversuchs PLAZ. Münster: LIT.

Saterdag, H. (2004). Professionalität als Ziel der Lehrerbildung. In: Hascher, T., Thonhauser, J. (Hrsg.) Kompetenzentwicklung beurteilen. Journal für LehrerInnenbildung, 4. Jahrgang, Heft 1/2004, S. 60-68.

Terhart, E. (2000). Perspektiven der Lehrerbildung in Deutschland. Abschlussbericht der von der Kultusministerkonferenz eingesetzten Kommission. Weinheim: Beltz.

Terhart, E. (2005). Zentren für Lehrerbildung: systematische Probleme, institutionelle Widersprüche, praktische Schwierigkeiten. In: Merkens, H. (Hrsg.). Lehrerbildung: Zentren für Lehrerbildung. Schriftenreihe der DGfE. Wiesbaden: VS-Verlag, S. 15-32.

Terhart, E. (2007). Zentren für Lehrerbildung – ein Standard für die Lehrerausbildung. Vortrag beim 1. Bundestreffen der GeschäftsführerInnen der Zentren für Lehrerbildung, 12.03.2007, Münster; http://www.lehrerbildung.de/ww3ee/163384.php?sid=6698286426 536735832492913830 [14.07.2011]

Weyand, B., Krämer, N. (2010). Erhebung von Grunddaten zu Zentren für Lehrerbildung in Deutschland. Projektbericht für den Stifterverband für die Deutsche Wissenschaft; http://www.stifterverband.info/wissenschaft_und_hochschule/lehre/lehrerbildung/erhebung_grunddaten_zentren_lehrerbildung/index.html [06.03.2010]

Weyand, B. (2008). Standards für Zentren für Lehrerbildung – Projekt „Grunddaten der Zentren für Lehrerbildung. Vortrag beim 2. Bundestreffen der GeschäftsführerInnen der Zentren für Lehrerbildung, 03.03.2008, Trier; http://www.uni-trier.de/fileadmin/forschung/ZFL/Projekt_Grunddaten_ZfL_Maerz2008.pdf [14.07.2011]

Wilke, F. (2005). Lehrerbildungszentren in Deutschland. In: Merkens, H. (Hrsg.). Lehrerbildung: Zentren für Lehrerbildung. Schriftenreihe der DGfE. Wiesbaden: VS-Verlag, S. 93-102.

Hermann Saterdag

Entwicklung und Vereinbarung von Rahmencurricula für Lehramtsstudiengänge durch die Kultusministerkonferenz

1. Gründe für die Reform der Lehrerbildung und deren Ziele

Man mag sich vielleicht nicht der drastischen Worte des Präsidenten der Freien Universität Berlin und Erziehungswissenschaftlers, Dieter Lenzen, anschließen, der die Lehrerbildung als „eines der finstersten Kapitel deutscher Universitätsgeschichte" charakterisierte[1]. Aber die über lange Zeit hingenommenen Mängel im Lehramtsstudium werden inzwischen von der Wissenschaft wie von der Hochschulpolitik überwiegend als gravierend eingestuft, wenn auch teilweise mit unterschiedlicher Ursachenzuschreibung.

Folgt man den Analysen und Empfehlungen zur Reform der Lehrerbildung, die von der Hochschulrektorenkonferenz (1998 und 2006), der von der Kultusministerkonferenz (KMK) eingesetzten Kommission (Terhart 2000) und dem Wissenschaftsrat (2001) erarbeitet worden sind, so lässt sich der Reformbedarf auf folgende drei Hauptziele konzentrieren:

1. Das Studium ist auf die beruflichen Anforderungen in der Schule auszurichten. – Die notwendigen Lehrangebote für ein Lehramtsstudium können nicht generell aus den Studienprogrammen der rein fachwissenschaftlichen Studiengänge abgeleitet werden; sie bedürfen ihrer eigenen curricularen Begründung und Ausgestaltung, auch wenn es große Überschneidungsbereiche gibt – von Fach zu Fach unterschiedlich groß.

2. Studium und schulpraktische Ausbildung sind besser miteinander zu verbinden. – Sowohl die prägende Wirkung frühzeitiger berufspraktischer Erfahrungen für die Studienorientierung als auch die Möglichkeiten, fachtheoretische Kriterien bei der Reflexion und Bewertung der Schulpraxis anzuwenden, können sowohl die Komplementarität als auch eine schöpferische Spannung zwischen beiden Ausbildungsbereichen fördern.

3. Das Studium muss in den Universitäten besser organisiert werden. – Kein anderer Studiengang ist derart weit über verschiedene Fachbereiche und Fächer verteilt, oft mit der Folge, dass Zuständigkeit und Verantwortung für die qualitativen Anforderungen, die Gestaltung und Organisation des Lehramtsstudiums nicht so stringent wahrgenommen werden wie bei anderen Studiengängen. Deshalb muss eine Instanz eingerichtet werden, die die übergreifenden Aufgaben der Steuerung des Lehrangebots und der Qualitätssicherung leistet.

---

1 Frankfurter Allgemeine Zeitung 27.07.2006

Obwohl das Gewicht vieler Fächer und Fachbereiche sowie ihre personelle Ausstattung überhaupt nur durch die Studierendenzahlen für das Lehramt zu begründen ist (so etwa in Deutsch, Geschichte, in den Fremdsprachen, aber auch in Biologie, Geographie und Musik) ist die Organisation der Studiengänge an vielen Universitäten darauf nur unzureichend ausgerichtet. Die Befunde der Evaluationen, die in den Jahren 2002 bis 2004 u.a. an den Universitäten Köln und Frankfurt/Main durchgeführt wurden, dürften stellvertretend für Situation an zahlreichen Universitäten stehen: kein eigener Ort für ihre Lehrerbildung; fragmentierte Studiengänge, die über keine gemeinsamen Ziele verfügen, keinem Leitbild verpflichtet sind und mit hohen Überlasten zu kämpfen haben[2].

Die entweder fehlende oder von Hochschullehrenden oftmals sogar diskreditierte berufliche Perspektive belastet die Studierenden und das Studium. Merzyn fasst die Situation so zusammen: „Lehramtsstudierende wachsen in einer Atmosphäre auf, die ihre Berufswahl nicht bestätigt, die ihr Selbstgefühl nicht hebt, die dem Aufbau einer Identifikation mit dem zukünftigen Beruf abträglich ist."[3]

Die in den oben angeführten Empfehlungen geforderte Neuorientierung und -strukturierung der Curricula für die Lehramtsstudiengänge mit dem Ziel der Professionalisierung, also der Ausrichtung auf die Anforderungen in der Schule finden durchaus Resonanz und werden verbunden mit der sog. Kompetenzorientierung in der Lehrerbildung. So führt Moegling mit Blick auf die Umstellungen des Lehramtsstudiums auf Bachelor- und Masterstudiengänge aus: „Wenn aber das zentrale Ziel der Lehrerbildung in der Herausbildung einer professionellen Handlungs- und Reflexionsfähigkeit anzusetzen ist, dann muss die mit den Ansprüchen an einen europäischen Bildungsraum vorgesehene Umstrukturierung zur kompetenzorientierten Reform der Lehrerbildung genutzt werden."[4]

Lehramtsbezogene Kompetenzen, also das pädagogische sowie fachliche Wissen und Können, werden über die verschiedenen Phasen der Lehrerbildung und in unterschiedlichen Bildungseinrichtungen erworben. Um aber im Verhältnis der einzelnen Phasen und zwischen universitärer und berufpraktischer Ausbildung einen systematischen, kumulativen Kompetenzaufbau zu erreichen, bedarf es eines verlässlichen konzeptionellen Rahmens, in dem sich die verschiedenen Akteure koordinieren können.

An diesem Ziel richten sich verschiedene Entscheidungen der Kultusministerkonferenz (KMK), verstärkt seit 2000, aus. Vor allem die Entscheidungen für die Entwicklung von Standards und inhaltlichen Anforderungen machen den politischen Willen deutlich, den Lehramtsstudiengängen eine gemeinsame, inhaltlich grundlegende und verbindliche Ausrichtung zu geben, das Studium aus der inhaltlichen Beliebigkeit herauszuführen.

---

2 Oelkers (2005)
3 Merzyn (2005)
4 Moegling (2007)

2. Entwicklungsaufträge der Kultusministerkonferenz

In einem ersten Schritt vergab die KMK den Auftrag, die Anforderungen an die berufswissenschaftlichen Grundlagen des Lehramtsstudiums durch einen kompetenzorientierten Rahmen zu definieren und in seinen Komponenten zu beschreiben. Dazu wurde Anfang 2002 eine Arbeitsgruppe aus Vertretern der Hochschulen, der Bildungsverwaltung und der Schulpraxis berufen[5].

Die Arbeitsgruppe entwickelte
1. eine Beschreibung der im Lehrerberuf geforderten Kompetenzen, gegliedert in vier Kompetenzbereiche, und
2. die inhaltlichen Schwerpunkte der Bildungswissenschaften, eines integrativen Fachkonzeptes derjenigen wissenschaftlichen Disziplinen, die sich mit Bildungs- und Erziehungsprozessen, mit Bildungssystemen sowie mit deren Rahmenbedingungen befassen; dies sind in erster Linie Pädagogik, Allgemeine Didaktik, Psychologie und Soziologie.

Bereits nach zwei Jahren (am 16.12.2004) konnte die KMK die sog. „Standards für die Lehrerbildung: Bildungswissenschaften"[6] verabschieden. Ermutigt durch diese Erfahrungen fasste die KMK bei der Festlegung der Eckpunkte für die gegenseitige Anerkennung von lehramtsbezogenen Bachelor- und Masterabschlüssen[7] im Jahre 2005 dann den Beschluss, auch Kerncurricula für die Fachwissenschaften und deren Didaktik im Lehramtsstudium entwickeln zu lassen.

Das formale Interesse der KMK liegt darin, die Mobilität und Durchlässigkeit für Lehramtsstudierende im deutschen Hochschulsystem zu sichern und in deren Interesse die wechselseitige Anerkennung der Studienleistungen und erreichten Studienabschlüsse zwischen den Ländern zu gewährleisten. Dahinter steht aber das Ziel, im Sinne der oben zitierten Reformempfehlungen dem lehramtsbezogenen Studium einen verbindlichen inhaltlichen Rahmen zu geben, der sich an den beruflichen Anforderungen in der Schule orientiert und mit diesem Anspruch innerhalb der Universitäten zu verankern ist. Mit dem Anspruch der stärkeren Professionalisierung und Kompetenzorientierung des Lehramtsstudiums ist auch die Einbeziehung und Profilierung der Fachdidaktik in das Fachstudium verbunden.

---

5   Der Arbeitsgruppe gehörten an: Frieder Bechberger-Derscheidt (Vorsitzender), Dr. Brigitte Bents-Rippel, Prof. Dr. Gunnar Berg, Dr. Annegrit Brunkhorst-Hasenclever, Alfred Glasl, Prof. Dr. Cornelia Gräsel, Dr. Evelyn Junginger, Ulrich Keudel, Dr. Ulrich-Michael Krämer, Michael Krüger, Ulrich Lübke, Prof. Dr. Jürgen Oelkers, Erik Otto, Aart Pabst, Dr. Thomas Riecke-Baulecke, Prof. Dr. Hermann Saterdag, Dr. Bernd Sonnewald, Prof. Dr. Elmar Tenorth und Prof. Dr. Ewald Terhart; sie wurde seitens des KMK-Sekretariats betreut durch Dr. Thomas Funk und Sabine Reich.
6   Kultusministerkonferenz (2004)
7   Kultusministerkonferenz: Eckpunkte für die gegenseitige Anerkennung an Bachelor- und Masterabschlüssen in Studiengängen, mit denen die Bildungsvoraussetzungen für ein Lehramt vermittelt werden; Beschluss vom 2.6.2005.

Die KMK bildete Anfang 2006 eine Arbeitsgruppe „Inhaltliche Anforderungen" (AG Inhalte)[8] und beauftragte sie, für die Fächer der allgemeinbildenden Lehrämter, die jeweils in den Prüfungsordnungen (nahezu) aller Bundesländer vorkommen, sog. Fachprofile zu entwickeln, mit denen für die inhaltlichen Anforderungen im Fachstudium ein Rahmen gesetzt wird. Dabei sollten die bis dahin vorliegenden Ansätze der curricularen Reformen in einzelnen Ländern – genannt wurden Bayern, Berlin, Hamburg, Hessen, Niedersachsen, Nordrhein-Westfalen und Rheinland-Pfalz – eingebracht werden. Rheinland-Pfalz wurde im Blick auf die dort weitgehend abgeschlossene Entwicklung Curricularer Standards der Lehrerbildung mit der Federführung betraut[9].

3. Fachbezogene Kompetenzen von Lehrerinnen und Lehrern

Als erste Teilaufgabe nahm sich die AG Inhalte die Formulierung eines Kompetenzrahmens vor, auf den die zu entwickelnden Fachprofile zu beziehen sind. Dieser Rahmen konnte aus den Empfehlungen der KMK und der Lehrerverbände zur Lehrerbildung sowie zum Berufsbild des Lehrers aus dem Jahr 2000 abgeleitet werden[10]. Die darin vereinbarten Aufgaben von Lehrerinnen und Lehrern werden auf einzelne Kompetenzbereiche bezogen, d.h. auf Kenntnisse, Fähigkeiten, Fertigkeiten und Einstellungen, über die eine Lehrkraft zur Bewältigung ihrer Aufgaben im Hinblick auf das jeweilige Lehramt verfügen muss.

Diese Kompetenzen werden während der verschiedenen Phasen der Lehrerbildung und in unterschiedlichen Bildungseinrichtungen erworben:

1. Grundlegende Kompetenzen hinsichtlich der Fachwissenschaften, ihrer Erkenntnis- und Arbeitsmethoden sowie der fachdidaktischen Anforderungen werden weitgehend im Studium aufgebaut.

2. Die Vermittlung mehr unterrichtspraktisch definierter Kompetenzen ist hingegen vor allem Aufgabe des Vorbereitungsdienstes; zahlreiche Grundlagen dafür werden aber schon im Studium gelegt bzw. angebahnt.

3. Schließlich ist die weitere Entwicklung in der beruflichen Rolle als Lehrerin oder Lehrer Aufgabe der Fort- und Weiterbildung.

Den funktionalen und institutionellen Zusammenhang über diese drei Stufen der Qualifikationsentwicklung herzustellen, ist schwierig. Die in den Ländern meist verteilte Ressortierung der Zuständigkeiten für die Lehrerbildung zwischen Bildungs- und Wissenschaftsministerien mag man zunächst nur als formalen Faktor ansehen.

---

8 Der Arbeitsgruppe gehörten an: Maria Berger-Senn, Dr. Annegrit Brunkhorst-Hasenclever, Wilhelm Büschel, Michael Elfner, Dr. Michael Ernst, Alfred Glasl, Joachim Kayser, Ulrich Keudel, Dr. Horst Günther Klitzing, Michael Krüger, Dr. Birgit Mett, Dr. Günther Neumann, Aart Pabst, Dr. Matthias Quendt, Prof. Dr. Hermann Saterdag (Vorsitzender), Dr. Bernd Sonnewald und Dr. Uwe Viole; sie wurde seitens des KMK-Sekretariats betreut durch Sabine Reich.

9 Vgl. Saterdag (2008)

10 Kultusministerkonferenz (2000)

Dort aber, wie Oelkers (2007) ausführt, wo das Studium „keine professionsbezogene Ordnung" hat und sich nicht systematisch mit Kompetenzen verbinden kann, die „mit Beginn der beruflichen Tätigkeiten abgerufen und eingesetzt werden können", dürften konkurrierende oder nicht aufeinander bezogene Verantwortungen innerhalb der Lehrerbildung dazu beigetragen haben.[11]

Oelkers (2004) urteilt über das Verhältnis der drei Phasen der Lehrerbildung äußerst kritisch:

> „Die Lehrerbildung zerfällt in zwei unverbundene, stark regulierte Phasen, an die sich ein hochgradig individualisierter Berufseingang anschließt. Die erste Phase soll die wissenschaftlichen Grundlagen der verschiedenen Lehrämter legen, hat aber dafür kein Konzept. Die zweite Phase kann keine wirklichen Grundlagen voraussetzen und muss weitgehend eklektizistisch verfahren. Und der Berufseingang ist nach sechs bis 10 Jahren Ausbildung weitgehend Selbsterfahrung."

Angesichts solcher Befunde, über deren Verallgemeinerungsfähigkeit hier nicht spekuliert werden soll, ist ein Reformkonzept der phasenübergreifenden Qualifizierungskonzeption, wie es die KMK vorgesehen hat, sehr anspruchsvoll. Trotz der oben skizzierten phasenbezogenen Schwerpunktsetzungen ist es deshalb notwendig, die Anforderungen an die Lehrerinnen- und Lehrerbildung im Zusammenhang, d.h. über den gesamten Qualifikationszeitraum hinweg und bezogen auf die Erfordernisse der angestrebten kompetenten Berufsausübung, zu betrachten. Daraus leiten sich dann auch die inhaltlichen Anforderungen an die fachwissenschaftliche und fachdidaktische Ausbildung im Studium ab: Sie muss für die nachfolgenden Bildungsphasen nicht nur anschlussfähig sein, sondern auch auf den Qualifikationserwerb in diesen Phasen einschlägig vorbereiten.

Ausgehend vom Kompetenzansatz der KMK sowie entsprechender Ansätze einzelner Länder erarbeitete die AG einen Katalog derjenigen Kompetenzen, die (vornehmlich) im Studium zu entwickeln sind und die Lehramtsstudierende bei Abschluss ihres Studiums vorweisen müssen. Es handelt sich um Kompetenzen der Bereiche Fachwissen, fachspezifische Erkenntnis- und Arbeitsmethoden sowie fachdidaktisches Wissen. Übersicht 1 enthält dazu insgesamt 10 Kompetenzen, unter denen die fachlichen und fachdidaktischen Wissensbereiche ausdrücklich als „anschlussfähig" beschrieben sind; die auf Studium folgenden Ausbildungs- bzw. Fortbildungsphasen müssen darauf aufbauen können.

Dieser Kompetenzkatalog bildet den Bezugsrahmen für die fachspezifischen Profile, zu deren Entwicklung Arbeitsaufträge erteilt wurden.

---

11 Um diese Gefahr zu vermeiden, wurde die Reform der Lehrerinnen- und Lehrerbildung in Rheinland-Pfalz von vornherein ressortübergreifend angelegt. Alle wesentlichen Entwicklungsschritte wurden in Zusammenarbeit mit den Universitäten, den Studienseminaren und der Schulpraxis unternommen (vgl. Saterdag 2008).

1. Über anschlussfähiges Fachwissen verfügen

Studienabsolventinnen und -absolventen

- haben ein solides und strukturiertes Fachwissen *(Verfügungswissen)* zu den grundlegenden Gebieten ihrer Fächer erworben; sie können darauf zurückgreifen und dieses Fachwissen ausbauen;
- verfügen aufgrund ihres Überblickswissen *(Orientierungswissen)* über den Zugang zu den aktuellen grundlegenden Fragestellungen ihrer Fächer;
- können reflektiertes Wissen über ihre Fächer *(Metawissen)* einsetzen und auf wichtige ideengeschichtliche und wissenschaftstheoretische Konzepte zurückgreifen;
- können sich aufgrund ihres Einblicks in andere Disziplinen weiteres Fachwissen erschließen und damit *fächerübergreifende Qualifikationen* entwickeln.

2. Über Erkenntnis- und Arbeitsmethoden der Fächer verfügen

Studienabsolventinnen und -absolventen

- sind mit den Erkenntnis- und Arbeitsmethoden ihrer Fächer vertraut;
- sind in der Lage, diese Methoden in zentralen Bereichen ihrer Fächer anzuwenden.

3. Über anschlussfähiges fachdidaktisches Wissen verfügen

Studienabsolventinnen und -absolventen

- haben ein solides und strukturiertes Wissen über fachdidaktische Positionen und Strukturierungsansätze und können fachwissenschaftliche Inhalte auf ihre Bildungswirksamkeit hin und unter didaktischen Aspekten analysieren;
- kennen und nutzen Ergebnisse fachdidaktischer und lernpsychologischer Forschung über das Lernen in ihren Fächern;
- kennen die Grundlagen fach- und anforderungsgerechter Leistungsbeurteilung;
- haben fundierte Kenntnisse über Merkmale von Schülerinnen und Schülern, die den Lernerfolg fördern oder hemmen können, und wie daraus Lernumgebungen differenziert zu gestalten sind.

Übersicht 1: Kompetenzprofil des Lehramtsstudiums

4. Fächerkatalog

Wie schon erwähnt, war der Auftrag der KMK an die AG Inhalte auf die Fächer der allgemeinbildenden Lehrämter und darin auf diejenigen Fächer beschränkt, die in den Prüfungsordnungen (nahezu) aller Bundesländer vorkommen. Für diese Fächer gibt es einen Bedarf an einer Vereinheitlichung – und damit an der Vergleichbarkeit sowie Anerkennungsfähigkeit der Studienleistungen und erreichten Studienabschlüsse zwischen den Ländern[12].

Bei den inhaltlichen Anforderungen an das Studium für die primarstufenbezogenen Lehrämtern war zu berücksichtigen, dass sich die Studienstrukturen zwischen den einzelnen Ländern unterscheiden[13] und die Grundschule in einzelnen Ländern

---

12 Es wurde zum Zeitpunkt der Auftragserteilung nicht ausgeschlossen, dass auch für weitere Fächer der allgemeinbildenden Lehrämter sowie für die Fächer des berufsbildenden Lehramtes entsprechende Fachprofile in weiteren Arbeitsabschnitten entwickelt werden.

13 Die Studiengänge für das primarstufenbezogenen Lehramt umfassen in der Regel Studienbereiche mit den übergreifenden primarstufenbezogenen Inhalten sowie ein oder zwei weitere Studienfächer, teilweise in Koppelung mit dem Lehramt an Hauptschulen.

bis zur 6. Klasse reicht. Die AG Inhalte entschied sich dafür, die lehramtsbezogenen Anforderungen für die Primarstufe unter einem integrativen Fachkonzept „Grundschulbildung" zusammenfassend zu beschreiben und dabei Bezug auf einzelne Unterrichtsgebiete zu nehmen, die als verpflichtende Studienbereiche ausgewiesen werden sollen. Damit sollten die Anforderungen an fächerübergreifendes ganzheitliches Unterrichten als Klassenlehrerin oder Klassenlehrer aufgenommen werden. In der Grundschule sind Lehrerinnen und Lehrer aber auch als Fachlehrer tätig. Die dabei geforderten Qualifikationen setzen ein Studium der entsprechenden Fächer, vergleichbar den Anforderungen für die Lehrämter der Sekundarstufe I voraus.

Unter ähnlichen Erwägungen wurden die Vorgaben zu den inhaltlichen Anforderungen an das Fach Sonderpädagogik im Hinblick auf das Lehramt an Förderschulen bzw. Sonderschulen getroffen. Unabhängig von den hier bestehenden strukturellen Unterschieden zwischen den Ländern sollten Fachprofile für Förderschwerpunkte bzw. Fachrichtungen entwickelt werden.

5. Differenzierung der Anforderungen nach Lehrämtern

Anforderungen an das fachwissenschaftliche und fachdidaktische Studium variieren im Hinblick auf die Lehrämter, auf die die jeweiligen Studiengänge ausgerichtet sind. Diese Variationsbreite ist von Fach zu Fach durchaus unterschiedlich. Jedoch kann auch festgestellt werden: In jedem Fach gibt es inhaltliche Anforderungen an das Studium, die lehramtsübergreifend gelten. Die Unterscheidung nach Lehrämtern kann daher unterschiedlich stark differenziert werden; darüber war für die zu erteilenden Arbeitsaufträge zu entscheiden.

Im Hinblick auf die Unterschiede Lehramtsstrukturen zwischen den Ländern schied eine Feindifferenzierung aus. Die AG Inhalte entschied sich dafür, im Bereich der Sekundarstufe nur zwischen
- Anforderungen an das Studium für alle Lehrämter der Sekundarstufe I und
- Anforderungen, die zusätzlich („erweitert") für das Lehramt an Gymnasien in der Sekundarstufe II verbindlich sind, zu differenzieren.

Für Studiengänge, die auf das Lehramt an Gymnasien vorbereiten sollen, gelten somit die inhaltlichen Anforderungen für die Lehrämter der Sekundarstufe I und für die Sekundarstufe II. Soweit Studienfächer auf Unterrichtsfächer vorbereiten, die nur an Gymnasien unterrichtet werden (Alte Sprachen), entfällt die Differenzierung nach Sekundarstufen.

6.   Formale Vorgaben

Um eine weitgehend einheitliche und über die Fächer vergleichbare Form der Fachprofile zu erreichen, verständigte sich die AG Inhalte für den Beschreibungsumfang und die Differenzierungstiefe auf Vorgaben für

- die Beschreibung der fachspezifischen Kompetenzen einschließlich der fachdidaktischen Qualifikationen, die im Rahmen eines lehramtsbezogenen Studiums erworben werden sollen, im Umfang von einer halben bis dreiviertel DIN A 4-Seite und
- die Beschreibung der sich daraus ergebenden Studieninhalte im Umfang einer DIN A 4-Seite mit folgenden weiteren Vorgaben: Konzentration auf die konstitutiven Inhalte des jeweiligen Fachs, Gliederung der inhaltlichen Anforderungen in möglichst ca. 5 bis 8 Hauptbereiche, Gliederung jedes Hauptbereiches in möglichst ca. 3 bis 5 Teilbereiche.

Diese Begrenzungen galten nicht für die Fächer Grundschulbildung und Sonderpädagogik.

Mit den Vorgaben sollte erreicht werden, dass einerseits ein aussagefähiger verbindlicher Rahmen für jedes Studienfach vorgegeben ist, Länder und die Universitäten aber Möglichkeiten haben, in der curricularen Ausgestaltung selbst eigene Schwerpunkte und Differenzierungen, aber auch zusätzliche Anforderungen festzulegen. Engere und differenziertere Vorgaben würden dem Gestaltungsanspruch der Universitäten widersprechen. Insofern waren die formalen Vorgaben der Versuch, zwischen der Verbindlichkeit grundlegender curricularer Standards einerseits und den notwendigen Spielräumen für die Universitäten andererseits gewissermaßen „die goldene Mitte" einzunehmen.

Um abzusichern, dass dieses Format für die Darstellung der Fächerprofile im Sinne des Auftrages geeignet ist, d.h. curriculare Aussagen mit hinreichender inhaltlicher Prägnanz, Verbindlichkeit und dem Anspruch auf Umsetzung in die Angebote zu erzielen sind, wurde zunächst ein Versuch mit den Fächern Deutsch und Physik unternommen. Die Entwürfe wurden von der Kultusministerkonferenz nach intensiver Beratung akzeptiert, so dass die Vorgaben auch für die weiteren Fächer beibehalten werden konnten.

7.   Entwicklung der Fachprofile

Für die Entwicklung jedes Fachprofils wurden zwei bis drei Wissenschaftlerinnen oder Wissenschaftlern gebeten, unter den beschriebenen Vorgaben einen curricularen Entwurf vorzulegen. Kriterien der Auswahl der Autoren waren vor allem die jeweilige ausgewiesene Nähe zur Lehrerbildung und die Verankerung innerhalb der eigenen wissenschaftlichen Gemeinschaft maßgebend. Die Auswahl wurde innerhalb der AG Inhalte beraten und entschieden.

Die von den Wissenschaftlern eingereichten Entwürfe wurden in der AG Inhalte beraten; dabei mussten die unterschiedlichen Positionen der Länder abgeglichen werden[14]. In der Regel führte dies zu Rücksprachen mit den Autoren, teilweise in gemeinsamen Beratungen während der Sitzungen der AG Inhalte. In zwei Bereichen wurde nach Beratungen mit den Autoren entschieden, über mehrere Fächer ein einheitliches Fachprofil zu entwickeln: ein Fachprofil für die neuen Fremdsprachen Englisch, Französisch, Italienisch, Russisch und Spanisch, das gleichwohl Raum für die besonderen Anforderungen der jeweiligen Fremdsprache lässt. Gleiches konnte für die Alten Sprachen Griechisch und Latein erreicht werden.

Die so überarbeiteten Entwürfe wurden anschließend in ein schriftliches Verfahren der Anhörung wissenschaftlicher Fachgesellschaften, Verbände und Kirchen eingebracht, mit dem Gelegenheit zur Stellungnahme, verbunden mit Veränderungs- und Ergänzungsvorschlägen gegeben wurde. Durch die Abstimmung der Fachprofile mit den Gesellschaften und Verbände sollte ein breitmöglicher Konsens mit den Scientific Communities zu den Studienanforderungen gefunden werden. Zum einen war dies als fachlich-inhaltliche Absicherung vorgesehen, zum anderen sollte durch diese frühzeitige Beteiligung auch ein Anreiz gesetzt werden, sich an der zügigen Umsetzung der Fachprofile in den Universitäten zu beteiligen.

Das Abstimmungsverfahren erwies sich angesichts der großen Zahl der Fächer sowie der zahlreichen Beteiligten als sehr komplex, erbrachte aber wertvolle Ergänzungen, Verbesserungen und Hinweise zur Umsetzung. Überdies erwies es sich als anregend für Diskussionen über Standards der Lehrerbildung innerhalb einzelner Gesellschaften und Verbände und erzeugte bzw. verstärkte dort Impulse der internen Positionsbildung zur Lehrerbildung.

8.   Ergebnisse

Die Vorlage zur Abstimmung in der KMK umfasste 19 Fachprofile für insgesamt 24 schulbezogene Studienfächer: Alte Sprachen, Bildende Kunst, Biologie, Chemie, Deutsch, Geographie, Geschichte, Informatik, Mathematik, Musik, Neue Fremdsprachen, Philosophie, Physik, Evangelische Religionslehre, Katholische Religion/Theologie, Sozialkunde/Politik/Wirtschaft, Sport, Grundschulbildung und Sonderpädagogik. Im sog. „Saarbrücker Beschluss"[15] wurde diese Vorlage einstimmig angenommen. Als Beispiel findet sich in den nachfolgenden Übersichten 2 und 3 das Profil des Faches Mathematik.

---

14 Die Zusammenarbeit innerhalb der AG Inhalte war trotz teilweise unterschiedlicher Positionen der Länder hinsichtlich des Stellenwerts und der Schwerpunkte einzelner Schulfächer außergewöhnlich zielbezogen, kreativ und effektiv.
15 Kultusministerkonferenz (2008)

Die Studienabsolventinnen und -absolventen verfügen über anschlussfähiges mathematisches und mathematikdidaktisches Wissen, das es ihnen ermöglicht, gezielte Vermittlungs-, Lern- und Bildungsprozesse im Fach Mathematik zu gestalten und neue fachliche und fächerverbindende Entwicklungen selbstständig in den Unterricht und in die Schulentwicklung einzubringen. Sie

- können mathematische Sachverhalte in adäquater mündlicher und schriftlicher Ausdrucksfähigkeit darstellen, mathematische Gebiete durch Angabe treibender Fragestellungen strukturieren, durch Querverbindungen vernetzen und Bezüge zur Schulmathematik und ihrer Entwicklung herstellen,
- können beim Vermuten und Beweisen mathematischer Aussagen fremde Argumente überprüfen und eigene Argumentationsketten aufbauen sowie mathematische Denkmuster auf praktische Probleme anwenden (mathematisieren) und Problemlösungen unter Verwendung geeigneter Medien erzeugen, reflektieren und kommunizieren,
- können den allgemein bildenden Gehalt mathematischer Inhalte und Methoden und die gesellschaftliche Bedeutung der Mathematik begründen und in den Zusammenhang mit Zielen und Inhalten des Mathematikunterrichts stellen,
- können fachdidaktische Konzepte und empirische Befunde mathematikbezogener Lehr-Lern-Forschung nutzen, um Denkwege und Vorstellungen von Schülerinnen und Schülern zu analysieren, Schülerinnen und Schüler für das Lernen von Mathematik zu motivieren sowie individuelle Lernfortschritte zu fördern und zu bewerten,
- können Mathematikunterricht auch mit heterogenen Lerngruppen auf der Basis fachdidaktischer Konzepte analysieren und planen und auf der Basis erster reflektierter Erfahrungen exemplarisch durchführen.

Übersicht 2: Fachspezifisches Kompetenzprofil Mathematik

Generell, d.h. über alle Fachprofile hinweg gelten folgende Merkmale:
- Einführungen in das Studienfach werden in den Fachprofilen zwar nicht gesondert ausgewiesen, sie gehören gleichwohl in das Curriculum jedes Studienfachs.
- Die Gliederung der Studieninhalte in einzelne Bereiche ist nicht als Gliederung in Lehrveranstaltungen zu verstehen. Die Zuordnung von Inhalten zu Veranstaltungen ist in Studienplänen zu treffen. Teilweise können hier Differenzierungen nach Lehrämtern und Schulformen sinnvoll sein.
- Die zusätzlichen Inhalte für das Lehramt an Gymnasien in der Sekundarstufe II sind zum großen Teil Vertiefungen für die beim Lehramt in der Sekundarstufe I genannten Inhaltsbereiche, die sich in der Regel durch einen höheren Spezialisierungs-, Komplexitäts- und Abstraktionsgrad sowie eine stärkere Forschungsorientierung auszeichnen.

Das Maß der strukturellen Vergleichbarkeit zwischen den Fachprofilen ist sehr hoch. Die Vorgaben zur Gliederung der Inhalte im Haupt- und Teilbereiche konnten allerdings nicht in allen Fächern strikt eingehalten werden. Restriktiv wurden jedoch die Vorgaben für den Darstellungsumfang gehandhabt.

Studium für LÄ der Sek I	*erweitert* im Studium für LA an Gym / Sek II
Arithmetik und Algebra	
– Arithmetik und Elemente der Zahlentheorie – Zahlbereichserweiterungen – Grundstrukturen der Algebra (Gruppe, Ring, Körper)	– *Größerer Vertiefungsgrad der für Sek.I genannten Inhaltsbereiche, dazu:* – Elemente der algebraischen Zahlentheorie – Algebraisierung geometrischer Konstruktionen
Geometrie	
– Geometrie der Ebene und des Raumes, Grundlage des Messens – Geometrische Abbildungen	– *Größerer Vertiefungsgrad der für Sek.I genannten Inhaltsbereiche, dazu:* – Euklidische und nicht-euklidische Geometrie – Elemente der Differentialgeometrie
Lineare Algebra	
– Lineare Gleichungssysteme – Analytische Geometrie	– *Größerer Vertiefungsgrad der für Sek.I genannten Inhaltsbereiche, dazu:* – Theorie der Vektorräume und Linearen Abbildungen – Kurven und Flächen höherer Ordnung
Analysis	
– Funktionen und ihre grundlegenden Eigenschaften – Elemente der Differential- und Integralrechnung: Grenzwert, Stetigkeit, Differenzierbarkeit, Integral – Einblick in Differentialgleichungen	– *Größerer Vertiefungsgrad der für Sek.I genannten Inhaltsbereiche, dazu:* – Differential- und Integralrechnung mehrerer Variablen – Funktionentheorie – Differentialgleichungen
Stochastik	
– Wahrscheinlichkeitsrechnung in endlichen Ereignisräumen – Grundlagen der Beschreibenden Statistik und der Schließenden Statistik	– *Größerer Vertiefungsgrad der für Sek.I genannten Inhaltsbereiche, dazu:* – Wahrscheinlichkeitstheorie in abzählbaren Ereignisräumen – Verteilungsfunktionen – Schließende Statistik
Angewandte Mathematik und mathematische Technologie	
– Modellbildung und einfache numerische Verfahren in Anwendungen aus Natur- und/oder Humanwissenschaften – Dynamische Geometrie-Software (auch 3-dimensional), Software zur Stochastik (incl. Tabellenkalkulation), einfache Computer-Algebra-Systeme	– *Größerer Vertiefungsgrad der für Sek.I genannten Inhaltsbereiche, dazu:* – Mindestens ein Gebiet der angewandten Mathematik, z.B. Numerik, Diskrete Mathematik, lineare oder nicht-lineare Optimierung, Grundlagen der Informatik – Komplexere fachspezifische Software
Mathematikdidaktik	
– Themenfelder und Standards des Mathematikunterrichts – Mathematikbezogene Lehr-Lern-Forschung (Schülervorstellungen, Motivation, Schülerfehler) – Fachdidaktische Diagnoseverfahren und Förderkonzepte – Planung und Analyse von Mathematikunterricht in heterogenen Lerngruppen	

Übersicht 3: Studieninhalte Mathematik

Mehrere Autoren wollten, jeweils mit der Begründung auf „die Besonderheiten des eigenen Faches", einen z.T. wesentlich größeren Umfang „aushandeln". In den gemeinsamen Überarbeitungen der Autoren mit der AG Inhalte konnten jedoch für alle Fachprofile das vorgegebene Darstellungsformat erreicht werden.

Hinsichtlich der fachdidaktischen Anforderungen wird, wie von den Autoren überwiegend vorgeschlagen, der Zusammenhang zwischen jeweiligen fachwissenschaftlichen und fachdidaktischen Anforderungen betont und damit auch die Verantwortung des Faches für „seine" Didaktik. Aus diesem Grunde wurden auch unterschiedliche Benennungstraditionen oder -gewohnheiten der Fächer akzeptiert: z.B. Fachdidaktik Deutsch, Didaktik der Geographie, Mathematikdidaktik. Zudem wird nicht zwischen Anforderungen beider Sekundarstufen unterschieden.

Teilweise haben die Autoren den Fachprofilen grundlegende Hinweise auf Positionen, Beschlüsse, Leitpapiere von Fachgesellschaften, Verbänden oder Hochschulgliederungen vorangestellt, die das Fachverständnis, den Stellenwert des Faches in der Lehrerinnen- und Lehrerbildung, das Verhältnis der jeweiligen Fachwissenschaft zu berufsbezogenen Orientierungen und Anwendungen im Schulbereich o.ä. erläutern oder begründen.

Besonders positiv anzumerken ist, dass verschiedene Fachgesellschaften und -verbände das Vorhaben der Kultusministerkonferenz als Anlass für die Entwicklung spezifischer fachpolitischer Positionen zur Lehrerbildung aufgenommen und damit innerhalb ihres Fachs dem Lehramtsstudium eine in dieser Form neue und herausgehobene Bedeutung zugewiesen haben bzw. dies tun wollen. Zu nennen sind insbesondere die Beiträge für die Fächer Chemie, Deutsch, Englisch, Informatik, Mathematik und Physik[16]. Es handelt sich hierbei um differenzierende Ausgestaltungen der Fachprofile in der fachlichen Verantwortung der jeweiligen wissenschaftlichen Vertretungen, die den von der Kultusministerkonferenz gegebenen Rahmen für die eigenen fachlichen Darstellungen ausschöpfen.

In der Studie der Deutschen Physikalischen Gesellschaft, die zwei Jahre vor dem Saarbrücker Beschluss veröffentlicht worden ist, wird die Notwendigkeit einer grundsätzlichen Reform der Lehramtsausbildung im eigenen Fach mit der Forderung nach einem wissenschaftlich profilierten Studium für Lehrer im Fach Physik als ein „Studium sui generis" verknüpft, d.h. „als ein Studium, das ‚von eigener Art' ist und sich somit an den hohen Anforderungen eines modernen und zeitgemäßen Schulunterricht orientiert". Der Begriff „Studium sui generis" kennzeichnet damit einen Anspruch, unter dem fachwissenschaftliche Orientierung und professionelle Ausrichtung an den Anforderungen der Schule miteinander verbunden werden – und der damit maßgebend für die curriculare Reform der Lehramtsstudiengänge gelten darf.

---

16 Gesellschaft Deutscher Chemiker (2008), Gemeinsamer Bildungspolitischer Arbeitskreis Germanistik und Deutschunterricht (2009), Der Deutsche Anglistenverband et al. (2009), Gesellschaft für Informatik (2008), Deutsche Mathematiker-Vereinigung et al. (2008), Deutsche Physikalische Gesellschaft (2006).

9. Umsetzung und Anwendung

Die mit dem KMK-Beschluss vom 16.10.2008 vereinbarten inhaltlichen Anforderungen für das Lehramtsstudium bilden, zusammen mit den Standards Bildungswissenschaften, die Grundlagen für die Akkreditierung und Evaluierung von lehramtsbezogenen Studiengängen sein. Damit wird die hohe Verbindlichkeit der beschlossenen Rahmencurricula noch zusätzlich unterstrichen. Im Übrigen betrifft der KMK-Beschluss alle Studiengänge zu allgemeinbildenden Lehrämtern, also auch die traditionellen Studiengänge in staatlicher Zuständigkeit. Der Saarbrücker Beschluss hat damit eine nicht unerhebliche Bindungswirkung für die Gestaltung der Studienangebote an allen Universitäten in Deutschland. Die bereits erwähnten ergänzenden Positionspapiere und Empfehlungen der Fachgesellschaften und wissenschaftlichen Organisationen tragen zur Entwicklung hin zu professionsorientierten Fachprofilen wesentlich bei.

Der Beschluss der KMK ist überwiegend auf eine positive Resonanz gestoßen. Es wurden aber auch kritische Stellungnahmen geäußert. Die am häufigsten vorgebrachten Einwände sind:

1. die Universitäten werden die beschlossenen curricularen Vorgaben wahrscheinlich nur zögerlich, teilweise auch gar nicht übernehmen.
2. die Vorgaben hätten sehr viel detaillierter formuliert werden müssen; die Möglichkeit der eigenen Schwerpunktsetzung würde den Verbindlichkeitsgrad so stark relativieren, so dass der Beschluss letztlich nur appellativen Charakter habe.

Dem muss entgegnet werden, dass sich die Länder mit dieser Vereinbarung gebunden und eine Art Garantieerklärung auf Gegenseitigkeit gegeben haben. Die Erfüllung des Saarbrücker Beschlusses ist die Voraussetzung für die gegenseitige Anerkennung der lehramtsbezogenen Studienabschlüsse und damit für die Zulassung zum Vorbereitungsdienst in allen anderen Ländern. Die Landesregierungen haben die Aufgabe, in Verhandlungen mit ihren Universitäten die Umsetzung des Beschlusses zu sichern. Dass dies auch in Lehrerbildungsgesetze einfließen kann, zeigt das Beispiel Nordrhein-Westfalen (2009): Der Zugang zum Vorbereitungsdienst setzt den Abschluss entsprechender akkreditierte Studiengänge voraus. Als wesentliche Bedingung für die Akkreditierung gilt wiederum eine Studienstruktur „im Rahmen der rechtlichen Vorgaben und der bundesweiten Vereinbarung unter den Ländern über Anforderungen an Bildungswissenschaften und Fächercurricula"[17].

Die Frage, welche Detaillierungsgrad curriculare Vorgaben haben dürfen oder sollen, ist in der KMK sehr eingehend diskutiert worden. Den Universitäten von vornherein eigene Gestaltungsspielräume vorenthalten zu wollen, wäre mit grundlegenden konstitutiven Merkmalen der Hochschulen nicht vereinbar gewesen und konnte deshalb auch nicht ernsthaft erwogen werden. Im übrigen wäre es auch nur eine Scheinlösung, wenn auf dem Papier eine curriculare Engführung angezeigt wür-

---

17 Gesetz zur Reform der Lehrerausbildung, § 11 Abs 3

de, die aber an akademischen Realitäten scheitern müsste, weil Lehramtsstudiengänge nicht grundsätzlich anders betrieben werden können als andere Studiengänge.

Zur weiteren Sicherung der professionellen Kompetenzorientierung des Lehramtsstudiums wäre es empfehlenswert, in den Ländern stärker auf Kooperationen zwischen Universitäten, Ausbildungsinstitution der zweiten Phase und der Schulpraxis hinzuwirken. Dies bedarf allerdings einer strukturellen Absicherung durch formale Rechte, Zuständigkeiten und Pflichten der beteiligten Seiten im gegenseitigen Verhältnis, damit die Zusammenarbeit zu einem funktionierenden Teil des Zuständigkeitsgefüges in der Lehrerbildung wird. Rheinland-Pfalz hat dies mit seinem Dualen Studien- und Ausbildungskonzept der Lehrerbildung umgesetzt (vgl. Saterdag 2005 und 2008).

Es ist damit zu rechnen, dass der Saarbrücker Beschluss innerhalb einer Zeitspanne von etwa drei Jahren weitgehend umgesetzt werden kann. Der Ausbau fachdidaktischer Studienangebote wird in einzelnen Fächern und einem großen Teil der Universitäten jedoch noch längere Zeit in Anspruch nehmen; für sie wird man auch zeitlich begrenzte Übergangslösungen akzeptieren müssen. Die Gesellschaft für Fachdidaktik hat mit Vertretern der KMK hierzu konkrete Überlegungen angestellt.

Literatur

Der Deutsche Anglistenverband, Die Deutsche Gesellschaft für Amerikastudien (2009). Positionspapier: Inhaltliche Anforderungen für Fachwissenschaft und Fachdidaktik in der Lehrerinnen- und Lehrerbildung, Studienfach Englisch.

Deutsche Mathematiker-Vereinigung, Gesellschaft für Didaktik der Mathematik und Deutscher Verein zur Förderung des mathematischen und naturwissenschaftlichen Unterrichts (2008). Standards für die Lehrerbildung im Fach Mathematik. Empfehlungen der GDM, DMV, MNU.

Deutsche Physikalische Gesellschaft (2006). Thesen für ein modernes Lehramtsstudium im Fach Physik.

Gemeinsamer Bildungspolitischer Arbeitskreis Germanistik und Deutschunterricht (Deutscher Germanistenverband, Symposion Deutschdidaktik) (2009). Bamberger Empfehlungen. Die KMK-Vereinbarungen vom 16.10.2008 aus fachlicher Sicht; in: Mitteilungen des Deutschen Germanistenverbandes 4/2009.

Gesellschaft Deutscher Chemiker (2008). Das Bachelor-/Master-Studium für das Lehramt Chemie. Vorschläge zur Restrukturierung und curricularen Entwicklung.

Gesellschaft für Informatik (2007). Grundsätze und Standards für die Informatik in der Schule.

Frankfurter Allgemeine Zeitung: „Eines der finstersten Kapitel". Berliner Universitäten wollen Lehrerausbildung verbessern; Ausgabe 27.07.2006.

Hochschulrektorenkonferenz (1998). Empfehlungen zur Lehrerbildung (Entschließung des 186. Plenums 02.11.1998).

Hochschulrektorenkonferenz (2006). Empfehlung zur Zukunft der Lehrerbildung in den Hochschulen (Entschließung des 206. Plenums 21.02.2006).

Kultusministerkonferenz (2000). Aufgaben von Lehrerinnen und Lehrern heute – Fachleute für das Lernen. Gemeinsame Erklärung des Präsidenten der Kultusministerkonferenz und der Vorsitzenden der Bildungs- und Lehrergewerkschaften sowie ihrer Spitzenorganisationen Deutscher Gewerkschaftsbund DGB und DBB – Beamtenbund und Tarifunion; Beschluss 05.10.2000.

Kultusministerkonferenz (2004). Standards für die Lehrerbildung: Bildungswissenschaften; Beschluss 16.12.2004.

Kultusministerkonferenz (2005). Eckpunkte für die gegenseitige Anerkennung von Bachelor- und Masterabschlüssen in Studiengängen, mit denen die Bildungsvoraussetzungen für ein Lehramt vermittelt werden. Beschluss 02.06.2005 („Quedlinburger Beschluss").

Kultusministerkonferenz (2008). Ländergemeinsame inhaltliche Anforderungen für die Fachwissenschaften und Fachdidaktiken in der Lehrerbildung; Beschluss 16.10.2008 („Saarbrücker Beschluss").

Landesregierung Nordrhein-Westfalen (2009). Gesetz zur Reform der Lehrerausbildung vom 12.05.2009; in: Gesetz- und Verordnungsblatt Nordrhein-Westfalen.

Merzyn, G. (2005). Lehrerbildung – ein Stiefkind der Universitäten: Niederes Ansehen, Interessen im Hintergrund, ungünstige Folgen; in: Die Deutsche Schule, 97, 2005, S. 342-350.

Moegling, K. (2007). Lehrerbildung aus „europäischem Guss"; Probleme, Lösungsansätze und kritische Fragen; in: Die Deutsche Schule, 99, S. 192-209

Oelkers, J. (2004). Entwicklung curricularer Standards in der Lehrerbildung. Vortrag vor dem Erziehungswissenschaftlichen Fakultätentag an der Universität Marburg; 19.11.2004.

Oelkers, J. (2005). Evaluationen in der Lehrerbildung: Erste Erfahrungen und Schlussfolgerungen; Vortrag auf der Fachtagung zur OECD-Lehrerstudie im Sekretariat der Kultusministerkonferenz.

Oelkers, J. (2007). Qualitätssicherung und die Motivation der Lehrkräfte; in: Bertelsmann Stiftung (Hrsg.), Lehrer unter Druck. Arbeitsplatz Schule: zwischen Sokrates und Sozialarbeit; Gütersloh.

Saterdag, H. (2004). Professionalität als Ziel der Lehrerbildung. In: Journal für Lehrerinnen- und Lehrerbildung 1/2004, S. 60-68.

Saterdag, H. (2005). Neue Wege in der Lehrerbildung. Professionalisierung und neue Studienstrukturen am Beispiel der Lehrerbildungsreform in Rheinland-Pfalz; in: Seminar 4/2005, S. 74-79.

Saterdag, H. (2008). Die Reform der Lehrerinnen- und Lehrerbildung in Rheinland-Pfalz; in: Seminar 1/2008, S. 33-43.

Schmid, C. (2006). Lernen und Transfer. Kritik der didaktischen Steuerung; Bern h.e.p. Verlag.

Terhart, E. (Hrsg.) (2000). Perspektiven der Lehrerbildung in Deutschland. Abschlussbericht der von der Kultusministerkonferenz eingesetzten Kommission; Weinheim/Basel.

Wissenschaftsrat (2001). Empfehlungen zur künftigen Struktur der Lehrerbildung; Köln.

Hans N. Weiler

Reform der Lehrerbildung und Reform der Hochschulen – Ein deutsches Dilemma[1]

Einleitung: Vollendete und unvollendete Kunstwerke

Ich habe das Verhältnis zwischen der Reform der deutschen Hochschulen und der Reform der Lehrerbildung bei einer anderen Gelegenheit – und zugegebener Weise etwas frivol – mit dem Evergreen von Frank Sinatra illustriert, wo es heißt, dass Liebe und Heirat so eng zusammen gehören wie Pferd und Wagen –

> „Love and marriage, go together like a horse and carriage, this I tell you, brother: you can't have one without the other".

So eng hängen, wie ich versuchen werde zu zeigen, Lehrerbildung und Hochschulreform zusammen – nur bin ich mir nicht immer so sicher, wer hier Pferd und wer Wagen ist, wer also wen zieht.

Besser vielleicht noch ist der Vergleich der Hochschulreform in Deutschland mit einem unvollendeten Kunstwerk – da man an unvollendeten Kunstwerken oft sehr viel mehr über den schöpferischen Prozess lernen kann als an den vollendeten Werken. Da muss man dann nur aufpassen, dass es einem nicht so ergeht wie Leonardo da Vinci, der in späten Jahren an einem monumentalen Reiterstandbild für Francesco Sforza zu arbeiten begonnen hatte, aber nur noch (neben einer uns erhalten gebliebenen Skizze) ein Tonmodell des Pferdes fertig brachte. Dem aber (so mancher Reform nicht unähnlich) widerfuhr dann das Missgeschick, dass die 1499 in Mailand einmarschierenden französischen Bogenschützen aus der Gascogne es als Zielscheibe missbrauchten und in Scherben zurück ließen. Die Geschichte hat übrigens ein Nachspiel – auch das nicht ganz ohne Bezug zu so mancher Reform unserer Tage: In einer späten und für meine amerikanischen Landsleute typischen Geste hat 1999 ein pensionierter Flugkapitän aus Pennsylvania, Charles Dent, eine (relativ freie) Nachbildung des Pferdes veranlasst und zur Erinnerung an Leonardo der Stadt Mailand geschenkt. Auch so können unvollendete Kunstwerke Geschichte machen.

Es bedarf einer gewissen kulturellen Unverfrorenheit, Hochschulreform und Lehrerbildung mit so erhabenen Momenten der Kunstgeschichte in Beziehung zu setzen und Kunstwerke wie Leonardos Pferdeskulptur – oder auch etwa Mahlers 10.

---

1 Dieser Text ist die leicht überarbeitete Fassung eines Vortrages am 17. November 2008 zur Eröffnung der Ringvorlesung „Kulturen der Lehrerbildung" an der Universität Trier. Er enthält Überlegungen, die der Verfasser in letzter Zeit bei verschiedenen Anlässen entwickelt hat, u.a. bei dem Symposium „Wirkt Lehrerbildung? Antworten aus der empirischen Forschung" an der Universität Bamberg im September 2007 und bei der Eröffnung des Zentrums für Bildungsforschung und Lehrerbildung an der Universität Paderborn im April 2008 (zu letzterem siehe „Die Reform der Lehrerbildung und die Reform der Hochschulen: Zwei unvollendete Kunstwerke", Paderborner Universitätsreden Nr. 111, Paderborn 2008).

Sinfonie oder so eindrucksvolle literarische Fragmente wie Robert Musils „Mann ohne Eigenschaften" – als Metaphern für den unvollendeten Zustand von bildungspolitischen Veränderungsprozessen zu bemühen. Aber bei näherem Zusehen ist die Parallele vielleicht doch nicht ganz so kühn und unverfroren.

Wobei es mir jedenfalls bei beiden Metaphern – der von Sinatra's „horse and carriage" und der des unvollendeten Kunstwerks geht – ist zweierlei: Zum einen die Tatsache, dass die Reform der Lehrerbildung und die Reform der Hochschulen in Deutschland in einem sehr viel engeren Zusammenhang stehen, als man gemeinhin annimmt – und dass es sich bei beiden Reformen um äußerst unvollendete Kreationen handelt. Ob es dabei um Kunstwerke geht, ist allerdings eine andere Frage.

Denn es ist ja wirklich verlockend, sich einmal vorzustellen, was denn etwa bei den mit „Bologna-Prozess" überschriebenen und alles andere als vollendeten Reformen am Ende wirklich einmal herauskommen mag – genau so, wie man zu gerne gewusst hätte, wie denn das Reiterstandbild des Francesco Sforza tatsächlich ausgesehen hätte, wenn das Tonmodell nicht von den französischen Bogenschützen kurz und klein geschossen und das Standbild von Leonardo und nicht von Charles Dent aus Pennsylvania zur Vollendung geführt worden wäre.

Oder wer weiß denn beim gegenwärtig arg unvollendeten Stand der Dinge schon, was aus dem polyvalenten Bachelor einmal werden wird oder wie sich Schulverwaltung und Hochschulen in Baden-Württemberg und anderswo eines Tages einmal über den Übergang vom Bachelor zum Master für Lehramtskandidaten einigen werden – das ist fast so spannend und fast so schwer zu beantworten wie die Frage, wie denn Gustav Mahlers zehnte Sinfonie geklungen hätte, wenn sie von Mahler selbst und nicht von Deryck Cooke fünfzig Jahre später vollendet worden wäre.

Die Baustellen der Reform

Um dem Verhältnis von Lehrerbildung und Hochschulreform wirklich näher zu kommen, bedarf es der eingehenderen Beschäftigung mit den Baustellen und den Werkstätten der Reform in Deutschland, den Ateliers also, in denen sich auf unterschiedliche Weise der Prozess der allmählichen Vollendung vollzieht, dem zuzuschauen hier und da erbaulich, gelegentlich auch ernüchternd sein kann, immer aber aufschlussreich ist.

Ich will mir einige solcher Baustellen ansehen. Jede davon belegt, wie unvollendet die Reform noch ist. Jede davon belegt aber auch, dass es sich bei den Hochschulen und bei der Lehrerbildung um zwei eng miteinander verknüpfte Bereiche reformerischer Tätigkeit handelt. Mit anderen Worten und als Grundthese dieser Ausführungen: Die Reform der deutschen Hochschulen und die Reform der Lehrerbildung in Deutschland sind unausweichlich und auf Gedeih und Verderb miteinander verknüpft und aufeinander angewiesen. Wenn das so ist, dann wird man fragen müssen, welche Reformen der Hochschulen notwendig sind, um welche Reformen in der Lehrerbildung möglich oder gar erfolgreich zu machen – und ob es vielleicht auch

Anzeichen dafür gibt, dass neue Wege in der universitären Lehrerbildung unter bestimmten Umständen auch zum Auslöser, Katalysator oder gar Beschleuniger der Hochschulreform werden könnten – dass also, um in der Sprache der künstlerischen Ateliers zu bleiben, die Reform der Lehrerbildung Modell stehen könnte für manche der schöpferischen Veränderungen, die an den Hochschulen generell im Gange sind – oder zumindest wünschenswert wären.

Bei den Baustellen, auf denen ich – mit jeweils unterschiedlicher Intensität – der Verbindung zwischen diesen beiden Reformprozessen nachgehen möchte, handelt es sich um die folgenden fünf:

- Baustelle 1. Lehrerbildung und gestufte Abschlüsse;
- Baustelle 2. Die strukturelle Einbettung der Lehrerbildung in die Hochschulen;
- Baustelle 3. Fachwissenschaften und Lehrerbildung als Strukturproblem,
- Baustelle 4. Lehrerbildung und Hochschuldidaktik
- Baustelle 5. Wissen als vernachlässigtes Thema sowohl in der Lehrerbildung als auch in der Hochschulreform.

Ich will meinen Rundgang beschließen mit einer – um Sie rechtzeitig zu warnen – alles andere als zuversichtlichen Betrachtung über das Verhältnis von Reformen und Ressourcen.

Baustelle 1. Lehrerbildung und gestufte Abschlüsse

Ich befürchte, dass einer der Kernpunkte des laufenden Reformprozesses an den deutschen Hochschulen – die Einführung und angemessene Nutzung gestufter Studiengänge – in akuter Gefahr steht, auf dem Altar des hochschulpolitischen Opportunismus zum bloßen Nominalakt – vulgo: Etikettenschwindel – zu verkommen. Diese Besorgnis verkennt keineswegs die Tatsache, dass der Bologna-Prozess auch in Deutschland zu wirklichen und eindrucksvollen Neuerungen in Inhalt und Struktur von Studiengängen geführt hat. Gleichzeitig aber mehren sich schon wieder die Anzeichen für die schleichende Wiederherstellung von de facto ungestuften oder einstufigen Studienangeboten auf dem Wege über einen Automatismus im Übergang vom Bachelor zum Master[2]. Hier wirken zusammen altbekannte Beharrungstendenzen innerhalb von Hochschulen einerseits und ein Umfeld andererseits, das sich nicht die Mühe macht, über das berufliche Qualifikationspotenzial von Bachelor-Programmen konstruktiv nachzudenken und das auch nicht in der Lage ist, sich aufeinander aufbauende, aber in ihrem Beitrag zur Berufsqualifizierung zunächst einmal voneinander unabhängige Stufen der Hochschulausbildung vorzustellen[3].

Dass es darüber hinaus aber auch noch eine Menge Unverstand zum Wesen und zu den Möglichkeiten gestufter Abschlüsse in den Amtsstuben der Schulverwaltung

---

2   Wenn es für diese Besorgnis noch einer weiteren Bestätigung bedurft hätte, dann hat sie der Deutsche Hochschulverband mit seiner jüngsten Frontalattacke gegen die Bologna-Reform geliefert (www. hochschulverband.de/cms1/uploads/media/pm12-2008.pdf).

3   Siehe hierzu u.a. Norbert Bensel, Hans N. Weiler und Gert G. Wagner, Hochschulen, Studienreform und Arbeitsmärkte – Voraussetzungen erfolgreicher Beschäftigungspolitik. Bielefeld: W. Bertelsmann, 2003.

gibt, zeigt als neueres Beispiel der Konflikt zwischen Kultusministerium und Hochschulen in Baden-Württemberg[4]. Dort sollte das im Sinne von Bologna völlig legitime Prinzip einer qualitativen Auslese bei der Zulassung zum Masterstudium im Interesse der von der Schulverwaltung geforderten de facto Einstufigkeit der universitären Lehrerausbildung geopfert werden – ein Ansinnen, dem sich die baden-württembergischen Universitäten mit Recht widersetzt haben, nicht zuletzt auch deshalb, weil von diesem Prinzip am Ende auch die Qualität und Reputation der universitären Lehrerbildung profitiert hätte. Am Ende dieser Posse ersteht dann, wie ein etwas angeschlagener Phoenix aus der Asche, aufs neue das eigentlich schon längst abgeschriebene Staatsexamen für Lehramtskandidaten.

Die Lehrerbildung spielt also im Zusammenhang mit dem großen Projekt der Studienreform gelegentlich eine durchaus zwielichtige Rolle, die der Gefahr einer Unterwanderung der eigentlichen Reformziele des Bologna-Prozesses in gewisser Weise sogar noch Vorschub leistet. Elmar Tenorth hat dieses Problem vor einiger Zeit in einer Podiumsdiskussion in Göttingen mit der ihm eigenen Schärfe thematisiert, und ich will daraus etwas ausführlicher zitieren, weil es hier in der Tat um eine wichtige und überaus problematische Variante des Verhältnisses von Lehrerbildung und Hochschulreform geht:

> „Das, was in Bezug auf die Lehrerbildung beschlossen worden ist, droht einen Systemfehler und damit eine entscheidende Schwächung der Universitäten zu bewirken und sowohl die Ausbildung, die in den Universitäten stattfindet als auch die notwendige Studienreform eher zu erschweren als zu ermöglichen. Warum das? Gemäß den Beschlüssen der KMK zur Lehrerbildung hat der Bachelor inneruniversitär keine Funktion. Er wird aus der Perspektive der Lehrerbildung abgewertet zu einer beliebigen Eingangsqualifikation in den obligatorischen Master. ... Der Bachelor verliert damit sowohl seine Studienreformqualität als auch seine professionsbezogene Qualität. ... Man belastet ... die Studienreform in der Universität, indem sich nämlich die Frage, was Polyvalenz bedeutet, de facto erledigt ... weil jeder in den Bachelor mit der Erwartung eintritt, dass er sowieso in den Master übergehen wird, wenn der Übergang in den Master wirklich ohne Barriere ist, und man sogar noch Artikel 12 des Grundgesetzes bemüht, um den Master als sozusagen grundgesetzlich garantiertes Recht für die Wahl des freien Berufs interpretieren zu können. Insofern sehe ich jenseits der offiziellen KMK-Beschlusslage wirklich diese erheblichen Schwierigkeiten und frage mich, ob wir die im Prinzip richtige und sowohl synchron wie sequenziell polyvalent nutzbare Studienstruktur nicht unter Wert benutzen, sie falsch besetzen, die Lehrämter falsch über einen Leisten schlagen und uns dabei Normierungen einhandeln, die es auch unmöglich machen, wenigstens alternative Erfahrungen zu sammeln."[5]

---

4   „Das Land stoppt Bachelor und Master für Lehrer", Badische Zeitung, 18. April 2008.
5   Neue Wege in der Lehrerausbildung – Staatliche und universitäre Verantwortlichkeiten: Erträge einer Podiumsdiskussion (Moderiert und redigiert von Hans N. Weiler). Doris Lemmermöhle et al. (Hrsg.), Professionell Lehren – Erfolgreich Lernen. Münster: Waxmann, 2007, 23-50.

Ich weiß nicht, ob die Einsichten, die inzwischen in den weiteren Beschlüssen der KMK zum Ausdruck kommen, die Besorgnisse von Herrn Tenorth etwas gemildert haben; angesichts solcher Entwicklungen wie der in Baden-Württemberg bin ich mir da keineswegs sicher. Selbst in den neuen, insgesamt durchaus bemerkenswerten Eckpunkten der Regierung von Nordrhein-Westfalen[6] kann ich mich nicht ganz des Eindrucks erwehren, dass es sich hinsichtlich einer wirklich funktionalen Polyvalenz des Bachelor immer noch mehr um ein Lippenbekenntnis handelt – aber ich bin gerne bereit, mich eines Besseren belehren zu lassen.

Jedenfalls werden es sich weder die Hochschulreform noch die Lehrerbildung leisten können, sich der Herausforderung eines berufsbefähigenden, polyvalenten Bachelor-Angebots zu entziehen. Hier kann die Lehrerbildung, im ungünstigsten Fall und wie von Tenorth befürchtet, ein formidables Hindernis werden; sie könnte aber auch ein Exempel statuieren sowohl für einen berufsqualifizierenden Bachelor-Abschluss für Aufgaben im Bildungswesen als auch für einen polyvalenten fachwissenschaftlichen Abschluss mit der Perspektive eines selektiven Zugangs zu professionsorientierten Masters-Angeboten.

Baustelle 2. Die strukturelle Einbettung der Lehrerbildung in die Hochschulen

Die institutionelle Verortung und strukturelle Einbettung der Lehrerbildung an den Hochschulen gehört mit Recht zu den dringendsten und zentralen Punkten auf der Reformagenda der Lehrerbildung. Sie bietet aber gleichzeitig auch die Chance, zu einem wichtigen Impuls für sehr viel breiter angelegte strukturelle Neuordnungen an den Hochschulen zu werden.

Es dürfte inzwischen hinlänglich klar sein, dass die traditionell übliche Praxis, die Lehrerbildung einer universitären Residualstruktur mit minimalen Koordinierungsvollmachten und noch minimaleren Ressourcen zu überlassen, den Ansprüchen einer professionellen und wissenschaftlich anspruchsvollen Lehrerbildung nicht mehr genügen kann. Es gehört für einen externen Beobachter (zumal einen, der von einer wissenschaftlich erstklassigen, selbstbewussten und reichhaltig ausgestatteten School of Education wie der von Stanford kommt) zu den eher deprimierenden Erfahrungen, wie Programme der Lehrerbildung an deutschen Hochschulen für eine auch nur halbwegs angemessene personelle und intellektuelle Ausstattung ihrer Lehrangebote auf die Gnade und Barmherzigkeit der einschlägigen fachwissenschaftlichen Fakultäten, sozialwissenschaftlichen Disziplinen und oft genug auch einer alles andere als kooperativen Erziehungswissenschaft angewiesen sind.

Es ist in der wissenstheoretischen wie in der hochschulpolitischen Diskussion inzwischen ebenso klar, dass die Rolle der Fächer als exklusive logische Einheiten für den strukturellen Aufbau einer Universität inzwischen in einem relativ hohen Grade obsolet geworden ist. Bahnbrechende neue wissenschaftliche Fragestellungen entstehen vorzugsweise an den Schnittstellen herkömmlicher Fachdomänen. Darüber hinaus wird zunehmend deutlich, dass die Schlüsselprobleme moderner Gesellschaften

---

6   http://www.bildungsportal.nrw.de/BP/Presse/Konferenzen14LP/2007/Lehrerausbildung/index.html

– Gesundheit, Sicherheit, Umwelt, Recht, und eben auch Bildung – uns nun einmal nicht den Gefallen tun, sich säuberlich nach Fachgrenzen einzusortieren. Ein wissenschaftlich angemessenes Verständnis dieser Problembereiche ist ganz offensichtlich nur in der konzertierten analytischen Aktion sehr unterschiedlicher, aber gleichermaßen einschlägiger Disziplinen möglich. Die Untersuchung von biogenetischen Prozessen, von Epidemien, von Kriminalität, von Siedlungs- und Verkehrsströmen, von internationalen Konflikten und von Schulerfolg oder -misserfolg dürfte dies reichlich belegen.

Diese Tatsache macht es notwendig, über die Grenzen fachlich organisierter Wissenschaft Rechenschaft abzulegen und nach neuen und ergänzenden universitären Strukturformen zu suchen, die dieser natürlichen Interdisziplinarität gesellschaftlicher Problemstellungen in Forschung und Lehre Rechnung zu tragen in der Lage sind. Dieses Postulat hat es bisher in Deutschland nur bis an den Rand der Hochschulreform-Diskussion geschafft. Das hat wahrscheinlich damit zu tun, dass diese Reformdiskussion insgesamt wenig Neigung erkennen lässt, sich mit inhaltlichen Fragen der Logik von Wissenschaft und ihren organisatorischen Auswirkungen zu beschäftigen – ein Luxus, den sie sich nicht sehr viel länger mehr wird leisten können. Es gibt allerdings Anzeichen dafür, dass die Frage der angemessenen Organisation von Wissenschaft durchaus auf dem Wege in das Zentrum der Hochschulreformdebatte ist.

Ich habe dem nicht zuletzt dadurch Vorschub zu leisten versucht, dass ich das Denkmodell einer Professional School in diese Diskussion eingebracht habe – einer universitären Struktureinheit, die sich von klassischen Fakultäten oder Fachbereichen vor allem dadurch unterscheidet, dass sie sich in Forschung und Lehre sehr viel ausdrücklicher am Wissens- und Ausbildungsbedarf gesellschaftlicher Kernbereiche orientiert und sich deshalb sehr viel stärker problemorientiert, anwendungsbezogen und interdisziplinär definiert.

Ich will dieses Denkmodell „professional school" hier nicht weiter ausbreiten; man kann darüber anderswo, u.a. auf meiner Website[7], genug nachlesen. In diesem Zusammenhang kommt es mir auf die Tatsache an, dass eine Professional School für Bildungsforschung und Lehrerbildung – wie sie z. Zt. an einigen deutschen Hochschulen intensiv diskutiert und dem Prinzip nach auch in den nordrhein-westfälischen Eckpunkten ermutigt oder zumindest erlaubt wird – sehr wohl als besonders geeignetes Pilotprojekt für eine breitere Erprobung dieses Strukturmodells dienen könnte. Eine solche Professional School für Bildungsforschung und Lehrerbildung könnte sehr wohl eine Reihe von wichtigen Entwicklungen ermöglichen und befördern, darunter

- die für eine erstklassige Bildungsforschung und Lehrerbildung erforderlichen personellen Ressourcen auf dem Wege über gemeinsame Berufungen (joint appointments) mit den einschlägigen Fachbereichen (Psychologie, Soziologie, Anthropologie, Sprachwissenschaft usw.) verlässlich einbinden,

---

7   http://www.stanford.edu/people/weiler; besonders einschlägig ist die Seite http://www.stanford.edu/~weiler/Texts06/Vortrag_Bochum_066.pdf.

- auf diese Weise auch, ebenfalls per gemeinsamer Berufung, die doppelte professionelle Legitimation der Fachdidaktiker als ausgewiesene Vertreter ihres Fachs wie als professionell anerkannte Didaktiker sicher stellen,
- eine transparentere und ehrlichere Präsenz der Erziehungswissenschaften in Bildungsforschung und Lehrerbildung sowohl einfordern als auch ermöglichen,
- Forschung und die Heranbildung des wissenschaftlichen Nachwuchses nicht allein an den fachimmanenten Wissensinteressen der Disziplinen, sondern an der Analyse der zentralen Probleme des Bildungswesens orientieren (und das nicht wie bisher im wesentlichen den außeruniversitären Bildungsforschungsinstituten überlassen),
- in diesem Rahmen auch ein zentraler Ort für die nach wie vor unterentwickelte Lehrerbildungsforschung werden und schließlich
- eine institutionelle Brücke zur professionellen Welt des Lehrens und Lernens und damit sowohl zur 2. Phase der Lehrerausbildung als auch zu den Einrichtungen und Maßnahmen der Lehrerfort- und -weiterbildung schaffen.

Dabei will ich es bewenden lassen und nur noch einmal den für mein heutiges Thema wichtigen Kern herausstellen: Für die dringend notwendige strukturelle Neuorientierung der deutschen Hochschulen könnte das Modell einer Professional School für Lehrerbildung und Bildungsforschung durchaus eine wichtige Rolle als Pilotprojekt und Katalysator spielen.

Baustelle 3. Fachwissenschaften und Lehrerbildung als Strukturproblem

Ich habe im Zusammenhang mit dem Modell der Professional School bereits die Frage der Fachdidaktik angesprochen, möchte hier aber noch ein wenig weiter ausholen. Es ist sicher nicht ganz unberechtigt, von der Fachdidaktik als einer besonders problematischen Komponente der Lehrerbildung in Deutschland zu sprechen – vor allem im Hinblick auf ihre wissenschaftliche Produktivität in der fachdidaktischen Forschung. Diese Problematisierung ist gleichzeitig aber auch ein wenig unfair, denn viele der zentralen Probleme der Fachdidaktik sind in Wahrheit Probleme der Fachwissenschaften, denen sie zugeordnet ist.

Ich nehme diese Frage in meinen Katalog der Verknüpfungen zwischen Hochschulreform und Lehrerbildung deshalb auf, weil ich eine gründliche Reflexion über das Selbstverständnis der Fächer an den deutschen (und übrigens auch an den amerikanischen) Universitäten für einen unverzichtbaren, wenn auch bislang vernachlässigten Teil der Hochschulreform halte. Dabei geht es nicht in erster Linie um den wissenschaftlichen Ertrag der fachwissenschaftlichen Forschung; der ist insgesamt gewiss beträchtlich, wenn auch von Hochschule zu Hochschule und von Fach zu Fach höchst variabel. Worum es mir vielmehr geht ist das, was ich als Postulat fachwissenschaftlicher Öffentlichkeit bezeichnen würde – also um die in einem demokratischen Gemeinwesen nicht erlassbare Pflicht, wissenschaftliche Forschung transparent und verständlich zu machen – eine Pflicht, auf die sich im übrigen auch die Forderungen nach „public understanding of science" beziehen. Mit dieser Fähigkeit, fachwissenschaftliche Ergebnisse und Methoden auch außerhalb der Grenzen des Faches vermitteln zu können, ist es in der hehren Akademie nicht zum besten bestellt – worin ich auch einen der Gründe für die Problematik der Fachdidaktik sehe, deren Auftrag zur Vermittlung fachwissenschaftlicher Inhalte bislang eben nicht zu den Prioritäten der institutionalisierten Fachwissenschaften gehört. Solange sich dieses grundsätzliche Selbst- und Missverständnis der Fachwissenschaften nicht fundamental korrigiert, und solange die Fachwissenschaften nicht ihren gesellschaftlichen Auftrag auf Transparenz und Vermittlung ernster nehmen als bisher – solange werden auch die ausgeklügeltsten institutionellen Regelungen der problematischen Stellung der Fachdidaktik nicht abhelfen können.

Baustelle 4. Lehrerbildung und Hochschuldidaktik

Wir haben jetzt schon in einigen Fällen gesehen, dass die Lehrerbildung nicht nur passives Objekt der Hochschulreform ist (das ist sie zweifellos auch), sondern in bestimmten Zusammenhängen auch als handelndes Subjekt gefragt oder zumindest denkbar ist. Das gilt in einem ganz spezifischen Sinn da, wo die Erfahrungen und intellektuellen Ressourcen der Lehrerbildung der Hochschule selbst zugute kommen könnten. Denn es ist ja eigentlich nicht einzusehen, dass eine professionell aufgestellte und kompetente Lehrerbildung zwar an Grundschulen, Realschulen, Berufsschulen oder Gymnasien segensreiche Wirkungen entfalten kann, dass ihr ähnliche Wirkungen aber in der Hochschule selbst nicht zugetraut werden.

Mit anderen Worten: Man könnte sich durchaus vorstellen, dass die Erfahrungen und Kapazitäten der Lehrerbildung sehr wohl einer ja überaus wünschenswerten Professionalisierung der Hochschuldidaktik zugute kämen. Auch das würde natürlich, wie alles andere in der Lehrerbildung auch, nur auf der Basis eines sehr viel robusteren und reichhaltigeren Programms der Lehrerbildungsforschung funktionieren, aber dieses Defizit müsste ja nun ohnehin allmählich aufgearbeitet werden. Eine besonders reizvolle Aufgabe für eine so verstandene (Hochschul-)Lehrerbildung wäre die dringend notwendige Entwicklung und Kultivierung einer Didaktik von Schlüsselqualifikationen, wie sie in vielen Konzepten zur Bachelor-Ausbildung postuliert, aber meines Wissens nirgends wirklich didaktisch aufgearbeitet ist.

Jedenfalls kann die Qualität der Hochschullehre als eine längst noch nicht erledigte, ja eigentlich nicht einmal richtig begonnene Aufgabe der Hochschulreform in Deutschland gelten – eine Aufgabe, die immer schon wichtig war, im Zeitalter von Studiengebühren aber besondere Brisanz gewinnt. Sich dieser Aufgabe anzunehmen wäre für die Lehrerbildung wie für die Bildungsforschung eine ebenso einschlägige wie verdienstvolle Tat.

Baustelle 5. Wissen als vernachlässigtes Thema sowohl in der Lehrerbildung als auch in der Hochschulreform

Sie werden mich wahrscheinlich für leicht beschränkt halten, wenn ich hier die Behauptung aufstelle, dass Hochschulen und Lehrerbildung ausgerechnet Wissen vernachlässigen – sind sie doch eigentlich und ausdrücklich dazu da, Wissen zu schaffen, zu vermitteln und zu überprüfen. Aber ich hoffe, Ihnen deutlich machen zu können, dass Hochschulen und Lehrerbildung dieser zentralen Bedeutung des Themas „Wissen" nicht angemessen gerecht werden.

Mein Argument geht aus von folgenden Beobachtungen: Information in praktisch unbegrenztem Umfang ist heute, und erst recht morgen, omni-präsent und permapräsent – überall und jederzeit verfügbar. Der trotz aller Bemühungen von Generationen von Encyclopädisten unerfüllt gebliebene Traum, vorhandene Informationen in aller Breite und Fülle zugänglich zu machen, ist im Zeitalter von Internet und World Wide Web Wirklichkeit geworden. Es gibt keine noch so esoterische Neugier mehr, die sich nicht mit einigen gut gezielten Maus-Klicks befriedigen ließe. Durch das Internet ist uns das Wissen von Enzyklopädien, Zeitschriften, Gesetzeswerken und Kochbüchern unmittelbar verfügbar. Das, was über die Jahrtausende menschlichen Fragens und Suchens oft unsägliche Mühe bereitet hat – das Finden von Informationen – ist eine alltägliche Routine und eine technische Selbstverständlichkeit geworden; wir werden schon ärgerlich, wenn die Suche nach der Biographie eines mesopotamischen Herrschers oder nach der Fundstelle eines Herodot-Zitats oder den technischen Einzelheiten eines Ford Model B Automobils von 1932 länger als eine Minute dauert oder wegen des Nachladens einer Internet-Quelle temporär blockiert ist.

Seltsamerweise aber scheint unsere Freude über solche Errungenschaften so ganz ungetrübt nicht zu sein. Denn es bleibt in dieser Wunderwelt grenzenloser Information ja die Frage, wie wir mit diesem überquellenden Füllhorn umgehen, wie wir in dieser Flut von Information Ordnung, Wertung und Auswahl erreichen, wie in dieser Welt des Überflusses aus Information Wissen (und aus Wissen Verständnis) entsteht. Mit anderen Worten: die Entwicklung moderner Informations- und Kommunikationstechnologien macht eine nachhaltige Veränderung im Umgang mit Wissen unumgänglich. Im Vordergrund einer solchen Veränderung muss dabei die Vermittlung analytischer, kritischer und normativer Fähigkeiten zur Bewertung umfangreicher, aber weitgehend ungeordneter und unbewerteter Informationen stehen.

Ich leite aus diesen Beobachtungen an anderer Stelle[8] eine Reihe von Schlussfolgerungen ab; ich will mich hier auf eine beschränken.

Im Rahmen unserer Bildungssysteme konsumieren, verarbeiten und vermitteln wir Unmengen von Wissen, je nach Beruf und Lebensart von unterschiedlicher Art. Aber unsere zu diesem Zweck eingerichteten wissenschaftlichen Veranstaltungen lassen auf geradezu erstaunliche Weise jegliche systematische Bemühung vermissen, uns Klarheit darüber zu verschaffen, was „Wissen" denn eigentlich ist, wie es zustande kommt, welchen Einflüssen sein Zustandekommen und seine Vermittlung unterliegen und wie man es sinnvoll beurteilt. Man stelle sich vor: ein zentraler und ständig immer noch wichtiger werdender Bestandteil unserer Zivilisation – Wissen – ist allenfalls am Rande Gegenstand wissenschaftlicher Untersuchung (unter einigen

---

8   Hans N. Weiler, Bildung im Zeitalter ihrer technischen Reproduzierbarkeit – Die Herausforderungen unbegrenzt verfügbarer Information, in Peter Strohschneider (Hrsg.), Bildung? – Bildung!. Berlin: Berlin-Verlag (im Druck)

spezialisierten Philosophen, Wissenssoziologen und Kognitionswissenschaftlern), und so gut wie überhaupt nicht irgendeines systematischen Curriculums entweder in Schulen oder in Hochschulen oder auch in der Lehrerbildung. Andere Kernbereiche unserer Zivilisation – Gesundheit, Umwelt, Medien, Verkehr, Kunst – sind als Gegenstand kritischer Fähigkeiten sehr viel besser, wenn auch oft nicht ausreichend, bedient.

Es wäre eine ungemein reizvolle Aufgabe, ein Curriculum für eine solche „Wissenskunde" zu entwickeln (und dabei auch vielleicht ein weniger hölzernes Etikett zu finden), aber das lässt sich hier nur andeuten. Benötigt werden mit Sicherheit substantielle und methodische Beiträge aus unterschiedlichen wissenschaftlichen Domänen: aus der Hirnforschung, der Kognitionswissenschaft und der Lernpsychologie, aber auch der Wissenssoziologie, der relativ neuen, aber aufschlussreichen Wissensökonomie (knowledge economics – knowledge management), der Kommunikationswissenschaft und sicher auch der Politikwissenschaft, die der Tatsache wird Rechnung tragen müssen, dass es sich bei der Herstellung und Nutzung von Wissen um einen eminent politischen, von Machtstrukturen umstellten Prozess handelt[9].

Unverzichtbar in einem solchen Curriculum (das sowohl an der Schule als auch in einem Propädeutikum für ein Hochschul- und Lehrerbildungsstudium seinen Platz finden könnte) wären Fragen nach der Entstehung von Wissen in historischen und epistemologischen Dimensionen, nach dem Unterschied zwischen Information, Wissen und Verstehen, nach den sozialen, ökonomischen und politischen Bedingungen der Entstehung, Vermittlung und Nutzung von Wissen, nach den institutionellen Rahmenbedingungen der Entstehung von Wissen, nach der Sicherung und kritischen Überprüfung von Wissen und nach den Strukturen des Zugangs zu Wissen – um nur einige der wichtigeren Themen zu nennen.

Weitere Baustellen

Damit will ich meinen Überblick über die Baustellen beenden, in denen in recht enger, wenn vielleicht manchmal auch nicht ganz bewusster Verbindung an der Reform von Lehrerbildung und Hochschulen gebastelt oder auch gestaltet wird (oder zumindest gestaltet werden könnte). Der Katalog ließe sich gewiss noch um einiges verlängern. Ich würde es zum Beispiel durchaus reizvoll finden, Lehrerbildung als Paradigma von Steuerungsproblemen im Hochschulwesen zu sehen und die Zusammenhänge zwischen Studienwahl und Studienerfolg einerseits und verschiedenen Beratungs- und Anreizmechanismen (wie etwa bevorzugte Schuldentilgung) andererseits sorgfältiger zu analysieren.

Auch wäre es interessant zu erkunden, unter welchen Bedingungen Hochschulen, die traditionell eher zur Insularität neigen, dazu gebracht werden können, wirkungsvolle Allianzen mit Partnern in der Lehrerbildung – etwa mit Studienseminaren

---

9   Hans N. Weiler, Ambivalence and the Politics of Knowledge: The Struggle for Change in German Higher Education. Higher Education Vol. 49 (2005), No. 1-2, 177-195; ders., Challenging the Orthodoxies of Knowledge: Epistemological, Structural and Political Implications for Higher Education. Guy Neave (ed.), Knowledge, Power and Dissent: Critical Perspectives on Higher Education and Research in Knowledge Society. Paris: UNESCO Publishing, 2006, 61-87.

oder mit Laborschulen oder mit Einrichtungen der Lehrerfort- und -weiterbildung – einzugehen; jenseits der ersten Phase der Lehrerbildung könnte man sich sicherlich für interessierte und einschlägig kompetente Hochschulen eine partnerschaftliche Rolle in der zweiten und dritten Phase der Lehrerbildung vorstellen. Überhaupt ließe sich, wie ich meine, die Beteiligung von Hochschulen an der Lehrerfort- und -weiterbildung als ein Modellfall für ein sehr viel stärkeres Engagement der deutschen Hochschulen im Bereich der professionellen Weiterbildung konzipieren; denn es dürfte außer Frage stehen, dass eine sehr viel intensivere Beteiligung deutscher Hochschulen an dem bislang weitgehend privaten Anbietern überlassenen Weiterbildungsmarkt längst überfällig ist. Schließlich darf auf dieser Agenda überfälliger Baustellen auch das Thema einer engeren Zusammenarbeit zwischen Universitäten und Fachhochschulen in der Lehrerbildung nicht fehlen; auch hier hätte die Lehrerbildung die Chance, Pionierarbeit für eine neue und notwendige Allianz im deutschen Hochschulwesen zu leisten.

Zum Schluss: Reform und Ressourcen

Ich will diesen und einigen anderen verlockenden Themen hier nicht weiter nachgehen, denn zum einen würde das den Rahmen dieses Textes sprengen und zum anderen glaube ich, dass ich meine These von der engen Verknüpfung von Hochschulreform und Lehrerbildung fürs erste hinlänglich belegt und illustriert habe. Ich hoffe, dass ich gleichzeitig auch belegt habe, dass es sich sowohl bei der Reform der Hochschulen als auch bei der Reform der Lehrerbildung durchaus noch um unvollendete Werke handelt. Zum künstlerischen Wert dieser Werke wird man sich zu diesem Zeitpunkt wohl eher noch zurückhaltend äußern müssen, aber man wird sich fragen müssen, worauf es besonders ankommt, wenn man diese Werke zur Vollendung bringen will.

Ich würde meinen, dass es hierbei auf drei Dinge besonders ankommt – und es sind wiederum Dinge, die auch bei der Vollendung eines Kunstwerks eine wichtige Rolle spielen. Das erste ist der Mut zur eigenen Überzeugung; das zweite ist das konstruktive Zusammenwirken aller Beteiligten; und das dritte ist die Verfügbarkeit der notwendigen Ressourcen.

Zum ersten: Der Künstler muss an die Idee seines eigenen Werkes glauben, wenn er es zur Vollendung bringen soll. Man wird fragen dürfen, wie es mit diesem Mut in der Reform von Hochschulen und Lehrerbildung bestellt ist, und die Antwort wird bestenfalls gemischt ausfallen. Ich könnte mir jedenfalls sehr viel mehr Mut und Begeisterung vorstellen für die enormen Möglichkeiten, die in der Einführung gestufter Studiengänge sowohl für eine kreative Studienreform wie aber auch für die Lehrerbildung liegen. Stattdessen – Baden-Württemberg lässt grüßen – werden Stellungskriege geführt.

Zum zweiten: Anspruchsvolle Reformen bedürfen der engen und bereitwilligen Zusammenarbeit der Beteiligten, der Partner, mit denen eine vertrauensvolle und konstruktive Zusammenarbeit zustande kommen muss. Die Geschichte der deutschen Hochschulreform – eine sehr junge und kurze Geschichte – ist hingegen voll von Dissonanzen und Konflikten: zwischen unternehmerischen Hochschulleitungen und besitzstandswahrenden Hochschullehrern, zwischen autonomiebeschränkenden Wissenschaftsministerien und autonomiebedürftigen Hochschulen, zwischen kurzsichtig ideologisierten Gegnern und ebenso ideologisierten Befürwortern von Studiengebühren usw. Ausnahmen bestätigen wie immer die Regel.

Bei der Lehrerbildung ist das nicht anders. Wenn C.P. Snow heute noch einmal seinen berühmten Vortrag von 1959 über „Die zwei Kulturen"[10] halten würde, würde er wahrscheinlich nicht über die unterschiedlichen Kulturen von Geistes- und Naturwissenschaften und ihre Probleme, miteinander zu kommunizieren, sondern über die unterschiedlichen Kulturen von Schul- und Hochschulverwaltungen reden – eine der unversöhnlichsten Formen von Kulturkonflikt, denen ich in dieser Republik begegnet bin (und die sich auch, um den Einwand gleich vorweg zu nehmen, unter dem einen Dach eines gemeinsamen Ministeriums durchaus entfalten können). Auf jeden Fall aber ist das Gelingen gerade dieser Kooperation eine entscheidende Voraussetzung für die Nutzung der Synergien zwischen Hochschulreform und Reform der Lehrerbildung, die ich in diesem Vortrag thematisiert habe.

Und schließlich – drittens – brauchen Reformwerke zu ihrer Vollendung angemessene Ressourcen. Spitzwegs „Armer Poet" in der jämmerlichen Dachkammer ist ein wunderschönes Gemälde, aber kein Erfolgsrezept für große Kunst – ebenso wenig wie die neuere Geschichte der Hochschul- und Wissenschaftsfinanzierung in Deutschland ein Erfolgsrezept für internationale Wettbewerbsfähigkeit ist. Ich habe mich dazu in letzter Zeit in verschiedenen sehr kritischen Stellungnahmen geäußert[11], darunter auch in einem längeren Beitrag im duzMagazin[12]. Ich will diese Analyse hier nicht wiederholen, sondern nur all denen, die besonders hohe Erwartungen hinsichtlich der internationalen Konkurrenzfähigkeit der deutschen Hochschulen hegen, den guten Rat geben, sich einmal die Entwicklungen nicht nur in den USA, sondern auch in den skandinavischen Ländern oder auch in China und Indien anzuschauen.

Vieles an sinnvoller Hochschulreform ist möglich ohne zusätzliche Ressourcen – und das hat so manche reformbereite deutsche Hochschule in den letzten Jahren auch gezeigt und Jürgen Mittelstrass' These von der Reformunfähigkeit der deutschen Hochschulen eindrucksvoll widerlegt. Dennoch bleibt unbestritten: ein entscheidender Durchbruch in der quantitativen ebenso wie der qualitativen Entwicklung des deutschen Hochschulwesens wird ohne massive zusätzliche Ressourcen nicht möglich sein. Deutschland sieht sich in der Hochschulfinanzierung im Augenblick einer Situation gegenüber, wie sie prekärer nicht sein könnte. Diese Situation ist gekennzeich-

---

10 C.P. Snow, The Two Cultures and the Scientific Revolution (The Rede Lecture 1959). New York: Cambridge University Press, 1959.

11 http://www.stanford.edu/~weiler/Texts08/Vortrag_SV_Eliten.pdf (Folien und Graphiken: http://www.stanford.edu/~weiler/Texts08/Stifterverband_048.ppt).

12 duzMagazin Nr. 11, 21. November 2008 (http://www.duz.de/docs/magazin.html)

net von der Tatsache, dass zeitgleich drei unterschiedliche und enorm kostspielige Herausforderungen auf die Hochschulpolitik zukommen:

- Zum einen die Herausforderung, die deutsche Hochschulforschung international wettbewerbsfähig zu machen und (angesichts dramatischer Anstrengungen der Konkurrenz) zu halten – eine Herausforderung, der die Exzellenzinitiative nur in einem ganz bescheidenen ersten Schritt und in einem völlig unzureichenden Ausmaß gerecht zu werden versuchte;
- Zweitens wird Deutschland dringend dem Bedarf heutiger und zukünftiger Arbeitsmärkte nach hochqualifizierten Arbeitskräften Rechnung tragen müssen, und das vor dem Hintergrund mittelfristig dramatischer Einschnitte in die Demographie. Der Wissenschaftsrat hat hierzu bereits 2006 eine sorgfältige Empfehlung vorgelegt[13]; den darin enthaltenen und eher bescheidenen Projektionen des zukünftigen Kapazitätsbedarfs werden weder Hochschulpakt I noch Hochschulpakt II auch nur annähernd gerecht.
- Drittens schließlich muss die Forschung an den Hochschulen nicht nur dem Umfang nach, sondern der Struktur nach eine Förderung erfahren, die forschungsintensive (und damit international konkurrenzfähige) Hochschulen nicht für ihre Forschungsstärke bestraft. Im Klartext: die Vollkostenfinanzierung für Forschungsvorhaben an Hochschulen muss sich nicht nur verstetigen, sondern sie muss auch auf der Basis einer sauberen Analyse der tatsächlichen indirekten Kosten realistisch bemessen werden. Das wird mit Sicherheit über 20 Prozent hinausgehen; bei den amerikanischen Forschungsuniversitäten liegt dieser Satz, sorgfältig berechnet und regelmäßig von der amerikanischen Bundesregierung beglaubigt, zwischen 50 und 60 Prozent. Diese Anpassung wird sich, wenn man sie ernsthaft in Angriff nimmt, in erheblichen Größenordnungen zu einer dritten Herausforderung für die Hochschulfinanzierung auswachsen.

Wenn man sich vor diesem Hintergrund, dessen Gesamtpreis von klugen Leuten bis 2015 auf bis zu 60 Milliarden Euro addiert wird, das Ergebnis des jüngst im Rahmen von zwei Stunden abgehandelten so genannten „Bildungsgipfels" vergegenwärtigt, dann bleibt eine Mischung aus ungläubigem Staunen und profunder Verärgerung angesichts der Leichtfertigkeit, mit der die Politik einer schlechthin zentralen Zukunftsaufgabe begegnet.

Investitionen in die Zukunft von Hochschulen und Lehrerbildung sind ein kritischer Bestandteil der gesellschaftlichen Zukunftsvorsorge und des internationalen Wettbewerbs geworden. Deutschland ist hier, trotz Hochschulpakt und Exzellenzinitiative, weit im Hintertreffen. Manchmal habe ich den Eindruck, dass der in Deutschland so bemühte Diskurs über Hochschulreform und die Reform der Lehrerbildung eine Art Alibi-Funktion hat, die die Aufmerksamkeit davon ablenken soll, dass öffentliche und private Aufwendungen für Bildung und Wissenschaft in Deutschland sowohl im Hinblick auf den künftigen Wissens- und Ausbildungsbedarf

---

13 Wissenschaftsrat, Empfehlungen zum arbeitsmarkt- und demographiegerechten Ausbau des Hochschulsystems, Januar 2006 (Drs. 7083-06).

von Wirtschaft und Gesellschaft als auch im internationalen Wettbewerb völlig unzulänglich sind.

Vor diesem Hintergrund komme ich mehr und mehr zu der Überzeugung, dass die Situation der deutschen Hochschullandschaft sich nicht nur als ein Dilemma, sondern am ehesten als ein Paradox beschreiben lässt. Das Paradox besteht darin, dass die Erneuerung der Hochschulen in Deutschland enorme (und vor zwanzig Jahren auch von mir noch für unmöglich gehaltene) Fortschritte gemacht hat – und dennoch höchst wahrscheinlich zum Scheitern verurteilt ist.

Marc Mallinger

Paradigmenwechsel in der Luxemburger Lehrerausbildung

1. Die kulturelle Identität der Luxemburger – von einer Festungskultur zur Multikultur

Luxemburg ist ein kleines Land, dessen Gesellschaftsstruktur sich in den letzten Jahrzehnten rasant verändert hat. Als Schlagwörter seien hier die „Festungsmentalität" und die „Multikulturalität" genannt. Luxemburg ist rohstoffarm und aufgrund der Dominanz des Dienstleistungssektors noch mehr als andere Länder auf die Bildung seiner Bürger angewiesen. Der sehr hohe Ausländeranteil in der Bevölkerung ist Chance und Problem zugleich. Unstrittig ist, dass Lehrerinnen und Lehrer[1] eine Schlüsselfunktion bei der Integration und Fruchtbarmachung des multikulturellen Potenzials wahrnehmen. Aber werden sie auf diese Aufgabe auch gut vorbereitet? Bislang ist dieses Thema nicht systematisch bearbeitet worden und auch der folgende Beitrag kann das nicht leisten. Es sollen aber erste Überlegungen dazu angestellt werden und insbesondere der Frage nachgegangen werden, ob die Änderungen in der LehrerInnenausbildung der letzten Jahre zu einem Paradigmenwechsel geführt haben, ob demnach die neue luxemburgische LehrerInnenausbildung der neuen luxemburgischen Kultur Rechnung trägt.

Aber gibt es überhaupt eine „luxemburgische Kultur"? Konnten sich in einem kleinen Land wie Luxemburg, dem erst durch seine Unabhängigkeit im Jahre 1815 die Möglichkeit zum Aufbau einer eigenen kulturellen Identität gegeben wurde, typische, von den großen Nachbarnationen unterscheidbare und von allen Luxemburgern geteilte Werte heraus kristallisieren?

„Mir wëlle bleiwe wat mir sinn', lautet die Devise, mit der die Luxemburger im Laufe der Geschichte ihren Wunsch nach Eigenständigkeit zum Ausdruck gebracht haben. Dieser Wahlspruch hat heute nichts von seiner Aktualität verloren. In der EU beweist das Großherzogtum immer wieder aufs Neue, dass sich auch kleine Länder selbstbewusst behaupten können. Basis für die wirtschaftliche Prosperität und politische Stabilität bildet dabei eine funktionierende parlamentarische Demokratie im System einer konstitutionellen Monarchie.

Hier ergeben sich erste Zweifel, ob es überhaupt möglich ist, einen Beitrag zur Kultur der Luxemburger Lehrerausbildung zu verfassen. Ist Luxemburg nicht eigentlich zu klein? Kann man Kultur beliebig fein atomisieren? Wie hoch muss sich der analytische Blick erheben, um aus einem Wirrwarr von persönlichen Werten, lokalen Traditionen, literarischen und künstlerischen Schöpfungen eine Kultur zu erkennen, welche als Oberbegriff für alle Gemeinsamkeiten steht? Und wie kann diese Kultur

---

1   Im Beitrag wird zugunsten der Lesbarkeit größtenteils die männliche Bezeichnung verwendet, es sind jedoch immer beide Geschlechter gemeint.

ihre vereinigende Rolle überhaupt spielen, da sich Luxemburg an der Berührungs-
linie zweier starker Kulturräume, des deutschen und französischen, befindet, welche
alle lokalen Kulturerscheinungen überstrahlen?

Wenn man davon ausgeht, dass zwei sich begegnende Kulturen sich wie Töne verhalten und somit das Zusammenspiel immer einen Zweiklang darstellt, in dem beide
Töne individuell weiter existieren, dann wird es wohl schwierig sein, eine eigenständige Luxemburger Kultur sichtbar zu machen – zu eng sind unsere Werte mit denen der Nachbarn verwandt. Verhalten sich zwei Kulturen aber wie Farben, wobei in
der Mischung aus rot und blau die neue Farbe violett entsteht, dann kann man ohne
weiteres von einer Luxemburger Kultur reden: Jene ist dann die Kultur, welche es ermöglicht, Elemente verschiedener Kulturen auf engstem Raume zu vereinigen und zu
verwirklichen.

Der deutsche Blick wird sicher manche deutsche Kulturwerte ausfindig machen
können, der französische ebenso viele französische. Die spezifische luxemburgische
Kultur wäre gleichsam die Vereinigung dieser unterschiedlichen Werte – oder auch
die Verstärkung gleicher Werte. Und eine solche Kultur besteht, denn: Es gibt eine
luxemburgische Identität, die sich behaupten und entwickeln will.

- Es gibt eine luxemburgische Sprache mit eigenständiger Struktur.
- Es gibt kulturelle Schöpfungen, die aus diesem Spannungsfeld entsprungen sind.
- Es gibt eine luxemburgische Arbeitskultur, welche soziale Konflikte größtenteils
  verhindern kann und das Land zu großem Wohlstand geführt hat.
- Es gibt luxemburgische Politiker, die durch ihre vereinigende Wirkung im sich
  vereinigenden Europa eine Vorreiterrolle spielten und noch spielen.
- Es gibt luxemburgische Lehrer, die sich in einem multikulturellen Umfeld behaup-
  ten können.

Diese vereinigenden Werte sind unser kulturelles Erbe, sind unsere Kultur. Sozio-
politisch gesehen kann Luxemburg nach dem Esping-Andersen[2] Modell dem kon-
servativen-korporatistischen Typus zugeordnet werden (Martin & al. 2008). Die sich
daraus ergebende Vorliebe zum Status quo wird durch folgenden Dreibund sehr verstärkt: die starke Präsenz der katholischen Kirche als ein Garant für die traditionellen Familienwerte, das starke Bekennen zur Monarchie, welche die Kontinuität darstellt und die jahrzehntelange Dominanz der CSV-Regierung[3], die sich angestrengt
hat, soziale Unruhen strikt zu vermeiden und dazu Instrumente wie Tripartite (=Um
schwierige Situationen wie z.B. Eisenkrise, Ölkrise, Finanzkrise zu meistern, setzen
sich Regierung, Arbeitnehmer- und Arbeitgewerkschaften an einen Tisch und suchen eine gemeinsame Lösung) und Gehälterindexierung (= Die Preise eines typischen „Warenkorbes" werden regelmäßig erhoben und wenn durch Inflation dieser
Mittelwert steigt, werden automatisch alle Gehälter angepasst so dass niemand an
Einkaufskraft einbüßen muss) installiert hat.

---

2 Esping-Andersen (1990): The three Worlds of Welfare Capitalism; Cambridge: Polity Press.
3 Christlich Soziale Volkspartei; Seit ihrer Gründung 1944 stammen alle Staatsminister, außer einer
   einzigen Legislaturperiode (Gaston Thorn 1974-1979), aus den Reihen der CSV.

Die kulturelle Identität einer Gemeinschaft ist zwar nicht gleichzusetzen mit Nationalität, jedoch sind Zusammenhänge kaum zu leugnen. Die Nationalitätenfrage ist sehr aktuell, da erst im Jahr 2008 das lang diskutierte Recht auf doppelte Nationalität verabschiedet wurde. Jeder, der die luxemburgische Staatsbürgerschaft beantragt, muss einen Sprachentest ablegen, denn die Sprache, die Garant für die Kohäsion der Gesellschaft ist, ist ein wesentliches Element der Luxemburger Identität.[4]

Die Lehrerausbildung muss sich damit auseinandersetzen. Einerseits sollen neue Lehr- und Lernkonzepte verbreitet werden, andererseits ist jedoch klar, dass das Berufsumfeld, in welches die ausgebildeten Lehrer entlassen werden, an altbewährten Methoden festhält. Dies gilt ebenfalls für die Erwartungen der Eltern. Auch wenn während der Ausbildung Interaktionen mit der Schul-Realität sehr wünschenswert sind, so bergen sie aber immer die Gefahr, durch die Wechselwirkung mit derselben untergraben zu werden.

Im Folgenden sollen einige Charakteristika der luxemburgischen Kultur vorgestellt und deren Auswirkung auf die Lehrerausbildung betrachtet werden. Dabei werden gegenläufige Strömungen sichtbar, Bewegungen hin zu mehr Offenheit und Miteinander aber auch Abgrenzung und Abstoßung.

2. Spannungsfelder im Luxemburger Schulwesen und ihre Implikationen für die Lehrerausbildung

Das Schulwesen ist – als Abbild der Gesellschaft – von verschiedenen Spannungsfeldern durchflochten, denen die Lehrerausbildung Rechnung tragen sollte, wenn sie die angehenden Lehrer realitätsnah ausbilden möchte.

2.1 Nationalität und Multikulturalität

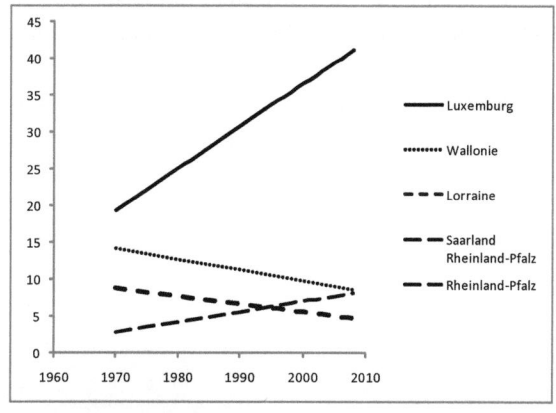

Abb. 1

---

4 Laurent Mosar; Abgeordneter; Interview 21.10.2008; Frage 22; http://csv.lu/lb/actualites/4639.html (06.07.2011).

Luxemburg ist geprägt von einem sehr hohen Anteil an MigrantInnen[5]. Die Graphik zeigt den rasanten Anstieg des Anteils der ausländischen Bevölkerung in Prozent, gemessen an der Gesamtbevölkerung der letzten 40 Jahre. Hinzu kommt, dass jeden Tag etwa 110.000 Pendler nach Luxemburg fahren, um dort zu arbeiten. Dies ergibt eine einzigartige Situation: werktags sind fast 65% der Bevölkerung Ausländer. Deren Kinder gehen zwar nicht in Luxemburg zur Schule, doch prägt die kulturelle Auseinandersetzung mit dieser Realität auch die Mentalität gegenüber Ausländern in den Schulen.

Die Luxemburger müssen sich damit zurechtfinden, dass sie wegen der großen Anzahl an Ausländern, die in Luxemburg wohnen, und der 110.000 Pendler zahlenmäßig gesehen werktags von 8h – 17h eine Minorität im eigenen Lande sind. Dies ist auch in vielen Schulklassen so. Nicht selten drücken in einer Klasse eine Hand voll Luxemburger mit 10-20 Ausländern die Bank. Der Lehrer kann oft nicht auf gemeinsam geteilte Werte bauen. Daraus ergibt sich aber auch, dass das Schulsystem eine zentrale und wichtige Funktion bei der Integration wahrnehmen muss.

Leider wird das Thema der Kulturkluft zwischen Lehrern und Schülern in der Lehrerausbildung nicht offen diskutiert, sondern schwingt eher implizit mit. Die Ausbildung versucht dieser außerordentlich komplexen Situation Rechnung zu tragen, indem sie Themen wie
- Frühdiagnostik: formative Evaluation, Feedback, Elterngespräch, Portfolio
- Differenzierung: Lehrmethoden wie Gruppenlernen, Stationenlernen, kompetenzorientierte Schriftzeugnisse
- Sprachproblematik: Optionen wie CLIL[6]
- Auffangstrukturen: Remediationsaktivitäten
zu Schwerpunkten gemacht hat.

Der Fakt, dass die Schülerzahl im Ganzen während der letzten Jahre stark angestiegen ist, hat zur Folge, dass viele pädagogische Methoden, wie Gruppenarbeit und handlungsorientierter Unterricht, oft unter wenig idealen Umständen erprobt werden müssen. Ihre Effizienz muss daher kritisch analysiert und die praktische Umsetzung an die Gegebenheiten angepasst werden. Somit ist der Frontalunterricht eher die Regel.

Auch sind die Sprachanforderungen sehr hoch: in der Regel müssen drei Fremdsprachen (Deutsch, Französisch, Englisch) beherrscht werden, was insbesondere für italienische oder portugiesische Muttersprachler sehr schwierig ist.

---

5 www.statec.lu (06.07.2011)
6 Content Language Integrated Learning

2.2 Wechselnde Bildungsprogramme

Immer, wenn nach einem Regierungswechsel das hohe Amt im Kultusministerium neu besetzt wurde, stand auch ein Richtungswechsel im Schulsystem an der Tagesordnung; dieses Los teilt Luxemburg mit vielen anderen europäischen Ländern.

Dabei lösten sich nicht selten völlig konträre Konzepte ab: Während die einen auf fächerübergreifende, handlungsorientierte Schlüssel-Qualifikationen setzten, um die Schule von morgen[7] (école de demain) zu entwickeln, besannen sich die anderen, zwei Pisa-Attacken später, auf die wahren, bewährten Werte wie „Rechnen, Lesen, Schreiben", um danach den Durchbruch zur Modernität mit Kompetenz-, Portfolio- und formativen Evaluationskanonen zu erzwingen.

Dies ging immer mit der Erwartung an die Lehrerausbildung einher, die entsprechenden Lehrer zu „produzieren". Im Ergebnis arbeiteten im luxemburgischen Bildungssystem LehrerInnen, die mit ganz verschiedenen Ideen bestückt wurden und in diesem Wirwarr oft nur „zu überleben" versuchten.

2.3 Multikulturalität in der Lehrerschaft?

Eine erfolgreiche Integration von Ausländern kann auch daran gemessen werden, wie viele von ihnen Lehrer geworden sind.

Im Idealfall könnte man erwarten, dass die ausländischen Kinder gut in das Schulsystem integriert sind, die Lehrer ihre Schwierigkeiten erkennen und Mittel einsetzen, um sie zu bekämpfen und ihnen damit dieselben Bildungschancen bieten wie den luxemburgischen Kindern. Dann müssten wir prozentual gesehen genauso viele ausländische Stagiaires (=Referendare) im Stage pédagogique (=Referendariat) und fertige Lehrer im Beruf vorfinden, wie ihr prozentualer Anteil an der Bevölkerung ist. Die folgenden Zahlen sprechen für sich:

Jahrgang	Portugiesen
1	3
2	1
3	2
4	5
5	2
6	3
7	10
8	5
9	3
10	7
	41

Abb. 2:   Anzahl portugiesischer Stagiaires im „neuen Stage"[8]

---

7   MENFP 1991, Demain l'école
8   Ich beschränke mich hier bewusst auf die Portugiesen, da sie die größte Ausländerpopulation darstellen. Referendare italienischen Ursprungs sind schwieriger auszumachen, da sie schon mehrere Generationen lang im Lande sind.

Wie man aus der Tabelle ersehen kann, sind es insgesamt 41, das sind 3,1%, während ihr Anteil an der Gesamtbevölkerung 13,5% beträgt. Man kann also nicht davon ausgehen, dass genügend Stagiaires da sind, welche über ihre Erfahrungen mit den spezifischen Problemen berichten könnten.

Tabelle 1

	Anzahl
Österreich	4
Belgien	39
Deutschland	81
Dänemark	1
Spanien	3
Frankreich	39
England	5
Italien	19
Irland	1
Niederlande	5
Portugal	42
Polen	3
Unbestimmt	1
Total	243
Total (%)	6,3

Tabelle 2

	Anzahl
Belgien	2
Deutschland	3
Dänemark	1
Frankreich	1
England	1
Italien	17
Irland	1
Niederlande	1
Portugal	27
Total	54
Total (%)	1,4

Abb. 3:   Anteil ausländischer Lehrer, die vom Staat eingestellt wurden.[9]

Die Tabelle 1 zeigt, dass der Anteil der im Jahre 2008 arbeitenden ausländischen Lehrer viel kleiner ist als ihr Anteil an der Bevölkerung, d.h. die meisten ausländischen Schüler werden von Luxemburger Lehrern betreut.

Tabelle 2 zeigt die ausländischen Lehrer, welche in Luxemburg geboren sind. Unter der Annahme, dass diese auch das luxemburgische Schulsystem durchlaufen haben, kann man klar erkennen, dass ihr Anteil ebenfalls weit unter dem Bevölkerungsanteil ist. Es liegt auf der Hand zu schlussfolgern, dass Ausländer es schwer haben, in den Lehrerberuf aufgenommen zu werden.

2.4   Eine heterogene Lehranwärterpopulation

Die Lehranwärter-Population ist von einer doppelten Heterogenität geprägt: zu den verschiedenen Nationalitäten kommt noch hinzu, dass sie von Universitäten aus verschiedenen Ländern kommen und somit die Erfahrung höchst unterschiedlicher Lehr- und Lernkulturen mitbringen. Für die 364 Stagiaires der Jahre 2000-2003 stellte sich das folgendermaßen dar: 31,3% von ihnen hatten in Frankreich studiert,

---

9   Einen großen Dank an Herrn S. Koenig, Hauptkoordinator am Kultusministerium (Coordinateur général du Ministère de l'Enseignement et de la Formation Professionnelle), der mir im Jahr 2008 für diese Arbeit Einsicht in interne Datenbanken der Regierung gegeben hat.

20,1% in Deutschland,19,2% in Österreich, 9,3% in Belgien, 8,5% in Großbritannien, 8,5% in Luxemburg, 2,7% in der Schweiz und 0,3% in den USA (POOS 2008[10]).

2.5 Schulversagen

Analysen, welche in Folge der PISA-Studien gemacht wurden, haben ergeben, dass Luxemburg ein Rekordhalter in punkto Schulversagen ist. Um das PISA-Desaster zu erklären, welches z.B. eine sehr starke Korrelation zwischen Schulversagen und sozialer Herkunft oder Schulversagen und Nationalität gezeigt hat (MENFP 2005, S.17), wurde vor allem die ganz spezielle demographische Situation Luxemburgs (44% Ausländer) herangezogen. Bei vielen ausländischen Schülern liegt der Altersdurchschnitt, der den verschiedenen Klassen entspricht, signifikant über dem der luxemburgischen Schüler. Da feststeht, dass „einen entscheidenden Einfluss auf den Erfolg bzw. Misserfolg der Schüler [...] auch die Lehrer haben" und deren soziokulturelle Herkunft und seine Ausbildung die Erwartungen an die Schüler und den Unterricht prägen" (MENFP 2005: S. 16-19), besteht an die Lehrerausbildung die dringende Anforderung, die Stagiaires so auszubilden, dass sie sich darüber bewusst werden, dass sie Mitverantwortung am Schulversagen ihrer Schüler tragen und geeignete Methoden erlernen müssen, dem entgegenzuwirken.

2.6 Spannungsfeld Sprachen

Das Thema Sprachen ist ein Dauerbrenner im Stage. Wie soll die große Sprachenheterogenität in der Lehrerausbildung behandelt werden? Im Expertenbericht des Europarates (Europe 2005) werden folgende Problemzonen erwähnt:
• Die individuelle Sprachensituation des Schülers,
• sein Sprachenlernrhythmus,
• die Auswirkungen der Muttersprache auf den Lernprozess und
• die plurilinguale Kompetenz
müssen in der eingesetzten Lehr-/Lernmethodik beachtet werden. Außerdem soll der Sprachenunterricht auch in den nicht-sprachlichen Fächern integriert werden.

Und wo bleibt bei all diesen Auflagen das „Lëtzebuergesch" selbst?
   Die Luxemburger Sprache ist ohne Zweifel d a s vereinigende Glied der Luxemburger Kultur und Identität. Sie ist zum Indikator für die Integration der Ausländer gekrönt worden. Für viele ist sie der letzte Verteidigungsring der Luxemburger Identität gegen den Ansturm der Globalisierung. Offiziell ist sie aber in unseren Klassenzimmern verboten!

---

10 Es handelt sich hierbei um ein Gespräch vom 9. September 2008 mit Herrn Guy Poos, ehem. Hauptkoordinator der FOPED am Centre Universitaire.

Um die Sprachkompetenz der Schüler zu fördern, ist daher jeder Lehrer zum Fremdsprachenlehrer-Dasein verpflichtet. Luxemburger Lehrer müssen Französisch oder Deutsch mit ihren Schülern reden. Und die Schüler sollen diese Fremdsprache auch benutzen, z.B. bei Diskussionen über ein Thema. Dass Schüler also mindestens 30 Stunden pro Woche eine Fremdsprache benutzen müssen, ist eine äußerst unnatürliche Situation.

Viele Lehrer und Stagiaires tun sich mit dieser Sprachensituation schwer. Schnell lernt man als junger Lehrer, dass man oft keine und wenn ja eine brüchige, gestotterte Antwort auf seine Fragen erhält und dass interessante Diskussionen nur sehr selten vorkommen, wenn man den Fremdsprachenzwang zu genau nimmt. Jedoch wird man das dumme Gefühl nicht los, irgendwie gesetzeswidrig zu sein, wenn man den Schülern erlaubt, sich in der Sprache auszudrücken, die ihnen am geläufigsten ist.

Deshalb ist die Luxemburger Kultur von folgendem Paradox geprägt: Einerseits ist die Sprache ein starkes Integrationsmittel, anderseits ist es verboten, bei Jugendlichen dort, wo Integrationsmaßnahmen am Besten greifen können, diese Sprache einzusetzen.

3. Eine kleine Geschichte der Lehrerausbildung in Luxemburg

Erst 1968 wurden die Abschlussexamina und Diplome der ausländischen Universitäten anerkannt. Viele Luxemburger wanderten zum Studieren in Länder aus, in denen zuvor kaum ein Landsmann studiert hatte (z.B. England und Schottland) und brachten von dort kulturelle Impulse mit nach Luxemburg zurück.

Dann stellten sie sich einem „concours d'entrée", in welchem fast ausschließlich Fachwissen abgeprüft wurde. Interviews mit Kollegen, welche um jene Zeit Lehrer wurden, ergaben eindeutig, dass das Selbstbild, welches die jungen Lehrer von sich hatten, fast ausschließlich den Experten darstellte. Die erzieherische und pädagogische Funktion des Lehrers war nur sehr zweitrangig in den Köpfen verankert.

Das damalige Referendariat („stage pédagogique") bestand aus allgemeinen, von der Praxis isolierten Mittwochs-Vorlesungen und dem Tutoriat. Jeder Stagiaire hatte einen „patron de Stage" der ihn – mehr oder weniger intensiv – begleitete. Diese hierarchisierte Top-down-Situation, eine Art Meisterlehre, in der wenig Platz für gemeinsames Erbauen und Erarbeiten war, ähnelte sehr einer Harry Potter-Geschichte, wo einer Schar von Zauberlehrlingen behutsam Formeln anvertraut wurden, um Wissen in die Schüler hineinzuzaubern.

Als krönenden Abschluss musste man neben einer Inspektionsstunde „die perfekte Schulstunde" halten können. Zwei Tage war man dazu freigestellt und konnte mehrere erfahrene Kollegen um Hilfe bitten, welche dann dem Stundenentwurf noch den letzten Feinschliff verpassten. Heraus kam eine einstündige praxisferne „one-man/woman-show", die man versuchte so gut wie möglich „über die Bühne" zu bringen.

Der alte Stage war sicher nicht der Ort, um die verkrustete pädagogische Praxis zu hinterfragen, zu verlassen und alternative Wege zu suchen.

Lehrer sind aufgrund ihrer Ausbildung und Funktion prädestinierte Kulturträger und -vermittler. Wie die Eltern agieren sie dann, wenn die Kulturträger von morgen, unsere Kinder und Jugendlichen, formbar und beeinflussbar sind und können so als „Mit-Kreateure" der Kultur eines Landes angesehen werden.

In dieser Funktion sind die Lehrer, ob gewollt oder nicht, ein Instrument der Politik. Deshalb ist es vernünftig zu fragen, was denn auf sozio-kultureller Ebene die Hauptziele der Politik sind.

Sicher geht es in erster Linie darum, den Wohlstand durch soziale Kohäsion zu garantieren, d.h. das Miteinander der einzelnen nationalen Gruppen produktiv und konstruktiv zu gestalten. Dieses Prinzip der gemeinschaftlichen Produktion und Konstruktion hat sich auch im neuen Stage niedergeschlagen: Sprachenlehrer sitzen zwischen Sportlern, Informatikern, Künstlern und Auto-Mechanikern, Mathematiker diskutieren mit Philosophen, Ingenieuren, Krankenpflegern und Wirtschaftlern, während Historiker sich mit Physikern, Gartenbauern, Chemikern und Geographen austauschen. Es ist ein alles durchdringendes Credo,

- dass in Punkto Schule jeder von jedem lernen kann,
- dass alle oberflächlichen Verschiedenheiten auf gemeinsam geteilten Fundamenten stehen,
- dass in der Konfrontation mit den Ideen der Anderen das Potenzial zur besseren Selbsterkennung liegt,
- dass durch Zusammenarbeit alle einzelnen Lehraktivitäten zu einer vereinten, gerichteten Bewegung verschmelzen können.

Der Elan der frisch ausgebildeten Stagiaires könnte auf die älteren Kollegen überspringen unter der Voraussetzung, dass die gesamte Lehrerschaft eng miteinander verknüpft und in reger Wechselwirkung steht. So sollte das „alte" Schulsystem durch einen geistigen Schneeballeffekt verjüngt werden.

Diese Überlegung kann zum jetzigen Zeitpunkt wohl nur spekulativen Charakter haben. Nichtsdestotrotz wurde kürzlich von einer hohen Amtsperson im Kultusministerium die Aussage gemacht (vgl. KOENIG, 2008), dass, obwohl es immer noch sehr viele Kritiken gibt, bereits jetzt festzustellen ist, dass die im neuen Stage ausgebildeten Stagiaires eine sehr pädagogische Fachsprache beherrschen, sich sehr aktiv in vielen Projekten engagieren und der kompetenzorientierten Lehrart sehr offen gegenüber stehen.

4. Wie wird man heutzutage „professeur" in Luxemburg?

Das Rezept um einen frisch gebackenen Lehrer in Luxemburg „zu kreieren" sieht folgendermaßen aus:[11]

- Man nehme eine Gruppe frischgebackener Universitätsabgänger.
- Man unterziehe sie einem Sprachentest in Luxemburgisch, Deutsch und Französisch (Ausnahmen möglich).
- Man unterziehe sie einem „concours d'entrée au Stage" wo sie noch einmal fachspezifisch geprüft werden.
- Man wähle die Besten aus, wobei die Quote jährlich vom Kultusministerium vorgeschrieben wird.
- Man biete ihnen das 5-trimestrige „Stage pédagogique" an und bitte sie, in 24 Monaten selbständig und auf eigene Verantwortung ihre Formation zu gestalten.
- Man fordere von ihnen das Erstellen eines „dossiers", mit welchem sie ihre Kompetenzentwicklung dokumentieren sollen.
- Man organisiere eine einstündige Verteidigung des dossiers.
- Man prüfe in der darauffolgenden „période probatoire" durch eine fünfköpfige Kommission ihre Schultauglichkeit ab.
- Man lasse sie während 18 Monaten einen „travail de candidature"[12] schreiben und verteidigen.
- Man ziehe sie sorgfältig, nach mindestens 4jähriger Ausbildung (42 Monate) aus dem Ofen und lasse sie ohne weitere Kontrolle auf die Schüler los.

Bleibt noch einmal hervorzuheben, dass die gesamte luxemburgische Lehrerausbildung durch ein hohes Maß an Pluralität geprägt ist. Die komplett heterogenen Vorraussetzungen erschweren es den Organisatoren, einen Ausbildungsplan anzubieten, welcher allen Lehranwärtern und deren Eingangsvoraussetzungen gerecht wird.

5. Der „neue" Stage pédagogique – ein Paradigmenwechsel?

Um diese Frage zu beantworten, muss zunächst klar sein, welches denn die alten Paradigmen gewesen sind.

Hier stößt man sofort auf das Problem, dass dies noch nicht systematisch untersucht wurde. Man kann Spuren in den alten Gesetzestexten finden und auch durch Gespräche mit „älteren" Kollegen darauf stoßen. Dabei braucht man nicht allzu weit in der Vergangenheit zu stöbern, da der „neue Stage" erst 10 Jahre alt ist. Solche Paradigmen sind:

---

11 Für nähere Informationen zu den Ausbildungsstationen von luxemburgischen Lehrkräften siehe: http://www.men.public.lu/sys_edu/090326_recrutem_enseignants/090326_recrutement_prof_postprimaire/index.html (06.07.2011).
12 Diese Arbeit soll in ihrer Wichtigkeit zwischen Master- und Doktorarbeit liegen.

- Niemand weiß so gut wie ich und meine Fachkollegen, wie mein Fach unterrichtet werden soll.
- Ausländische Experten z.B., die andere Meinungen vertreten, werden schnell diskreditiert mit dem Hinweis darauf, dass sie die besondere luxemburgische Situation nicht kennen.
- Am meisten kann man lernen Schule zu halten, wenn fachspezifische Themen behandelt werden.
- Pädagogische Allgemeinaussagen sind größtenteils nutzlos, da die Situation in meinem Fach ganz speziell ist.
- Nur Experten im Fach können dieses Fach ordentlich unterrichten.
- Ich bin ein Lehrer, d.h. ich vermittle mein Fachwissen.
- Ohne Lehrer können Schüler dieses Fachwissen kaum selbst erlernen, d.h. Wissen muss vermittelt werden und kann nicht in autonomen Lernprozessen von den Schülern selbständig erarbeitet werden.
- In jeder Klasse gibt es starke, mittlere und schwache Schüler. Ich kann nicht jeden belehren und orientiere meinen Unterricht an den mittleren.
- Auswendig lernen und den Wortlaut genau wiedergeben können ist ein wichtiges Element im Lernprozess.
- Fehler zu machen ist für einen Lehrer tabu, und wenn doch einer vorkommt, geht man möglichst schnell drüber hinweg.
- Ich habe einen guten Job gemacht, wenn meine Klasse ruhig ist und gut zuhört.
- Schlechte Noten sind unvermeidbar.

Hierbei soll jetzt nicht der Eindruck entstehen, dies alles sei falsch und verwerflich. Der neue „Stage" hat lediglich das Ziel, den Stagiaire dazu anzuspornen, diese Glaubenssätze zu hinterfragen. Er soll sich sein persönliches Wertesystem bewusst machen. Es gibt alternative Vorstellungen, es gibt klare, wissenschaftlich belegte Theorien, die zu kennen ein Schwerpunkt des neuen Stage ist. Wie aber ist dieser neue Stage konzipiert?

5.1   Die Struktur des neuen „Stage"

Das luxemburgische Lehrerausbildungssystem Stage besteht nun aus 3 verschiedenen, gleichberechtigten Teilen: 1. die modulare kompetenzorientierte Ausbildung an der Uni Luxemburg, 2. die didaktische Ausbildung an der Uni und in den Schulen und schließlich 3. das Tutoriat.

Fach	Anzahl	%
Französisch	165	12,4
Deutsch	122	9,2
Englisch	114	8,6
Wirtschaftslehre	114	8,6
Mathematik	97	7,3
Sport	76	5,7
Kunst	70	5,3
Geschichte	61	4,6
Biologie	55	4,1
Elektronik	37	2,8
Informatik	36	2,7
Physik	33	2,5
Chemie	32	2,4
Mechanik	30	2,2
Krankenpflege	27	2,0
Landwirtschaft	24	1,8
Geographie	24	1,8
Sekretariat	22	1,7

Abb. 4: Seit der Einführung des neuen Stage wurden in den Lehrgängen 1 bis 9 rund 1330 Stagiaires ausgebildet.

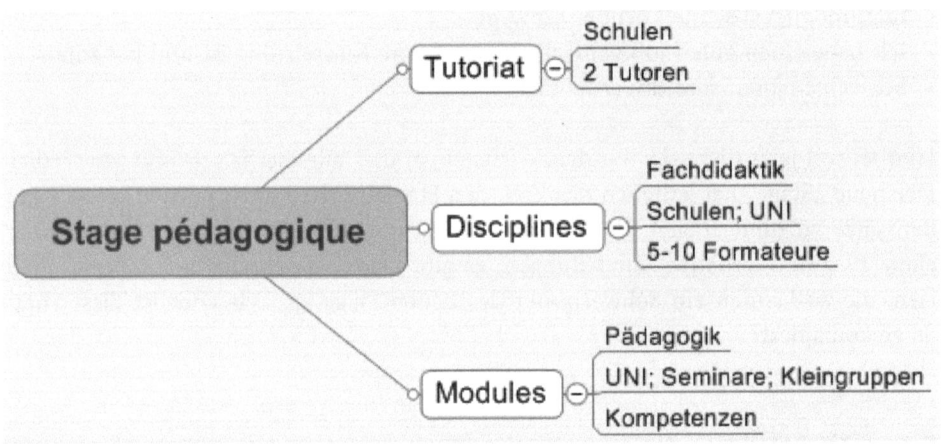

Abb. 5: Struktur des Stage

5.2 Modularisierung

Die Ausbildung an der Universität war anfangs in fünf Module eingeteilt.
- Modul 1: Lehr- und Lernaktivitäten planen und durchführen
- Modul 2: Evaluation des Wissens und der Schülerkompetenzen
- Modul 3: Autonomie- und Verantwortungsentwicklung
- Modul 4: Kommunikation in der Schule
- Modul 5: Berufsprojekt aufbauen

Jedes Modul verfolgt die gleichen Ziele:
* Eine enge Beziehung zwischen Theorie und Praxis herstellen
* Interdisziplinarität und Gruppenarbeit fördern
* Handlungsorientierung
* Die Stagiaires aktiv und selbständig in ihren Ausbildungsprozess einbeziehen
* Projektarbeit

Ein Modul wurde von 2 „Como" (Coordinateur de module) geleitet, wobei einer Luxemburger war, d.h. das luxemburgische Schulsystem gut kannte, und der andere an einer ausländischen Universität arbeitete. So sollte der Kontakt zu ausländischen Forschungsinstituten hergestellt werden[13].

5.3 Das Kompetenzraster

Ziel ist es, die Stagiaires in Projekte einzubinden, in denen sie gemeinsam Theorie und Praxis verknüpfen und reflexiv und selbständig die Kompetenzen des Kompetenzrasters[14] bearbeiten können. Diese sind:

1. Mit internen und externen Partnern der Schule effizient, kohärent und konsensual kommunizieren können.
2. Sein persönliches Berufsprojekt aufbauen, indem man die neuesten wissenschaftlichen und pädagogischen Kenntnisse mit einbezieht, um dadurch die persönliche Entwicklung durch Reflexion und Initiativen zu fördern.
3. Die gesetzlichen Rahmenbedingungen der Institution Schule beherrschen, und sie in der Praxis anwenden können.
4. Zusammen mit anderen Lehrern Lehr- und Lernaktivitäten einrichten, um der Vielfalt der Schüler gerecht zu werden, damit jeder sein Lernziel erreichen kann.
5. Die Wissens- und Kompetenzaneignung der Schüler durch formatives Feedback regelmäßig unterstützen.
6. Sozio-kulturelle sowie schulische Angaben über Schüler nutzen, um in verschiedenen Situationen Unterstützung geben zu können.
7. Unter Betracht der gültigen Vorschriften Wissen und Fähigkeiten der Schüler überprüfen und evaluieren können.
8. Psycho-pädagogische sowie didaktische Kenntnisse in der Praxis anwenden können.
9. In Lern- und Orientierungssituationen die Autonomie des Schülers fördern und ihm helfen, sein persönliches Lernprojekt einzurichten.
10. Seine eigene Praxis in Anbetracht neuester Erkenntnisse reflektieren.
11. Aktiv an der Schulentwicklung mitarbeiten.
12. Das Verantwortungsgefühl des Schülers wecken, damit er ein positives und integriertes Verhalten hat.

---

13 Das waren Lehrbeauftragte der Universitäten Saarbrücken (D); Nancy (F); Liège (B), Namur (B).
14 Règlement grand-ducal modifié du 2 juin 1999, Mém. A-75 DU 18 JUIN 1999, P.1662, 1673.

5.4 Die Zeitstruktur

Neben den Aktivitäten in den Modulen wird den Stagiaires noch eine fachdidakti-sche Ausbildung angeboten. Diese wird von den Codi (Coordinateur de discipline) organisiert und findet größtenteils in den Schulen statt. Die Codi sammeln Forma-teure (Lehrer aus Gymnasien) um sich verschiedene Aspekte des Faches aufzuarbei-ten. Es ist angeraten, dass diese Lehrer sich auf einzelne Themen der Module spezi-alisieren und diese dann fachgerecht mit den Stagiaires aufarbeiten. Auch stellen die Codi das Bindeglied zwischen den Tutoren und den Modulen dar. Gemeinsame Ge-spräche mit Tutoren und Stagiaires sollen die Kompetenzentwicklung sichtbar ma-chen.

Während der ersten Lehrgänge war der Zeitaufwand verteilt auf fünf Trimester: 450 Stunden Formation für die fünf Module; 150 Stunden Fachdidaktik und unge-fähr gleich viele Stunden Tutoriat.

„Nebenbei" mussten die Stagiaires noch während der ersten zwei Trimester sechs und während der drei letzten Trimester 12 Wochenstunden unterrichten. Dabei wa-ren sie eng von ihren Tutoren begleitet. Die Tutoren besuchen die Stagiaires in deren Klassen und laden sie zu ihren eigenen Klassen ein.

5.5 Evaluation und Auto-Evaluation

Die Stagiaires sind angehalten, selbständig ein Portfolio zu führen, in welches sie verschiedene Dokumente (traces; Spuren) einfügen. Hier sollen ihre Erfahrun-gen schriftlich festgehalten werden: neue Konzepte, Fragen, Probleme, Lösungsvor-schläge, Meinungen, Stärken, Schwächen, Konflikte etc. Aus all diesen Spuren soll-ten sich dann verschiedene Schwerpunkte herauskristallisieren, welche dann vertieft und zu Pièces verarbeitet werden. Neben theoretischen Überlegungen und Praxisbe-schreibungen sollen diese Pièces Indikatoren enthalten, welche aufzeigen, dass gewis-se Kompetenzen aufgebaut wurden. Es soll sich ebenfalls ein Hauptthema daraus er-geben, welches dann im Mémoire entwickelt wird und sehr viele Kompetenzbereiche enthalten soll.

Nebenbei sind die Tutoren aufgefordert, in mehreren Berichten das praktische Vorankommen ihrer Stagiaires zu beschreiben.

Die fünf Pièces, das Mémoire und die Tutoriatsberichte werden in einem Dossi-er zusammengefasst und in einer einstündigen Sitzung vor einer Jury[15] dargelegt und diskutiert. Der Stagiaire soll fähig sein zu zeigen, dass er seine Ausbildung selbst-ständig gestaltet hat, dass er durch Auto-Evaluation und Feedback von seinen For-mateuren seine Schwächen und Stärken (formuliert als Kompetenzen) erkannt hat und Aktivitäten in Gang gesetzt hat, um diese zu verbessern. Da ein fertiger Lehrer so gut wie gar nicht mehr während seiner Berufskarriere evaluiert wird und sich also

---

15 Besteht aus 3 Personen: 1 Como; 1 Codi und 1 Tutor; Das Dossier soll als Gesamtheit evaluiert wer-den, ob die Grundziele des Stage angestrebt und z. T. erreicht worden sind.

nur auf die eigene Einschätzung seiner Leistungen berufen kann, werden die Autonomie des Stagiaires, seine Selbstbeobachtung und Selbsteinschätzung während seiner Ausbildung als wichtiger Faktor angesehen. Deshalb wurde auch von Anfang an von einer Art Schlussexamen, in dem Faktenwissen abgefragt wird, abgesehen. Um jedoch sicherzustellen, dass auch diese Art von Wissen vorhanden ist, wurde auf den theoretischen Teil in den Pièces und Mémoires gehalten und verschiedene Strukturen (EIM, EEA) geschaffen.

5.6 Externe Evaluation des „Stage pédagogique"

Zur externen Evaluation und Qualitätssicherung wurde in den Jahren 2005-2006 unter der Leitung von Prof. Jonnaert[16] eine umfassende Studie zum Stage unternommen. Heraus kamen folgende Vorschläge zur Neuordnung:

1. Die Zusammenarbeit zwischen Theorie und Praxis muss verstärkt werden: es werden transdisziplinäre Tage eingerichtet.
2. Die Redundanzen im Curriculum müssen beseitigt werden.
3. Das Arbeitsvolumen der Stagiaires muss neu definiert werden (workload) und die Kurse an der Uni gegebenenfalls reduziert.
4. Die Lehrerausbildung soll sichtbar gemacht werden (MOODLE-Plattform).
5. Die Anzahl der Formateure soll eingeschränkt werden.
6. Bessere Vernetzung aller Formateure.
7. Ein „coordinateur général" soll die Orientierung des Stage übernehmen.
8. Ein „coordinateur de programmes" soll die zeitliche Organisation zentralisieren und optimieren.
9. Die Arbeitsüberflutung verschiedener Akteure soll abgeschafft werden.

Ein „Comité de pilotage" wurde geschaffen, welches wöchentlich tagt und dem „Coordinateur général" Vorschläge unterbreitet. In ihm vertreten sind die Lehrbeauftragten der Uni, die Como und Codi.

---

16 Département de mathématiques de l'Université du Québec à Montréal, directeur de l'ORÉ (Observatoire des réformes en éducation).

Daraus ergibt sich ein neues Organigramm:

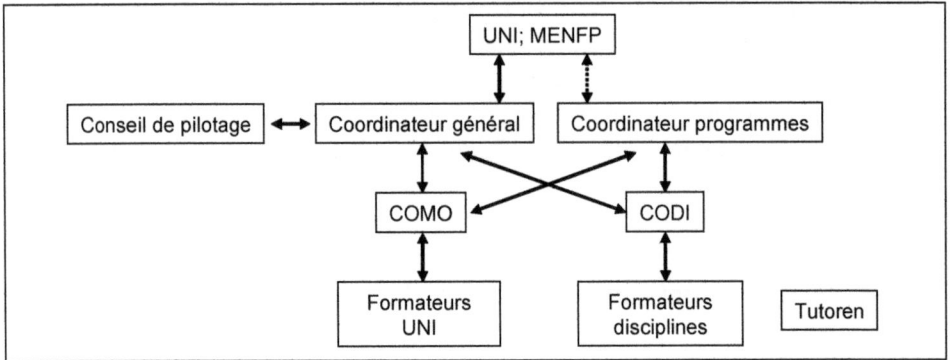

Abb. 6:   Neues Organigramm

Diese aktuelle Struktur wird aufgrund des großangelegten Evaluationsprojektes EVA der Uni Luxemburg, dessen Abschlussbericht im März 2010 fertiggestellt wurde, überarbeitet.

6.   Alte und neue Herausforderungen

Nachdem ich den „neuen stage pédagogique" vorgestellt habe, möchte ich nun ein paar Kritiken aufzählen und Schwierigkeiten zeigen, die während seiner 10-jährigen Dauer aufgetreten sind.

6.1   Von Top-down auf Augenhöhe?

Tradierte hierarchische Strukturen sollten überwunden werden, um nicht dem interdisziplinären Ausbildungsideal zu widersprechen. Hierzu sollten Fachdidaktiker und Tutoren ausgebildet werden und ihre neue Rolle reflektieren. Dies hätte einen Paradigmenwechsel in der Tutor-Stagiaire-Relation erfordert, die gewohnte Top-down-Beziehung hätte durch eine Beziehung auf Augenhöhe ersetzt werden müssen. Viele Tutoren haben ein sehr traditionelles Verständnis ihrer Rolle, welches von der Suche der Stagiaires nach Rezepten gestützt wird. Dieses Problem wurde sehr schnell erkannt, aber über Jahre hinweg nicht systematisch angegangen.

6.2   Redundanzen

Die relativ große Unabhängigkeit der einzelnen Module bot den einzelnen Koordinatoren eine große Gestaltungsfreiheit. Formateure von deutschen, belgischen und französischen Universitäten wurden beauftragt. Die Stagiaires bekamen also ein reichhaltiges Angebot aus verschiedenen Kulturkreisen. Da auch den Formateuren eine ziemlich große Freiheit bzgl. Methode und Inhalt der einzelnen Seminare gelassen wurde und man sich in einem sozio-konstruktivistischen Umfeld befand, kam es aber unweigerlich zu Redundanzen. Der Austausch mit den Stagiaires hat diese schließlich sichtbar gemacht, aber leider immer zu spät. Oft wurde das vonseiten der Stagiaires als Mangel an Organisation und Koordination empfunden und als eine der großen Schwächen des neuen Stage bezeichnet.

6.3 EIM und EEA

Um den Redundanzen entgegenzuwirken, wurden nacheinander zwei weitere Strukturen eingeführt: ein Espace Inter Modulaire, EIM genannt, wurde eingeführt. Verschiedene allgemeine Themen sollten mittels der in den einzelnen Modulen erarbeiteten Konzepte behandelt werden, um so die Vernetzungen zwischen den Modulen sichtbar zu machen.

Später wurde das EEA, Espace d'Encadrement et d'Analyse, eingeführt. In Kleingruppen werden die Stagiaires von einem Formateur des EEA betreut. Dieser steht ihnen als Mentor für alle Schwierigkeiten und Probleme bei. Eine individuelle Begleitung sowie eine formative Evaluation soll so gewährleistet werden.

In diesen Begegnungen werden z.B. die oben erwähnten Redundanzen und alternative Vorstellungen diskutiert, werden Wege zur konkreten Einbettung der theoretischen Konzepte im realen Klassenleben sowie Indikatoren zu den angestrebten Kompetenzen gesucht und die Autoevaluation des eigenen Kompetenzerwerbs betrieben.

6.4 Professionalisierung im Tutoriat

Der Tutor ist im Stage das „unbekannte Wesen". Da die Tutoren nach einer „Einweisungszeremonie" in ihrer Zusammenarbeit mit den Stagiaires nicht begleitet werden, ist unklar, ob sie dort Anreize finden „etwas Neues" auszuprobieren, gemeinsam mit dem Stagiaire Erkenntnisse zu erarbeiten und herkömmliche Verhaltensmuster zu hinterfragen. Viele hatten noch nicht die Gelegenheit, die neuen Konzepte durch Ausprobieren und Adaptieren zu verinnerlichen und bevorzugen den Rückzug auf sichere Erfahrungswerte[17].

Jedoch kann man während der letzten Jahre feststellen, dass sehr viele der neu eingestellten Tutoren Lehrer sind, die den reformierten Stage selbst durchlaufen haben. Bleibt nur zu hoffen, dass der von ihnen erlebte Paradigmenwechsel seine Spuren hinterlassen hat.

---

17 Diese Bemerkungen stammen alle aus zahlreichen Gesprächen des Autors mit den Tutoren, Codi und Stagiaires, da es bislang keine empirische Erhebung gibt.

6.5 Angst vor dem Fehler

In Luxemburg scheint jeder jeden zu kennen. „Fehler" können nicht geheim gehalten werden, sondern gehen schnell von Mund zu Mund. Die historische Entwicklung hat oft gezeigt dass Fehler schwerwiegende Folgen haben konnten; nur wer stark und mächtig ist, kann sich Fehler leisten. Dies hat zu einer persönlichen Grundschwingung von Selbstbezogenheit, Abschirmung und Verteidigung geführt.

Sehr lange galt, dass die Luxemburger Schüler besser sein mussten als ihre Nachbarn, da sie ihre universitären Studien im Ausland absolvieren mussten.

Doch die andere Seite der Medaille war eine von klein auf eingeprägte Angst vor dem Fehler. Fehler sind schlecht, werden bestraft, müssen vertuscht werden. Diese Mentalität findet man auch bei den Lehrern: Viele sehen sich als Einzelkämpfer.

6.6 Interdisziplinarität

Eine Stärke des neuen Stage, die ihn ganz fest an die Luxemburger Kultur bindet, ist die Vielzahl der miteinander arbeitenden Fächer: eine konstruktive Konfrontation verschiedener Arbeitskulturen, die zu einem besseren Verständnis der Schüler, der angestrebten Kompetenzen, welche je nach Situation sich anders artikulieren müssen, und schließlich zur angestrebten Metakognition führt, die sich am besten in der Auseinandersetzung mit alternativen Gedankenmustern fördern lässt.

Jedoch ist in den letzten Jahren eine gegenläufige Tendenz zu spüren. Da jeder Formateur eine bestimmte Spezialisation hat, empfanden viele ein störendes Unsicherheitsgefühl, wenn sie in Kleingruppen mit Spezialisten anderer Fächer arbeiten mussten. Auch vonseiten der Stagiaires wurde öfters kritisiert, die Formateure würden die Gegebenheiten ihres Faches nicht gut genug kennen. Die konstruktivistische Herangehensweise ist der Nachfrage nach direkt einsetzbaren Rezepten oft unterlegen.

Deshalb werden die Stagiaires in „Familles de disciplines" eingeteilt, welche Schulalltagsprobleme behandeln, die sich sehr ähnlich sind. Sicher kann man mit einer solchen Konfiguration viel konkreter und zielstrebiger arbeiten, jedoch geht auch Potenzial der Fächervielfalt verloren. Da diese Änderungen erst kürzlich eingeführt wurden, liegen noch keine auswertbaren Erfahrungen vor.

7. Ausblick

Durch sein konstruktivistisches Paradigma ist der neue Stage ein dynamisches Konstrukt, welches fortlaufend an die aktuellen Gegebenheiten angepasst wird. Wichtige Themen sind:

Fächerübergreifende Kompetenzen: Während der letzten 30 Jahre wurde jeder Lehrer nur noch in einem einzigen Fach als Experte abgeprüft. Da Kompetenzen sich in sehr verschiedenen Situationen, zum Teil fächerunabhängig auswirken können, ist die Idee, Lehrer fächerübergreifend auszubilden, aktuell geworden. U.a. durch das Organisieren eines fächerübergreifenden „journée transdisciplinaire" soll dieser Idee Rechnung getragen werden.

Glasnost: Um das reelle Arbeitspensum der Stagiaires transparent zu machen wird versucht, alle Arbeitsaufträge publik zu machen. Dies ist aber wegen dem tiefen Verlangen nach Harmonie und Fehlerlosigkeit des Luxemburgers ein schwerer Eingriff. Offenlegen heißt, sich der Kritik aussetzen und eventuell einer Streitkultur offenen Raum bieten. Dennoch werden folgende Maßnahmen ergriffen: der Fachkatalog, der die didaktische Ausbildung schildert, soll aktualisiert und alle Aktivitäten der Module auf einer Internetplattform veröffentlicht werden.

Public Relations: Der neue Stage gärt in seinem Erlenmeyerkolben, abgeschlossen von der Öffentlichkeit. Dabei hat es schon sehr früh Einzelkämpfer gegeben, die nicht müde wurden zu warnen, dass dies eine ungesunde Situation sei, dass man in jeder Schule ein Aushängebrett installieren sollte, um regelmäßig über die neue Lehrerausbildung zu informieren, dass man sogar die neu ausgebildeten Stagiaires mit in die Bekanntmachung ihrer Arbeiten einbeziehen könnte. Die große Mehrheit der Lehrerschaft teilt nicht die Sorge und Bemühungen um die Ausbildung des Nachwuchses. Von Seiten des Stage wurde wenig unternommen, um sie mit den „neuen Ideen" in Verbindung zu bringen. Dessen Basiskonzepte klingen für viele Außenstehende eher wie Zauberformeln denn Anreize zum Hinschauen und Anpacken. Hier sollte eine Öffnung des Prozesses und der Diskussion nach außen angegangen werden.

In der Öffentlichkeit ist der neue Stage gänzlich abwesend. Der Stage, bei dem Luxemburg eine Fakultät zur Innovation in einer nicht-finanziellen Domäne gegründet hat, wie sie in der traditionsbewussten konformistischen Gesellschaft sehr selten anzutreffen ist, hat es nie geschafft, das allgemeine Interesse zu wecken. Ist es Angst oder Misstrauen gegenüber der eigenen Innovationsfähigkeit, die Ideen integriert, die außerhalb der Festungsmauern gewachsen sind? Oder vielleicht, weil der neue Stage mehr Steuergelder als vorher verschlingt?

Dabei wäre es doch, nach dem PISA-Desaster, politisch opportun, den Luxemburgern zu zeigen, dass sich im Lehrerwesen etwas bewegt, dass mindestens die Lehrer, welche mit der Lehrerausbildung in Kontakt sind, mit neuen Ideen konfrontiert werden und zum Umdenken aufgefordert werden?

Masterisierung? Die Tage des neuen Stage sind jetzt bereits gezählt. Unter dem Druck des Bologna-Prozesses soll er spätestens in ein paar Jahren durch ein ganz neues Konstrukt ersetzt werden, was sich sehr eng an den „noch zu schaffenden" Master in Erziehungswissenschaften anlehnen soll. Auch fordert die weltweite Finanzkrise, dass Ersparnisse vorgenommen werden müssen.

8. Fazit

Ich habe versucht zu zeigen, dass die ganz besonderen gesellschaftlichen wie auch historischen Bedingungen die Definition einer Luxemburger Kultur und Identität erschweren. Insbesondere sind Integrationsfrage und Sprachkultur hervorgehoben worden. Der Abgleich zwischen Gesellschaft und Bildungssystem hat Spannungsfelder zum Vorschein gebracht, die bestätigen, dass die Schule „wie ein Brennglas aktuelle gesellschaftliche Probleme einfängt", auf welche die Lehrerausbildung Rücksicht nehmen muss. Die Kultur der Lehrerausbildung, gesehen als eine verknüpfte Menge von Traditionen, Werten und Paradigmen, unterliegt dem gleichen Änderungszwang wie die Gesellschaft und wurde in ihren Grundzügen kurz geschildert.

Der neue Stage hatte sicherlich einige Startschwierigkeiten und bedurfte konstanter Verbesserungen. Von vielen wurde er schlechtgeredet, oft ohne direkte Kenntnis der genauen Gegebenheiten, aus Angst vor dem Neuen, welches oft als Kritik des Alteingesessenen angesehen wird.

Und da anscheinend niemand Prophet im eigenen Lande sein kann, ist man oft sehr erstaunt, wie interessiert und begeistert der luxemburgische Stage im Ausland angesehen wird, wie innovativ und gewagt er dort vorkommt. Deshalb kann man den Stage schon als Pionierarbeit und Wegbereiter einer multikulturellen Schulentwicklung ansehen.

E pluribus unum – aus vielen eins, ist ein Motto, welchem sowohl die Luxemburger Gesellschaft als auch die Lehrerausbildung nacheifern. Die Akzeptanz der sichtbaren Vielfalt und kulturellen Mannigfaltigkeit muss als dauernd anzustrebendes Ziel beide in ihren Vorstößen leiten. Wenn wir es fertig bringen das, was der neue Stage ist, ein dynamisches multikulturelles Projekt nämlich, beizubehalten und fortwährend an die kulturelle Vielfalt des Landes anzupassen, brauchen wir uns auch nicht zu scheuen, die Tore unserer Festung groß aufzureißen und guten Gewissens in die Schullandschaft hinaus zu preisen: Mir wëlle bleiwen, wat mir sin!

Literatur

EUROPA (2005). Profil de la politique linguistique éducative. G.-D. de Luxembourg. Strasbourg. http://www.coe.int/t/dg4/linguistic/Source/Profil_Luxembourg_FR.pdf (06.07.2011).

Grand-Duché de Luxembourg (2005-2006). Profil de la linguistique éducative. http://www.men.public.lu/publications/etudes_statistiques/etudes_nationales/etude_profil_linguist/profil_luxembourg_fin_28_fevrier_20061.pdf (06.07.2011).

Großherzogtum Luxemburg (1999). Foncion de candidat et période probatoire dans l'enseignetment postrimaire. Amtsblatt Nr. 75 vom 18. Juni 1999. http://www.legilux.public.lu/leg/a/archives/1999/0075/a075.pdf#page=2 (06.07.2011).

IBF (1999). Institut für Bildungsforschung, Bonn; Abschlussbericht Pericles Projekt.

KULTUR. Offizielle Webseite der Regierung über Luxemburger Kultur. http://www.gouvernement.lu/tout_savoir/culture/index.html (06.07.2011).

Martin, R. & al. (2008). La place de l'école dans la société luxembourgeoise de demain. Brüssel: De Boeck.

MENFP (2005). Analyse des „Klassenwiederholens" im primaren und postprimaren Bereich. http://www.script.lu/documentation/pdf/publi/klassenwiederholung/klassenwiederho-lung-2.pdf (06.07.2011).

Raskopp, K., Haase, K. (1995). Wege zu einer „guten Schule". Probleme – Ziele – Maßnahmen. Ergebnisse einer Delphi-Befragung im Großherzogtum Luxemburg. Institut für Bildungs-forschung (Hrsg). Bonn, Luxemburg.

Schmit, M. (1999). Regards et Propos sur l'enseignement Supérieur et Moyen. Section Historique de l'Institut Grand-Ducal 116. Luxembourg.

Autorinnen und Autoren

Dorit Bosse ist Professorin für Schulpädagogik mit dem Schwerpunkt Gymnasiale Oberstufe an der Universität Kassel.
Kontakt: *bosse@uni-kassel.de*

Thomas Coelen ist Professor für Erziehungswissenschaft mit den Schwerpunkten Sozialisation, Jugendbildung und Lebenslaufforschung an der Universität Siegen.
Kontakt: *coelen@erz-wiss.uni-siegen.de*

Barbara Drechsel ist Professorin für psychologische Grundlagen in Schule und Unterricht am Institut für Psychologie der Universität Bamberg.
Kontakt: *barbara.drechsel@uni-bamberg.de*

Peter Fauser ist Professor für Schulpädagogik und Schulentwicklung am Institut für Erziehungswissenschaften der Universität Jena.
Kontakt: *p.fauser@imaginata.de*

Wolfgang Hallet ist Professor am Institut für Anglistik, Didaktik der englischen Sprache und Literatur der Universität Giessen.
Kontakt: *Wolfgang.Hallet@anglistik.uni-giessen.de*

Michaela Heer (geb. Schulte) ist Geschäftsführerin des ISL (Information und Service Lehrerbildung) der Universität Wuppertal.
Kontakt: *heer@uni-wuppertal.de*

Monika Hofer ist am österreichischen Bundesministerium für Inneres für den Bereich Wissensmanagement und elearning zuständig.
Kontakt: *monika.hofer@bmi.gv.at*

Christian Kraler ist Assistenzprofessor am Institut für LehrerInnenbildung und Schulforschung der Universität Innsbruck.
Kontakt: *Christian.Kraler@uibk.ac.at*

Marc Mallinger ist Fachleiter für Physikdidaktik(CODI) und Modul-Koordinator an der Universität Luxemburg.
Kontakt: *marc.mallinger@education.lu*

Meinert A. Meyer ist emeritierter Universitätsprofessor der Fakultät für Erziehungswissenschaft, Psychologie und Bewegungswissenschaft der Universität Hamburg.
Kontakt: *Meinert.Meyer@uni-hamburg.de*

Manfred Prenzel ist Professor für empirische Bildungsforschung an der School of Education der Technischen Universität München.
Kontakt: *manfred.prenzel@tum.de*

Jens Rißmann ist wissenschaftlicher Mitarbeiter am Institut für Erziehungswissenschaften der Universität Jena.
Kontakt: *J.Riszmann@imaginata.de*

Hermann Saterdag war von 2001 bis 2011 Regierungsbeauftragter für die Reform der Lehrer/innen-bildung in Rheinland-Pfalz und Vorsitzender der Arbeitsgruppe „Ländergemeinsame inhaltliche Anforderungen für die Fachwissenschaften und Fachdidaktiken in der Lehrerbildung" der KMK.
Kontakt: *hermann.saterdag@mbwjk.rlp.de*

Wilfried Schley ist emeritierter Professor des Instituts für Erziehungswissenschaften der Universität Zürich und wissenschaftlicher Leiter des Instituts für Organisationsentwicklung und Systemberatung.
Kontakt: *wilfried.schley@ios-schley.de*

Helga Schnabel-Schüle ist Professorin für Neuere Geschichte (Frühe Neuzeit) und Leiterin des Zentrums für Lehrerbildung der Universität Trier.
Kontakt: *schnabel@uni-trier.de*

Michael Schratz ist Professor für Schulpädagogik am Institut für LehrerInnenbildung und Schulforschung der Universität Innsbruck.
Kontakt: *Michael.Schratz@uibk.ac.at*

Ilse Schrittesser ist Professorin für Lehr- und Lernforschung am Institut für LehrerInnenbildung und Schulforschung der Universität Innsbruck.
Kontakt: *Ilse.Schrittesser@uibk.ac.at*

Hans Weiler ist Professor Emeritus of Education and Political Science der Stanford University.
Kontakt: *weiler@stanford.edu*

Birgit Weyand ist Geschäftsführerin des Zentrums für Lehrerbildung der Universität Trier.
Kontakt: *weyandb@uni-trier.de*

Axel Weyrauch ist Programmkoordinator des Entwicklungsprogramms für Unterricht und Lernqualität (EULE) in Jena.
Kontakt: *A.Weyrauch@imaginata.de*